suhrkamp taschenbuch
wissenschaft 1103

Europa befindet sich in einer der tiefgreifendsten Umwälzungen seiner Geschichte. Im Westen schickt sich die Europäische Gemeinschaft an, in eine neue Phase der Zusammenarbeit einzutreten. Die Nationalstaaten verlieren ein erhebliches Stück ihrer Souveränität. Gleichzeitig melden die Regionen unterhalb der Nationalstaaten neue Ansprüche auf Autonomie an. Im Osten formieren sich zum Teil in blutigen Kämpfen neue Nationalstaaten aus den Trümmern des Sowjetimperiums. Sie suchen den Anschluß an die Europäische Gemeinschaft, um ihre marktwirtschaftliche und demokratische Entwicklung zu stabilisieren. Die Umwälzungen ziehen uns weltweit in neue Widersprüche hinein. Wir steigern den Wohlstand und verschlechtern zugleich die materiellen Lebensverhältnisse, wir erweitern die Reichweite der Politik und verlieren zugleich an politischer Regulierungskraft, wir dehnen das Netzwerk der Solidarität aus und schwächen zugleich den solidarischen Zusammenhalt, wir bringen die Bürger- und Menschenrechte der modernen westlichen Kultur zu globaler Geltung und zerstören zugleich das Recht auf kulturelle Andersartigkeit und damit die kulturelle Artenvielfalt. Das Projekt Europa verwirklicht sich im Spannungsfeld zwischen Nationalstaat, regionaler Autonomie und Weltgesellschaft.

Richard Münch, geb. 1945, ist Professor für Soziologie an der Heinrich-Heine-Universität Düsseldorf. Er hat mehrere Gastaufenthalte an der University of California in Los Angeles verbracht. Von ihm sind im Suhrkamp Verlag bisher folgende Bücher erschienen: *Theorie des Handelns* (1982, 1988), *Die Struktur der Moderne* (1984, 1992), *Die Kultur der Moderne*, 2 Bde. (1986, 1993), *Dialektik der Kommunikationsgesellschaft* (1991, 1992).

Richard Münch
Das Projekt Europa

Zwischen Nationalstaat,
regionaler Autonomie
und Weltgesellschaft

Suhrkamp

Die Deutsche Bibliothek – CIP-Einheitsaufnahme
Münch, Richard:
Das Projekt Europa : zwischen Nationalstaat,
regionaler Autonomie und Weltgesellschaft /
Richard Münch. –
2. Aufl. – Frankfurt am Main :
Suhrkamp, 1995
(Suhrkamp-Taschenbuch Wissenschaft ; 1103)
ISBN 3-518-28703-6
NE: GT

suhrkamp taschenbuch wissenschaft 1103
Erste Auflage 1993
© Suhrkamp Verlag Frankfurt am Main 1993
Suhrkamp Taschenbuch Verlag
Satz und Druck: Wagner GmbH, Nördlingen
Printed in Germany
Umschlag nach Entwürfen von
Willy Fleckhaus und Rolf Staudt

2 3 4 5 6 7 – 00 99 98 97 96 95

Inhalt

Vorwort

Die tiefgreifenden Umwälzungen, die Europa gegenwärtig bewegen, wecken Hoffnungen und Befürchtungen zugleich. Wohin werden uns die Umwälzungen führen? Wie werden sie unser Leben verändern? Bricht sich nun eine Entwicklung ihre Bahn, die über uns hinwegrollt, ohne daß wir sie unter Kontrolle zu halten vermögen, oder sind wir in der Lage, steuernd einzugreifen, um die Entwicklung in eine von uns gewünschte Richtung zu lenken? Welche Gefahren werden diese Entwicklung dennoch begleiten, und wie können wir ihnen ausweichen? Angesichts der Bedeutung dieser Fragen ist auch die Soziologie aufgerufen, zu ihrer Klärung und Beantwortung beizutragen. Ich will hier den Versuch wagen, die theoretischen Leitlinien der Soziologie mit der Detailforschung zu einer Vielzahl von Spezialproblemen zu verknüpfen, um zu einer theoretisch fundierten und empirisch gesättigten Antwort auf die Fragen nach der Zukunft Europas im Rahmen des Weltgeschehens zu gelangen.

Ohne Anregung und Unterstützung bei der Suche nach Literatur und Datenmaterial sowie bei der Erfassung des Textes hätte ich dieses Programm nicht durchführen können. Dafür danke ich Karin Rhau, Susanne Gabele, Andrea Jansen, Anna Kirberich, Renate Kolvenbach, Jutta Krah, Andrea Richter und Ulrich Rosar.

Düsseldorf, im Juli 1993   Richard Münch

Auf dem Wege zu einer europäischen Gesellschaft?

Die Vereinigung Deutschlands, die Öffnung Osteuropas und die Schaffung des EG-Binnenmarktes haben die Zeichen in Europa auf wirtschaftliches Wachstum in einem noch größeren Gebiet als zuvor gestellt. Die Europäische Gemeinschaft umfaßt jetzt einen Binnenmarkt von 343,6 Millionen Menschen. Die weitere wirtschaftliche Verflechtung der EG mit den EFTA-Ländern und den osteuropäischen Ländern erweitert diesen Markt um 32,5 Millionen und nochmals 464,6 Millionen. Europa hat damit bessere Chancen, im ökonomischen Wettbewerb mit den USA und mit Japan zu bestehen. Die Welt wird jetzt durch den Wettbewerb und die Kooperation dieser drei Mächte beherrscht. Dazu gruppieren sich die aufstrebenden Schwellenländer, die sich dem dreipoligen Zentrum annähern, und die Entwicklungsländer in der Peripherie. Die ganze Welt bildet jetzt ein einheitliches, auf wirtschaftliches Wachstum nach westlichem Muster ausgerichtetes System. In diesem globalen System des Wettbewerbs und der Kooperation rückt Europa immer mehr als eine Einheit mit einer eigenen Identität in den Mittelpunkt unseres Lebens und drängt die alten nationalstaatlichen Identitäten in den Hintergrund, die sich allerdings auch dagegen wehren und die Entwicklung um so spannungsreicher gestalten.

Die Zwischenergebnisse dieser Entwicklung lesen sich überwiegend als Erfolgsberichte, soweit sie von den verantwortlichen Regierungsstellen veröffentlicht werden. Folgen wir z. B. den Veröffentlichungen, die von der Kommission der EG zur Schaffung des europäischen Binnenmarktes verbreitet werden, dann wird es uns in Zukunft nur besser gehen. Zwölf »grenzenlose« Vorteile führt eine Broschüre auf:

1. größere Auswahl, mehr Verbraucherrechte, 2. unser Geld wird mehr wert, 3. günstigere Leistungen bei Banken und Versicherungen, 4. schneller und ungehinderter reisen, 5. bessere Chancen auf dem Arbeitsmarkt, 6. EG-weites Ausbildungs- und Studienangebot, 7. volle Bewegungsfreiheit in der EG, 8. überall gleiche Rechte für EG-Bürger, 9. Zusammenleben im gesicherten Frie-

den, 10. demokratische Zukunft, 11. ein vielfältiges europäisches Kulturangebot, 12. gesündere Lebens- und Umweltbedingungen (Kommission der EG 1989a).
Solche Voraussagen können sich durchaus auf Erfahrungen der bisherigen Entwicklung stützen. Der Wohlstand, den die EG bisher ihren Mitgliedern gebracht hat, ist in den Steigerungsraten des Bruttosozialproduktes, des Pro-Kopf-Einkommens, der Lebenserwartung, der Bildung, der sozialen Sicherung, der Versorgung mit Konsumgütern dokumentiert. Die Versorgung mit Kühlschränken, Telefonen, Fernsehapparaten und Kraftfahrzeugen ist ständig verbessert worden. Die Möglichkeiten des Reisens haben sich für immer mehr Menschen enorm erweitert. Die Reise in ferne Länder ist kein Privileg von Eliten mehr, sondern ein Teil des gewöhnlichen Lebensstandards der Massen. Das durchschnittliche Bruttoinlandsprodukt zu jeweiligen Marktpreisen aller EG-Länder ist zwischen 1970 und 1988 pro Kopf von 9287 DM auf 28 211 DM gewachsen. Die durchschnittliche jährliche Steigerungsrate von 1961 bis 1990 bewegt sich zwischen 8,5 und 14,5 Prozent, real je Land zwischen 1,4 Prozent (Griechenland) und 3,5 Prozent (Luxemburg). Die Ausgaben für die soziale Sicherung haben zwischen 1962 und 1988 von 15,5 auf 24,8 Prozent des Bruttosozialproduktes zugenommen. Die Zahl der jährlich geleisteten Arbeitsstunden je Beschäftigtem ist zwischen 1972 und 1990 in den meisten Ländern zurückgegangen, in der Bundesrepublik von 1799 auf 1643. Die durchschnittliche Lebenserwartung hat sich zwischen 1950 und 1988 bei Männern von 63,9 auf 71,8 Jahre erhöht, bei Frauen von 68 auf 78,3 Jahre. Die Fernsprechanschlüsse haben sich zwischen 1970 und 1986 von 214 auf 410 je 1000 Einwohner vermehrt, die Fernsehgeräte in der Bundesrepublik zwischen 1970 und 1983 von 273 auf 360, die jährlichen Ferngespräche je Einwohner in der Bundesrepublik zwischen 1970 und 1985 von 167 auf 452. Die jährlichen Einnahmen aus dem Reiseverkehr sind in der Bundesrepublik zwischen 1982 und 1986 von 5,499 auf 7,987 Milliarden ECU gestiegen, in Frankreich von 7,151 auf 9,886, in Großbritannien von 5,685 auf 8,095, in Italien von 8,519 auf 10,049, in Spanien von 7,322 auf 12,166. Die jährlichen Ausgaben der reisenden Deutschen im Ausland sind zwischen 1980 und 1986 von 14,976 auf 21,088 Milliarden ECU hochgeschnellt, die Ausgaben der Franzosen von 4,328 auf 6,622, der Briten von 4,635 auf 8,827, der Italiener von 1,370 auf 2,813,

der Spanier von 0,882 auf 1,531. Die Steigerung der Ausgaben für Auslandsreisen setzt sich bis heute ungebrochen fort. Allein die Deutschen kamen 1991 schon auf 24,83 Milliarden ECU, das sind 51,056 Milliarden DM (Brettschneider, Ahlstich und Zügel 1992: 488, 507, 510, 511, 512, 523, 528, 529; Europa im Schaubild 1992: 27, 67; Statistisches Bundesamt 1988: 102, 1992a: 283).

Es besteht kein Zweifel, daß uns das Zusammenwachsen Europas unter dem dynamischen Schub des EG-Binnenmarktes noch mehr von diesem Wohlstand für noch mehr Menschen bringen wird. Der »Cecchini-Bericht« errechnet aus der Errichtung des EG-Binnenmarktes zum 31. 12. 1992 jährliche Vorteile in Höhe von 175 bis 260 Milliarden ECU. Es wird berichtet, daß der EG-Binnenmarkt den EG-Ländern ein jährliches Wachstumsplus des Bruttoinlandsproduktes zwischen 4,5 und 7,5 Prozent bescheren, auf mittlere Sicht zwischen 1,8 und 5,7 Millionen neue Arbeitsplätze schaffen, das Preisniveau um 4,3 bis 6,1 Prozent senken, den Saldo der öffentlichen Finanzen um 2 Prozent des Bruttoinlandsproduktes und den Leistungsbilanzsaldo um 1 Prozent des Bruttoinlandsproduktes verbessern wird (Cecchini 1988: 133-134; vgl. Scharrer 1989: 110-113; Grupp 1991: 43).

Über die wirtschaftlichen Vorteile hinaus führt die politische Vereinigung zu einer dauerhaften Befriedung innerhalb der Grenzen der Europäischen Gemeinschaft. Jenseits ihrer Grenzen kann die Europäische Gemeinschaft eine wichtige Rolle bei der Friedenssicherung in ganz Europa und darüber hinaus in der ganzen Welt im Rahmen der Konferenz für Sicherheit und Zusammenarbeit in Europa (KSZE) und der Vereinten Nationen spielen. Auch dieser politische Fortschritt ist nicht zu leugnen, wenn man einen Vergleich zur Situation Europas vor dem Ende des Zweiten Weltkrieges, aber auch vor dem Ende der Ost-West-Konfrontation zieht. Ebenso entstehen weiterreichende Gefüge der Zusammenarbeit und Solidarität über die ursprünglichen nationalstaatlichen Grenzen hinweg, angefangen bei der wirtschaftlichen Kooperation über den gegenseitigen politischen Beistand bis zum Aufbau eines europäischen Wohlfahrtssystems und bis zur Herausbildung einer Gemeinschaft der europäischen Bürger mit gleichen Rechten in einem globalen System der Zusammenarbeit und Wohlfahrtssicherung. Schließlich gelangt jetzt die moderne Kultur mit ihrem spezifischen Rationalismus, ihrer aktiven Weltbeherrschung und ihrer Garantie individueller Freiheits- und Entfaltungsrechte sowie universeller Gleichheitsrechte zu einem weiteren Durchbruch und zu breiterer Geltung. In Europa und darüber hinaus in der ganzen Welt werden die letzten Winkel des Traditionalismus in den Sog der Moderne hineingezogen. Armut, Not, Krankheit, Leiden, Bevormundung, Unfreiheit und Ungleichheit werden im Zuge der Vereinheitlichung der Lebensverhältnisse in Europa weiter zurückgedrängt. Mehr Menschen kommen in größerem Umfang in den Genuß von materiellem Wohlstand, Bildung, Selbstbestimmung und Gleichheit. Die europaweite und globale Geltung von Grundrechten im Rahmen einer universellen Kultur trägt Gegensätze ab und erleichtert die gegenseitige Verständigung. Das Projekt der Aufklärung steuert auf eine neue Stufe des Fortschritts zu.

Gleichwohl, die Medaille hat ihre Kehrseite. Wie der Fortschritt der Menschheit überhaupt nicht gleichbedeutend ist mit der uneingeschränkten Steigerung des menschlichen Glücks, sondern Neues aufbaut, indem Altes zerstört wird, von alten Zwängen befreit, um neue zu errichten, Ungleichheiten beseitigt, um neue an ihre Stelle zu setzen, Leid vertreibt, um neues Leid zu schaffen, Ungerechtigkeit abbaut, um neue zu erzeugen, Rationalität zum Sieg verhilft, um neue Irrationalitäten hervorzubringen, so ist es auch mit dem Fortschritt der Einigung Europas im Rahmen des Weltsystems. Er hat einen höchst widersprüchlichen Charakter. Fortschritt verläuft dialektisch. Jede positive Entwicklung bringt zugleich Negativerscheinungen hervor, aus deren Spannung wieder eine neue positive Entwicklung mit ihren eigenen Negativerscheinungen hervortritt.

Eine unvoreingenommene Analyse muß neben den positiven Seiten der Entwicklung Europas zu einer neuen Einheit im Rahmen der Weltentwicklung auch die negativen Seiten aufzeigen. Die Soziologie kann sich bei dieser Arbeit auf eine gute Tradition stützen. Schon die Klassiker von Marx bis Durkheim, Weber oder Simmel haben die dialektische Natur des Fortschritts deutlich gemacht. An der Richtigkeit ihrer Analysen hat sich bis heute nichts geändert. Im Lichte ihrer Erkenntnisse ist auch das Zusammenwachsen Europas innerhalb des Weltsystems im allgemeinen und die Vollendung des EG-Binnenmarktes im besonderen eine doppelgesichtige Angelegenheit. Diese Dialektik des europäischen Einigungsprozesses im globalen System des Wettbewerbs und der Zusammenarbeit wollen wir hier aufspüren. Bevor wir uns im einzelnen damit beschäftigen, soll zunächst die Problemstellung der Untersuchung skizziert werden.

Europa wächst ökonomisch mehr und mehr zusammen. Der EG-Binnenmarkt ab 1993 ist ein weiterer folgenreicher Schritt auf diesem Wege. Angesichts dieser Entwicklung ist eine wichtige Frage, was mit den alten kulturellen Identitäten von Gruppen und Nationen geschieht, an denen sich zu orientieren die Menschen gewohnt waren. Tritt an die Stelle des alten Europas der Nationalstaaten ein neuer europäischer Nationalitätenstaat oder gar Nationalstaat? Lösen sich alte nationale Kulturidentitäten auf, und entsteht auf ihrem Boden eine umfassende europäische Kulturidentität? Oder ist es so, daß das ökonomische Zusammenwachsen die alten nationalkulturellen Identitäten gefährdet, die sich angesichts dieser Gefährdung jedoch um so schärfer artikulieren, so daß kulturelle Differenzen jetzt gerade neu betont werden und im Zuge der gewachsenen Notwendigkeit, zu gemeinsamen europaweiten Entscheidungen zu gelangen und Ziele zu setzen, erst recht aufeinanderprallen und neue Konflikte erzeugen? Weiter ist zu fragen, ob in diesem Entwicklungsprozeß überhaupt die Chance besteht, eine umfassende europäische Kulturidentität herauszubilden. Im einzelnen wollen wir wissen, von welchen historischen Gegebenheiten eine solche Entwicklung ausgehen muß und welche Wege zu einer europäischen Kulturidentität beschritten werden können.

Mit dem ökonomischen Zusammenwachsen Europas stellt sich in zunehmendem Maße das Problem, gemeinsame europäische Entscheidungen zu treffen, eine europäische Solidarität zu entwickeln und dabei aus einer kulturellen Identität mit gemeinsamen Werthaltungen und Weltsichten schöpfen zu können. Die in diesem Prozeß weiter beschleunigte ökonomische Expansion und die damit einhergehende Steigerung der Bedürfnisse immer größerer, in den Entwicklungsprozeß einbezogener Bevölkerungsgruppen werden den Verbrauch der natürlichen Ressourcen, die Eingriffe in die Natur und die Belastung der Umwelt enorm steigern. Um so größer ist der Handlungsbedarf, durch europaweite Maßnahmen die Tendenz zur Zerstörung der Erde durch ein unablässig gesteigertes wirtschaftliches Wachstum unter Kontrolle zu halten. Über Europa hinaus sind dafür weltweite Maßnahmen gefordert. Sind dafür indessen überhaupt die Voraussetzungen gegeben? Wir hoffen darauf, daß das Zusammenwachsen Europas zu einer einheitlichen und vielfältigen europäischen Gesellschaft zumindest auf diesem Kontinent dafür bessere Chancen als bisher bietet. Das mag im Vergleich zur Vergangenheit stimmen. Wird es aber ausreichen, um die im Wege der ökonomischen Verflechtung ja gerade gesteigerten Probleme überhaupt lösen zu können? Dazu ist es sicherlich erforderlich, daß Europa nicht nur ökonomisch, sondern auch politisch, solidarisch und kulturell zusammenwächst, um aus einer gemeinsamen kulturellen Identität und Weltsicht diese Probleme angehen zu können. Ein solches politisches, solidarisches und kulturelles Nachwachsen braucht jedoch viel mehr Zeit als die vorauseilende ökonomische Dynamik, vielleicht zu viel Zeit. Europa könnte auch daran scheitern, daß es ökonomisch zu schnell davonzieht, ohne rechtzeitig mit den notwendigen begleitenden Institutionen nachzukommen.

Wenn Europa Fortschritte in der aufgezeigten Richtung macht, dann werden diese jedoch nicht nur Positives, sondern auch Negatives mit sich führen. Das Zusammenwachsen Europas ist ein Prozeß, der – wie die gesamte Entwicklung der westlichen Moderne – höchst widersprüchlich und konfliktreich verläuft. Ökonomische Gewinne werden auf Kosten ökologischer, letztlich auch ökonomischer Verluste erzielt, politische Effektivität auf europäischer Ebene wird auf Kosten politischer Ineffektivität auf nationaler und regionaler Ebene erreicht, europäische Solidarität schreitet zu Lasten nationaler und regionaler Solidaritäten voran, europäische Kulturidentität bildet sich zu Lasten nationaler und regionaler Kulturidentitäten. Umgekehrt wehren sich die nationalen und regionalen Gruppen gegen die drohenden Verluste, erzeugen Konflikte und verhindern zumindest ein Stück weit die Herausbildung europäischer politischer Effektivität, Solidarität und Kulturidentität, die jedoch durch das ökonomische Zusammenwachsen erforderlich werden.

Wir erleben hier eine neue Entwicklungsstufe der Ausbreitung der westlichen Zivilisation, der die Herausbildung der europäischen Nationalstaaten vorausgegangen ist. In gewisser Weise kann das Zusammenwachsen Europas im weltweiten Konkurrenzkampf mit den Vereinigten Staaten von Amerika und Japan mit der Herausbildung der europäischen Nationalstaaten im europäischen Konkurrenzkampf verglichen werden. Es laufen auf höherer Entwicklungsstufe der Bildung noch größerer gesellschaftlicher Einheiten ähnliche Prozesse ab. Allerdings wird man auch die Unterschiede sehen müssen, wenn man abschätzen will, in welch veränderter Weise und mit welchen Begleiterscheinungen sich diese Entwicklung vollzieht. Was wir hier zu untersuchen haben, ist der Prozeß der Europäisierung und Globalisierung des modernen Lebens. Europäisierung heißt, daß Europa als größere Einheit im Vergleich zu den Nationalstaaten in immer größerem Umfang unser Leben bestimmt. Globalisierung bedeutet, daß diese Entwicklung zugleich eingebettet ist in globale Zusammenhänge, die ebenso einen immer größeren Einfluß auf unser Leben nehmen (Robertson 1990). Beide, Europäisierung und Globalisierung, sind jedoch nicht ohne die Gegenbewegung derjenigen Kräfte zu denken, die sie zurückdrängen wollen. Neue Nationalismen und Regionalismen machen gegen die Zentralisierung und Vereinheitlichung mobil, die aus dem Prozeß der Europäisierung und Globalisierung erwachsen.

Hat die gesellschaftliche Entwicklung jetzt eine neue Dimension erreicht, daß dazu auch neue soziologische Ansätze erforderlich sind, die uns sagen, was hier vor sich geht und wohin die Entwicklung mit welchen Problemen steuern wird? Gewiß muß die Soziologie ihr theoretisches Instrumentarium so entwickeln, daß sie imstande ist, die neuen Problemstellungen zu bewältigen. Wir sollten dabei jedoch nicht vergessen, was wir von den klassischen Theorien über die Moderne schon wissen. Es ist durchaus brauchbar für die Deutung und Erklärung der Vorgänge, die uns heute beschäftigen. Es kommt darauf an, das klassische Wissen für die Bewältigung der neuen Problemstellungen fruchtbar zu machen, indem wir es erneuern und fortentwickeln (Münch 1982/1988, 1984/1992c, 1986/1993a, 1991, 1993b).

1. Identität

Die geopolitische Situation Europas hat sich nach dem Zusammenbruch des Sowjetimperiums schlagartig geändert (vgl. Czempiel 1991). Europa bildet weltpolitisch eine Einheit mit eigenen Interessen im Konkurrenzkampf mit den Vereinigten Staaten und Japan um Anteile am wirtschaftlichen Wohlstand, an der politischen Gestaltung der Weltordnung, an der weltweiten Zusammenarbeit und an der globalen Kultur. Im Vergleich zu den Europäern haben die Amerikaner und Japaner den Vorteil, daß sie aus einer historisch gewachsenen und politisch zentrierten kollektiven Identität heraus handeln können, während die Europäer erst noch aus der Vielfalt nationaler und regionaler Identitäten eine kollektive Identität hervorbringen müssen, wenn sie sich im Konkurrenzkampf mit den USA und Japan erfolgreich behaupten und sich nicht mit der untergeordneten Rolle einzelner europäischer Nationalstaaten im Weltgeschehen bescheiden wollen.

1.1 Die Entwicklung großräumiger und gruppenübergreifender kollektiver Identitäten: Das Modell der Nationalstaaten

Die Herausbildung einer großräumigen kollektiven Identität aus dem »Zusammenwachsen« einer Vielzahl nationaler Identitäten ist ein äußerst voraussetzungsvoller und kompliziert verlaufender Prozeß, der vieles dem Wandel unterzieht, was wir vielleicht gar nicht verändert sehen wollen, wenn wir der geopolitischen Behauptung der Europäer gegen ihre Konkurrenten nicht die absolute Priorität geben. Eine nüchterne Analyse des europäischen Einigungs- und Identitätsbildungsprozesses muß unvoreingenommen aufzeigen, unter welchen Voraussetzungen sich eine europaweite kollektive Identität entwickelt, welche Veränderungen des Lebens dadurch eintreten, was gewonnen und was verloren wird. Für eine solche Analyse ist es anschaulich, einmal zu betrachten, wie und mit welchen Konsequenzen die west- und mittelwesteuropäischen Nationalstaaten vom 16. bis 19. Jahrhundert eine nationale, über regionale Identitäten hinausgreifende

Identität herausgebildet haben, und zu fragen, wie weit und mit welchen veränderten Vorzeichen die Entwicklung einer europäischen Identität diese Prozesse auf höherer Ebene wiederholen bzw. abwandeln wird. Das soll in den folgenden Betrachtungen geschehen (vgl. Schieder 1991; Deutsch 1953/1966, 1969; Bendix 1964, Eisenstadt und Rokkan 1973, Eisenstadt 1991b, Tilly 1975, Smith 1986, Anderson 1988, Hobsbawm 1991, Gellner 1991, Giesen 1991, Senghaas 1992a; Habermas 1992a: 632-660).

1.11 Identitätsbildung durch äußere Abgrenzung und Konfliktaustragung

Zunächst liegt die Wurzel jeder kollektiven Identität in der Abgrenzung der eigenen Gruppe, Gemeinschaft oder Nation gegen andere Gruppen, Gemeinschaften und Nationen. So ist mit jeder Identitätsfindung auch eine Abgrenzung nach außen verbunden, auf der dann Selbstwahrnehmung und Fremdwahrnehmung aufbauen, die natürlicherweise Voreingenommenheiten und Vorurteile enthalten. Solche identitätssichernde Abgrenzungen stärken die innere Solidarität, den Konsens und die innere Ordnung des sozialen Lebens (Simmel 1908/1968: 232-245). Sie tragen außerdem zum Fortdauern der Gesamtstruktur eines Systems von sich gegenseitig abgrenzenden Gruppen und Nationen bei (Simmel 1908/1968: 189-190). Es darf auch nicht übersehen werden, daß mit diesen identitätssichernden Abgrenzungen eine Tendenz zum Handeln nach dem primitiven Freund-Feind-Schema, nach der Differenzierung zwischen innerer Solidarität und äußerer Feindschaft, Binnenmoral und Außenmoral einhergeht. Höchste Moralität nach innen kann höchste Amoralität nach außen implizieren. Sie sind zwei Seiten ein und derselben Medaille.
Die genannten Identitätsabgrenzungen geraten im Prozeß der Herausbildung größerer ökonomischer, politischer und kultureller Einheiten in Bewegung. Das Zusammenwachsen Europas ist eine neue Stufe der Herausbildung größerer Einheiten des menschlichen Zusammenlebens, der andere Stufen vorausgegangen sind. Die Entwicklung der europäischen Nationalstaaten kann durchaus als ein historisches Modell auf niedrigerer Entwicklungsstufe für die Untersuchung der Vorgänge genutzt werden, die wir jetzt im europäischen Integrationsprozeß beobachten

können. Durch die Ausdehnung des Warenverkehrs sind größere Wirtschaftseinheiten entstanden. Politische Kämpfe haben zu einzelnen Machtakkumulationen geführt, die wiederum in weitere Machtakkumulationen und territoriale Erweiterungen umgesetzt wurden. Kleine Fürstentümer wurden der Macht eines größeren Herrscherhauses unterworfen (Spencer 1897-1906/1975; Elias 1939/1976). In diesem Entwicklungsprozeß sehen sich kleinere politische Einheiten vor die Wahl gestellt, durch den Anschluß an schon stärkere Einheiten, durch Unterwerfung unter größere Einheiten, durch eigene Expansion und Unterwerfung anderer kleinerer Einheiten, durch Zusammenschluß oder durch den Schutz einer Nische zu überleben.

Kriegerische Auseinandersetzungen treiben die Entwicklung von den kleineren zu den größeren politischen Einheiten voran. Dazu ist die Akkumulation politischer Macht erforderlich, die jedoch nicht allein auf militärischer Stärke beruht. Auch ökonomische Prosperität trägt dazu bei. Unterstützung, Loyalität, Solidarität und Kooperation, erleichtert durch Homogenität der Bevölkerung oder durch Überwindung von Spaltungen mittels Integration einer Vielzahl von Gruppen in eine Staatsbürgerschaft auf der Basis von Gleichberechtigung, leisten ebenfalls einen gewichtigen Beitrag. Schließlich fördern auch kulturelle (religiöse, sprachliche) Homogenität oder die Integration kultureller Vielfalt in einer Kultur von gleichberechtigten Subkulturen die Akkumulation politischer Macht, weil sie eher die Übereinstimmung über die Legitimität politischer Herrschaft und politischer Entscheidungen ermöglichen. Diejenigen Einheiten, die am erfolgreichsten alle diese unterschiedlichen Ressourcen politischer Macht akkumulieren können, haben auf Dauer die besten Chancen, sich im politischen Konkurrenzkampf zu behaupten. Das Scheitern in diesem Konkurrenzkampf kann nicht nur aus militärischer Schwäche folgen, sondern auch aus ökonomischer Schwäche, aus integrativer Schwäche wegen zu großer sozialer Spaltungen oder aus legitimatorischer Schwäche wegen zu großer kultureller Spannungen oder zu großer Kluft zwischen kulturellem Anspruch und sozialer Wirklichkeit.

Diese Merkmale haben darüber entschieden, welche Nationalstaaten sich in Europa am erfolgreichsten durchsetzen konnten: Großbritannien und Frankreich. Dabei hat die Bildung der ersten größeren Einheiten auf dem Wege der politischen Konkurrenz die

Entwicklung weiterer konkurrenzfähiger Einheiten nach sich gezogen. Die äußere Konkurrenz hat die Herausbildung neuer, weiterreichender Solidaritäten und darauf aufbauend weiterreichender kultureller Identitäten begünstigt und bestehende Differenzen, Ungleichheiten, Spannungen und Partikularismen abgetragen. Dies ist jedoch nicht immer und überall ohne zwanghafte Vereinheitlichung und Unterdrückung von unterlegenen Gruppen vor sich gegangen. Daraus resultierten z. T. dauerhafte innere Konflikte, die zu regionalen Gegenbewegungen geführt haben. Die Katholiken in Nordirland und die Basken in Spanien kämpfen noch und gerade heute um ihre Unabhängigkeit (Waldmann 1991).

Die kriegerischen Kämpfe der alten Nationalstaaten um die Beherrschung von Territorien werden heute auf globaler Ebene durch wissenschaftlich-technolgische und wirtschaftliche Kämpfe um Vorsprünge in der technologischen Entwicklung und Anteile am Weltmarkt ersetzt: »Aus der Ära der Geopolitik treten die fortgeschrittenen Industrieländer in eine Ära der Geo-Ökonomie. Wo die ›großen Mächte‹ einst um Territorien, Kolonialreiche und Einflußsphären kämpften, da kämpfen sie jetzt um technologische Führerschaft und Beherrschung der globalen Hochtechnologie-märkte« (Seitz 1992: 4-5; vgl. Hughes 1992, Thurow 1993). Die »Schlachtfelder« dieses »Wirtschaftskrieges« sind auch schon ausgemacht: »Der Schlacht um den amerikanischen Markt in den achtziger Jahren folgt (...) in den neunziger Jahren die Schlacht um den europäischen Markt« (Seitz 1992: 8).

Diese Kämpfe sind in vollem Gange und werden auf die Herausbildung und Abgrenzung größerer kollektiver Identitäten eine ähnliche Wirkung ausüben wie die kriegerischen Auseinandersetzungen bei der Entwicklung der Nationalstaaten. Während die Beendigung der Ost-West-Konfrontation den Druck auf den Zusammenhalt der Westeuropäer vermindert, vergrößert sich dieser Druck zugleich wieder aufgrund der wachsenden Konkurrenz mit den Vereinigten Staaten und Japan. Es ist heute die erklärte Politik der EG-Kommission, nach dem Binnenmarkt die Wirtschafts- und Währungsunion sowie die Politische Union zu verwirklichen und zu einer gemeinsamen EG-Technologiepolitik zu gelangen, um als größere Einheit mit zusammengelegten Ressourcen und einem vergrößerten Heimatmarkt für den Massenabsatz von immer kapitalintensiveren Produkten gegen die Konkurrenz aus den

USA und Japan bestehen zu können: »Europa Macht, Präsenz und internationale Wettbewerbsfähigkeit zu verleihen und es mit einem dynamischen wissenschaftlichen und technologischen System auszustatten, das eine ausgeglichene Entwicklung auf allen Bereichen von lebenswichtigem Interesse (Landwirtschaft, Industrie, Neue Technologien, Erhaltung und Verbesserung der menschlichen Umwelt, Gesundheit, Sicherheit...) ermöglicht, stellen zwei nicht voneinander zu trennende Ziele dar« (Kommission der EG 1985a: 1; zit. bei Starbatty und Vetterlein 1988: 171).

Vor allem der Vorsprung der amerikanischen und japanischen Konkurrenten in der Hochtechnologie läßt die politischen und wirtschaftlichen Führungseliten auf einen raschen Schulterschluß der Europäer drängen. Sie fordern, »daß wir uns in Deutschland und Europa endlich der japanisch-amerikanischen Herausforderung bewußt werden und sie annehmen« (Seitz 1992: 15). Die EG hat in ihren Maastrichter Beschlüssen vom 10. Dezember 1991 zusätzlich zur gemeinsamen Forschungs- und Technologiepolitik auch eine gemeinsame Industriepolitik zum Programm erhoben, um dieser Herausforderung zu entsprechen.

Die geoökonomischen Kämpfe beschleunigen offensichtlich das Zusammenrücken der EG-Mitgliedsstaaten. Diese üben wiederum mit ihrem Zusammenrücken einen Sog auf die kleineren Länder aus, die bislang vor allem aus neutralitätspolitischen Gründen und zur Wahrung ihrer Unabhängigkeit einem EG-Beitritt widerstanden haben. Jetzt können sie sich dem Sog der EG anscheinend nicht mehr lange entziehen. Österreich, Schweden, Norwegen und vielleicht sogar die Schweiz (Lévy 1988) werden sich möglicherweise anschließen und damit ein Stück ihrer Souveränität und Identität aufgeben, um sich im globalen wirtschaftlichen Konkurrenzkampf besser behaupten zu können.

So kann man sagen, daß die geopolitische und geoökonomische Lage in der Tat auf die Herausbildung einer kollektiven Identität der Europäer hinwirkt. Wie weit diese Identitätsbildung reicht und wie intensiv sie voranschreitet, hängt jedoch zusätzlich von einer Reihe innerer Prozesse ab, über die wir ebenfalls aus der Herausbildung der nationalstaatlichen Identitäten Aufschlüsse gewinnen können.

Die Auflösung älterer partikularer Identitäten und die Herausbildung neuer nationaler oder sogar supranationaler Identitäten ist ein äußerst widersprüchlich und konfliktreich verlaufender Prozeß. Das geschilderte Hochschaukeln politischer Kämpfe, einschließlich kriegerischer Auseinandersetzungen, auf die Ebene immer größerer politischer Einheiten überwindet alte Identitätsabgrenzungen, indem es neue Identitätsabgrenzungen auf der Ebene größerer Einheiten vornimmt. Der Nationalstaat hat seine innere Homogenisierung gerade auch auf dem Wege der äußeren Abgrenzung, der Konfliktaustragung bis hin zum Krieg herbeigeführt. Innere regionale, klassenspezifische und religiöse Differenzen sind so geglättet worden. Im besten Fall sind gegenseitige Vorurteile, Provinzialismus und Ungleichheiten abgebaut worden. Die Wohlfahrtspolitik hat dazu einen weiteren Teil beigetragen. Ebenso hat die nationalstaatliche Gesetzgebung auf anderen Gebieten, z. B. für das Familien- und Berufsleben, formal einheitlichere Lebensverhältnisse geschaffen. Die Vereinheitlichung des Bildungssystems und die Massenmedien haben die Verbreitung eines aufgeklärten, national einheitlichen Bewußtseins und die Erweiterung des kulturellen Horizontes gefördert und haben Provinzialität sowie Vorurteile abgetragen. Politische, administrative und rechtliche Vereinheitlichung haben an die Stelle einer vorurteilsbehafteten provinziellen Identität regionaler Gruppen eine formal-rechtlich weitergreifende Identität der Nation gesetzt. Ökonomisches Wachstum hat die ungleichen Lebensverhältnisse regionaler Gruppen auf einem höheren Niveau des nationalen Wohlstands einander angeglichen. Durch die Herausbildung eines einheitlichen, arbeitsteilig organisierten Wirtschaftsraumes wurden alte, in sich geschlossene Gruppen mit mechanischer Solidarität aufgelöst und in ein weiteres Netzwerk individueller ökonomischer Austauschbeziehungen auf der Basis organischer Solidarität einbezogen (Durkheim 1893/1973a).

In kultureller Hinsicht war für die Herausbildung der europäischen Nationalstaaten die konfessionelle Einheit von entscheidender Bedeutung (Schilling 1991). Sie erleichterte sowohl die äußere Abgrenzung als auch die innere Homogenisierung. Ohne die Einheit von Staat und Konfession ist die Entwicklung des Nationalstaates im katholischen Spanien schon im Mittelalter und dann im anglikanischen England, im katholischen Frankreich und im lutherischen Schweden in der Neuzeit nicht denkbar. Das staatliche Monopol über die Konfession war in dieser Formierungsphase so wichtig wie das Gewalt- und Finanzmonopol. Das erfolgreiche Bestehen von Konfessionskämpfen war für die Durchsetzung dieses Monopols genauso entscheidend wie das Bestehen von Territorialkämpfen für die Durchsetzung des Gewaltmonopols. In England verband sich damit die Abwehr des Katholizismus und der innere Ausgleich im innerprotestantischen Glaubenskampf zwischen anglikanischer Orthodoxie und puritanischer Erneuerung. In Frankreich ergab sich daraus die Ausgrenzung des Protestantismus in der Hugenottenverfolgung. Im deutschen Sprachraum erhärtete das staatliche Konfessionsmonopol die Zersplitterung in Territorialstaaten und bildete ein Hindernis für die Entwicklung eines deutschen Nationalstaates, der erst Jahrhunderte später als in England und Frankreich gegründet wurde. Daß dies unter Führung des protestantischen Preußen geschah, aber eben auch große katholische Teile einbezog, pflanzte ein konfessionelles Spannungsverhältnis in den deutschen Nationalstaat ein, das sich schon bald nach der Gründung im sogenannten Kulturkampf entlud und nur langsam abgebaut werden konnte (vgl. Gauly 1988).

Konfessionelle Einheit hat die Entwicklung einer gemeinsamen Weltsicht und Moral begünstigt. Die Aufklärung hat an diese angeknüpft und hat entweder in radikaler Entgegensetzung – wie in Frankreich – oder in philosophischer Verallgemeinerung – wie in England, Deutschland oder Amerika – säkulare Weltsichten und Moralprinzipien geschaffen. Gemeinsame Sprache und die nationale Zentrierung philosophischer Diskurse haben die nationalkulturelle Einheit gefördert. Auf diesem Wege ist in England der Empirismus dem Anglikanismus und Puritanismus gefolgt, in Frankreich der Rationalismus dem Katholizismus, in Deutschland der Idealismus dem Protestantismus. Von entscheidender Bedeutung war, daß sich dadurch national relativ einheitliche und spezifische säkulare Identitäten herausgeschält haben, die nach innen homogen und nach außen klar abgegrenzt waren. Das gilt natürlich nur tendenziell. So ist z. B. in Frankreich der Katholizismus ein Gegenpol des aufgeklärten Rationalismus geworden, in England der Anglikanismus ein Gegenpol des aus dem Puritanismus hervorgegangenen säkularen Empirismus, in Deutschland der Katholizismus ein Gegenpol der Verbindung von Protestantismus und Idealismus (vgl. Münch 1986/1993a).

Die Herausbildung nationaler Identitäten ist vor allem auch ein Werk von Intellektuellen, die explizit oder implizit daran arbeiten, die Kultur einer Nation durch die Abgrenzung zu anderen Nationalkulturen und durch innere Etablierung eines herrschenden kulturellen Paradigmas zu definieren. Waren die Intellektuellen an der Nationsbildung politisch gestaltend beteiligt, dann haben sie eher einen politischen Begriff der Staatsnation formuliert. Ergab sich dies im Rahmen einer demokratischen Bewegung, wie vor allem in Frankreich, dann wurde die Republik zum Rahmen, in dem sich die Nation entfalten konnte. Wurden die Intellektuellen von der Macht ferngehalten, scheiterte die demokratische Bewegung und wurde die Nation durch Staatsführer geeinigt, wie in Deutschland, dann entwickelte sich eine eigentümliche Spannung zwischen Kultur- und Staatsnation, während das republikanische Verständnis auf der Strecke blieb (Giesen 1993).

Die Ablösung regionaler Identitäten durch die nationale Identität ist also durch die politische Eigendynamik von Territorialkämpfen vorangetrieben, aber zusätzlich durch politische, administrative, rechtliche, ökonomische und kulturelle Entwicklungen unterstützt worden. Das ist die eine Seite der Medaille. Die andere Seite besteht in neuen äußeren Konflikten und in inneren Identitätsverlusten sowie in neuen Ungleichheiten und Unfreiheiten, auf die nun einzugehen ist.

1.13 Identitätsbildung durch Inklusion: Die Differenzierung von Zentrum und Peripherie

Die aufgezeigte Entwicklung ist nur im Zusammenhang mit einer Verschärfung der Konflikte zwischen den sich entwickelnden Nationalstaaten bis hin zu gewaltigen kriegerischen Auseinandersetzungen aufgetreten. Die Kriege nach außen waren die Kehrseite der inneren Befriedung und Homogenisierung. Diese innere Befriedung und Homogenisierung ist indessen nicht ohne Unterdrückung und die Schaffung von neuen Zwängen und Ungleichheiten vonstatten gegangen. An die Stelle der Ansammlung von nebeneinander lebenden, in sich relativ geschlossenen Regionen und ihrer natürlich gegebenen ungleichen Lebensverhältnisse tritt die Differenzierung von Zentrum und Peripherie (Shils 1975). Das andere Leben in der Provinz wird nun plötzlich zum schlechteren Leben in der Peripherie und setzt eine Eigendynamik der Wanderung von der Peripherie in das Zentrum mit der entsprechenden Proletarisierung der wandernden Bevölkerung und eine umgekehrte Industrialisierung der Provinz als Billiglohngebiet in Gang (Wallerstein 1984, Hopkins und Wallerstein 1982). Die alten Traditionen brechen zusammen, ohne durch neue kulturell legitimierte Lebensformen ersetzt zu werden. Einer zerstörten Kultur werden die materiellen Produktions-, Konsumtions- und Existenzweisen der industriellen Gesellschaft übergestülpt, ohne daß ihre weiteren Institutionen der Demokratie, der sozialen Wohlfahrt und der universellen Bildung und Kultur schon richtig Fuß gefaßt hätten, da diese erst in einem viel langsameren Entwicklungsprozeß heranreifen können. In sich geschlossene und als solche mit einer eigenen Lebensqualität und Würde nach eigenen Maßstäben ausgestattete Regionen werden zu den proletarisierten Peripherien der industriellen Zentren. Sie werden ihrer eigenen Lebensqualität, ihrer Würde und ihrer eigenen Maßstäbe beraubt, obwohl sie sich nach Maßstäben der industriellen Gesellschaft durchaus auf dem Wege des materiellen Fortschritts und auf dem wirtschaftlichen Wachstumspfad befinden, wenn man z. B. das Pro-Kopf-Einkommen, die Zahl von Haushalten mit Fernsehempfängern, Toiletten, Waschmaschinen und Telefonanschlüssen als Kriterien heranzieht.

Diese Entwicklung hat sich zunächst innerhalb der Nationalstaaten vollzogen, um sich dann auf europäischer und schließlich globaler Ebene im Zuge der fortschreitenden europäischen und globalen Arbeitsteilung fortzusetzen. Die älteren nationalstaatlichen Beziehungen zwischen Zentrum und Peripherie werden dabei durch die neueren und großräumigeren nicht beseitigt, aber in ihrer politischen Brisanz relativiert. In Italien herrscht z. B. noch heute eine extreme Ungleichheit der Lebensverhältnisse zwischen dem reichen Norden und dem armen Süden, während Italien insgesamt auf EG-Ebene im Verhältnis zu den peripheren und armen Ländern Griechenland, Portugal, Spanien und Irland dem Zentrum zuzurechnen ist. Die EG ist wiederum als Ganzes auf globaler Ebene ein Zentrum im Verhältnis zur Peripherie der außereuropäischen Entwicklungsländer.

In der Forschung ist die Differenzierung und Relationierung von

Zentrum und Peripherie innerhalb der Nationalstaaten als innere Kolonisierung thematisiert worden (siehe z. B. Hechter 1975, Schultze 1980, Blaschke 1987). Für das Verständnis der globalen Differenzierung und Relationierung von Zentrum und Peripherie kann auf Elemente der marxistischen Imperialismustheorie (Lenin 1933, Luxemburg 1913/1975, Mommsen 1977), der lateinamerikanischen Dependenztheorie (z. B. Sunkel 1972) und der Weltsystemanalyse (Wallerstein 1984, Hopkins und Wallerstein 1982, Chase-Dunn 1989) zurückgegriffen werden, ohne jedoch alle ihre Prämissen und Ableitungen übernehmen und andere Theorieansätze ausschließen zu müssen (zur kritischen Bewertung: Boeckh 1985, Menzel 1991). Im Unterschied zu diesen Ansätzen müssen wir nicht behaupten, daß es im Verhältnis von Zentrum und Peripherie nur eine Verschärfung der Ungleichheit und des Gegensatzes geben könne und keine dynamische Entwicklung aus der Unterentwicklung heraus möglich sei. Im Verhältnis von Zentrum und Peripherie können Veränderungen eintreten, wenn Länder in der peripheren Zone Marktchancen ergreifen und aufsteigen und wenn Länder in der zentralen Zone an Innovationskraft verlieren und im Konkurrenzkampf zunehmend schlechter abschneiden. Grundsätzlich besteht auch die Chance, daß im Zuge des weltwirtschaftlichen Wachstums ein zwar ungleicher Aufstieg, aber doch ein Aufstieg stattfindet, an dem auch die Länder in der peripheren Zone teilhaben. Je offener der Weltmarkt gestaltet ist, um so größer ist der Spielraum für solche dynamischen Prozesse. Aber auch dann, wenn diese Offenheit existiert und nicht durch protektionistische Maßnahmen des Zentrums – wie z. B. im Falle des Agrarprotektionismus der EG – eingeschränkt wird, entsteht daraus keine Gleichheit des Lebensstandards, sondern nur eine dynamische Ungleichheit mit allgemeiner Anhebung des Lebensstandards, Auf- und Abstiegsbewegungen.

Es ist klar, daß die Kultur des Zentrums zur systemweit herrschenden Kultur wird und Startvorteile des Zentrums sowie Startnachteile der Peripherie auch längerfristig wirksam bleiben. Insofern gibt es auch eine Dynamik der Vergrößerung von Ungleichheit im System. Im Verhältnis zwischen Zentrum und Peripherie zeigt sich, daß der Fortschritt im Zentrum schneller voranschreitet und jetzt gerade im vereinheitlichten System die Ungleichheit zwischen Zentrum und Peripherie besonders eklatant zutage tritt. Die Einkommensverhältnisse im Zentrum laufen den Einkommensverhältnissen in der Peripherie davon. Das Bestreben der peripheren Regionen, schnell aufzuholen, führt zu einer oft schwindelerregenden Verschuldung, die kaum abzutragen ist. Hinzu kommt die immense Bevölkerungsvermehrung in den peripheren Ländern, die sich aus der Verbesserung der materiellen und medizinischen Mindestversorgung ergibt, jedoch nicht in ein industrielles Wachstum umgesetzt werden kann, da dazu die eigenen wirtschaftlichen und technologischen Voraussetzungen und die notwendigen Bildungsqualifikationen fehlen. Die zu langsame kulturelle Umstrukturierung mit der entsprechenden Veränderung der Eigenrechte der Frau und der Einstellung zu Kindern beschleunigen diese fatale Entwicklung. Frauen werden nach ihrer Gebärleistung bewertet, Kinder werden nicht als zunächst unterhalts- und entwicklungsbedürftige Menschen gesehen, sondern als eine Vorsorge, die den Unterhalt der Älteren gewährleistet. Die peripheren Länder vegetieren auf einem Entwicklungsniveau dahin, das der Masse ihrer Bevölkerung zuwenig zu einem Leben in Würde und zuviel zum Sterben gibt. So erzeugt der materielle Fortschritt materielles Elend in neuer Form.

Der neuen ökonomischen Ungleichheit und den neuen ökonomischen Zwängen fügen sich neue politische Ungleichheiten und Zwänge hinzu. Lokale Herrschaften und Autonomien müssen einer Verlagerung der politischen Entscheidungen in das Zentrum weichen. Die Verwaltung größerer Gebiete fördert den Verwaltungszentralismus. Lokales Recht wird durch zentrales Recht verdrängt. Damit verbunden ist oft auch die Herrschaft der Gruppen, die das Zentrum bilden, über die lokalen Randgruppen, bis hin zur Unterdrückung regionaler Minderheiten, die sich nicht unterordnen wollen. So befreit der politische Fortschritt die Menschen einerseits von den Zwängen lokaler Herrscher und bietet ihnen gleiche Rechte als aufgeklärte Bürger eines modernen demokratischen Staates, andererseits unterwirft er aber auch die Menschen einer neuen zentralen, weiter entfernten, daher auch weniger faßbaren und undurchsichtigeren Herrschaft, zumal diese in die Kleider von Rechtsstaat und Demokratie geschlüpft ist. Die Menschen schaffen eine Macht, die sie mehr und mehr kontrolliert, statt selbst Kontrolle über diese Macht ausüben zu können. Heute schon wird uns ständig gesagt, daß wir dies oder jenes nicht nach eigenem Wollen entscheiden können, weil es EG-Recht verletzt oder in der EG einheitlich geregelt werden muß, dort aber nicht so gestaltet werden kann, wie wir es wollen. Das heißt, wir verlieren mehr und mehr von unserer Entscheidungsgewalt an eine Macht, von der wir kaum wissen, wie sie zu beeinflussen und unter Kontrolle zu halten ist. Das Thema der Entfremdung und des Freiheitsverlustes des Menschen wird auf noch umfassenderer Ebene als bisher fortgeschrieben (Marx 1844/1968, 1867/1962; Marx und Engels 1846/1969; Weber 1920/1972a: 202-206; Simmel 1900, 1914/1926).

Auch das kulturelle Leben wird zunehmend durch die Differenzierung von Zentrum und Peripherie beherrscht. Das kulturelle Eigenleben der Regionen wird Schritt für Schritt von der Kultur des Zentrums überrollt. Dieser Prozeß hat mit dem weltweiten Empfang der massenmedialen Unterhaltung aus Hollywood zwar eine neue Qualität erlangt. Er hat jedoch viel früher eingesetzt und ist viel umfassender zu verstehen. Er beginnt mit der Aufklärung, der Verbreitung von Flugschriften, Journalen, Tagespresse, setzt sich in der Durchsetzung der Amtssprache des Zentrums gegen die Regionalsprachen und in der Vereinheitlichung des Schulwesens fort und mündet schließlich in die total vernetzte globale Kommunikationsgesellschaft (Münch 1991). Bis heute trägt diese Entwicklung zur Verbreitung eines aufgeklärten Bewußtseins bei und befreit die Menschen von lokalen Engstirnigkeiten, Vorurteilen und Vormundschaften. Jedoch geht mit diesem kulturellen Aufklärungs- und Universalisierungsprozeß auch ein Prozeß der kulturellen Zentralisierung einher. Am Anfang ist es eine im Zentrum herausgebildete Elite von Intellektuellen, die diesen Prozeß vorantreibt. Er wird von einer einheitlich ausgebildeten Lehrerschaft weiter vorangebracht. Heute sind es die Multimediakonzerne, die großen, international einflußreichen Forschungs- und Bildungszentren, die diesen Entwicklungsprozeß in der Hand halten und in alle Winkel der Welt hineintragen und dabei die lokalen Kulturen des Wissens, der Moral, der Unterhaltung, der Literatur, Musik und Kunst über den einheitlichen Kamm einer Universal- und Massenkultur scheren. Die universalistische Moral einer abstrakten Philosophie ist da nicht weniger zwanghaft für die Provinzen als die Massenunterhaltung der weltweit vermarkteten Fernsehserien. So erzeugt der kulturelle Fortschritt auch neues kulturelles Elend, weil die Provinzler der Peripherie ihrer eigenen Kultur beraubt werden und sich die neue doch nur stümperhaft und in Billigausgaben aneignen können.

Soweit die Zentren den lokalen Kulturen in ihrem gesteigerten Bedürfnis nach Erfassung der ganzen Welt eine neue Aufmerksamkeit zuwenden, werden diese zu Ausgrabungsstätten und Ausstellungsstücken einer untergegangenen Epoche der Geschichte herabgewürdigt und – soweit möglich – zur Kitschform umgewandelt und vermarktet (Urry 1990). Ihr Eigenleben wird in diesem touristischen Vermarktungsprozeß ein zweites Mal zerstört. Kulturelle Befreiung und Kulturzerstörung gehen hier Hand in Hand.

Ähnlich paradox verläuft der Prozeß auf der Ebene des Zerfalls und der Bildung von Gruppen und Solidaritäten. Die Differenzierung der Welt in ein Zentrum und eine darauf bezogene Peripherie läßt den Hilfsbedürftigen in den peripheren Regionen eine Hilfe und Unterstützung zuteil werden, die in dieser materiellen Qualität ohne deren Einbeziehung in das größere System niemals möglich gewesen wäre. Wer vorher hilflos verhungern mußte, weil auch die Nachbarn in Armut lebten, kann nun immerhin mit Hilfe aus den reichen Zentren rechnen, die wenigstens ein Überleben sichert. Wo Not durch Katastrophen auftritt, wird nun weltweite Hilfe mobilisiert. Freilich werden auf diese Weise ganze, bislang in sich geschlossene und sich selbst erhaltende Gemeinschaften zu entwürdigten Wohlfahrtsempfängern der reichen Industriezentren gemacht. Die nachbarschaftliche Solidarität zerfällt in diesem Prozeß, weil nun die Hilfe von außen kommt. Selbsthilfe wird durch Fremdhilfe zum Verkümmern gebracht.

Man muß sich in diesem Zusammenhang vergegenwärtigen, daß die großen europäischen Nationalstaaten, in denen eine uns selbstverständlich erscheinende Einheitlichkeit von Sprache, Kultur und Recht entstanden ist, multinationalen Charakter haben und auf der Durchsetzung einer zentralen Sprache, Kultur und Rechtssetzung gegen regionale Sprachen, Kulturen und Rechtstraditionen beruhen (Smith 1986). In Spanien hat die kastilische Sprache die katalanische, galizische und baskische aus dem öffentlichen Verkehr verdrängt. Der Anteil der Bevölkerung Kataloniens, Galiziens und des Baskenlandes, die ihre ursprüngliche Regionalsprache in Sprechen und Schreiben beherrscht, ist mit jeder Generation weiter zurückgegangen. Die Migration zwischen den Regionen verstärkt diesen Verdrängungsprozeß. Nach einem Bericht aus dem Jahre 1977 sprechen in Katalonien 68,4 Prozent der Bevölkerung ohne Probleme die einheimische Sprache, aber nur 11,2 Prozent können sie auch schreiben, in Galizien sind es 81,4 bzw. nur 6,4 Prozent, im Baskenland 19,1 bzw. nur 5,8 Prozent (Nohlen 1980: 44). Es fällt auf, daß dort, wo die Regionalkultur auf den kleinsten Teil der Bevölkerung zusammengeschrumpft ist, im Baskenland, der Kampf um regionale Autonomie mit dem Terror der Untergrundorganisation ETA die blutigste Form angenommen hat. Das Baskenland ist hochindustrialisiert. Ein weitgehend kastilianisiertes Industriebürgertum und eine in erheblichem Maße zugewanderte Industriearbeiterschaft haben die alten kleinbürgerlichen und bäuerlichen Schichten hier am nachhaltigsten überlagert. Die letzteren bilden dementsprechend die Hauptträger der Separationsbestrebungen (Nohlen 1980: 48-49; Clark 1984; Waldmann 1991, Koppelberg 1991, Linz 1973).

In Frankreich ist die französische Zentralsprache gegen sieben regionale Sprachen durchgesetzt worden, gegen das Alemannische, Fränkische bzw. Hochdeutsche in Elsaß/Lothringen, das Flämische im französischen Flandern, das Bretonische in der Bretagne, das Baskische im französischen Baskenland, das Katalanische im französischen Katalonien, das Korsische in Korsika und das Nordokzitanische (Limousinische, Auvergnatische, Alpenprovenzalische), Mittelokzitanische (Languedokische, Provenzalische) sowie Gascognische in Okzitanien (Gerdes 1980). Von Generation zu Generation sind diese Sprachen weiter zurückgedrängt worden. Nach einer Schätzung von 1980 haben in Elsaß/Lothringen ca. 1,2 Millionen von 2,5 Millionen Einwohnern Kenntnisse der heimischen Sprache, im französischen Flandern sind es ca. 100 000 von 2,5 Millionen, in der Bretagne ca. 900 000 von 1,9 Millionen, im französischen Baskenland ca. 85 000 von 500 000, im französischen Katalonien ca. 150 000 von 300 000, in Korsika ca. 100 000 von 200 000; in Okzitanien kommt eine sehr großzügige Schätzung auf ca. 5 Millionen von 11,3 Millionen (Gerdes 1980: 11; Beer 1977, Berger 1977).

Auch Großbritannien ist ein multinationaler Staat, in dem die Kultur des Englischen die Regionalkulturen in Wales, Schottland und Nordirland unter ihre Herrschaft gebracht hat (Schultze 1980, Schmitt 1977, Esman 1977b). Folglich sind auch deren Sprachen keltischen Ursprungs verdrängt worden. In Wales ging der Anteil der walisisch sprechenden Bevölkerung allein von 1901 bis 1971 von rund 50 Prozent auf 20,8 Prozent zurück (Schultze

1980: 24). In Schottland hört man das in den Highlands beheimatete Gälische nur noch in sehr abgelegenen Enklaven. Nur 1,8 Prozent der schottischen Bevölkerung waren 1971 dieser Sprache noch mächtig (Schultze 1980: 29).

Wo sich mit der Differenzierung von Zentrum und Peripherie die Vorherrschaft einer zentralen ethnischen Gruppe über periphere ethnische Gruppen herausbildet, bewirkt die zunehmend engere Verschlingung von Zentrum und Peripherie nicht nur eine Vereinheitlichung der Kultur, des Rechts und der Lebensverhältnisse, sondern auch einen zumindest latenten ethnischen Konflikt zwischen Zentrum und Peripherie. Daraus entsteht um so eher ein manifester Konflikt, je mehr die Gruppen durch Demokratisierung mobilisiert und durch öffentliche Kommunikation für das Recht auf Selbstbestimmung sensibilisiert werden. Je mehr der industrielle Klassenkonflikt entschärft und die Politik entsprechend entideologisiert wird, um so mehr können dann ethnische Konflikte in den Vordergrund der politischen Auseinandersetzungen treten. So ist es zu erklären, daß im Prozeß der Modernisierung ethnische Differenzierungen nicht unter allen Bedingungen in den Hintergrund verbannt oder gar beseitigt werden. Unter den genannten Bedingungen werden sie durch Modernisierung sogar um so schärfer artikuliert, je weiter diese voranschreitet. Sie treten deshalb gerade in späteren Phasen der Modernisierung auf, wenn der drohende oder schon erfolgte Identitätsverlust erkannt wird und die Demokratisierung der Gesellschaft die ethnische Mobilisierung erleichtert (Deutsch 1953/1966: 123-164; Hechter 1971, 1974, Lijphart 1977, Nagel und Olzak 1982, Banton 1983, Nielsen 1985, Esser 1988).

Nur die wachsende Einbindung der ursprünglich peripheren ethnischen Gruppen in das Zentrum kann vor dieser Konsequenz der Modernisierung schützen. Beschränkt sich dieses Hineinwachsen der Peripherie in das Zentrum jedoch allein auf eine vom Rest der Gruppe abgehobene Führungsschicht von Modernisierungsgewinnern, dann bilden die zurückgebliebenen Modernisierungsverlierer das Potential für militante Oppositions- oder Separationsbewegungen unter der Führung radikaler Intellektueller, die gegen die Unterdrückung des eigenen Volkes und für die Selbstbestimmung kämpfen. Die Bewegung der Peripherie gegen das Zentrum wird von der peripheren Elite angeführt, die sich von der Macht des Zentrums ausgeschlossen fühlt. Die Intellektuellen definieren die eigene kulturelle Identität der Peripherie gegen die herrschende Kultur des Zentrums (Hroch 1978). Aus diesen Gründen leben wir heute in der paradoxen Situation, daß die Modernisierung überall in der Welt ganz »unmoderne« Solidaritätsbande verstärkt und ethnische Konflikte zunehmen, obwohl wir sie längst für überwunden hielten. In den Entwicklungsländern ist es unübersehbar, daß Modernisierung ethnische Konflikte verschärft. In den hochentwickelten Industrieländern erkennen wir jetzt, daß sie mit dem Abbau des Klassenkonflikts und mit der gesteigerten politischen Mobilisierung der Gesellschaft an Bedeutung gewinnen und mit wachsender Schärfe ausgetragen werden. Das ist in Spanien, Großbritannien, Frankreich, Belgien, Kanada und auch in den USA in aller Deutlichkeit zu beobachten (Connor 1977, Esman 1977a). Die Zahl von ethnischen Aktionsgruppen, Konflikten und gewaltsamen Auseinandersetzungen hat sich weltweit in erheblichem Maße erhöht. Die globale Berichterstattung über ethnische Erneuerungsbewegungen trägt wiederum zu ihrer weiteren Verbreitung bei. In besonderer Grausamkeit sind ethnische Kämpfe bis hin zu den schlimmsten Formen des Krieges nach dem Zusammenbruch des Sowjetimperiums in Osteuropa ausgebrochen. Sie sind die Folge der jahrzehntelangen Unterdrückung ethnischer Gruppen unter dem Deckmantel der kommunistischen Einheit. Mit der Befreiung von der kommunistischen Herrschaft und der neuen Demokratisierung war erst die Gelegenheit zu ihrer Austragung geboten. Der Zerfall der Sowjetunion und Jugoslawiens und das Ausbrechen ethnischer Kriege war nicht aufzuhalten (Stölting 1990, Reißmüller 1992). Jahrzehntelange Unterdrückung der regionalen Identitäten läßt sich nicht so leicht in einer neuen Union von Einzelstaaten auflösen, Haß nicht in friedliches Miteinander ummünzen, wie wir das als Baumeister des friedlichen Europas gerne hätten. Solche Konflikte werden uns noch lange und vermehrt beschäftigen. Es werden sogar neue auf höherer Ebene entstehen, wo es nun um die Umschichtung von Solidaritäten und kulturellen Identitäten im zusammenwachsenden Europa geht.

Die Nationalstaaten haben diese Entwicklung auf niedrigerer Stufe durchgemacht. Wir können sie heute auf höherer Stufe neu beobachten. Der europäische Einigungsprozeß ist eine solche höhere Stufe, wird jedoch durch die noch weiterreichende Bildung noch größerer gesellschaftlicher Einheiten bis hin zur Weltgesellschaft übertrumpft, wo sich die ganze Welt nach dem Muster reicher industrieller Zentren und armer Peripherien differenziert. Die Nationalstaaten mußten lernen, mit den aufgezeigten Paradoxien umzugehen und sie zu bearbeiten, jedoch ohne sie auflösen zu können.

Komplizierte Systeme von Ausgleichszahlungen zwischen finanzstarken und finanzschwachen Ländern sowie Förder- und Entwicklungsprogramme des Bundes sollen in der Bundesrepublik z. B. für eine Angleichung der materiellen Lebensverhältnisse sorgen. Dies ist jedoch stets nur unvollständig gelungen. Mit der Einbeziehung der neuen Bundesländer im Osten verstärken sich die Probleme auf unabsehbare Zeit. Wie schwierig wird sich dies jedoch gestalten, wenn die reichen Westeuropäer den armen Süd-, Mittel- und Osteuropäern in gleichem Maße unter die Arme greifen sollen? Der sich aufschaukelnde Konflikt zwischen den Wessies und den Ossies zeigt, wie schwierig dies allein schon innerhalb eines Staates ist. Die Staaten der Europäischen Gemeinschaft haben für den Ausgleich regionaler Ungleichheiten des Lebensstandards einen Regionalfonds und einen Sozialfonds eingerichtet und können auch Teile des Agrarfonds dafür verwenden. Ein Kohäsionsfonds zur Förderung der wirtschaftlichen Konvergenz und der Umweltverträglichkeit des Wachstums ergänzt jetzt die Palette. Die Mittel des Sozialfonds sind zwischen 1980 und 1993 immerhin von einer Milliarde auf fünf Milliarden ECU erhöht worden. Das sind 2,06 bzw. 10,27 Milliarden DM (Eurostat 1991b: 140). Im Vergleich zu den Sozialausgaben der einzelnen Mitgliedsstaaten ist dies jedoch noch ein geringer Betrag. Z. B. beliefen sich die Nettosozialausgaben des Bundes in Deutschland 1989 auf 97,479 Milliarden DM (Statistisches Bundesamt 1992a: 528). Schon hier zeichnen sich jedoch Konflikte ab, weil die starken Länder nicht bereit sind, die Fonds so mit Finanzmitteln auszustatten, wie es die schwachen Länder wünschen (Padoa-

Schioppa et al. 1988, Bursig 1991, Biehl 1991). Um wieviel schwieriger wird es erst recht in einem noch größeren Europa und noch darüber hinaus sein? Der Druck, Lösungen zu finden, nimmt jedoch zu, weil nun eine Welle von Wirtschaftsflüchtlingen die reichen Bürger der industriellen Zentren zu bedrohen beginnt. Man wird in zunehmendem Maße dasselbe Argument hören, das den deutschen Einigungsprozeß beschleunigt hat und zur vorzeitigen Einführung der Wirtschafts- und Währungsunion gegen den Rat der Wirtschaftsfachleute aus politischen Gründen geführt hat. Allein um die Flüchtlingswelle zu stoppen, sollte ein Zeichen der Hoffnung gesetzt werden, dessen Kehrseite nun eine enorme Entlassungswelle im Osten ist, die wiederum neuen wirtschaftlichen Druck erzeugt. Im europäischen Maßstab wird es ähnlich verlaufen. Die reichen industriellen Zentren sollen zu Investitionen in den Peripherien bewegt werden, die dortige Bevölkerung soll zum Verbleiben ermutigt werden. Um diese Entwicklung zu fördern, müssen Anreize durch Erleichterung des wirtschaftlichen Verkehrs, innerhalb der EG weiterhin durch Wirtschaftsunion und Währungsunion, geschaffen werden. Auch dabei wird man tatsächlicher innerer Leistungsfähigkeit vorgreifen und damit die Abhängigkeit der peripheren Länder von den zentralen Ländern in Form von Fremdkapital, Fremdinvestitionen, Transferzahlungen und Wohlfahrtszahlungen verstärken.

Auf politischem Gebiet hat in der Bundesrepublik der Föderalismus ein Gegengewicht zur Zentralisierung gebildet. In einem Staat wie Frankreich ist das viel weniger der Fall. Wie wird dies auf europäischer Ebene möglich sein? Bis heute existieren dafür keine politischen Institutionen. Europäische Politik wird zuvorderst nach dem Muster des französischen administrativen Zentralismus in Brüssel gemacht. Vom Europäischen Parlament wissen nur wenige, welche Aufgaben es über die Rolle einer Zierde hinaus überhaupt wahrnimmt. Wie sollen da funktionsfähige Formen eines europäischen Föderalismus entstehen?

Auf dem kulturellen Gebiet haben wir in der Bundesrepublik immerhin die Kulturhoheit der Länder, obwohl aufgrund des Angleichungsdrucks auf die Bildungsqualifikationen und aufgrund der überregionalen Verbreitung des Fernsehens davon kaum noch etwas übriggeblieben ist. Welche Chancen sollen da die europäischen Regionen gegen den kulturellen Vereinheitlichungsprozeß haben? Hier gibt es immerhin die sprachlichen Differenzen, die sicherlich noch für längere Zeit der totalen kulturellen Nivellierung entgegenwirken. Die europaweite berufliche Mobilität übt jedoch schon einen Druck auf die Angleichung der Bildungs- und Ausbildungssysteme aus. Die Unterhaltungselektronik und das Fernsehen verbreiten europaweit und darüber hinaus kulturelle Muster für Kunst, Literatur, Liebesleben, Berufsleben und Alltagsleben, die in zunehmendem Maße überall aufgegriffen und kopiert werden und regionale Kulturmuster verdrängen. So unterscheidet sich die Jugendszene in Hamburg immer weniger von derjenigen in London, Philadelphia, Madrid, Lissabon oder Prag. Gegen die dröhnende Rockmusik aus dem Autoradio hat die lokale Folklore keine Chance.

Auf gesellschaftspolitischem Gebiet hat die Bundesrepublik ein ausgeklügeltes Wohlfahrtssystem eingerichtet, das weltweit vorbildlichen Charakter hat. Kann ein solches System auch europaweit und darüber hinaus entwickelt werden? Es wird auf jeden Fall lange auf sich warten lassen, wenn es überhaupt verwirklicht werden kann.

Der Nationalstaat hat letztlich seine innere Stabilität in der Herausbildung gleicher Bürgerrechte und in der Entwicklung einer integrierten Staatsbürgerschaft gefunden. Ohne eine ähnliche Entwicklung europäischer Bürgerrechte in einer integrierten europäischen Staatsbürgerschaft wird Europa ebenso kaum innere Stabilität erreichen. Dazu gehört aber gerade die Bildung von Institutionen, die auf der Ebene des Nationalstaates die Wahrnehmung dieser Bürgerrechte in der Teilhabe am ökonomischen Wohlstand, in der Beteiligung am politischen Entscheidungsprozeß, in der Teilhabe an der nationalen Solidarität und in der Aneignung der Kultur tendenziell, aber auch dort nie vollständig ermöglicht haben. Auf der Ebene des neuen Europas schreiten wir jetzt voran, indem wir die Wirtschaftsunion der Europäischen Gemeinschaft ausbauen. Die zusätzlichen Schritte auf politischer, solidarischer und kultureller Ebene stecken noch in den Anfängen.

1.2 Auf der Suche nach der europäischen Identität

Europa rückt unter der Führung der Europäischen Gemeinschaft wirtschaftlich zusammen, weil sich die europäischen Staaten davon einerseits eine wachsende wirtschaftliche Prosperität versprechen und weil sie sich andererseits zunehmend durch die wirtschaftliche Konkurrenz mit den Vereinigten Staaten von Amerika und Japan herausgefordert sehen (vgl. Weidenfeld und Janning 1990). Erfüllt Europa indessen die Voraussetzungen, um über das ökonomische Zusammenwachsen hinaus auch politische Handlungsfähigkeit, innere Solidarität und kulturelle Einheit zu entwickeln? Diese Frage soll im folgenden geklärt werden.

1.21 Politische Handlungsfähigkeit

Eine ökonomische Schwäche Europas würde sich zunehmend in politische Schwäche und diese wiederum in solidarische und kulturelle Schwäche umsetzen, wenn sich die europäischen Staaten diesen Herausforderungen nicht gewachsen zeigten. Daraus resultiert ein Druck auf diese Staaten, sich zusammenzuschließen. Kriegerische Auseinandersetzungen, wie bei der Herausbildung der europäischen Nationalstaaten, sind nicht zu erwarten. Das heißt aber auch, daß der Druck auf den Zusammenschluß geringer ist als damals und dementsprechend das Zusammenwachsen, die Homogenisierung und die Entwicklung einer über der nationalen Identität stehenden europäischen Identität langsamer vorangehen werden. Es wird mehr Überzeugungsarbeit durch die Führungseliten erforderlich sein, um den nationalen Regierungen und den nationalen Bevölkerungen den Druck der ökonomischen Konkurrenz aus den USA und aus Japan zu vermitteln und daraus die Notwendigkeit abzuleiten, nationale Souveränität und Identität zugunsten einer europäischen Souveränität und Identität aufzugeben. Die nationalen Differenzen werden länger bestehen bleiben als die regionalen Differenzen in den Nationalstaaten. Der geringere Druck von außen macht auch die Entscheidungsfindung und politische Zielsetzung für das neue Europa schwieriger und langwieriger. Das zähe Ringen um Kompromisse – wie man das von Brüssel schon gewohnt ist – wird weitergehen und kaum von einer durchsetzungsfähigeren europäischen Politik abgelöst werden. Deswegen können drängende Probleme, wie z. B. im Bereich der Umweltpolitik, nicht in der gebotenen Eile und Konsequenz durch entsprechende europaweite politische Maßnahmen bewältigt werden. Gerade die Umweltpolitik könnte im Gezerre der unterschiedlichen Auffassungen und Interessenlagen zerrissen werden.

In diesem Prozeß der Kompromißbildung können nationale Differenzen erst noch schärfer konturiert werden, als sie es zuvor schon waren. Sie werden auf dem Verhandlungstisch in Brüssel erst als solche sichtbar. Europa ist militärisch und im weiteren Sinne machtpolitisch keine Einheit. Vielmehr sind die verschiedenen europäischen Staaten noch in übergreifende Militärbündnisse aus der Zeit des Kalten Krieges integriert, oder sie haben einen Neutralitätsstatus. Im neuen weltweiten Kampf der westlichen Zivilisation gegen Bedrohungen durch neue machtsüchtige Staaten, wie dies im Golfkrieg gegen den Irak exemplarisch vorgeführt wurde, haben die Amerikaner die Führungsrolle übernommen. Den Westeuropäern blieb nur die Rolle der Helfer (Frankreich, Großbritannien) oder der zuschauenden und zaudernden Geldgeber (Deutschland). Die politische Handlungsunfähigkeit der EG in diesem Konflikt hat gezeigt, daß sie noch weit davon entfernt ist, eine international gewichtige Rolle zu spielen und zu einer politischen Einheit mit einer europäischen Identität im Unterschied zu den nationalen Identitäten zu werden. Der Golfkrieg hat mehr die nationalen Differenzen als die vielbeschworene europäische Identität deutlich gemacht. Die Herausforderungen des Krieges im ehemaligen Jugoslawien haben ein noch krasseres Bild der politischen Uneinigkeit der EG gezeichnet. Noch schwieriger wird es, wenn man über die Grenzen der EG hinausschaut. Europa ist insofern noch weit davon entfernt, eine politische Einheit zu werden (vgl. Rummel 1992).

1.22 Innere Solidarität

Ähnliche Hindernisse stellt die Heterogenität der Nationalitäten, ihre innere Solidarität und äußere Abgrenzung dem europäischen Einigungsprozeß entgegen. Europa existiert heute in erster Linie für die »Eurokraten« in Brüssel, für die politischen Führungsspitzen der europäischen Staaten und die in Luxemburg, Brüssel und

Straßburg tätigen Europaparlamentarier, die bislang ohne öffentliche Resonanz geblieben sind. Für die große Masse der Bevölkerung besteht es als eine Einheit indessen nicht.

1.221 Nationale, europäische und globale Solidarität

Nach einer Umfrage von 1992 sehen sich in der Zukunft im Durchschnitt 38 Prozent der EG-Bevölkerung nur als Mitglied ihrer Nation, 48 Prozent als Mitglied ihrer Nation und als Europäer, 7 Prozent als Europäer und Mitglied ihrer Nation, 4 Prozent nur als Europäer, 4 Prozent wissen es nicht. 14 Prozent sagen, daß sie sich oft nicht nur als Mitglied ihrer Nation, sondern auch als Europäer verstehen, 32 Prozent denken das manchmal, 51 Prozent niemals, 2 Prozent äußern nichts. 47 Prozent sind für das passive Kommunalwahlrecht für Einwohner aus anderen Mitgliedsstaaten, 46 Prozent sind dagegen, 7 Prozent haben keine Meinung; 38 Prozent sind für das aktive Kommunalwahlrecht, 55 Prozent dagegen, 7 Prozent ohne Meinung (Kommission der EG 1992a: A33-A35; Anhang: Tabelle 1). Vom Europäischen Parlament haben – von einzelnen Ausschlägen 1979, 1984, 1985 und 1989 abgesehen – seit 1977 im Jahr durchschnittlich 40 bis 55 Prozent einmal etwas aus den Massenmedien erfahren, von der Europäischen Kommission seit 1987 im Durchschnitt zwischen 39 und 53 Prozent (Kommission der EG 1992b: 129, 226). 1988 hielten im EG-Durchschnitt 39 Prozent die Europäische Gemeinschaft für eine Art europäischer Regierung. Ebenso viele erkannten in ihr eine große Organisation ohne eigentliche Macht. Die Deutschen meinten gar nur zu 21 Prozent, die EG sei eine Art europäischer Regierung, und zu 51 Prozent, sie sei eine große Organisation ohne eigentliche Macht (Noelle-Neumann 1992: 11). Das Ziel der westeuropäischen Einigung wird jedoch bei allgemeiner Anfrage nachhaltig unterstützt. Seit 1962 sind im Durchschnitt zwischen 26 und 37 Prozent sehr, zwischen 32 und 52 Prozent in gewissem Maße dafür. Die im langjährigen Durchschnitt »europafreundlichen« Deutschen sind durchschnittlich zwischen 26 und 49 Prozent sehr, zwischen 29 und 51 Prozent in gewissem Maße dafür (Kommission der EG 1992b: 72-75). Diese Zustimmung ist um so größer, je jünger, gebildeter, wohlhabender und politisch aktiver die Bürger sind (vgl. Reif 1992: 46).

Mit der seit dem Maastrichter Vertrag vom 10. Dezember 1991 gewachsenen massenmedialen Aufmerksamkeit für die europäische Einigung werden die Haltungen zum engeren Zusammenschluß der Europäischen Gemeinschaft jedoch ambivalenter. Nach der zuerst erfolgten Ablehnung des Maastrichter Vertrages durch die Dänen haben auch in den anderen Ländern die Einheitsgegner an Boden gewonnen. Die Zustimmung im zweiten Anlauf ist erst nach der Aushandlung von Sonderrechten gegen heftigen Widerspruch erkämpft worden. Das Referendum in Frankreich hat nur eine hauchdünne Mehrheit für den Maastrichter Vertrag erbracht. Im März 1992 waren laut einer Umfrage 42 Prozent der Deutschen für eine Ablehnung des Maastrichter Vertrages, nur 25 Prozent wollten zustimmen, 33 Prozent waren unentschieden. Nach einer Eurobarometer-Befragung waren im Frühjahr 1993 insgesamt 42 Prozent dafür, 27 Prozent dagegen und 28 Prozent unsicher in ihrer Entscheidung. Der Anteil der Bürger, die von einem Vereinten Europa einen Verlust der nationalen Eigenart erwarten, hat sich in Westdeutschland zwischen Februar 1990 und Januar 1992 von 26 auf 39 Prozent erhöht, der Anteil der Bürger, die diesen Verlust nicht befürchten, von 60 auf 50 Prozent verringert. In Ostdeutschland haben die entsprechenden Anteile von 16 auf 34 Prozent zugenommen bzw. von 70 auf 47 Prozent abgenommen (Noelle-Neumann 1992: 11; Kommission der EG 1993: 5). Die Unterstützung der westeuropäischen Einigung deutet in der Tendenz nach unten. In Deutschland ist sie im Frühjahr 1993 gegenüber Herbst 1989 in der Kategorie »sehr dafür« von 42 auf 25 Prozent (West: 27, Ost: 19) gesunken, in der Kategorie »in gewissem Maße dafür« von 37 auf 48 Prozent gestiegen (West: 48, Ost: 49). Die Ablehnung hat in der Kategorie »in gewissem Maße dagegen« um sieben Prozentpunkte auf 15 Prozent zugelegt (West 14, Ost: 19), in der Kategorie »sehr dagegen« um drei Prozentpunkte auf 5 Prozent (West: 5, Ost: 7). 1989 wußten 10 Prozent keine Antwort, 1993 waren es 7 (West: 5, Ost: 7). Die Deutschen liegen damit im EG-Durchschnitt, dessen Trend ebenso nach unten zeigt. Das Europäische Parlament und die EG-Kommission mußten nach einer über Jahre vorangeschrittenen Verbesserung ihres Ansehens wieder erhebliche Reputationsverluste erleiden. Im EG-Durchschnitt ist der Anteil der Befragten, die einen eher guten Eindruck vom Europäischen Parlament haben, zwischen 1982 und 1990 von 28 auf 54 Prozent gestiegen, um dann bis 1993 wieder auf 46 Prozent zu fallen. Die EG-Kommission hat den Prozentsatz der eher guten Urteile zwischen 1988 und 1990 von 38 auf 52 gesteigert, um dann bis 1993 wieder auf 39 Prozent abzusacken. (Kommission der EG 1992a: A11, 1992b: 59, 75, 140, 141, 234, 1992c: A18, A22, A40, A41, 1993: 9). Jetzt ist schon von »Europas langem Weg ins organisierte Chaos« die Rede (Martens und Schumann 1993). Auffallend ist hier, wie schlagartig sich Meinungsäußerungen verändern können, wenn sie aus dem Dunkel der Unverbindlichkeit in das Licht kontroverser öffentlicher Debatten gezogen werden. Im Verlauf dieser Debatten ergeben sich dann ganz erhebliche konjunkturelle Schwankungen (Kommission der EG 1992c: 7-23). Vollends unübersichtlich wird das Meinungsbild, wenn noch die großen Diskrepanzen zwischen Umfrageergebnissen berücksichtigt werden, die aus der unterschiedlichen Art der Fragen resultieren. So weist das Eurobarometer der EG in der Regel EG-freundlichere Ergebnisse aus als nationale Einzelbefragungen. Eine Eurobarometer-Umfrage vom Dezember 1991 meldet beispielsweise unter den Deutschen 45 Prozent Befürworter einer einheitlichen europäischen Währung, eine Allensbach-Umfrage in demselben Monat jedoch nur 26 Prozent (Noelle-Neumann 1992: 11). Im Frühjahr 1993 ermittelte indessen auch die Eurobarometer-Befragung nur noch eine Zustimmung von 29 Prozent (Kommission der EG 1993: 6).

Die grenzüberschreitenden Kontakte unter der Bevölkerung sind auch im Zeitalter des Massentourismus noch minimal, zumal dieser Massentourismus ja auch nicht unterschiedliche Nationalitäten integriert, sondern relativ homogene Nationalitäten in die Wohnsilos von Ferienghettos verfrachtet und von dort wieder zurückholt, ohne daß es zu einer Begegnung mit der Bevölkerung gekommen wäre. Bevölkerungsgruppen, die beruflich intensive Auslandskontakte pflegen, wie Wissenschaftler und Spitzenmanager der Wirtschaft, haben zum Teil mehr Beziehungen nach den Vereinigten Staaten und nach Japan als zu den europäischen Nachbarn. In dieser Hinsicht herrschen bisher ebenso außereuropäische wie innereuropäische Verflechtungen vor. Vor allem in der Bundesrepublik hat der nach dem Zweiten Weltkrieg aufgebaute intensive Austausch mit den USA, angefangen vom Schüleraustausch bis zum Austausch von Gastprofessoren, zum Teil engere Beziehungen nach dorthin geknüpft als in das europäische Ausland. Während mit den USA ein breiter wissenschaftlicher Austausch besteht, ist dieser mit Frankreich und England noch auf speziell geförderte Forschungsschwerpunkte beschränkt.

Die fatale europäische Geschichte tut ein übriges. Während die politischen Führungen bemüht sind, ein Bild der friedlich zusammenlebenden und einander verstehenden Europäer zu zeichnen, haben die Bevölkerungen die Vergangenheit noch nicht vergessen. Vorsicht vor den anderen ist dementsprechend immer noch ein Grundzug der nationalen Bevölkerungen. Die alten Abgrenzungen, Konflikte und Vorurteile werden durch eine rein deklamatorisch verbreitete Europabegeisterung nur übertüncht. Hier zeigen sich zwar deutliche Änderungen, je weiter die Generationen von der finsteren Vergangenheit Europas entfernt sind. Man darf dabei allerdings nicht vergessen, daß die Europafreundlichkeit der Jugend auch wieder etwas nüchterneren Haltungen weichen wird, je älter diese jungen Menschen werden. Selbst die Jugend wird jedoch durch ihre generelle Offenheit für Europa nicht vor dem Fortleben alter Stereotypen geschützt. Nur ein Beispiel: Nach einer gerade vorgestellten Studie des Instituts Clingendael glauben die meisten niederländischen Jugendlichen, daß die Deutschen ein Volk von 20 bis 30 Millionen Einwohnern sind und die Welt beherrschen wollen. Nach ihrer Auffassung haben sie keinen Humor, sind arrogant, dominant und rassistisch. Das Ergebnis der Studie ist nicht überraschend, wenn berücksichtigt wird, daß die jungen Niederländer in der Schule nahezu ausschließlich über Nazi-Deutschland und die Besatzung der Niederlande durch die Deutschen von 1940 bis 1945 unterrichtet werden, aber kaum über die Zeit nach 1945. Da die Befragung während der schweren Ausschreitungen gegen Ausländer im Herbst 1992 durchgeführt wurde, ist die Einschätzung der Deutschen als rassistisch besonders kraß ausgefallen (Hetzel 1993).

Der Maastrichter Vertrag vom 10. Dezember 1991 sieht zwar einen Ausbau der EG-Staatsbürgerrechte vor, macht jedoch bei der Wahrnehmung des aktiven und passiven Wahlrechts auf kommunaler Ebene halt, das von den Bürgern zu weniger als zur Hälfte gutgeheißen wird (Anhang: Tabelle 1). Die Bürger der EG-Staaten bekommen inzwischen zwar einen EG-Personalausweis, der aber nach wie vor ihre nationale Identität definiert. Ihre Teilnahmechancen am politischen Leben sind nahezu ausschließlich auf die nationale Politik beschränkt, ihre politischen und sozialen Bürgerrechte nehmen sie als Bürger eines Nationalstaates wahr und nicht als Bürger Europas. Sie sind nach wie vor Marktbürger und nicht Staatsbürger der Europäischen Gemeinschaft (Grabitz 1970). Ihre politischen Wünsche adressieren sie immer noch an ihre nationalstaatlichen Regierungen und nicht an eine europäische politische Führung, die sie nicht kennen. Je mehr ihnen bewußt gemacht wird, daß sie viele Probleme, wie diejenigen der Umweltpolitik, nur noch übernational lösen können, um so mehr sehen sie sich jedoch in der Regel gerade in einer Interessengemeinschaft mit ihren eigenen nationalen Mitbürgern als mit den Bürgern anderer Staaten, die ihnen auf diesem Gebiet entweder zu langsam sind oder zu schnell voranpreschen. Politische Differenzen verlaufen weniger quer zu nationalen Grenzen als vielmehr parallel zu ihnen. Es gibt bislang auch nur eine in den Anfängen steckende grenzüberschreitende Zusammenarbeit der Parteien in der EG, weil die nationalen Differenzen einfach zu groß sind. So werden durch die EG-Politik nationale Differenzen oft eher verschärft als abgebaut. Das Abstimmungsverhalten der Abgeordneten im Europäischen Parlament wird immer wieder durch ihre nationale Herkunft und nicht durch ihre Fraktionszugehörigkeit geleitet.

Die Grenzen in Europa öffnen sich, gleichzeitig steigt die Ausländerfeindlichkeit. Flüchtlingsströme wälzen sich durch Europa und stoßen überall auf Ablehnung bei der heimischen Bevölkerung, die Überfremdung, Konkurrenz und Verdrängung fürchtet. Dabei äußert sich die Ausländerfeindlichkeit logischerweise stets besonders auffällig bei den unteren Schichten, die durch die hereindrängenden Ausländerströme am meisten in ihrer ökonomischen Stellung gefährdet werden. Bei einer Befragung im Herbst 1992 zeigten sich im EG-Durchschnitt 11 Prozent sehr hoffnungsvoll, 40 Prozent ein wenig hoffnungsvoll hinsichtlich der Auswirkungen des EG-Binnenmarktes. 27 Prozent hatten ein wenig, 10 Prozent große Furcht, 12 Prozent blieben unentschieden. Im Frühjahr 1993 boten sich die Ergebnisse um 2 Prozentpunkte positiver dar. Die Befragten sollten außerdem unter 12 Gründen drei für ihre Stellungnahme auswählen. Die drei meistgenannten Gründe für die Hoffnungen waren im Herbst 1992 »bessere Chancen, überall in der EG arbeiten zu können« mit 45 Prozent, »Erleichterung von Handel und Gewerbe« mit 35 Prozent und »mehr Arbeitsplätze sowie weniger Arbeitslosigkeit« mit 32 Prozent. Die drei am häufigsten angegebenen Gründe für die Befürchtungen bestanden in »weniger Arbeitsplätze sowie mehr Arbeitslosigkeit« mit 33 Prozent, »zu viel Immigration in das eigene Land« mit 30 Prozent und »Verlust der nationalen Identität« mit 29 Prozent (Kommission der EG 1992c: A37-A39, 1993: 7). Befragungen in den Jahren 1981 und 1990 deuten darauf hin, daß die Intoleranz gegenüber Fremden und Zuwanderern in einigen europäischen Ländern stark gewachsen, in anderen aber auch leicht zurückgegangen ist. Extremfälle sind Norwegen, Frankreich und Italien. In diesen Ländern ist ein Umschwung von leicht bis stark unterdurchschnittlicher zu stark überdurchschnittlicher Intoleranz eingetreten. In Großbritannien, den Niederlanden und Deutschland ist ein Rückgang von stark bis sehr stark überdurchschnittlicher Intoleranz auf durchschnittliche bis stark überdurchschnittliche Werte zu verzeichnen (Barker, Halman und Vloet 1992: 24).

Je offener die Europäische Gemeinschaft und ein über sie noch hinausgehendes Vereinigtes Europa im Zuge der allgemeinen Anerkennung der Bürger- und Menschenrechte für alle Menschen dieser Erde nach innen und nach außen wird, um so mehr werden sich die Menschen daran gewöhnen müssen, Bürgerrechte mit Menschen sehr unterschiedlicher Herkunft lokal, national, europäisch und global im Alltagsleben auch tatsächlich zu teilen. Solidaritätsstrukturen und Vorurteile stehen dieser Entwicklung allerdings entgegen.

Ein von der Herkunft völlig unabhängiges Verständnis von gesellschaftlicher Gemeinschaft und Staatsbürgerschaft hat sich in den meisten europäischen Nationalstaaten noch nicht ausreichend entwickelt. Nehmen wir die drei stärksten EG-Staaten als Beispiel, so weisen Großbritannien und Frankreich dafür zwar bessere historische Voraussetzungen auf als Deutschland, dennoch unterscheiden sich diese drei Staaten der EG in ihren aktuellen Problemen im Umgang mit ethnischer Heterogenität und neuen Zuwanderern nur in Schattierungen. Trotzdem lohnt sich ein Blick auf die jeweiligen historischen Bedingungen, unter denen sich in diesen drei Staaten bzw. in ihren Vorläufern ein je eigenes Verständnis der Nation und der nationalen Identität entwickelt hat (Brubaker 1990, Turner 1990). Wir wissen dann mehr über die Ursachen ihrer Probleme im Umgang mit der Pluralisierung ihrer ethnischen Zusammensetzung im Zuge der europaweiten und globalen Öffnung des gesellschaftlichen Zusammenlebens. Weiter geschärft wird unser Blick durch eine Betrachtung der ganz anderen Entwicklung in den Vereinigten Staaten von Amerika.

1.222 Nation und Bürgergemeinschaft I: Großbritannien

Wenn wir von der Herausbildung der Nation als Bürgergemeinschaft in Großbritannien sprechen, dann meinen wir zunächst die Entwicklung in England und, nach der Vereinigung mit Wales (1536) und Schottland (1707) sowie der Unterwerfung Irlands (1601), erst mit Verzögerung diejenige im gesamten Vereinigten Königreich. Deshalb ist hier am Anfang von England die Rede und dann im weiteren Verlauf von Großbritannien. In England haben sich Aristokratie und Bürgertum gegen den königlichen Absolutismus vereinigt und sind so zusammen zum Träger der Nation geworden. Aus ihrer Vereinigung ist die Gemeinschaft der *citizens* entstanden. Die Arbeiterklasse ist zwar nur schrittweise und gegen Widerstände, jedoch früher, schneller und tiefer als in Frankreich in die Bürgergemeinschaft hineingewachsen und ist so mit zu ihrem Träger geworden. Die Krone ist 1689 vom Parlament auf die Rolle der symbolischen Repräsentation der Nation beschränkt worden. Die Philosophen haben die Legitimationsidee einer aus dem freien Vertragsschluß souveräner Einzelindividuen hervorgehenden staatsbürgerlichen Gemeinschaft als Quelle politischer Macht geliefert. Für den konservativen Hobbes (1651/1966) handelte es sich dabei um eine unwiderrufliche Übertragung, solange die Regierung die Ordnung sichert. Für den liberalen Locke (1690/1967) ging es nur um eine beschränkte Übertragung bei gleichzeitiger Kontrolle der Regierung durch die Teilung der Gewalten. Aus kritischer intellektueller Sicht stellte sich in der weiteren Entwicklung die Frage der Inklusion weiterer gesellschaftlicher Gruppen und der jeweiligen Erneuerung des Gesellschaftsvertrags (vgl. zur Entwicklung in England allgemein: Marshall 1964, Schulin 1971, Kluxen 1968, Smith 1984, Newman 1987, Hill 1991, Grabes 1991, Uhlig 1991).

In welchem Grade heute in Großbritannien ein pluralistisches und von der ethnisch-kulturellen Herkunft unabhängiges Verständnis der Nation als staatsbürgerliche Gemeinschaft freier Individuen vorherrscht, zeigt sich in dem vergleichsweise hohen Wert, der den Individualrechten beigemessen wird, und in dem

Maß an Toleranz gegenüber abweichenden Minderheiten. In einer Befragung zwischen 1981 und 1983 entschieden sich 68,3 Prozent für die Freiheit und 24 Prozent für die Gleichheit, wenn zwischen beiden zu wählen wäre. 1988 waren 57,7 Prozent für Freiheit, 34,7 Prozent für Gerechtigkeit. 1990 räumten 31 Prozent der Gleichheit einen Vorrang vor der Freiheit als politisches Prinzip ein. 38,1 Prozent meinten 1982, daß die Freiheit des einzelnen zu weit gegangen sei, 29,5 Prozent wollten Minderheiten mit Ideen oder Sitten, die von der Mehrheit abweichen, nicht dulden. Zwischen 1981 und 1983 sagten 91,6 Prozent, daß es ihnen *nicht* unangenehm sei, mit Menschen zusammenzusein, die sich von ihnen in ihren Ideen, Überzeugungen oder Werten unterscheiden. In einem Vergleich von neun europäischen Ländern kamen die Briten 1981 mit 62 Prozent Nennungen vor den Franzosen mit 59 Prozent auf den höchsten Wert bei der Frage nach der Wichtigkeit von Toleranz und Respektierung der anderen, weit vor den Deutschen am Ende der Rangliste mit nur 42 Prozent. 1990 war der Vorsprung der Briten jedoch nur noch ganz knapp. Nach einem aus mehreren Fragen zusammengefaßten Permissivitätsindex rangierten die Briten 1981 mit 262 Punkten etwa gleichauf mit den Deutschen unterhalb des europäischen Durchschnitts und weit hinter den Franzosen mit 317 Punkten an der Spitze. 1990 waren die Ergebnisse ähnlich, allerdings fanden sich die Briten nun knapp oberhalb des Durchschnitts und deutlich hinter den liberaler gewordenen Deutschen. Für die Freiheit des Individuums wollen sich laut einer Umfrage von 1988 insgesamt 43,2 Prozent persönlich einsetzen, jedoch halten nur 37,2 Prozent das Grundrecht auf Asyl für absolut wichtig. Als *nicht* störend empfanden 1992 die Anwesenheit von Menschen anderer Nationalität: 85 Prozent, anderer Rasse: 82 Prozent, anderer Religion: 85 Prozent. Das passive Kommunalwahlrecht wollten 47 Prozent den Einwohnern aus anderen Mitgliedsstaaten der EG gewähren, 49 Prozent legten Widerspruch ein. Beim aktiven Kommunalwahlrecht waren 38 Prozent dafür und 57 Prozent dagegen. Wie wir noch sehen werden, sprechen die Werte in Deutschland mehr für Gleichheit und Gerechtigkeit und weniger für Freiheit und Minderheitentoleranz (Stoetzel 1983: 37, 40-41; Brettschneider, Ahlstich und Zügel 1992: 543, 544, 545, 549, 583; Kommission der EG 1992a: A35, A43; Ashford und Timms 1992: 62, 63; Barker, Halman und Vloet 1992: 32, 37; Anhang: Tabellen 1-4).

Schließlich ist auch das britische Einbürgerungsrecht Ausdruck eines von der ethnisch-kulturellen Herkunft relativ unabhängigen Verständnisses der Bürgergemeinschaft. Es ist ein bedingtes ius soli. Nach britischem Recht kann nach fünfjährigem Aufenthalt die Einbürgerung beantragt werden. Ehegatten britischer Staatsbürger können dies schon nach drei Jahren tun. Kinder ausländischer Eltern mit unbefristeter Aufenthaltsgenehmigung werden mit ihrer Geburt auf britischem Boden automatisch britische Staatsbürger. Sind diese Voraussetzungen nicht gegeben, dann erhält das Kind einen Anspruch auf die britische Staatsbürgerschaft, sobald nur ein Elternteil die unbeschränkte Aufenthaltsgenehmigung erwirbt. Verbringt ein Kind die ersten zehn Lebensjahre im Vereinigten Königreich, hat es schon dadurch einen Anspruch auf Einbürgerung (vgl. Malanczuk 1985: 968; Cohn-Bendit und Schmid 1992: 331-339).

In England und mit Einschränkungen darüber hinaus in Großbritannien hat sich die Nation im Zuge der Inklusion immer breiterer Schichten der Bevölkerung in die politische Gemeinschaft mit entsprechenden Teilhaberechten herausgebildet. Nach der Eroberung durch die Normannen im Jahre 1066 war das Land geteilt in eine französisch sprechende normannische Führungsschicht und die angelsächsisch sprechende Masse der Bevölkerung. Mit der Anerkennung des Englischen als offizielle Sprache des öffentlichen Verkehrs im Jahre 1362 wurde jedoch eine Entwicklung eingeleitet, aus der sich mehr und mehr eine zwar ständisch und später klassenmäßig differenzierte, aber dennoch einheitliche Nation mit einer einheitlichen Identität herausschälte. Der hundertjährige Krieg mit Frankreich bezog im Unterschied zu den mittelalterlichen Ritterheeren breitere Bevölkerungsschichten ein. Die einfachen Bogenschützen wurden zum Rückgrat der Armee. Die englische Übersetzung der Bibel, die 1364 erschien, setzte die kulturelle Inklusion der breiteren Bevölkerungsschichten in Gang. Den Höhepunkt dieser Entwicklung bildeten die Revolutionen im 17. Jahrhundert, in denen sich Aristokratie und Bürgertum im Kampf gegen den königlichen Absolutismus vereinigten. Aus ihnen ging nach der Glorreichen Revolution von 1688 das von den freien und selbständigen Bürgern gewählte Parlament als zentrale Macht hervor. Die Durchsetzung des *Common Law* als gemeinsames Recht aller Engländer, dem auch der König unterworfen ist, schuf die rechtliche Grundlage für die Entwicklung einer nationalen Gemeinschaft über die Grenzen von Ständen und Klassen hinweg.

Nach außen wurde die Nation im hundertjährigen Krieg mit Frankreich abgegrenzt. Die Vereinigung mit Wales und Schottland sowie die Kolonisierung Irlands haben einen erweiterten Nationalstaat mit einer für die Bevölkerung bis heute ambivalent und spannungsvoll gebliebenen nationalen Identität geschaffen. Die Iren konnten sich nur eine teilweise Selbständigkeit in der Republik Irland erkämpfen (Hutchinson 1987). In Nordirland leben die katholischen Iren im Dauerkonflikt mit den Protestanten englischer und schottischer Abstammung. Der Terrorismus der Irisch-Republikanischen Armee ist der extreme Ausdruck davon (vgl. Bishop und Mallie 1987, Multhaupt 1988). Die walisische und schottische Identität ist im Vereinigten Königreich über die Jahrhunderte stark an die herrschende englische Identität assimiliert worden. Die übergreifende britische Identität wird von der englischen Sprache und Mentalität dominiert. Die Industrialisierung hat das Problem der Inklusion der Arbeiterklasse gestellt (Colley 1986, Dinwiddy 1988). Es wurde durch die Kolonisierung nach außen und die schrittweise Gewährung von Teilhaberechten am erarbeiteten Wohlstand und an der politischen Herrschaft gelöst. Die britische Arbeiterklasse hat auf diesem Wege eine vergleichsweise ausgeprägte nationale Gesinnung und einen besonderen Nationalstolz entwickelt. Ihr Stolz gründet sich auf die Stellung Großbritanniens in der Welt und ihren Anteil an der Erarbeitung dieser Stellung. Der ausgeprägte britische Nationalstolz ist so durchaus eine Sache aller Gesellschaftsklassen. Zwischen 82,2 und 91,8 Prozent der Briten äußerten auf Befragungen zwischen 1982 und 1988, daß sie stolz auf ihr Land seien. Ein relativ hoher Anteil der Bevölkerung rechnet sich der politischen Mitte zu. 1973 nannten nur 43,9 Prozent diese Zuordnung, im Zeitraum von 1976 bis 1990 variiert sie zwischen 55,8 und 66,4 Prozent (Brettschneider, Ahlstich und Zügel 1992: 551, 564; Anhang: Tabelle 5).

Das Ende des britischen Kolonialreichs und der wirtschaftliche Abstieg Großbritanniens nach dem Zweiten Weltkrieg (Gamble 1985) haben diesen Nationalstolz und das entsprechende Gefühl der Gemeinsamkeit jedoch geschwächt. In den schon erwähnten Befragungen wurde 1988 der niedrigste Wert für Nationalstolz erzielt: 82,2 Prozent. Der Anteil abschlägiger Antworten auf die

Frage nach dem Nationalstolz hat sich zwischen 1982 und 1988 von 10 auf 15,7 Prozent vergrößert. Im internationalen Vergleich ist der Wert für Nationalstolz jedoch immer noch sehr hoch. An die Stelle der gemeinsamen Erarbeitung von Wohlstand und dessen Aufteilung nach dem fairen Anteil ist in den siebziger Jahren der Dauerstreit und -streik um die Verteilung dessen getreten, was vom einstigen Wohlstand noch übrig geblieben war. Streiks und Aussperrungen weisen 1960 die Zahl von 2849 mit 138 verlorenen Arbeitstagen je 1000 Arbeitnehmer auf, sie erhöht sich bis 1970 auf 3943 mit 489 verlorenen Arbeitstagen je 1000 Arbeitnehmer, erreicht 1975 noch 2282 mit 261 verlorenen Arbeitstagen je 1000 Arbeitnehmer, 1980 noch 1330 mit 513 verlorenen Arbeitstagen je 1000 Arbeitnehmer (Brettschneider, Ahlstich und Zügel 1992: 509). Als Margaret Thatcher 1979 damit anfing, die Macht der Gewerkschaften zu brechen, war der nationale Konsens schon längst verlorengegangen. Ihre Politik der Deregulierung und Liberalisierung der Industrie hat die wirtschaftlichen Entwicklungschancen des Landes verbessert und dafür bewußt den alten Konsens auch offiziell aufgekündigt, ohne einen neuen Konsens an dessen Stelle setzen zu können. 1987 war die Zahl von Streiks und Aussperrungen auf 1016 bei 322 verlorenen Arbeitstagen je 1000 Arbeitnehmer zurückgegangen. Das Bruttoinlandsprodukt je Einwohner ist zwischen 1980 und 1988 von 21 280 auf 32 629 DM gestiegen, die Inflationsrate von 16,2 auf 4,4 Prozent gefallen. Die positive Einschätzung der Wirtschaftslage ist zwischen 1984 und 1988 von 21,3 Prozent der Befragten auf 50,3 Prozent gewachsen. Die Zahl der Arbeitslosen hat zwischen 1980 und 1985 von 6 auf 12 Prozent zugenommen, um dann bis 1989 auf 7,2 Prozent abzunehmen. Auf Befragungen antworteten aber 1985 nur 38,1 Prozent, daß man den meisten Menschen trauen kann, 1959 waren es noch 49,2 Prozent. 58,2 Prozent meinten 1985, man könne nicht vorsichtig genug sein, 1959 äußerten dies 39 Prozent (Brettschneider, Ahlstich und Zügel 1992: 505, 509, 510, 511, 517, 550; Anhang: Tabelle 6). Angesichts der zwiespältigen Entwicklung ist Margaret Thatchers Politik umstritten geblieben (Kavanagh 1987). Sie hat Bewegung in die Gesellschaft gebracht, aber auch den Klassenkonflikt neu entfacht. Die Konfliktlinie verläuft allerdings nicht mehr zwischen Kapital und Arbeit, sondern zwischen den Modernisierungsgewinnern und den Modernisierungsverlierern auf beiden Seiten der alten Konfliktfronten.

Wo der ökonomische Druck durch Zuwanderung verstärkt wird, zeigen sich auch in Großbritannien Grenzen der Inklusion in Gestalt von periodisch aufflammenden Rassenkonflikten. So ist das britische Verständnis der Nation zwar offen für Inklusionserweiterungen. Historisch sind solche Erweiterungen jedoch nur sehr langsam und auf der Basis der Anerkennung des Beitrags gesellschaftlicher Gruppen zum nationalen Wohlstand vorangeschritten. Die Zuwanderung aus den ehemaligen Kolonien hat dem Zusammenleben mit Menschen fremdländischer Herkunft zwar eine gewisse historisch gewachsene Normalität gegeben, sobald diese Zuwanderung jedoch drastisch zunimmt und in Zeiten ökonomischer Krisen einen Verdrängungswettbewerb entzündet, werden auch die Grenzen des prinzipiell inklusionsoffenen britischen Nationsverständnisses sichtbar. Die Zuwanderung konzentriert sich auf die Industriezentren London, Birmingham, Liverpool, Manchester und Glasgow und erzeugt wegen dieser Konzentration bei der dort ansässigen heimischen Bevölkerung Verdrängungsängste (Richmond 1973, Ward 1983, Solomos 1989, Smith 1989, Saggar 1991). In den Wohnbezirken mit hohem Immigrantenanteil kommt es deshalb immer wieder zu Rassenkonflikten mit blutigen Straßenschlachten. 1991 wurden von der Londoner *Financial Times* 7780 rassistische Übergriffe allein in England und Wales gezählt (*SPIEGEL* 1992: 175). Diskriminierende Haltungen und Praktiken sind auch durch die behördliche Veröffentlichung von Kriminalitätsstatistiken angeheizt worden, die eine überdurchschnittliche Kriminalitätsrate unter Farbigen aufzeigen (Dürr 1982: 14-15). Laut einer EG-Umfrage sagten 1992 immerhin 50 Prozent der Briten, daß sich zu viele Ausländer von außerhalb der EG in ihrem Lande aufhielten, 41 Prozent wollten ihre Rechte eingeschränkt wissen (Kommission der EG 1992a: A41, A44; Anhang: Tabellen 7, 8).

Inklusion geht grundsätzlich nur langsam voran und wird nur gegen anerkannte Leistungen für das gesellschaftliche Wohlergehen erteilt. Die historisch schrittweise erfolgte Loslösung des Nationsverständnisses von bestimmten privilegierten Abstammungsgruppen und dessen Erweiterung durch die Inklusion weiterer Gruppen bietet zwar eine Legitimationsbasis für die Pluralisierung der Nation, die Langwierigkeit der Inklusionsprozesse setzt dieser Pluralisierung jedoch klare Grenzen. Sofern Inklusion als volle Integration in die Gesellschaft verstanden wird, ergeben sich zusätzliche Hindernisse dadurch, daß sich die Vereinigungen, die das gesellschaftliche Leben bestimmen, nur sehr langsam – wenn überhaupt – für Zuwanderer öffnen. Die britische Identität hat außerdem im Gentleman-Ideal ein traditionell gültiges Leitbild an formbewußtem Verhalten und selbstbewußtem Understatement, das sich in Sprache und Verhaltensstil nur schwer und unvollkommen erreichen läßt. Zuwanderer und Aufsteiger werden kaum den Makel der Inferiorität los. Im Vergleich von neun europäischen Ländern kamen die Briten 1981 anläßlich einer Auswahl von 5 aus 17 Tugenden, die Kindern beigebracht werden sollen, bei der Frage nach dem guten Benehmen auf den absolut und zusammen mit den Iren gegenüber den anderen Ländern mit Abstand höchsten Wert. 68 Prozent der Briten erachteten es als wichtig, 66 Prozent der Iren, aber nur 42 Prozent der Deutschen und 21 Prozent der Franzosen. 1990 wurden bei einer Auswahl von 5 aus 11 Tugenden ähnliche Ergebnisse erzielt: Die Briten wählten das gute Benehmen zu 89 Prozent, die Iren zu 75, die Deutschen zu 66 und die Franzosen zu 53 (Stoetzel 1983: 40; Ashford und Timms 1992: 63; Anhang: Tabelle 3). Das britische Gentleman-Ideal ist von seinem aristokratischen Ursprung losgelöst worden und hat sich dadurch als Leitbild britischer Identität erhalten. Um so enger sind die Grenzen dieser Identität gezogen geblieben. Sie lassen jeden als inferior erscheinen, der dem Ideal in Sprache, Verhalten, sozialen Mitgliedschaften und Beziehungen nicht entsprechen kann.

Wie wichtig den Briten die Erhaltung ihrer nationalen Eigenart ist, bringt ihr Zögern zum Ausdruck, sich ganz der Europäischen Gemeinschaft einzufügen. Sie rangieren im Vergleich mit den anderen EG-Mitgliedsstaaten über Jahre am unteren Ende der Unterstützung der europäischen Einigung, im Jahre 1992 bei 57 zu 73 Prozent. In der Skepsis hinsichtlich der Auswirkungen des EG-Binnenmarktes befinden sie sich 1992 mit 37 Prozent allerdings auf dem Niveau des EG-Durchschnitts. Auf die Frage nach drei Gründen für ihre Skepsis aus einer Liste von zwölf Gründen nennen sie an erster Stelle mit 49 Prozent die Furcht vor einem Verlust der nationalen Identität, an zweiter Stelle die Befürchtung, ihr Land würde nichts mehr zu sagen haben mit 31 Prozent und an dritter Stelle zu viel Immigration in das eigene Land mit 30 Prozent. In der Nennung des ersten und zweiten Grundes ragen die Briten weit über den Durchschnitt hinaus, der bei 29 bzw. 18

Prozent liegt, während sie beim dritten Grund genau den Durchschnitt repräsentieren (Kommission der EG 1992c: A37-A39).

1.223 Nation und Bürgergemeinschaft II: Frankreich

In Frankreich waren Staatsmänner die Baumeister der Nation. Ihre Ehrengalerie reicht von Ludwig XIV. über Napoleon bis Charles de Gaulle. Das Bürgertum wurde in der Revolution von 1789 gegen die Aristokratie und gegen den königlichen Absolutismus zu ihrem Träger. Die Arbeiterklasse ist lange nicht in diese Gemeinschaft der *citoyens* hineingewachsen. Die Aufklärer waren die Legitimationsstifter der Nation. Die Revolutionäre von 1789 haben durch die – an sich nicht zulässige – Übertragung von Rousseaus (1762/1964) politischer Theorie des Stadtstaates auf den Großflächenstaat die unteilbare Nation zur Quelle der staatlichen Macht und des Allgemeinwillens im Unterschied zu den partikularen Interessen der einzelnen Individuen und Gruppen gemacht. Für die kritischen Intellektuellen war seitdem die in Klassen gespaltene Nation das Sinnbild illegitimer politischer Herrschaft (vgl. zur Entwicklung in Frankreich: Braudel 1986, Gauthier 1988, Emsley 1988, Brubaker 1990, Thadden 1991).

Das Ausmaß, in dem heute in Frankreich die Nation als pluralistische Gemeinschaft von freien Bürgern, unabhängig von ethnisch-kultureller Herkunft, verstanden wird, kann man tentativ an folgenden Umfragedaten ablesen: Laut einer Umfrage zwischen 1981 und 1983 entschieden sich 54 Prozent für die Freiheit, 33 Prozent für die Gleichheit, wenn zwischen beiden zu wählen wäre. 1988 waren 45 Prozent für Freiheit, 48 Prozent für Gerechtigkeit. 1990 räumten 42 Prozent der Gleichheit einen Vorrang vor der Freiheit als politisches Prinzip ein. Daß die Freiheit des einzelnen zu weit gegangen sei, meinen nach einer Umfrage von 1982 insgesamt 36,2 Prozent. Minderheiten mit abweichenden Ideen und Sitten wollen 27 Prozent nicht dulden. Zwischen 1981 und 1983 sagten 88,8 Prozent, es sei ihnen *nicht* unangenehm, mit Menschen zusammenzusein, die sich von ihnen in ihren Ideen, Überzeugungen oder Werten unterscheiden. Im Vergleich von neun europäischen Ländern rangierten die Franzosen in der Bedeutung der Toleranz und der Respektierung der anderen 1981 mit 59 Prozent Nennungen bei einer Auswahl von 5 aus 17 Tugenden nach den Briten an zweiter Stelle, knapp vor den Dänen, Holländern und Iren, aber weit vor den Belgiern, Spaniern, Italienern und Deutschen. Die Wiederholung der Befragung brachte die Franzosen 1990 mit dem drittbesten Ergebnis nach den Holländern und den Briten noch weiter nach vorne. Als *nicht* störend empfanden 1992 die Anwesenheit von Menschen anderer Nationalität: 82 Prozent, anderer Rasse: 74 Prozent, anderer Religion: 81 Prozent. Das Kommunalwahlrecht wollten 46 Prozent den Einwohnern aus anderen Mitgliedsländern der EG gewähren, 49 Prozent waren dagegen. Beim aktiven Kommunalwahlrecht votierten 36 Prozent dafür, 59 Prozent dagegen. Laut einer Umfrage von 1988 wollen sich 41,3 Prozent für die Freiheit des Individuums persönlich einsetzen, 73 Prozent halten das Grundrecht auf Asyl für absolut wichtig. Diese Werte zeigen – wie wir noch sehen werden – im Vergleich zu Deutschland deutlich mehr Neigung zu Freiheit und Minderheitentoleranz (Stoetzel 1983: 40; Brettschneider, Ahlstich und Zügel 1992: 543, 544, 545, 549, 583; Kommission der EG 1992a: A35, A43; Ashford und Timms 1992: 63; Anhang: Tabellen 1-4).

Das bis 1993 gültige französische Einbürgerungsrecht ist ein bedingtes ius soli und bringt das von der ethnisch-kulturellen Herkunft relativ unabhängige Verständnis der Nation als Bürgergemeinschaft zum Ausdruck. Es ermöglicht nach fünf Jahren Aufenthalt im Lande die Einbürgerung. Kinder ausländischer Eltern werden mit der Volljährigkeit automatisch französische Staatsbürger, wenn sie in Frankreich geboren sind, zu diesem Zeitpunkt seit mindestens fünf Jahren dort gelebt haben und sich nicht in bestimmten Formen strafrechtlich schuldig gemacht haben. In Frankreich geborene Kinder sind französische Staatsbürger, wenn mindestens ein Elternteil in Frankreich geboren wurde. Auf Antrag der ausländischen Eltern werden in Frankreich geborene Kinder bei Geburt zu französischen Staatsbürgern. Ein Gesetzentwurf der neuen konservativen Regierung sieht jedoch Einschränkungen des bisherigen Rechts vor. So sollen ab 1994 die auf französischem Boden geborenen Kinder ausländischer Eltern nicht mehr automatisch mit dem 18. Lebensjahr französische Staatsbürger werden; vielmehr sollen sie zwischen dem 16. und 21. Lebensjahr selbst darüber entscheiden. Haben sie eine Straftat begangen, die mit mindestens sechs Monaten Gefängnis zu verbüßen ist, dann können sie nicht Franzosen werden (vgl. Wölker

1985: 58-61; Brubaker 1990: 394-396, 401-403; Cohn-Bendit und Schmid 1992: 331-339; Rademacher 1993).

Fustel de Coulange hat den Unterschied des französischen Begriffs der Nation zum deutschen Begriff im Streit mit Theodor Mommsen um die nationale Zugehörigkeit des Elsaß klar zum Ausdruck gebracht. Für den Franzosen kommt es nicht wie für den Deutschen auf gemeinsame Abstammung und Sprache an, sondern auf die Gemeinsamkeit der Gedanken, Interessen, Neigungen, Erinnerungen und Hoffnungen, aus denen sich ein Zusammengehörigkeitsgefühl und ein Wille ergeben, einen gemeinsamen Weg in die Zukunft zu gehen (Fustel de Coulange 1870; vgl. Finkielkraut 1987; von Thadden 1991: 498-499). Ernest Renan (1947: 904) brachte diese Auffassung der Nation in einem 1882 an der Sorbonne gehaltenen Vortrag in der Aussage zum Ausdruck, daß die Existenz der Nation ein tagtägliches Plebiszit sei. Im französischen Verständnis wird die Nation von den Bürgern gebildet, die sich in einem gemeinsamen Staatswesen zusammengeschlossen haben und gemeinsame Bürgerrechte genießen, unabhängig von ihrer Abstammung, Sprache oder Religion. Dieses Verständnis von Nation ist eng mit der Staatsbildung verbunden. Schon das Ancien Régime hat die regionalen und ständischen Eigenständigkeitsrechte beseitigt und so die Herausbildung einer einheitlichen Nation unter der zentralen Herrschaft des Königs gefördert. Die Französische Revolution hat diese Entwicklung nur vollendet, indem sie die Idee einer Gemeinschaft der selbständigen Bürger mit gleichen Rechten verwirklicht hat (Tocqueville 1856/1969). Die Nation war nun diese Gemeinschaft der selbständigen Bürger mit gleichen Rechten. Rousseaus (1762/1964) Theorie des Gesellschaftsvertrags hat die Legitimation dafür geliefert. Entscheidend ist die Idee des Zusammenschlusses individueller, selbständiger Bürger mit gleichen Rechten, die eine einheitliche Gemeinschaft – *la nation une et undivisible* – bilden und dadurch alle Formen partikularer Gruppenbildungen überwinden, weil die Bürger als freie Individuen in die Gemeinschaft eintreten und nicht als Mitglieder von irgendwelchen Herkunftsgruppen (Boroumand 1990). Die Überwindung des Gruppenpartikularismus ist eine wesentliche Voraussetzung für die Bildung des Allgemeinwillens der Gemeinschaft aller Bürger. Die Einheit der Nation findet in der Republik ihren politischen Ausdruck. Die zentrale Aufstellung einer Armee anstelle des Zusammenfügens regionaler

Heere für die Kriegsführung des neuen Staates liefert eine wesentliche materielle Basis für die Formierung einer einheitlichen Nation mit einer einheitlichen Identität (Bertaud 1979). Die Mitgliedschaft in der Staatsgemeinschaft als individueller und selbständiger Bürger, unabhängig von der Abstammung, und der Kampf für eine gemeinsame Sache sind die beiden entscheidenden Komponenten dieser politisch verstandenen nationalen Identität der Franzosen.

Im Lichte dieses Verständnisses der staatsbürgerlichen Gemeinschaft ist zu erkennen, weshalb es in Frankreich für Zuwanderer viel leichter ist, die Staatsangehörigkeit zu erwerben, als in Deutschland. Im wesentlichen gelten in beiden Ländern noch heute Bestimmungen, wie sie schon durch das entsprechende französische Gesetz von 1889 bzw. das deutsche Gesetz von 1913 formuliert wurden. Wenn auch der Gesetzentwurf der neuen konservativen Regierung ab 1994 eine Einschränkung des Einbürgerungsrechts vorsieht, bleibt dennoch ein grundsätzlicher Unterschied zwischen dem französischen und dem deutschen Einbürgerungsrecht bestehen. Das französische Recht ist ein bedingtes ius soli, das deutsche Recht ist ganz überwiegend ein ius sanguinis und gewährt nur unter äußerst restriktiven Bedingungen die Einbürgerung. In Frankreich werden bislang rund vier- bis fünfmal mehr Immigranten eingebürgert als in Deutschland. Allerdings liegt Frankreich in seiner Einbürgerungsrate wiederum deutlich hinter den USA, Schweden und Kanada, die das Zehn-, Fünfzehn- bzw. Zwanzigfache der deutschen Einbürgerungsrate in bezug auf ihre Immigranten erreichen (Costa-Lascoux 1989: 120; Hailbronner und Renner 1991: 8; Brubaker 1990: 384, 394-398, 401; Knight und Kowalsky 1991: 86-89).

Die Identifikation der Franzosen mit der Nation wird durch den in der Revolution und den Revolutionskriegen bis hin zu Napoleons Eroberungszügen geborenen, vom Staat organisierten Kult der Grande Nation am Leben gehalten (Godechot 1983, Emsley 1988, Lüsebrink 1991, Höhne 1991). Charles de Gaulle hat es als erster Präsident der V. Republik besonders gut verstanden, diesen Kult in seinen öffentlichen Auftritten zu zelebrieren. In seinen Fernsehansprachen an die Nation wandte er sich direkt an die Französinnen und Franzosen, um sie in wichtigen Fragen zu einen. Mit dem Hoch auf die Republik und auf Frankreich – »Vive la république! Vive la France!« – wurden das Bekenntnis zur Republik und die Liebe zur Nation bekräftigt. Seine Nachfolger im Präsidentenamt haben diese Politik ohne großen Bruch fortgesetzt. Durch betonte außenpolitische Selbständigkeit – z. B. in der Abgrenzung zur Führungsrolle der USA im westlichen Bündnis – und ihre Festigung durch die eigene Atomstreitmacht sowie eine mehr auf nationale Souveränität als auf wirtschaftliche Effizienz ausgerichtete Industriepolitik haben de Gaulle und seine Nachfolger mit dem Kult der Grande Nation den Nationalstolz der Franzosen gestärkt (Dannebom, Fach, Huwe und Simonis 1984). Auf Befragungen zwischen 1982 und 1988 äußerten zwischen 75,2 und 82,4 Prozent, daß sie stolz auf ihr Land seien (Brettschneider, Ahlstich und Zügel 1992: 551; Anhang: Tabelle 5).

Die Mitgliedschaft in der Europäischen Gemeinschaft haben die Franzosen nie als Preisgabe nationaler Souveränität empfunden, sondern vielmehr als eine Form der Zusammenarbeit mit den Nachbarstaaten mit dem Ziel der Wirtschaftsentwicklung und Friedenssicherung zum Wohle Frankreichs und Europas insgesamt im Rahmen eines Staatenbundes nach de Gaulles Idee des Europas der Vaterländer. Ihr Nationalstolz fügt sich so bislang ohne Probleme in die Zusammenarbeit im Rahmen der Europäischen Gemeinschaft ein. Ihr Verständnis der EG-Zusammenarbeit kratzt nicht an der nationalen Souveränität. Nach einer Umfrage von 1992 sagen 14 Prozent, daß sie sich oft als Franzosen und zugleich als Europäer verstehen, 40 Prozent denken manchmal so. In der Zukunft sehen sich 31 Prozent nur als Franzosen, 55 Prozent als Franzosen und Europäer. In beiden Fällen befinden sich die Franzosen in der Spitzengruppe der europäisch eingestellten Bürger. In der zukünftig erwarteten Kombination von nationaler und europäischer Identität rangieren sie mit Italien, Griechenland, Portugal und Luxemburg deutlich vor den anderen. Im europäischen Vergleich äußerten sie 1990 das geringste Mißtrauen in die EG; 24 Prozent waren mißtrauisch, gegenüber 51 Prozent der Briten und 52 Prozent der Westdeutschen, bei einem EG-Durchschnitt von 39 Prozent (Kommission der EG 1992a: A33, A34; Ashford und Timms 1992: 16; Anhang: Tabelle 1). In den konkreten Fragen sind sie dagegen eher zurückhaltend. Bei einer Befragung im Herbst 1992 hatten 17 Prozent starke und 32 Prozent gewisse Befürchtungen hinsichtlich der Auswirkungen des EG-Binnenmarktes, während 10 Prozent sehr und 34 Prozent in gewissem Umfang hoffnungsvoll waren und 7 Prozent keine Antwort geben konnten. In der Äußerung von Befürchtungen stehen die Franzosen weit über dem EG-Durchschnitt mit 10 Prozent starken sowie 27 Prozent gemäßigten Skeptikern, 11 Prozent überzeugten, 40 Prozent mäßigen Optimisten und 12 Prozent Unentschiedenen. Die Skeptiker nannten unter 12 Gründen für ihre Haltung zu 46 Prozent wachsende Arbeitslosigkeit, zu 34 Prozent den Verlust der nationalen Identität und zu 32 Prozent zu viel Immigration in das eigene Land als die drei für sie wichtigsten. Der Durchschnitt der EG lag beim ersten Grund bei 33 Prozent, beim zweiten bei 29 und beim dritten bei 30. In der Bereitschaft, Entscheidungen des Europäischen Gerichtshofs nicht zu befolgen, erreichen die Franzosen mit Portugal, Luxemburg, Spanien und den Niederlanden zusammen die höchsten Werte. 11 Prozent würden sich nach einer Befragung im Herbst 1992 entschieden widersetzen, 19 Prozent in gewissem Maße; 12 Prozent wollen unbedingt Folge leisten, 34 Prozent bedingt, 16 Prozent sind unentschieden, und 8 Prozent wissen keine Antwort. Im EG-Durchschnitt beobachten wir 8 Prozent entschiedenen, 14 Prozent gemäßigten Widerstand, 34 Prozent eingeschränkte und 17 Prozent uneingeschränkte Folgebereitschaft sowie 18 Prozent Unentschiedene und 10 Prozent Antwortverweigerer (Kommission der EG 1992c: 8, 14, A18, A37-A39, A49).

Der Nationalstaat soll im Rahmen der internationalen Zusammenarbeit für die Franzosen nicht Träger eines feindseligen Nationalismus sein, sondern nach innen Treuhänder eines Universalismus der Garantie gleicher Freiheitsrechte gegen den Partikularismus von ständischen, klassen- oder schichtspezifischen Privilegien und nach außen Verfechter einer auf gemeinsame Wohlstandssteigerung, Wohlfahrt, Menschenrechtsgarantie und Friedenssicherung ausgerichteten internationalen Zusammenarbeit souveräner Staaten. Dies ist eine Vorstellung von der Rolle des Staates als Sachwalter der Bürgerrechte nach innen und der Menschenrechte nach außen, die schon Emile Durkheim (1950/1969, 1973c, 1973d) in seiner Staatssoziologie zur Zeit der III. Republik formuliert hat. Der schließliche Sieg der Republikaner in der Dreyfus-Affäre hat diese Position erneuert und gegen den antiliberalen Nationalismus verteidigt (vgl. Thalheimer 1963). Sie prägt heute maßgeblich die enge Verflechtung von Nation, Staat und internationaler Zusammenarbeit in Frankreich, bei der dem Staat eindeutig die Führungsrolle zufällt. In diesen Kontext gehört die große Bedeutung, die dem Asylrecht zumindest in der Theorie zugesprochen wird.

In Paris läuft dies alles zusammen. Hier befindet sich das Zentrum des Staates, das einerseits die Einheit der Nation nach innen sichert und andererseits die Öffnung nach außen betreibt. Paris ist für die Menschen in der Provinz nicht nur der Sitz der Regierung, sondern zugleich Repräsentantin der ganzen Welt. Die internationale Anziehungskraft macht Paris zu der Weltstadt, in der die ganze Welt zusammenströmt, zusammenarbeitet, zusammenlebt und die ungeheure kulturelle Vitalität der Stadt gestaltet. So fallen in Paris nationale Identität und multiethnische sowie multikulturelle Weltoffenheit in eins zusammen. Die Franzosen müssen noch nicht einmal ihr Land verlassen, um die ganze Vielfalt der Welt zu erfahren. Sie brauchen sich dazu nur in ihre Hauptstadt zu begeben. In dieser Doppelrolle von Paris als Hauptstadt und Weltstadt zugleich kommt die Leichtigkeit zum Ausdruck, mit der in Frankreich Nationalstolz und Weltoffenheit zusammengebracht werden (von Thadden 1991: 506). Die neueste Errungenschaft dieser Koinzidenz von Staat, Nation und kultureller Weltoffenheit in Paris ist die im Januar 1993 von François Mitterand und Jack Lang im Richelieu-Flügel des Grand Louvre eingerichtete *Académie universelle des cultures* (Lepenies 1993: 128).

Es wäre indessen zu voreilig, aus dieser engen Verbindung der Nation mit der Rolle des Staates als Sachwalter der Bürger- und Menschenrechte sowie des Nationalstolzes mit der Weltoffenheit unmittelbar auf die reale Politik des Staates und das Verhalten der Menschen im Umgang miteinander zu schließen. Die Souveränitätsidee hat die französische Außenpolitik bis zum Ende der Kolonialzeit mehr im Sinne von Machtsteigerung und -erhaltung als im Sinne der internationalen Zusammenarbeit zur Friedenssicherung und Verwirklichung der Menschenrechte geprägt. Der Kampf der europäischen Nationalstaaten um die Herrschaft in Europa und die Vorherrschaft in anderen Kontinenten hat auch Frankreich in den Chauvinismus der Überheblichkeit, den feindseligen Nationalismus gegenüber den Konkurrenten und den ausbeuterischen Kolonialismus außerhalb Europas geleitet (vgl. Girardet 1966, Weber 1968, Rutkoff 1981, Lüsebrink 1991). Der feindselige Nationalismus hat jedoch nach dem Ende des Zweiten Weltkrieges dem schrittweisen Ausbau der internationalen Zusammenarbeit Platz gemacht. Der Kolonialismus wurde durch die Freigabe der Kolonien beendet, die jedoch im Falle Algeriens zu schweren inneren Konflikten führte.

Aber auch heute kann man nicht davon sprechen, daß die Bindung der Nation an die vom Staat garantierten Bürger- und Menschenrechte vor Identitätskrisen und Ausgrenzungen schützen würde. Da ist zunächst einmal die im Vergleich zu Großbritannien und Deutschland viel weniger gelungene Integration der Arbeiterklasse in die gesellschaftliche Gemeinschaft. Das äußert sich in der breiteren Unterstützung der Kommunistischen Partei und der kommunistischen Gewerkschaften, die viel länger als die Arbeiterparteien in Großbritannien und Deutschland die Legitimität des Staates in seiner gegebenen Form in Frage gestellt haben. Frankreich ist viel länger als Großbritannien und Deutschland eine in Klassen gespaltene Nation geblieben. Die jährliche Zahl von Streiks und Aussperrungen liegt im internationalen Vergleich in der Spitzengruppe. Sie variiert zwischen 1960 und 1980 zwischen 1494 und 3888 bei 82 bis 219 verlorenen Arbeitstagen je 1000 Arbeitnehmer (Brettschneider, Ahlstich und Zügel 1992: 509; Anhang: Tabelle 6). Ein vergleichsweise hoher Prozentsatz von Befragten will die Gesellschaft verändern, 1976 wollen dies 13,5 Prozent durch Revolution, 63,7 Prozent durch Reform erreichen, 1981 noch 7,5 Prozent durch Revolution und 64,3 Prozent durch Reform. Ein vergleichsweise sehr niedriger Anteil der Befragten ist mit der Demokratie zufrieden, 1973 nur 40,6 Prozent, 1980 sogar nur 35,3. Der Aussage »Jeder ist vor dem Gesetz gleich« stimmen 1982 nur 23,4 Prozent zu, der niedrigste Wert im EG-Bereich. Im Vergleich mit Deutschland und Großbritannien rechnen sich weniger Wähler der Mitte zu. Im Zeitraum von 1973 bis 1980 sind es in Frankreich zwischen 43 und 52,1 Prozent, in Deutschland zwischen 56,3 und 63,7 Prozent, in Großbritannien zwischen 43,9 und 62,7 Prozent. Der Anteil der Bürger, die Zufriedenheit mit ihrem Leben äußern, ist vergleichsweise niedrig. Er bemißt sich zwischen 1973 und 1980 auf 68,2 bis 76,8 Prozent. Nur 23,1 Prozent können nach einer Befragung zwischen 1981 und 1983 den meisten Menschen vertrauen, 70 Prozent meinen, man könne nicht vorsichtig genug sein (Brettschneider, Ahlstich und Zügel 1992: 509, 541, 542, 543, 546, 550, 564; Anhang: Tabelle 5).

Die Präsidentschaft des sozialistischen »Monarchen« François

Mitterand hat diese Situation jedoch seit 1981 geändert (vgl. Uterwedde 1991). Die Zahl der jährlichen Streiks und Aussperrungen ist von 1980 bis 1987 von 2118 auf 1391 bei 92 bis 28 verlorenen Arbeitstagen je 1000 Arbeitnehmer gesunken. Der Anteil der Wähler, die sich der Mitte zurechnen, hat zugenommen. Er bewegt sich im Zeitraum von 1981 bis 1990 in Frankreich zwischen 50,1 und 56,4 Prozent, in Deutschland zwischen 53 und 61,6 Prozent, in Großbritannien zwischen 55,8 und 66,4 Prozent. Der Anteil der mit ihrem Leben zufriedenen Bürger ist von 70,2 Prozent im Jahre 1980 auf 79,9 Prozent im Jahre 1990 gestiegen; der Anteil der mit der Demokratie zufriedenen Bürger zeigt einen Aufschwung von 35,3 auf 52,3 Prozent, ist allerdings bis Frühjahr 1993 wieder auf 41 Prozent abgesackt. Eine Revolution wollen 1990 noch 6,6 Prozent, eine Reform 64,4 Prozent. Das Bruttoinlandsprodukt pro Kopf ist zwischen 1980 und 1988 von 23 637 DM auf 32 963 DM gewachsen. Dennoch meinen die Franzosen auch 1990 zu 41 Prozent deutlich mehr als die Deutschen zu 29 und die Briten zu 33 sowie auch mehr als der EG-Durchschnitt zu 37, daß in ihrem Land Menschen aufgrund von Ungerechtigkeit in Not leben (Brettschneider, Ahlstich und Zügel 1992: 510, 541, 542, 546, 564; Kommission der EG 1993: 4; Ashford und Timms 1992: 26; Anhang: Tabellen 5, 6). Es wird inzwischen schon von einem klassenübergreifenden nationalen Konsensus gesprochen (Mendras und Cole 1991: 107-121). Der Abbau der Klassenspaltung und die Forcierung von Gemeinsamkeit ist eine bleibende Leistung Mitterands mit und ohne Regierungstätigkeit seiner sozialistischen Partei über die vernichtende Wahlniederlage der Sozialisten im März 1993 und über das Ende von Mitterands Präsidentschaft hinaus. Diese Einschätzung wird schon durch eine Nachricht bestätigt, die das Fernsehen noch am Wahlabend des zweiten Wahlgangs zu den Parlamentswahlen am 28. 3. 1993 verbreitete. Danach wollten deutlich über 50 Prozent der Franzosen Mitterand auch bei einer bürgerlichen Parlamentsmehrheit und Regierung weiterhin im Präsidentenamt sehen.

Der Zusammenbruch des Sowjetimperiums hat außerdem der Kommunistischen Partei und den kommunistischen Gewerkschaften den Boden einer radikalen Systemkritik entzogen. Der gewachsene Wohlstand hat auch Frankreich eine weitergehende Integration der Arbeiterklasse in die nationale Einheit gebracht. Die Zuwanderung aus den ehemaligen Kolonialgebieten sowie die internationale kulturelle und wirtschaftliche Anziehungskraft haben vor allem in Paris und dessen unmittelbarer Umgebung die Heterogenität der Bevölkerung nach Herkunft, Sprache und Religion erheblich gesteigert und steigern sie noch weiterhin (Mestiri 1990). Hier sind es die Einheimischen gewohnt, mit Menschen unterschiedlicher Herkunft zusammenzuleben. Das Leben in der City wird durch die Heterogenität der Bevölkerung nicht durcheinandergebracht. Anders sieht es jedoch in den Vorstädten aus, wo Zuwanderer auf ökonomisch gefährdete einheimische Bevölkerungsschichten treffen. Das gilt ebenso für andere Städte mit ständig gewachsenem Ausländeranteil, wie z. B. Marseille mit einem hohen Anteil zugewanderter Nordafrikaner (Ogden 1989, White 1989). Wo es so zu einem Verdrängungswettbewerb zwischen ökonomisch schwachen Schichten und Zuwanderern sowie unter Zuwanderern kommt, nehmen Konflikte, Ausländerfeindlichkeit und rassistische Gewaltakte in besorgniserregendem Ausmaß zu (Taguieff 1988, Freeman 1989). Der Ruf nach Sicherheit und Ordnung verbindet sich dort mit dem Ruf nach einem Zuwanderungsstop. Jean Marie Le Pens Front National hat damit in den achtziger Jahren aufsehenerregende Stimmengewinne bei Wahlen auf kommunaler, nationaler und europäischer Ebene erzielt (Höhne 1990, Bréchon und Kumar Mitra 1992). Sein größtes Wählerpotential liegt bei Arbeitslosen, Arbeitern, kleinen Handwerkern und Gewerbetreibenden, die um ihre soziale Position fürchten. Aber auch ökonomisch gesicherte und gebildete Wähler geben Le Pen ihre Stimme, um gegen die Linke zu opponieren.

Obwohl eine EG-Umfrage 1988 in Frankreich mit 3 Prozent den niedrigsten Prozentsatz der Bevölkerung ermittelte, der in der Immigration das wichtigste Problem sah (Kommission der EG 1989b: 60; Betz 1991: 9), scheint auch in Frankreich die Bereitschaft, die nationale Zugehörigkeit mit Menschen unterschiedlicher Herkunft zu teilen, recht begrenzt und im Abnehmen begriffen zu sein. Im Vergleich von Befragungen haben die Franzosen zwischen 1981 und 1990 einen Sprung von stark unterdurchschnittlicher zu gut überdurchschnittlicher ethnischer Intoleranz gemacht (Ashford und Timms 1992: 14, 15; Barker, Halman und Vloet 1992: 24). Der Aussage, daß zu viele Ausländer von außerhalb der EG in Frankreich leben, stimmten 1968 auf eine Befragung 51 Prozent zu. 1984 war diese Zahl auf 61 Prozent gewachsen, 1992 waren es 52 Prozent. Gegenüber Schwarzafrikanern war 1984 die Ablehnungsquote von 18 auf 41 Prozent gestiegen, gegenüber Nordafrikanern von 62 auf 66 Prozent; gegenüber Juden war sie von 13 auf 12 Prozent, gegenüber Spaniern von 27 auf 19 Prozent gefallen. Den 1968 nicht erfaßten Asiaten wird 1984 mit einer Ablehnungsquote von 31 Prozent begegnet (Schain 1987: 238). 1992 wollen 29 Prozent keine Asylbewerber akzeptieren, zusammen mit Belgien und Westdeutschland die höchste Ablehnungsquote in der EG. Hier fällt die hohe Diskrepanz zur allgemeinen Erklärung des Asylrechts als absolut wichtig auf, die 1988 zu 73 Prozent abgegeben wurde (Kommission der EG 1992a: A41, A42; Brettschneider, Ahlstich und Zügel 1992: 544; Anhang: Tabellen 2, 7, 8).

Das französische Verständnis der Nation als eine staatsbürgerliche Gemeinschaft ist nicht frei von der Erwartung, daß sich die Zuwanderer an die französische Lebensart assimilieren. Die Toleranz für ethnisch-kulturellen Pluralismus erreicht nicht das Ausmaß der USA, wo allerdings der Assimilationsdruck von der Seite des wirtschaftlichen Wettbewerbs um so größer ist. Multikulturalisten und Nationalisten streiten mit Hilfe der »Notorganisationen« SOS-Racisme und SOS-France erbittert um das Verständnis des Rechts auf das kulturelle Anderssein *(le droit à la difference)*. Die Multikulturalisten wollen allen innerhalb der Grenzen Frankreichs in der offenen Republik dieses Recht einräumen, die Nationalisten wollen es jedem Volk innerhalb seiner eigenen Grenzen zuerkannt wissen. Nach dem Willen der neuen Nationalisten sollen die Franzosen das Recht behalten, unter sich bleiben zu dürfen (Finkielkraut 1987, Dubet 1989, Loch 1990; Knight und Kowalsky 1991: 89-105; Ziebura 1992).

Offensichtlich können feindseliger Nationalismus und Ausländerfeindlichkeit auch von dem an den Bürger- und Menschenrechten orientierten Verständnis der Nation als einer politischen Gemeinschaft von Bürgern, die unabhängig von ihrer Herkunft einen gemeinsamen Weg gehen wollen, nicht verhindert werden. Es handelt sich dabei um eine reine Idee, deren Verwirklichung dem Staat obliegt, wodurch die Menschen auch davon befreit werden, es selbst zu tun. Der Idee fehlt der gesellschaftliche Unterbau eines Vereinigungslebens, durch das die Menschen zum gemeinsamen Gestalten ihres Lebens über die Grenzen ihrer Herkunftsgruppen hinweg angeleitet werden. Im Vergleich zu Deutschland, Großbritannien oder gar den Vereinigten Staaten ist die selbständige Organisation des Zusammenlebens in Vereinen, Verbänden, Kirchen und anderen Vereinigungen in Frankreich schwächer ausgeprägt. Die Zahl der Mitglieder in solchen Vereinigungen ist gemessen an der Bevölkerungszahl deutlich niedriger. Nur 27 Prozent der Franzosen nannten bei einer 1981 durchgeführten Befragung eine Mitgliedschaft in einer Vereinigung, gegenüber 50 Prozent der Deutschen und 52 Prozent der Briten. Zusammen mit Italien, das auf 26 Prozent kam, bildete Frankreich das Schlußlicht im Vergleich von neun europäischen Ländern (Stoetzel 1983: 285; Safran 1991: 106-124; Crozier 1964, 1970; Anhang: Tabelle 6). Wegen des geringen Engagements in freien Vereinigungen und Verbänden ist die gemeinsame Verwirklichung von Bürger- und Menschenrechten durch gemeinsames Handeln jenseits der staatlichen Eingriffe auch kaum entwickelt. Im Gegenteil, wo der Staat Bürger- und Menschenrechte durch eine liberale Immigrationspolitik auf neu zuwandernde Gruppen überträgt, passiert es leicht, daß die betroffene Bevölkerung die Gefolgschaft verweigert und mit Widerstand reagiert. Die *Idee* der Nation als eine Willensgemeinschaft individueller Bürger, die unabhängig von ihrer Herkunft einen gemeinsamen Weg gehen wollen, bietet zwar im Unterschied zur Idee der Nation als Abstammungsgemeinschaft eine bessere Legitimationsbasis für eine pluralistisch zusammengesetzte Nation, sie ist jedoch wirkungslos, wenn sie allein als eine Sache der Intellektuellen sowie des Staates und seiner Gesetzgebung betrieben wird und im Vereinigungsleben der Menschen keine Entsprechung findet. Schon zur Zeit der Französischen Revolution bestand eine große Diskrepanz zwischen der politischen Rhetorik der Nation in Paris und der Distanz der Bauern auf dem Lande zu dieser Nation (Emsley 1988).

Die französische Identität läßt jedoch mehr Spielraum für die Differenzierung von Lebensstilen als die britische. Der französische Gentilhomme ist aristokratisch geblieben und hat nach dem Aufstieg des Bürgertums und der Arbeiterklasse eine Vielzahl von gewiß hierarchisch abgestuften, aber dennoch nebeneinander gültigen Lebensstilen als Verkörperung des Französischen neben sich oder auch unter sich dulden müssen. Aristokraten, Großbürger, Kleinbürger, Staatsbeamte, Intellektuelle, Künstler, Großbauern, Kleinbauern oder Arbeiter zelebrieren ihre eigene Version der französischen Lebensart. Die Schlagworte »Leben und leben lassen« sowie »savoir vivre« drücken das Bewußtsein für die Vielfalt

französischer Lebensart und Identität aus. Es ist stärker ausgeprägt als z. B. in Großbritannien und Deutschland. Ergebnisse der
Umfrageforschung bestätigen dieses Bild. Bei einer 1981 durchgeführten Befragung in neun europäischen Ländern erreichten die
Franzosen knapp vor den Holländern mit 317 Punkten den höchsten Wert auf einer Permissivitätsskala. Der Mittelwert aller Länder lag bei 270 Punkten. Die Deutschen mit 264 und die Briten
mit 262 Punkten rangierten unter dem Mittelwert und deutlich
hinter den Franzosen. Frankreich ragte vor allem in der geringen
Bedeutung heraus, die dem guten Benehmen beigemessen wird.
Nur 21 Prozent der Befragten hielten es für wichtig, gegenüber 68
Prozent in Großbritannien und 42 Prozent in der Bundesrepublik. Eine Wiederholung der Befragung erbrachte 1990 in diesen
Fragen dieselben Ergebnisse (Stoetzel 1983: 37, 40-41; Ashford
und Timms 1992: 63; Anhang: Tabellen 3, 4). Das komplementäre
Gegenstück zu der großen Permissivität der Franzosen ist jedoch
die geringere Integration der Gesellschaft, ihre Spaltung in Gruppen. Der Pluralismus der französischen Lebensart verliert seinen
toleranten Charakter in dem Augenblick, in dem der Status einer
Klasse, Schicht oder Gruppe infolge ökonomischer Krisensituationen und/oder Zuwanderungen gefährdet wird.

1.224 Nation und Bürgergemeinschaft III: Deutschland

In Deutschland hat sich das Verständnis der Nation unter anderen
Bedingungen und in anderer Gestalt entwickelt als in Großbritannien und Frankreich. Im Unterschied zum französischen oder
britischen Begriff der Nation als Gemeinschaft von *citoyens* oder
citizens, unabhängig von ihrer Herkunft, sind hier Abstammung
und Sprache zu den Hauptkriterien der Nation geworden (vgl.
zur Entwicklung in Deutschland allgemein: Snyder 1952/1969,
Plessner 1959, Conze 1963, Dahrendorf 1968/1971; Wehler
1987a: 506-530, 1987b: 394-412; Lepsius 1966, 1990a, 1990b;
Willms 1982, Mommsen 1990, Winkler 1991, Giesen 1993).
Wieweit dieses Nationsverständnis von der Idee einer pluralistischen Bürgergemeinschaft freier Individuen abweicht und noch
heute wirksam ist, läßt sich ansatzweise an folgenden Umfragedaten ablesen: In einer Umfrage zwischen 1981 und 1983 entschieden sich 37,5 Prozent für Freiheit und 38,9 Prozent für Gleich-

heit, wenn zwischen beiden zu wählen wäre. 1988 waren 37,7 Prozent für Freiheit und 38,9 Prozent für Gerechtigkeit. 1990 wollten nur 22 Prozent der Gleichheit einen Vorrang vor der Freiheit als politisches Prinzip einräumen, der niedrigste Wert im europäischen Vergleich. 1982 meinten 57,4 Prozent, daß die Freiheit des einzelnen zu weit gegangen sei. 43,6 Prozent wollten Minderheiten, die in ihren Ideen und Sitten von der Mehrheit abweichen, nicht dulden. Zwischen 1981 und 1983 sagten 82,1 Prozent, es sei ihnen *nicht* unangenehm, mit Menschen zusammenzusein, die sich von ihnen in ihren Ideen, Überzeugungen oder Werten unterscheiden. Im Vergleich von neun europäischen Ländern landeten die Deutschen in der Bedeutung, die sie der Toleranz und der Respektierung der anderen beimessen, 1981 mit 42 Prozent Nennungen abgeschlagen auf dem letzten Platz. 1990 hatten sie jedoch Großbritannien und Frankreich mit Werten knapp über dem EG-Durchschnitt fast eingeholt. Als *nicht* störend empfanden 1992 die Anwesenheit von Menschen anderer Nationalität: 77 Prozent (West: 75, Ost: 81), anderer Rasse: 74 Prozent (West: 73, Ost: 78), anderer Religion: 77 Prozent (West: 75, Ost: 83). Das passive Kommunalwahlrecht wollten 41 Prozent (West: 37, Ost: 54) Einwohnern aus anderen Mitgliedsstaaten der EG gewähren, 54 Prozent (West: 58, Ost: 41) votierten dagegen. Beim aktiven Kommunalwahlrecht waren 29 Prozent (West: 27, Ost: 33) dafür, 65 Prozent (West: 66, Ost: 59) dagegen (Stoetzel 1983: 40; Brettschneider, Ahlstich und Zügel 1992: 543, 544, 545, 549, 583; Kommission der EG 1992a: A35, A43; Ashford und Timms 1992: 63; Barker, Halman und Vloet 1992: 17; Anhang: Tabellen 1-4).

Das deutsche Einbürgerungsrecht ist Ausdruck des ethnisch-kulturellen Verständnisses der Nation. Es ist nahezu ausschließlich ein ius sanguinis. Wer deutsche Vorfahren hat, erwirbt bei der Einwanderung automatisch die deutsche Staatsbürgerschaft. Wer nicht über diese Abstammung verfügt, aber schon lange in Deutschland lebt oder hier sogar geboren ist, kann nur unter sehr erschwerten Bedingungen deutscher Staatsbürger werden. Es gibt kaum ein Gegengewicht eines bedingten ius soli gegen das ius sanguinis. Ausländern, die mindestens zehn Jahre im Lande gelebt haben, deutsche Sprachkenntnisse besitzen, unbescholten sind, eine eigene Wohnung haben, für ihren Unterhalt selbst sorgen, auf ihre bisherige Staatsangehörigkeit verzichten und die Staatsangehörigkeit in der Familie einheitlich halten, kann die deutsche Staatsangehörigkeit *gewährt* werden, wenn allgemein politische, wirtschaftliche und kulturelle Gründe dafür sprechen. Sie haben jedoch kein Recht darauf. Nach dem deutschen ius sanguinis verfügen auch die in Deutschland geborenen Kinder von Immigranten über kein Recht auf die deutsche Staatsangehörigkeit (vgl. Brubaker 1990: 396-398, 400-401; Hailbronner und Renner 1991: 167-240; Cohn-Bendit und Schmid 1992: 331-339). Mit der Neuregelung des Ausländerrechts vom 9. 7. 1990 ist die Einbürgerung junger Ausländer erleichtert worden. Sie werden nach Vollendung des 16. und vor Vollendung des 23. Lebensjahres »in der Regel eingebürgert«, wenn sie ihre bisherige Staatsangehörigkeit aufgeben, seit acht Jahren rechtmäßig ihren gewöhnlichen Aufenthalt im Bundesgebiet haben, sechs Jahre im Bundesgebiet eine Schule, davon mindestens vier Jahre eine allgemeinbildende, besucht haben und nicht wegen einer Straftat verurteilt worden sind (Hailbronner und Renner 1991: 357-381).

Der mittelalterliche, bis weit in die Neuzeit hinein geltende Begriff der deutschen Nation war eine Sache der ständischen Führungsschichten der einzelnen Fürstenstaaten und freien Reichsstädte, die durch Heirat, militärischen Beistand und gemeinsame Kultur miteinander verbunden waren. Unterhalb dieser Führungsschichten gab es kein Bewußtsein der Zugehörigkeit zu einer über regionale Gemeinschaften hinausgehenden deutschen Nation (Conze 1963: 9-26). Der moderne, die ganze Bevölkerung umfassende Begriff der deutschen Nation ist erst in der zweiten Hälfte des 18. Jahrhunderts geformt worden (Conze 1963: 26-36). Urheber und erster Träger war das Bildungsbürgertum von Schriftstellern, Professoren, Theologen, höheren Verwaltungsbeamten, Juristen und Ärzten. Die Literaten der Romantik haben den deutschen Begriff der Nation am Ende des 18. Jahrhunderts ästhetisch zugespitzt (Giesen und Junge 1991).

Hier liegt die Wurzel des deutschen Begriffs der Kulturnation. Er ist ein reines Literatenprodukt. Der britische Begriff der Nation als staatsbürgerliche Gemeinschaft ist dagegen von der Aristokratie, dem gewerblichen und dem gebildeten Bürgertum zusammen geschaffen worden, der französische Begriff vom gewerblichen Bürgertum und den Aufklärern im Kampf gegen Aristokratie und König. Während in Großbritannien und Frankreich die Nation auf der Basis einer vorhandenen staatlichen Einheit entstand und beide zur Staatsnation zusammenwuchsen, diente in Deutschland die Idee der Kulturnation gerade als Ersatz für die fehlende staatliche Einheit. Friedrich Meinecke hat diese Unterscheidung in seiner Schrift *Weltbürgertum und Nationalstaat* eingeführt. Er unterschied Nationen, die aus einem »gemeinsam erlebten Kulturbesitz« hervorgehen, von solchen, die auf »der vereinigenden Kraft einer gemeinsamen politischen Geschichte und Verfassung beruhen« (Meinecke 1907/1962: 10; Kohn 1962: 309-314, 550-553). Die deutsche Kulturnation sollte sich auf alle »deutschstämmigen« und »deutschsprachigen« Gebiete erstrecken. Die Ableitung aus gemeinsamer Herkunft und gemeinsamer Sprache verbindet die Kulturnation mit der Volksnation (Lepsius 1990b: 235-240).

Den deutschen Schriftstellern ging es bei ihrer Erweckung der deutschen Kulturnation auch um ihre eigene Stellung und Anerkennung. Die höfische Kultur war im 17. und 18. Jahrhundert auch in deutschen Landen französisch. Es wurde französisch gesprochen, die französische Literatur und Philosophie beherrschte das kulturelle Geschehen. Gegen diese Vorherrschaft der französischen Kultur auf dem ganzen europäischen Kontinent richtete sich der Kampf der deutschen Schriftsteller des Klassizismus und der Romantik. Es lag in ihrem ganz persönlichen Interesse, die Qualitäten der deutschen Sprache und Literatur gegen die Hegemonie der französischen Kultur ins Spiel zu bringen (vgl. Frühwald 1986, Fink 1991, Oesterle 1988, 1991). Exemplarisch für den Anfang dieser Entdeckung der eigenen Qualitäten der deutschen Sprache in den sechziger Jahren des 18. Jahrhunderts waren Herders (1877-1913/1967/68) Sammlungen von Volksliedern und seine Aufsätze zur »deutschen Art und Kunst«. So wurde die vergleichende Betrachtung der Vorzüge und Nachteile der französischen und deutschen Sprache und Literatur zum strategischen Dreh- und Angelpunkt der auf Anerkennung abzielenden Professionspolitik der deutschen Literaten. Dabei überwog bei den Klassizisten und Neoklassizisten – wie z. B. Wilhelm von Humboldt – der abwägende Vergleich, während die Romantiker – wie z. B. Novalis und Friedrich Schlegel (vgl. Preitz 1957) – in die Offensive, in die Abwertung des Französischen und die Aufwertung des Deutschen übergingen. Darstellungskunst, Gewandtheit, Formschönheit, Anschaulichkeit und Esprit werden an der französischen Sprache und Literatur bewundert. Dagegen glaubt man, daß die deutsche Sprache und Literatur der französischen an Echtheit, Empfindsamkeit, Tiefgründigkeit, Transzendenz und umfassendem Geist überlegen sei. Im Extremfall wird das Französische als Hort von Oberflächlichkeit, Aufschneiderei, Falschheit, Unmoral, Geschäftigkeit und Narzißmus abgewertet, während das Deutsche zum Träger von Wahrheit, Moral und Erhabenheit gemacht wird. Am Ende entsteht daraus die Entgegensetzung von französischer Zivilisation und deutscher Kultur, die bis in unsere Zeit hinein die Abgrenzung von französischer und deutscher Identität mit Feindseligkeit aufgeladen hat.

Die feindselige Abgrenzung nationaler Identitäten ist jedoch im klassizistischen und neoklassizistischen Kulturvergleich nicht intendiert. Der Neoklassizismus eines Wilhelm von Humboldt entwickelt aus der vergleichenden Literaturbetrachtung das Programm einer vergleichenden Anthropologie als Grundlage des wechselseitigen Lernens der Kulturen voneinander (Humboldt 1903/1968a; Oesterle 1991). Sie erkennen sich selbst und die anderen besser durch den Vergleich, und sie gewinnen die Möglichkeit der Selbstvervollkommnung durch Selbst- und Fremderkenntnis. Goethe greift Humboldts Ideen in der Veränderung seines Klassizismus auf, für den nun die Selbstvervollkommnung durch den Blick auf das andere zu einer wesentlichen Methode der Literaturentwicklung wird (Humboldt 1904/1968b: 387-399; Goethe 1953: 269, 1900: 344; Bratranek 1876). Bildung wird für die ganze Bewegung zum Hauptvehikel der Persönlichkeitsentwicklung. Humboldt und Goethe wenden sich jedoch gegen die Vereinseitigung des Bildungspatriotismus der eifernden Kämpfer für die deutsche Nationalkultur. Ihnen kommt es vielmehr auf die Vielseitigkeit der Bildung an. Die europäische Zivilisation schreitet in einem Prozeß des wechselseitigen Vergleichs und des Lernens aus dem Vergleich fort. Wie Humboldt erkennt, ergibt sich aus diesen Vergleichen einerseits vermehrte Kommunikation zwischen den Nationen, andererseits eine verstärkte Individuierung durch wechselseitige Abgrenzung der eigenen Qualitäten und daraus folgende Selbstfindung. Die Nationen wissen immer mehr übereinander und von sich selbst und werden durch dieses Wissen auf diejenigen Eigenschaften aufmerksam gemacht, durch die sie sich voneinander unterscheiden. Je mehr sie zu sich selbst finden und ihre eigene Individualität ausbilden wollen, um so mehr werden sie diese Eigenschaften betonen und sich voneinander abgrenzen. Dementsprechend werden sie sich schwerer über das richtige Leben einigen können (Bratranek 1876: 168; Oesterle 1991: 318). Wir erleben heute eine neue Phase der intensivierten Kommunikation zwischen den europäischen Nationalkulturen, nachdem der EG-Binnenmarkt auch auf eine Europäisierung der Bildung, der Wissenschaft und der massenmedialen Unterhaltung hinwirkt. Die Erkenntnis Humboldts erlangt unter neuen Bedingungen neue Aktualität.

Humboldt und Goethe haben im Lichte dieser Erkenntnis die Vermittlung zwischen persönlicher Selbstfindung, nationaler Abgrenzung und universeller Verständigung im Auge. Für Goethe entwickelt sich daraus später seine Idee der Weltliteratur als ständiges gegenseitiges Korrigieren und inneres Ausgleichen der Nationalliteraturen (Goethe 1953: 361-364; Schrimpf 1968). Im Unterschied zum bloßen Ideenkommerz, den es schon lange gebe, versteht er darunter einen Prozeß der gegenseitigen Verständigung, Korrektur und Selbstfindung. Im enger gewordenen Verkehr zwischen Franzosen, Engländern und Deutschen sieht er gute Chancen für eine solche Entwicklung (Oesterle 1991: 348). Das Ziel des entsprechenden Bildungsprozesses ist in dieser klassizistischen Sicht nicht die nationale Selbstfindung, sondern das universelle Menschentum. Nicht die Nation soll die Menschen in einer gemeinsamen Identität zusammenführen, sondern die Menschheit.

Während von der höheren Warte eines Goethe die Nation als Form der menschlichen Vergemeinschaftung im Rahmen des universellen Menschentums relativiert wurde, rückte sie für die weniger etablierten Geister ins Zentrum der Identitätssicherung gegen die französische Hegemonie. Die Romantiker haben die Individuierung aus dem Vergleich der Kulturen auf die Spitze getrieben und die Individualität der Nation ins Erhabene eines Gesamtkunstwerks gehoben (Giesen und Junge 1991: 297-302). Dem Universalismus der Französischen Revolution wurde das Recht auf Unverwechselbarkeit und Einzigartigkeit partikularer Kulturen entgegengesetzt. Diese betonte Individuierung der Nation konnte auch in die Abwertung und Ausgrenzung des Fremden im Interesse der nationalen Identitätssicherung münden. Auf jeden Fall war damit die Möglichkeit gegeben, die nationale Identitätssicherung zu einem feindseligen Nationalismus zu steigern. Die intellektuelle Frontstellung gegen Frankreich und die gleichzei-

tige Verherrlichung der eigenen Nation verschärfen sich mit dem
Krieg gegen Napoleon. 1807 hält Fichte (1807/1955) seine be-
rühmten *Reden an die deutsche Nation*. Ernst Moritz Arndt
(1802/1940) und Friedrich Ludwig Jahn (1810) tragen die Glorifi-
zierung der Nation in breitere Schichten hinein (Glotz 1990:
61-87). Das Spannungsverhältnis zwischen universellem Menschentum und nationalstaatlicher Identitätsfindung wird immer
weniger durch die Aufhebung des Nationalstaates in einem übergeordneten weltbürgerlichen oder christlichen Universalismus
und immer häufiger durch die stellvertretende Rolle des deutschen Nationalstaates als Träger des wahren universellen Kultur-
menschentums gelöst. Für Herder hat jede Kultur ihr eigenes
Recht und ihre eigene Schönheit, für Humboldt und Goethe steht
das universelle Menschentum unzweifelhaft über den Nationalstaaten. Novalis träumt von der Wiederkehr des christlichen
Universalismus als gemeinsamer Ordnung der europäischen Nationalstaaten. Schlegel wünscht sich zunächst die Einordnung der
Nationalstaaten in eine Weltrepublik, dann aber ihre Unterordnung unter ein universelles Kaisertum, dessen ideelle Grundlagen
in der deutschen Kultur liegen sollen. In seiner wahrhaft universellen Kultur soll es dem napoleonischen, allein machtstaatlich
begründeten Kaisertum überlegen sein. Fichte sieht in der Herausbildung des deutschen Nationalstaates die Verwirklichung des
wahren kulturellen Universalismus. Die deutsche Nation war die
Universalnation schlechthin (Meinecke 1907/1962: 9-112). Dieser
Weg ist von Fanatikern wie Lagarde, Langbehn und Moeller van
den Bruck weitergegangen worden, die geistige Grundlagen für
den Nationalsozialismus gelegt haben. Der Nationalsozialismus
hat schließlich die nationale Identitätssicherung durch Ausgrenzung des Fremden zu einer grausamen Wirklichkeit werden lassen
(Lagarde 1920, Langbehn 1890/1927; Moeller van den Bruck
1904-10/1933-35, 1923/1931; dazu: Mosse 1966: 31-51).
Die Abgrenzungskämpfe der deutschen Literaten gegen die französische Sprache und Literatur haben in der zweiten Hälfte des
18. Jahrhunderts in erster Linie der Entwicklung einer eigenständigen deutschen Nationalliteratur den Weg geebnet und zur Verdrängung der französischen Sprache und Literatur geführt. In
zweiter Linie entstand daraus eine Formulierung der nationalen
Identität der Deutschen in der Abgrenzung gegen die Franzosen
in Gestalt der literaturvergleichenden Selbst- und Fremdbeschrei-

bung, die für das Verhältnis zwischen Deutschen und Franzosen fortan bestimmend geworden ist. Mit der Identitätsabgrenzung verband sich zugleich die Abwehr der politischen Hegemonie Frankreichs auf dem europäischen Kontinent, die in den Befreiungskriegen gegen Napoleons Besatzung kulminierte. Der Kampf gegen die Vorherrschaft des Französischen an den deutschen Höfen und die Entwicklung einer einflußreichen deutschen Nationalliteratur schufen einen nationalen Kommunikationszusammenhang, aus dem sich ein deutsches Nationalbewußtsein im Sinne einer *kulturellen* Zusammengehörigkeit, unabhängig von politischer Zersplitterung, entwickelte. Die überall aus dem Boden sprießenden Lesegesellschaften trugen diese Entwicklung über die Literatenzirkel in das breite Bildungsbürgertum hinein (Eder 1985: 164-177; Giesen und Junge 1991: 262-275), allerdings nicht sehr weit hinein in das gewerbliche Bürgertum. Die Mentalität des gewerblichen Bürgertums blieb deshalb bei dieser ersten Formulierung der deutschen nationalen Identität ausgegrenzt. Auch die romantische Zuspitzung der nationalen Identität auf die Erhabenheit eines einzigartigen Gesamtkunstwerks erwies sich eher als eine Randerscheinung. Langfristig gewichtiger für die Formung der nationalen Identität waren die Beamtenstellung des Bildungsbürgertums und die daraus hervorgegangene Mentalität des Staatsdieners (Ringer 1969, Wehler 1989). Der Wahrhaftigkeit, Tugendhaftigkeit und Erhabenheit als Leitbild der kulturellen Elite gesellten sich so Gehorsam, Disziplin und Zuverlässigkeit als deutsche Normalidentität hinzu. Das preußische Offizierskorps hat im 19. Jahrhundert als weitere tragende Gesellschaftsschicht diese deutsche Normalidentität noch um die militaristische Komponente der Aufopferung für das »Vaterland« im Kampf gegen die Feinde erweitert (Elias 1989: 61-158, 233-281). Der Patriotismus und das Nationalbewußtsein – von den Literaten im eigenen Interesse der Entwicklung einer eigenständigen Nationalliteratur geweckt – erhielten auf diesem Wege eine militaristische Formung im Sinne der kriegerischen Selbstbehauptung der Deutschen gegen den französischen Feind. Die literarische Suche nach der nationalen Identität der Deutschen geriet so zur militärischen Auseinandersetzung um die politische Vorherrschaft auf dem europäischen Kontinent.

Das gewerbliche und industrielle Bürgertum nahm in Deutschland bei der Herausbildung der Nation und der nationalen Identität keine so gewichtige Rolle ein wie in Großbritannien und Frankreich. Es ist praktisch im Fahrwasser des Bildungsbürgertums und später der staatlichen Einigung mitgeschwommen, ohne jedoch in gleichem Maße an der politischen Gestaltung der Gesellschaft und der Definition der nationalen Identität mitzuwirken. Sein Platz war und ist bis heute Gewerbe und Industrie, nicht jedoch die Politik. Die oft als Professorenparlament titulierte Frankfurter Nationalversammlung von 1848/49 bringt die Dominanz des Bildungsbürgertums in Deutschland paradigmatisch zum Ausdruck. Für 76 Prozent der Abgeordneten war eine Bildungsqualifikation unabdingliche Voraussetzung für den Zugang zu dem von ihnen ausgeübten Beruf. In der Pariser *Assemblée nationale constituante* von 1848/49 galt dies nur für 46 Prozent der Abgeordneten. 27 Prozent der Frankfurter, aber nur 12 Prozent der Pariser Parlamentarier waren Universitätsprofessoren, Lehrer, Geistliche oder Publizisten. Die Frankfurter Abgeordneten blieben im Hinblick auf inter- und intragenerationale Mobilität enger an die Grenzen des Bildungsbürgertums gebunden als die Pariser. Unter den Abgeordneten in Paris fanden sich häufiger Verflechtungen von Besitz- und Bildungsbürgertum (Best 1989: 60-61 und passim). In Deutschland hat es bis zum Ersten Weltkrieg gedauert, bis von einer erkennbaren Verflechtung von Bildungs- und Wirtschaftsbürgertum in Gestalt von Heiratsverhalten und Erwerb von Bildungszertifikaten gesprochen werden konnte (Zunkel 1992). Vor diesem Hintergrund ist es nicht überraschend, daß es in Deutschland zwar unternehmerischen Geist gibt, dieser jedoch Sache einer spezialisierten Teilelite ist, ohne für die ganze Gesellschaft eine wesentliche mentalitäts- und identitätsbestimmende Rolle zu spielen, wie dies in Großbritannien und vor allem in den USA der Fall ist. Die Unternehmer klagen schon immer über mangelnde gesellschaftliche Reputation, tun jedoch über ihre spezialisierte Tätigkeit hinaus wenig, um den unternehmerischen Geist in die öffentliche Debatte und die politische Gesellschaftsgestaltung einzubringen. Soweit dies geschieht, handelt es sich um Einzelkämpfer ohne breite Unterstützung. Das gewerbliche und industrielle Bürgertum ist so zu einer gewichtigen wirtschaftlichen Macht geworden, ohne jedoch diese wirtschaftliche Macht in gleichwertigen öffentlichen Einfluß und gleichwertige politische Macht umzumünzen. Die ihm eigenen Eigenschaften des unternehmerischen Geistes, des Pragmatismus und der Weltoffenheit haben deshalb nicht denselben Einfluß auf die Selbst- und Fremdwahrnehmung der deutschen Identität ausgeübt wie die Eigenschaften der Beamtenintelligenz, obwohl sie in breiten Schichten der Bevölkerung ohne Zweifel vorhanden sind. Es ist deshalb nicht der Pragmatismus der wirtschaftlichen Elite, der die öffentliche Debatte und die politische Gestaltung der Gesellschaft bestimmt, sondern der Schematismus und die theoretische Abstraktion der akademisch gebildeten Elite.

Das Übergewicht des Bildungsbürgertums gegenüber dem Wirtschaftsbürgertum in der Prägung der nationalen Identität der Deutschen macht sich noch heute in Umfrageergebnissen bemerkbar. Das gilt z. B. für die überragende Bedeutung der Gleichheit vor dem Gesetz: In einer Umfrage 1988 sprachen sich 94,9 Prozent der Deutschen dafür aus, 91,8 Prozent der Franzosen, aber nur 65,9 Prozent der Briten. Es zeigen sich darin die Spuren des kontinentalen rechts*gelehrten* Denkens der Universitätsjuristen im Unterschied zum angelsächsischen rechts*praktischen* Denken der wirtschaftszugewandten Advokaten. Die vergleichsweise starke Betonung der Meinungsfreiheit kann auf bildungsbürgerliche Wurzeln zurückgeführt werden. Nach einer Umfrage von 1988 halten sie 89,4 Prozent der Deutschen für absolut wichtig, dagegen nur 75,5 Prozent der Franzosen und 66,2 Prozent der Briten. Auch in der Respektierung der verwandten Religions- und Gewissensfreiheit kommen die Deutschen auf einen hohen Wert: 87,3 Prozent. In Frankreich werden 77,3 Prozent erreicht, in Großbritannien 77,1. In der Betonung des Grundrechts auf eine eigene Sprache und Kultur scheint noch ein wenig der klassizistische und romantische Kampf gegen die Hegemonie der französischen Sprache und Literatur vor und nach der Revolution von 1789 auf: 85,1 Prozent der Deutschen treten dafür nach einer Befragung von 1988 besonders ein, dagegen 80,5 Prozent der Franzosen und nur 63,1 Prozent der Briten, die es wohl angesichts der Durchsetzung des Englischen als internationale Verkehrssprache kaum nötig haben.

Bildungsbürgertum und Romantik bleiben in den Spitzenwerten erkennbar, die in Deutschland die Unterstützung von Friedens-, Ökologie-, Antiatomkraft- und Naturschutzbewegungen im EG-Vergleich erzielt. In diesen Verhaltensbereitschaften und entsprechenden Werthaltungen unterscheiden sich die Deutschen ganz erheblich von ihren Nachbarn. Nur zu 27,3, 38,5, 41,0 bzw. 8,8

Prozent würden sie nach einer Umfrage von 1986 die genannten Bewegungen *nicht* unterstützen, die Franzosen dagegen zu 79,8, 79,0, 83,6 bzw. 69,3 Prozent, die Briten zu 74,0, 66,0, 73,9 bzw. 57,5 Prozent. In *einer* Grundrechtsfrage zeigt sich jedoch, daß der Wirtschaftsliberalismus in Deutschland im Zuge des stetig gewachsenen Wohlstands und dessen Rückführung auf die soziale Marktwirtschaft Boden gutgemacht hat und den alten Bildungsliberalismus ergänzt: in der Frage des Grundrechts auf Eigentum. 86,2 Prozent der Deutschen halten es nach einer Befragung von 1988 für wichtig, dagegen nur 78,2 Prozent der Franzosen und 80,8 Prozent der Briten (Brettschneider, Ahlstich und Zügel 1992: 543, 544, 545, 580; Anhang: Tabellen 2, 9).

Trotz des Übergewichts des Bildungsbürgertums bei der Prägung von Nationsverständnis und nationaler Identität kann nicht gesagt werden, daß das gewerbliche und industrielle Bürgertum an der Entwicklung des deutschen Nationalbewußtseins im 19. Jahrhundert überhaupt nicht beteiligt gewesen wäre. Sein Beitrag war nur eben im Vergleich zum Bildungsbürgertum und zum gewerblichen und industriellen Bürgertum in Großbritannien und auch in Frankreich geringer. Während das Bildungsbürgertum vor allem gegen die kulturelle Hegemonie Frankreichs auf dem europäischen Kontinent kämpfte, richteten sich die nationalen Erweckungsbestrebungen des gewerblichen und industriellen Bürgertums vor allem gegen die ökonomische Vormachtstellung Großbritanniens (Berdahl 1972). Das Ziel dieser Bewegung war der Abbau der innerdeutschen Zollbarrieren für den freien Handelsverkehr und der Aufbau von Schutzzöllen nach außen im Interesse der Entwicklung der nationalen Wirtschaft. An eine Beseitigung dieser äußeren Schutzzölle sollte erst gedacht werden, wenn die Industrie den für die internationale Konkurrenz erforderlichen Reifegrad erlangt hat. Dies war die Politik des am 1. Januar 1834 gegründeten Deutschen Zollvereins. Die theoretische Begründung dafür hat Friedrich List (1841/1950) in seinem 1841 erschienenen Werk *Das nationale System der Politischen Ökonomie* geliefert. Gleichzeitig nahmen sowohl das Bildungsbürgertum als auch das Wirtschaftsbürgertum die Freiheitsidee der Französischen Revolution auf. Sie suchten gewissermaßen eine doppelte Befreiung durch nationale Einigung: die Befreiung von französischer und britischer Vormachtstellung und die Befreiung von der absolutistischen Fürstenherrschaft.

Nach den erfolgreichen Befreiungskriegen gegen Napoleon wurde 1815 auf dem Wiener Kongreß die Aufteilung des deutschen Sprach- und Kulturraums in eine Vielzahl absolutistisch regierter Staaten besiegelt. So blieb der Wille nach Befreiung vom Absolutismus und nach nationaler Einigung unerfüllt und weiterhin ein wesentliches Element der bürgerlichen Bewegung. Das Hambacher Fest von 1832 wurde zum Symbol, die Frankfurter Nationalversammlung von 1848 zur letzten großen Anstrengung dieses nationalen Befreiungs- und Einigungswillens. Freiheit durch nationale Einigung war das Ziel des sogenannten deutschen Nationalliberalismus bis zum Scheitern der Revolution von 1848. Die Demokratiebewegung des Vormärz hat den literarischen Begriff der Kulturnation durch den politischen Begriff der Nation als politische Willensgemeinschaft des Volkes über die Grenzziehungen der Fürstenstaaten hinweg ergänzt. An die Stelle der romantischen Literaten traten die historisch und juristisch geschulten Professoren, Staatsbeamten und Parlamentarier. Heinrich von Gagern wurde als Präsident der Nationalversammlung zu einem Hoffnungsträger der nationalliberalen Bewegung, die jedoch 1849 mit der Auflösung des Frankfurter Parlaments scheiterte. Die Einigung Deutschlands hat dann 1871 Bismarck mit einem realpolitischen Begriff der Staatsnation als kleindeutsche Lösung unter Ausschluß Österreichs vollzogen (Meinecke 1907/1962: 281-348, 405-437). Das Spannungsverhältnis zwischen den kulturellen, demokratischen und realpolitischen Begriffen der Nation wurde fortan für die weitere Entwicklung Deutschlands bestimmend (Giesen 1993: 102-232). In ihm wurzelte das Bestreben, Kultur-, Staats- und Volksnation in einem großdeutschen Reich zur Deckungsgleichheit zu bringen. Der Nationalliberalismus verlor endgültig an Bedeutung. Statt dessen gewannen in der zweiten Hälfte der 1870er Jahre antiliberale Formen des Nationalismus die Oberhand, die gegen die Internationalen der Bankiers, des Judentums und der Proletarier zu Felde zogen. Dieser feindselige Nationalismus hat in der Weimarer Republik angesichts der von den Siegermächten erzwungenen Reparationszahlungen zuerst in den anfänglichen Krisenzeiten bis 1923 und dann wieder ab 1929, als die vorübergehende Konsolidierung der Republik durch die Weltwirtschaftskrise wieder zunichte gemacht wurde, erhebliche Unterstützung durch die von den Wirtschaftskrisen bedrohten bürgerlichen Mittelschichten erhalten. Diese gefährdeten

Mittelschichten waren für die Dolchstoßlegende, für Kriegsschulddiskussionen, Revancheparolen und nationalistische Agitationen gegen äußere und innere Feinde besonders anfällig. Hitlers Nationalsozialismus hat die Entwicklung von 1933 bis 1945 zum bitteren Ende geführt (vgl. zur Entwicklung von Bürgertum, Nationalliberalismus und Nationalismus in Deutschland: Winkler 1979a, 1979b; Langewiesche 1988a, 1988b).

Die Arbeiterbewegung gesellte sich in ihren Anfängen in den 1840er Jahren der nationalen Befreiungsbewegung hinzu. Nach Aufhebung der Vereins- und Versammlungsverbote wurden 1848 an vielen Orten Arbeitervereine gegründet. Sie wurden nach der gescheiterten Revolution jedoch wieder aufgelöst. Nach ihrem Neubeginn im Jahre 1863 entwickelte sich die Arbeiterbewegung in Konfrontation mit den bürgerlich-nationalen Strömungen. Während die Arbeiterbewegung die internationale Solidarität suchte, wandte sich die bürgerlich-nationale Bewegung vollends von der Idee der Einfügung der nationalen Bürgergesellschaft in ein allgemeines Weltbürgertum ab. Zwischen beiden Bewegungen gab es so keine Brücke mehr. Statt zur Vereinigung der bürgerlichen und proletarischen Kräfte zum Aufbau einer sozialen und demokratischen Republik kam es zur Ausgrenzung der Arbeiter als »vaterlandslose Gesellen«.

Als 1914 der Erste Weltkrieg entbrannte, wollte die Sozialdemokratie durch Unterstützung der Kriegspolitik der Reichsleitung die Loyalität der Arbeiterschaft zum eigenen Staat beweisen (Groh 1973: 653-729), was sie jedoch 1917 mit der Abspaltung der Unabhängigen Sozialdemokraten bezahlen mußte. In der Weimarer Republik ist die Sozialdemokratie eine bestimmende Kraft geworden, jedoch ist es ihr nicht gelungen, die Arbeiterschaft insgesamt zu repräsentieren und in die neue staatsbürgerliche Gemeinschaft der Republik zu integrieren. Von links wurde ihr Einfluß auf die Arbeiterschaft durch die Kommunistische Partei begrenzt, von rechts wurde ihr Einfluß auf die ganze Gesellschaft durch deutsch-nationale Kräfte beschränkt. Der Nationalsozialismus hat die Arbeiterschaft ihrer Führung beraubt und zwangsweise in die »Volksgemeinschaft« einverleibt (zur Entwicklung der Arbeiterbewegung vgl. Tenfelde 1988, Lösche und Walter 1989).

In der Bundesrepublik hat die Teilhabe der Sozialdemokratie an der staatlichen Macht im Bund, in den Ländern und in den Gemeinden und die Kooperation der Einheitsgewerkschaften mit den Arbeitgeberverbänden in der ständigen Wohlstandssteigerung zu einer vollständigen Inklusion der Arbeiterschaft in die nationale Wohlstandsgemeinschaft geführt. Die alte Bundesrepublik hatte die kürzesten tariflichen Arbeitszeiten in der EG, das zweithöchste Lohnniveau und die dritthöchsten Sozialleistungen pro Kopf. Im durchschnittlich aus diesen drei Merkmalen errechneten Sozialniveau erreicht die Bundesrepublik an zweiter Stelle liegend 268 von 300 möglichen Punkten, drei Punkte weniger als Luxemburg, 39 Punkte mehr als Frankreich, 47 mehr als Großbritannien, 180 mehr als das Schlußlicht Portugal (Europa im Schaubild 1992: 33). Das Bruttoinlandsprodukt pro Kopf ist zwischen 1970 und 1988 von 11 135 DM auf 34 381 DM gestiegen, das höchste Niveau nach Luxemburg. Die Zahl von Streiks und Aussperrungen bewegt sich auf einem äußerst niedrigen Niveau, zwischen 1980 und 1987 variiert sie von 53 bis 132. Die Zahl von Arbeitstagen, die durch Streiks oder Aussperrungen verlorengingen, variiert von 1960 bis 1987 im Jahr zwischen 1 und 4 Tagen je 1000 Arbeitnehmer. Der Aussage »Jeder ist vor dem Gesetz gleich« stimmen 1982 insgesamt 48,2 Prozent zu, der dritthöchste Wert in der EG. Der Anteil der Befürworter von Revolution oder Reform ist im Durchschnitt von Befragungen zwischen 1970 und 1990 niedriger als in jedem anderen EG-Land: 2,5 Prozent für Revolution, 52,1 Prozent für Reform. Die Bekundung von Vertrauen in andere ist jedoch auch niedriger als in den meisten anderen Ländern, hat aber zwischen 1959 und 1985 von 19 auf 39 Prozent zugelegt, während Mißtrauensbekundungen von 59,1 auf 51,3 Prozent abgenommen haben (Brettschneider, Ahlstich und Zügel 1992: 509, 510, 546, 550, 564; Anhang: Tabellen 5, 6).

Kontinuierliche Einkommenssteigerungen und wachsende Ausbildungsqualifikationen haben eine Annäherung der Arbeiter-, Angestellten-, Beamten- und Selbständigenschichten in Lebensstandard, Lebensstil und Mentalität zur Folge gehabt (Geißler 1992b: 38-78). In den jüngeren, immer besser gebildeten und wohlhabender aufgewachsenen Generationen sind die alten Mentalitätsdifferenzen zwischen sozialen Schichten, Berufsgruppen, Religionsgemeinschaften und Geschlechtern bis zur Unkenntlichkeit abgeschliffen worden. Eine Auswertung von Umfragedaten zu Werthaltungen und politischen Präferenzen kommt zu folgendem Schluß: »Schichtspezifische Unterschiede und andere soziodemographische Faktoren verlieren unter den ab 1946 Geborenen offensichtlich nicht nur ihre Funktion als Unterscheidungsmerkmal im Wählerverhalten. Die hier vorgelegte Untersuchung ergab, daß dies auch auf politische Einstellungen und Wertpräferenzen weitgehend zutrifft« (Brinkmann 1989: 182). Die Unterschiede zwischen den Älteren und den Jüngeren erweisen sich meist als gravierender als diejenigen zwischen Schichten und Berufsgruppen. Es zeigt sich z. B., daß die Älteren durch alle Berufsgruppen hindurch dem Wirtschaftswachstum noch eine größere Priorität gegenüber dem Umweltschutz geben, während die Jüngeren durch alle Berufsgruppen hindurch die Bedeutung des Umweltschutzes schon leicht über das Wirtschaftswachstum setzen. Nach einer Wahlstudie von 1987 sagen alle Generationen aller Berufsgruppen zu 68,2 Prozent, die Förderung des Wirtschaftswachstums sei wichtig, und zu 66,3 Prozent, ein wirksamer Umweltschutz sei dringlich. Die ab 1946 Geborenen aller Berufsgruppen wollen zu 65,5 Prozent das Wirtschaftswachstum gefördert und zu 70,7 Prozent den Umweltschutz gesichert wissen. In den Berufsgruppen der neuen Mittelschicht von gut verdienenden und/oder gut gebildeten Beamten und Angestellten sind die Werte 72,4 zu 67,1 Prozent, unter den ab 1946 Geborenen aus dieser Schicht 69,2 zu 72,5 Prozent (Brinkmann 1989: 162). Soweit Differenzen noch bestehen, werden sie immer subtiler und außerdem individuell sehr variabel, so daß kaum noch tiefsitzende Mentalitätsdifferenzen zwischen sozialen Schichten und Berufsgruppen zu erkennen sind, sondern höchstens gewisse Einstellungsbündel und Lebensstile, die sich die Individuen – etwas überspitzt formuliert – nach Lust und Laune zulegen, die sie aber genau so schnell wieder abstreifen können (vgl. Lüdtke 1989: 107-141; Hradil 1992: 10-12).

Gutes Geld zu verdienen, sich etwas leisten zu können und auch gut zu leben, frei über sich selbst zu bestimmen, diesen Genuß allen in gleicher Weise zu gönnen und sich um die Umwelt zu sorgen – das ist jetzt zu einer herrschenden Mentalität breiter Bevölkerungsschichten geworden und hat die alten Differenzen und auch die offizielle Vorherrschaft der kulturnationalen Identitätsbestimmung in den Hintergrund gedrängt. Die Deutschen werden von außen zwar noch gerne als Beamten- und Dichternation wahrgenommen, dabei haben sie sich schon längst dem materiell guten und dem freien Leben in relativer Gleichheit auf der Basis eines guten Einkommens hingegeben. Im europäischen Vergleich fallen die Deutschen heute dadurch auf, daß sie von ihrer Berufstätigkeit alles in größerem Maße erwarten als ihre Nachbarn: gute Bezahlung, Arbeitsplatzsicherheit, interessante Arbeit, Erfolg, Abstimmung auf eigene Fähigkeiten, Initiative, Verantwortung, gute Arbeitszeit, genügend Urlaubstage, nicht zu viel Druck, Ansehen, Aufstiegschancen, angenehme Kollegen und Zusammensein mit Leuten. Gleichzeitig ist ihre Bereitschaft, unabhängig von der Bezahlung das Beste zu geben, am geringsten ausgeprägt, der Wunsch, das restliche Leben nicht durch die Arbeit zu belasten, zusammen mit den Iren und Nordiren am größten (Ashford und Timms 1992: 71, 75). Die Suche nach der besseren Umweltqualität fügt sich nahtlos in den Forderungskatalog ein. Sie soll das Leben im materiellen Sinn nur noch angenehmer und reichhaltiger machen (Meulemann 1983, 1989: 57-107; Glatzer et al. 1992: 533-538). Eine Analyse der Wählerpräferenzen bei der Bundestagswahl 1987 kommt zu dem Schluß: »Ökologie *und* Ökonomie bewegen den Wähler in fast gleichem Maß« (Küchler 1990: 443). Die Devise lautet nicht »Zurück zur Natur«, sondern »Vorwärts zu einer umwelttechnisch wiederhergestellten Natur« (Anhang: Tabelle 9).

Die Wiederherstellung der vom real existierenden Sozialismus zerstörten Natur ist ein riesiges, unvorstellbare Milliardensummen verschlingendes Wirtschaftsunternehmen. Die Vereinigung hat Deutschland im westeuropäischen Wohlstandsvergleich vorläufig von seinem Spitzenplatz in das untere Mittelfeld absteigen lassen. Für 1990 wurde ein Bruttosozialprodukt von 33 820 DM je Einwohner errechnet, für die an der Spitze stehende Schweiz ein solches von 46 650 DM, für Frankreich eines von 37 200 DM, für Großbritannien eines von 36 030 DM. Die alte Bundesrepublik nähme mit 38 690 DM den dritten Platz ein (Europa im Schaubild 1992: 70). Es sind darin die enormen sozialen Spannungen zu erkennen, die mit der Vereinigung gekommen sind. Die Ungleichheit von West und Ost ist über Nacht zur Hauptkonfliktlinie des Landes geworden. Der staatlichen Trennung ist die soziale Spaltung gefolgt. Bei einer Befragung im Jahre 1992 gaben 27 Prozent im Westen ein monatliches Netto-Haushaltseinkommen unter 2500 DM an, 46 Prozent ein solches über 3500 DM. Im Osten nannten 55 Prozent ein Netto-Haushaltseinkommen unter 2500 DM, 15 Prozent ein solches über 3500 DM. Dabei ist zu berücksichtigen, daß sich die Preise immer mehr angeglichen haben und fast nur noch die Wohnungsmieten im Osten mit etwa 50 Prozent deutlich unter dem Westniveau liegen. 77 Prozent der Ostdeutschen sahen sich bei derselben Befragung noch für einige Zeit als Bundesbürger zweiter Klasse, 68 Prozent meinten, die Westdeutschen hätten trotz ihres Wohlstandes nicht gelernt zu teilen. 63 Prozent der Ostdeutschen waren der Meinung, die Westdeutschen ließen die Konkurrenzfirmen im Osten kaputtgehen. Dagegen sagten 62 Prozent der Westdeutschen, die Kosten der Vereinigung seien für sie eine große Belastung, 73 Prozent äußerten, viele Arbeitnehmer im Osten seien westlichem Leistungsdruck nicht gewachsen, 70 Prozent waren der Auffassung, die Ostdeutschen würden gerne leben wie im Westen und arbeiten wie früher im Osten (*SPIEGEL* 1993b: 53, 58, 59). Selbst unter Berücksichtigung der Tatsache, daß diese Meinungsäußerungen erheblichen Schwankungen unterliegen und zu einem großen Teil durch die Massenmedien und die Befragungsaktionen selbst erzeugt werden, kommt in ihnen doch ein tiefer Graben zwischen Ost- und Westdeutschen zum Vorschein (vgl. Bäcker 1991, Hradil 1992, Geißler 1992a, Becker 1992).

Trotz dieser enormen Veränderungen der deutschen Mentalität ist die ethnisch-kulturelle Definition der nationalen Identität in der Abgrenzung nach außen und in der inneren Bestimmung der Zugehörigkeit zur staatsbürgerlichen Gemeinschaft nicht völlig obsolet geworden. Es ist deshalb nach wie vor aufschlußreich, sich Klarheit darüber zu verschaffen, welche historischen Konstellationen das ethnisch-kulturelle Verständnis der Nation in Deutschland gefördert haben, in welches Verhältnis Staat und Nation unter diesen Bedingungen traten und welche Chancen für feindseligen Nationalismus und für Ausländerfeindlichkeit daraus entstanden. Erst nach dieser Vergewisserung über die Entwicklung und die Konsequenzen des ethnisch-kulturellen Nationsverständnisses in Deutschland können wir fragen, welche neueren Entwicklungen dessen Bedeutung für das gesellschaftliche Zusammenleben heute mindern.

Es waren die Konfrontation mit der Hegemonie der französischen Sprache und Literatur und die staatliche Zersplitterung der Deutschen, durch deren Zusammenwirken in der zweiten Hälfte des 18. Jahrhunderts die Herausbildung des deutschen Nationalbewußtseins in die Betonung von gemeinsamer Abstammung, Sprache und Kultur gedrängt wurde. So konnte unter »Nation« nur eine Kultur- und Volksnation verstanden werden. Dabei banden schon die Literaten beides zusammen, indem sie sich nicht auf die vergleichende Literaturbetrachtung beschränkten, sondern aus ihr auch Ableitungen über den deutschen oder französischen Nationalcharakter vornahmen. Kultur und Volk wurden eng miteinander verschlungen. Weil der staatliche Zusammenschluß durch Bismarck im Anschluß an den deutsch-französischen Krieg von 1870/71 nur einen Teil der deutschen Kultur- und Volksnation erfaßte, barg die Idee der Kultur- und Volksnation stets die politische Expansion des deutschen Nationalstaates in sich, um Kultur-, Volks- und Staatsnation zur Deckung zu bringen. Zugleich verband sich damit die Eingliederung nichtdeutscher Volksgruppen im Osten, ohne daß sie nach dem Verständnis der Kultur- und Volksnation zur Nation gehören konnten. Eine Bedrohung war dieses Nationsverständnis für die Staaten, in denen deutsche Volksgruppen lebten, vor allem dann, wenn der Zusammenschluß vom deutschen Staat wie auch von den deutschen Volksgruppen gesucht wurde. Hitlers »Heimholungsaktionen« bei gleichzeitiger Gebietserweiterung zur Schaffung von »Lebensraum« haben die Bedrohung zur schlimmen Wirklichkeit werden lassen.

Die historischen Bedingungen, unter denen der deutsche Begriff der Nation geformt wurde, haben das ethnisch-kulturelle Verständnis der Nation gefördert, dagegen das Verständnis der Nation als herkunftsunabhängige staatsbürgerliche Gemeinschaft nicht entstehen lassen. Die Weimarer Republik hatte keine Chancen und nicht die Zeit, um daran etwas zu ändern. Die Situation hat sich jedoch nach dem Zusammenbruch des Nationalsozialismus gewandelt. Das 1949 eingeführte Grundgesetz enthält alle Grundrechte, die eine staatsbürgerliche Gemeinschaft ausmachen. Trotzdem kann bis heute nicht gesagt werden, daß das ethnisch-kulturelle Verständnis der Nation von einem offenen staatsbürgerlichen vollständig verdrängt worden wäre. Nach außen war nach dem verlorenen Zweiten Weltkrieg, angesichts der Ost-West-Konfrontation und angesichts der beschränkten Souveränität, an keine Heimholung von deutschen Volksgruppen durch Gebietsansprüche zu denken, nach innen war die Bevölkerung ethnisch homogen. Die Flüchtlingswelle nach dem Zweiten Weltkrieg wurde leicht verkraftet, weil es sich dabei um die Zuwanderung deutscher Volksgruppen handelte (Bauer 1987).

Spuren des ethnisch-kulturellen Nationsbegriffs blieben jedoch in den regelmäßig erhobenen Gebietsansprüchen der Vertriebenenverbände und in der rechtlichen und sozialen Ausgrenzung der Zuwanderer aus Südeuropa durch Zuweisung des Sonderstatus von Gastarbeitern erkennbar. Auch die regelmäßige Erinnerung an die Einheit der Nation in den Zeiten der Trennung hat trotz der Bindung an die Selbstbestimmung letztlich auch das ethnischkulturelle Verständnis der Nation in der Bevölkerung am Leben gehalten. Die Schwierigkeiten, zu einem Verständnis der Nation als eine offene staatsbürgerliche Gemeinschaft zu gelangen, halten deshalb an. In den östlichen Bundesländern ist gleich nach der Einigung massive Ausländerfeindlichkeit mit gewalttätigen Angriffen auf Ausländer zum Vorschein gekommen. Aber auch in den westlichen Bundesländern hat der Zustrom von Asylbewerbern die Ausländerfeindlichkeit gesteigert. Das latent vorhandene Potential für Rechtsextremismus wird in Deutschland auf 10 bis 15 Prozent der Bevölkerung geschätzt. Neuere Untersuchungen ermittelten unter Jugendlichen sogar nahezu zu einem Drittel eine Tendenz zu Ausländerfeindlichkeit. Eine Brücke von der politischen Mitte zu rechtsextremen Positionen wird bei bis zu 37 Prozent der restlichen Bevölkerung gesehen. Bei 35 Prozent konnte neuerdings ein gewachsenes Verständnis für rechtsradikale Tendenzen festgestellt werden (Brandes 1992, Kröter 1992b).

Im EG-Vergleich von Toleranzschwellen gegenüber Ausländern, die nicht Bürger eines EG-Mitgliedsstaates sind, gehören die Deutschen zu den Schlußlichtern mit der geringsten Toleranz. Nach einer Umfrage von 1992 meinen 55 Prozent (West: 57, Ost: 48), daß sich zu viele Ausländer von außerhalb der EG in ihrem Lande aufhalten. Nur Italien erreicht mit 65 Prozent einen höheren Wert. 41 Prozent der Deutschen (West: 43, Ost: 33) wollen die Rechte der Immigranten von außerhalb der EG eingeschränkt wissen. Nur Belgien und Dänemark gehen über diesen Wert hinaus, während Großbritannien und Frankreich mit 41 bzw. 40 Prozent gleiche bzw. ähnliche Werte aufweisen. 17 Prozent der Deutschen (West: 18, Ost: 11) fühlen sich durch die Anwesenheit von Menschen anderer Nationalität gestört, 19 Prozent (West: 20, Ost: 14) durch die Anwesenheit von Menschen anderer Rasse, 16 Prozent (West: 18, Ost: 9) durch die Anwesenheit von Menschen anderer Religion. Nur Belgien, Dänemark, Griechenland und Frankreich zeigen ähnliche oder höhere Werte. 32 Prozent der

Deutschen (West: 33, Ost: 28) wollen Osteuropäer nicht zuwandern lassen, der höchste Ablehnungswert in der EG. 25 Prozent (West: 29, Ost: 12) wollen Asylbewerber nicht akzeptieren, nach Belgien und Frankreich mit jeweils 29 Prozent die höchste Ablehnungsquote. Bei einer Befragung von 1981 nahm Westdeutschland im europäischen Vergleich den einsamen Spitzenplatz in der ethnischen Intoleranz ein. 1990 war die gemessene Intoleranz etwas zurückgegangen, dennoch lag sie noch nach Belgien und mit Italien und Norwegen an der Spitze. Eine Umfrage im Herbst 1992 hat in Deutschland 37 Prozent Skeptiker im Hinblick auf die Auswirkungen des EG-Binnenmarktes ermittelt, im Frühjahr 1993 waren es sogar 46 Prozent, der weitaus höchste Prozentsatz in der EG nach Frankreich mit 48 Prozent. Auf die Frage nach der Nennung von drei Gründen für ihre Skepsis aus einer Liste von zwölf Gründen nannten sie im Herbst 1992 an erster Stelle zu viel Immigration in das eigene Land mit 44 Prozent (West: 45, Ost: 43). An zweiter Stelle folgte die Furcht vor der steigenden Kriminalität infolge der Beseitigung der Grenzkontrollen mit 43 Prozent (West: 42, Ost: 45), an dritter Stelle die Befürchtung, für die anderen bezahlen zu müssen, mit 42 Prozent (West: 44, Ost: 34). In der Nennung dieser drei Gründe ragten die Deutschen weit aus der Gruppe der restlichen EG-Mitgliedsländer heraus. Der Durchschnitt befand sich beim ersten Grund bei 30 Prozent, beim zweiten bei 26 und beim dritten bei 20 (Kommission der EG 1992a: A41, A42, A43, A44, 1992c: A37-A39; Barker, Halman und Vloet 1992: 234; Anhang: Tabellen 7, 8).

Bei diesen Vergleichen muß jedoch in Rechnung gestellt werden, daß der Zustrom von Ausländern, darunter vor allem Asylbewerbern, in die Bundesrepublik in den vergangenen Jahren am größten war. Der Anteil von Ausländern an der Bevölkerung des alten Bundesgebietes ist von 1961 bis 1990 von 686 200 bzw. 1,2 Prozent auf 5 241 800 bzw. 8,2 Prozent gestiegen. 1961 kamen davon 56,9 Prozent aus EG-Ländern, 1990 waren es nur noch 27,1 Prozent (Statistisches Bundesamt 1992a: 71). 1990 wurden 193 063 Asylanträge gestellt, 1991 nochmals 256 112 und 1992 sogar 438 191. In den anderen großen EG-Ländern sind die Zahlen deutlich niedriger. 1991 wurden in Frankreich 55 890 Asylanträge gezählt, in Großbritannien 57 710, in Italien 7640. Im EG-Vergleich stellen sich die Anteile von Ausländern an der Gesamtbevölkerung im Jahre 1988 wie folgt dar: Bundesrepublik Deutschland West 7,3 Prozent, davon 5,2 Prozent von außerhalb der EG, Frankreich 6,6 Prozent, davon 3,8 Prozent von außerhalb der EG, Großbritannien 3,1 Prozent, davon 1,8 Prozent von außerhalb der EG, Italien 0,7 Prozent, davon 0,6 Prozent von außerhalb der EG, Luxemburg 25,8 Prozent, davon 1,9 Prozent von außerhalb der EG. 1989 kamen in der alten Bundesrepublik 505 Einwohner auf einen Flüchtling. Die Schweiz mit 273, Schweden mit 276 und Österreich mit 347 liegen davor. Hinter der alten Bundesrepublik befinden sich Frankreich mit 951, Kanada mit 1195, die USA mit 2422, Großbritannien mit 3683, Italien mit 25 511. Einem hinzukommenden Flüchtling standen in der alten Bundesrepublik 2 qkm zur Verfügung. Nur die Schweiz rangiert mit 1,7 qkm davor. Dahinter sehen wir Österreich mit 3,8 qkm, Frankreich mit 9, Schweden und Großbritannien mit 16, die USA mit 100, Italien und Kanada mit über 100 qkm (Eurostat 1991b: 18; Reermann 1992: 17, 21; Hradil 1992: 6; Knight und Kowalsky 1991: 57-58; U.S. Bureau of the Census 1992: 8, 10; *Kölner Stadtanzeiger* 1993a: 1).

Hier muß jedoch die relativ niedrige Einbürgerungsquote in der Bundesrepublik berücksichtigt werden. Sie hält den Ausländeranteil an der Bevölkerung über Jahrzehnte hoch. Außerdem muß beachtet werden, daß Ausländerfeindlichkeit keine unmittelbare Funktion der räumlichen Knappheit und der Ausländerquote an der Gesamtbevölkerung ist. Es kommt allein darauf an, wie diese wahrgenommen und bewertet werden und wie alltäglich der Umgang von In- und Ausländern geworden ist. Die Gewöhnung an das Leben mit Ausländern ist der einfachste Schutz gegen Ausländerfeindlichkeit. Sie ist jedoch nur möglich, wenn die Chance besteht, regelmäßig mit Ausländern in Kontakt zu treten. Es ist eine entsprechende Zahl und regionale Streuung von Ausländern erforderlich, um diese Chance zu gewähren. Ist diese Chance nicht gegeben, dann weckt die plötzliche Konfrontation mit Zuwanderern Unsicherheitsgefühle und Abwehr des Fremden.

Bei der Ablehnung von Ausländern spielt in der älteren Generation sicherlich auch das deutsche Bedürfnis nach Ordentlichkeit und Sauberkeit als Element der Mentalität eine Rolle. Es verträgt sich besonders schlecht mit Lebensarten, die darauf weniger Wert legen. Im europäischen Vergleich erreichten die Deutschen bei einer 1981 durchgeführten Befragung einen unterdurchschnittlichen Permissivitätswert und sogar den niedrigsten Toleranzwert

(Stoetzel 1983: 37, 40-41). 1990 war ihre Permissivität und Toleranz bei allgemeinen Fragen zwar größer geworden, in konkreten Fragen des Zusammenlebens mit andersgearteten Menschen rangierten sie aber immer noch deutlich unter dem EG-Durchschnitt (Ashford und Timms 1992: 14, 15; Barker, Halman und Vloet 1992: 23-27; Anhang: Tabellen 3, 4, 8). Wo sich die geringe Toleranz gegenüber fremdländischen Lebensarten in der unmittelbaren Nachbarschaft durch ökonomische Krisen und/oder Zuwanderung mit einer Verschärfung des Verdrängungswettbewerbs verbindet, schlägt die latente Ausländerfeindlichkeit in gewaltsame Angriffe gegen Ausländer um. Nach dem Anschwellen des Zustroms von Asylbewerbern haben sich solche Angriffe sprunghaft vermehrt. Allein in Nordrhein-Westfalen wurden 1992 bis Ende November 1064 fremdenfeindliche Straftaten registriert, doppelt so viele wie im ganzen Jahr 1991 (*Kölner Stadtanzeiger* 1992c: 6). In der gesamten Bundesrepublik ist in den achtziger Jahren ein langsamer, seit 1990 ein sprunghafter Anstieg rechtsextremistischer Gewalttaten eingetreten. Zwischen 1983 und 1990 wuchs die Zahl von 76 pro Jahr auf 306, 1991 dann auf 1483 und 1992 auf 2584 (*SPIEGEL* 1993h: 82). Von den 894 im Jahre 1992 ermittelten Gewalttätern waren 70 Prozent unter 21 Jahren (*Kölner Stadtanzeiger* 1993b: 6). Der wachsende Fremdenhaß wird mit Sorge beobachtet (Molitor 1992: 3). Rechtsextremistische Organisationen haben schon seit Mitte der achtziger Jahre verstärkt Zulauf bekommen. Die Zahl ihrer Mitglieder hat sich zwischen 1986 und 1992 von 22 100 auf rund 40 000 nahezu verdoppelt. Allein im Westen war die Zahl bis 1989 auf 35 900 gestiegen. Die Wahlerfolge der Republikaner und der Deutschen Volksunion (DVU) haben diese Bewegung sogar in die Parlamente hineingetragen. Bei der Europawahl 1989 erreichten die Republikaner 7,1 Prozent der Wählerstimmen, bei den Wahlen zum Abgeordnetenhaus in Berlin 1989 waren es 7,5 Prozent, bei den Landtagswahlen in Baden-Württemberg 1992 sogar 10,9 Prozent. Die Deutsche Volksunion erhielt 1991 bei den Wahlen zum Senat in Bremen 6,2 Prozent, 1992 bei den Landtagswahlen in Schleswig-Holstein 6,3 Prozent der Wählerstimmen (*SPIEGEL* 1992: 25; vgl. Stöss 1989). Diesen rechtsextremistischen Gruppierungen ist ein besonders militantes Eintreten für die ethnisch-kulturelle »Reinhaltung« des deutschen »Staatsvolkes« gemeinsam.

In diesem Zusammenhang muß jedoch auch gesehen werden, in

welchem Ausmaß nach der Zuspitzung ausländerfeindlicher Aktionen im November 1992 Demonstrationen gegen Ausländerfeindlichkeit die Deutschen wachgerüttelt und auch in ihrer klaren Mehrheit gegen den aufkommenden Rechtsextremismus aufgebracht haben. Anfang 1993 wurden deutlich weniger ausländerfeindliche Straftaten notiert als in den Monaten zuvor. Im September 1992 wurde der Höchststand mit 518 rechtsextremistischen Gewalttaten verzeichnet, im März 1993 waren es noch 174 (*Kölner Stadtanzeiger* 1993d: 5, 40). Bis zum 24. Juni 1993 wurden jedoch schon wieder 971 erfaßt (*SPIEGEL* 1993h: 82). Die Bereitschaft, bei Befragungen ausländerfeindlichen Äußerungen zuzustimmen, ist zurückgegangen. Das entschiedene Eintreten gegen Ausländerfeindlichkeit hat zugenommen. Vor den Mordfällen in Mölln im November 1992 haben 5 Prozent die Losung »Ausländer raus« entschieden bejaht, 27 Prozent haben sie bejaht, 24 Prozent verneint, 43 Prozent entschieden verneint. Danach haben sie noch 4 Prozent entschieden vertreten, 15 Prozent vertreten, 8 Prozent abgelehnt und 69 Prozent entschieden abgelehnt (*SPIEGEL* 1992: 58). Vergleichbare Reaktionen auf ausländerfeindliche Aktionen hat es in anderen Ländern nicht gegeben. Obwohl die Aktionen gegen Ausländerfeindlichkeit mit großangelegten Lichterketten, Anzeigen und TV-Spots nach den unentrinnbaren Gesetzmäßigkeiten der Kommunikationsgesellschaft auch zum Public-Relations-Geschäft der um ausländische Kunden fürchtenden Städte und Unternehmen geworden sind, sprechen sie durchaus für eine weltoffene politische Kultur in der Bundesrepublik. Mit extremistischen Bewegungen – zumal von unreifen Jugendlichen – wird jede moderne Gesellschaft schon aufgrund der Unsicherheiten, die sie permanent produziert, leben müssen. Die Stabilität ihrer freiheitlichen und demokratischen Kultur kann allein daran gemessen werden, wie gut es ihr gelingt, extremistische Bewegungen unter Kontrolle zu halten, und zwar durch aktive Gegenwehr ihrer Bürger. Die Welle von Demonstrationen gegen Ausländerfeindlichkeit im Herbst 1992 hat bewiesen, daß sich die Bürger in der Bundesrepublik als wehrhafte Demokraten zeigen können. Deshalb ist die Situation im Herbst 1992 in keiner Weise der historischen Situation gleichzusetzen, die dem Nationalsozialismus den Boden bereitet hat.

Dennoch: Der Brandanschlag auf das Wohnhaus einer türkischen Familie am 29. Mai 1993 in Solingen, der fünf Todesopfer gefordert hat, unterstreicht unmißverständlich, daß die Gefahr längst nicht gebannt ist. Mit ein paar Lichterketten kann zwar eine Stimmung gegen Ausländerfeindlichkeit erzeugt und das Image des Landes aufpoliert werden. Die tieferliegenden Ursachen bleiben davon jedoch unberührt. Für ihre Beseitigung muß mehr getan werden. Wenn Zuwanderer auch nach dreißig Jahren nach dem Recht als Ausländer gelten und die Deutschen über den Arbeitsplatz hinaus kaum mit ihnen verkehren, bleiben sie als ausgegrenzte Gruppe isoliert und deutlich sichtbar. Um so leichter können sie in Krisenzeiten zur Zielscheibe der Aggression junger Gewalttäter werden, die im gesellschaftlichen Konkurrenzkampf nicht mithalten können. Das Versäumnis der Integration baut das Objekt der Gewalt erst auf. Die Täter richten ihre Aggression gegen die vermeintlichen Eindringlinge von außen, die ihnen nach ihrem Empfinden den Platz in einer Gesellschaft streitig machen, von der sie selbst an den Rand gespült werden.

Es kann jedoch nicht gesagt werden, daß die Bundesrepublik über ein außergewöhnlich hohes Potential nationalistisch eingestellter Bürger verfügt. Im europäischen Vergleich nimmt sie in dieser Hinsicht einen mittleren Platz ein. 1989 wurden z. B. in der Bundesrepublik 9 Prozent rechtsaußen stehende Wähler ermittelt, ebenso viele in Portugal, weniger in Großbritannien, Italien, den Niederlanden, Spanien, Belgien und Frankreich mit 8 bis 5 Prozent, mehr in Dänemark, Luxemburg, Irland und Griechenland mit 10 bis 19 Prozent (Brettschneider, Ahlstich und Zügel 1992: 614; Anhang: Tabelle 2). Der nationalsozialistische Exzeß und die Niederlage im Zweiten Weltkrieg haben in der Bundesrepublik immerhin in der überwiegenden Mehrheit eine national desillusionierte Bevölkerung hinterlassen. Entstanden ist aus dieser Desillusionierung eine gewisse Indifferenz zur Nation (vgl. Lepsius 1989). Die Deutschen äußern unter allen Nationen der Europäischen Gemeinschaft bei weitem den geringsten Nationalstolz. Zwischen 1982 und 1988 variierte die Äußerung von Nationalstolz zwischen 57,2 und 63,9 Prozent der Befragten (Brettschneider, Ahlstich und Zügel 1992: 551; Anhang: Tabelle 5). Die Indifferenz zur Nation bewahrte die große Mehrheit der Bevölkerung vor den Abirrungen der ethnisch-kulturellen Definition der Nation in den feindseligen Nationalismus. Im Unterschied zur Weimarer Republik existierte nach dem Zweiten Weltkrieg kein Spielraum für Kriegsschulddiskussionen und Revanchegelüste.

Statt Reparationszahlungen und Wirtschaftskrisen, die Zukunftsängste erzeugten und die von der Deklassierung bedrohten Mittelschichten für nationalistische Propaganda anfällig machten, gab es die Hilfe des Marshallplans und das Wirtschaftswunder, die kein Verlangen nach nationalistischen Sonderwegen entstehen ließen. Während die Weimarer Republik von den ehemaligen Kriegsgegnern in der Feindposition gehalten wurde, sind sowohl die Bundesrepublik als auch die DDR schnell in den West- bzw. Ostblock integriert worden (Winkler 1991: 14).

Die jüngeren, gebildeteren und wohlhabenderen Generationen sind darüber hinaus durch ihre Reisefreudigkeit und Bildung so weltläufig und weltoffen geworden, daß in der Bundesrepublik im Vergleich zu Großbritannien oder Frankreich in Zukunft nicht wesentlich schlechtere Voraussetzungen für ethnisch-kulturellen Pluralismus innerhalb der Grenzen einer offen verstandenen staatsbürgerlichen Gemeinschaft und für die Einfügung in eine pluralistische Europäische Union bestehen werden. EG-weite Befragungen weisen eine deutlich ausgeprägtere Permissivität, Verhaltenstoleranz, ethnische Toleranz und Offenheit für die europäische Einigung unter den jüngeren, gebildeteren, einkommensstärkeren, politisch aktiveren und mit Führungsaufgaben betrauten Menschen auf. Das trifft auch auf Deutschland zu. Die 1990 gegenüber 1981 in Deutschland festgestellte Zunahme der Offenheit und Toleranz ist vor allem dem Nachwachsen der offener erzogenen und mit länger dauernder Bildung versorgten Generationen zu verdanken, die den Trend von materialistischen zu postmaterialistischen Werten vorantreiben (Inglehart 1990: 83-103, 335-392; Barker, Halman und Vloet 1992: 4, 8, 11, 15, 24-26, 29, 30, 38; Ashford und Timms 1992: 112-137; Kommission der EG 1992c: A20, A27). Wahrscheinlich wird die neue Offenheit nicht durch die Umdeutung des ethnisch-kulturellen in den staatsbürgerlichen Nationsbegriff erreicht, sondern durch die Ablösung der Nation von der staatsbürgerlichen Gemeinschaft und durch den zunehmenden Bedeutungsverlust der Nation als Form der Vergemeinschaftung und Objekt der Identifikation. Für die weltläufigen, weltoffenen und gebildeten jungen Deutschen ist es ohne weiteres denkbar, mit Menschen anderer ethnisch-kultureller Herkunft und anderer Nationalität in einem politischen Gemeinwesen die Staatsbürgerrechte zu teilen, sei es auf kommunaler, regionaler, einzelstaatlicher oder europäischer Ebene. Für sie gehört die Einheit von Staat und Nation zur Vorstellungswelt vergangener Zeiten. Es ergibt sich deshalb für sie auch nicht der Bedarf, den Nationsbegriff von seiner ethnisch-kulturellen Bedeutung zu lösen und zur Staatsbürgernation umzudeuten. Laut einer Umfrage der EG sehen sich 47 Prozent der Deutschen ihrem eigenen Land sehr verbunden, 40 Prozent nur ziemlich; der EG zeigen sich 9 Prozent sehr verbunden und 33 Prozent ziemlich. Innerhalb der EG erzielen bei der Frage nach dem eigenen Land nur Belgien und die Niederlande einen niedrigeren Wert in der Kategorie »sehr verbunden« (Reif 1992: 47, basierend auf: Kommission der EG 1992a, 1992b; vgl. auch Anhang: Tabelle 1).

Die nationale Identität ist für die jungen und gebildeten Deutschen nicht mehr zentral, sondern eine unter einer Vielzahl von Identitäten. Sie fühlen sich in Europa schon fast genauso zu Hause wie im eigenen Lande. Europa verstehen sie dabei umfassender als die Europäische Gemeinschaft. Sie sind deshalb für deren Erweiterung nach Norden und Osten besonders aufgeschlossen, eine Tendenz, die durch die Integration Ostdeutschlands verstärkt worden ist (Piepenschneider und Wolf 1991, Weidenfeld und Piepenschneider 1990). Sie können sich vorstellen, in der Bundesrepublik in einer ethnisch-kulturell pluralen Gesellschaft zu leben und ihr Zusammenleben politisch auf kommunaler, regionaler, einzelstaatlicher, europäischer und globaler Ebene zu organisieren, ohne daß dabei die Nationalität mehr ist als eine neben vielen anderen Identitäten, die gleichrangig oder sogar vorrangig sind. Die Spannung zwischen Staat und Nation löst sich dadurch, daß der Einzelstaat mächtig an Souveränität und die Nation erheblich an Bedeutung für die Identitätsbildung verliert. An die Stelle des Nationalstaats kann die offene Republik treten (Oberndörfer 1992).

Bezieht man alle Generationen in die Betrachtung ein, dann endet die besondere Aufgeschlossenheit der Deutschen für eine Öffnung der Europäischen Gemeinschaft nach Osten jedoch jenseits der näheren Nachbarn. Sie gilt nicht für Länder wie Albanien, Armenien, Aserbaidschan, Bosnien-Herzegowina, Bulgarien, Zypern, Kroatien, Georgien, Mazedonien, Moldavien, Rumänien, Rußland, Serbien und Montenegro, Slowenien und die Ukraine. Auf die Frage nach dem Gesicht der Europäischen Gemeinschaft im Jahr 2000 bei einer Befragung im Herbst 1992 sahen die Deutschen ihre näheren Nachbarn im Norden und Osten durchschnittlich zu 44 bis 92 Prozent als Mitglied und lagen damit bis zu 9 Prozent über dem EG-Durchschnitt. In bezug auf die weiter entfernten Länder rangierten sie jedoch bei 13 bis 38 Prozent um bis zu 11 Prozent unter dem Durchschnitt. Die Ostdeutschen stehen in ihrer Offenheit nach Norden und Osten mit der Ausnahme Kroatiens deutlich vor den Westdeutschen (Kommission der EG 1992c: A46).

Jetzt sind die Deutschen völlig unerwartet zum einheitlichen und souveränen Nationalstaat gekommen. Sie hatten nicht mehr an die Vereinigung der beiden Teile Deutschlands in absehbarer Zukunft geglaubt. Nur 9 Prozent antworteten auf eine Befragung in der Bundesrepublik Mitte 1987, daß sie mit einer Wiedervereinigung noch zu ihren Lebzeiten rechnen. Drei Jahre später war sie vollzogen (Winkler 1991: 19; Herdegen 1989: 1259-1273; Lepsius 1967/68: 562-569). Jetzt sehen sich die Deutschen unversehens mit der Frage konfrontiert, wie sie die ihnen zugewachsene internationale Machtstellung in europäischer und globaler Verantwortung handhaben wollen. Die Vereinigung von Ost- und Westdeutschland haben viele mehr hin- als begeistert aufgenommen, auch weil ihnen die nationale Einheit gar nicht mehr wichtig ist. Dementsprechend ist auch die Bereitschaft in der Bundesrepublik, Entscheidungsmacht an die EG und an noch weiter reichende europäische und globale Regime abzutreten, größer als in den meisten anderen Mitgliedsländern der EG. Nach einer Befragung von 1992 wollen 61 Prozent der Deutschen (West: 59, Ost: 69) der Europäischen Gemeinschaft die Sicherheits- und Verteidigungspolitik übertragen. Nur Italien, Luxemburg und die Niederlande weisen höhere Werte auf. Frankreich und Großbritannien liegen mit 53 bzw. 45 Prozent deutlich darunter (Kommission der EG 1992a: A20, A21). Es ist deshalb nicht überraschend, daß umgekehrt die Bereitschaft nicht sehr ausgeprägt ist, die zugewachsene internationale Machtstellung und damit einhergehende Verantwortung auch aktiv etwa in der Frage von militärischer Friedenssicherung im Auftrag der Vereinten Nationen wahrzunehmen. Befragungen zeigen, daß die Deutschen die höchsten Werte bei der Unterstützung der Friedensbewegung erreichen, aber im aktiven Engagement für den Weltfrieden hinter den meisten anderen Nationalitäten im EG-Vergleich zurückbleiben. 1986 sagten 38,2 Prozent, daß sie die Friedensbewegung unterstützen würden, der weitaus höchste Wert. In Frankreich und Großbritannien waren dies nur 9,2 bzw. 13,8 Prozent. Mit Risiko aktiv für den Weltfrieden kämpfen wollen die Deutschen nach einer Befragung von 1988 zu 67,3 Prozent, nach den Niederlanden der niedrigste Wert in der EG. In Frankreich und Großbritannien wollen dies 78,3 bzw. 70,9 Prozent tun (Brettschneider, Ahlstich und Zügel 1992: 580-583; Anhang: Tabelle 9). Der Ambivalenz der Deutschen, ob sie die ihnen zugedachte Rolle wahrnehmen wollen, korrespondiert dabei die Ambivalenz der anderen, die nicht wissen, ob den Deutschen diese Rolle überhaupt zugedacht werden soll. Die Furcht vor der »United Übermacht« greift um sich (Dähnhardt und Lersch 1993).

Für die Deutschen tut sich das Dilemma auf, daß sie einerseits auf nationale Entscheidungsmacht zugunsten supranationaler Regime verzichten, andererseits aber auch nicht von supranationalen Regimen in kriegerische Handlungen hineingezogen werden wollen, auch wenn diese der Friedenssicherung dienen, was ja im Ernstfall nicht unumstritten bleiben muß. Sie geraten in die paradoxe Position, durch konsequenten Pazifismus eine nationale Sonderrolle zu spielen. Die Parteien kämpfen mit sich selbst und gegeneinander um eine Neubestimmung der weltpolitischen Rolle Deutschlands und um eine entsprechende Änderung der Verfassung, um Einsätze unter der Regie der Vereinten Nationen oder gar unter der weniger universell legitimierten Regie von Verteidigungsbündnissen und aktuellen Allianzen zu ermöglichen. Die Bevölkerung selbst ist unsicher in dieser Frage. Ende 1992 sprach sich nach einer Umfrage zum ersten Mal eine Mehrheit von 53 Prozent für Kampfeinsätze der Bundeswehr aus, wenn es um wichtige deutsche Interessen geht. Dagegen stimmten jedoch immer noch 42 Prozent (*Kölner Stadtanzeiger* 1993c: 1; vgl. Kühne 1991: 13-14; Lapins 1992: 43-45).

Die optimistische Beurteilung der deutschen Resistenz gegen feindseligen Nationalismus muß allerdings insofern eingeschränkt werden, als die alten nationalistischen Abgrenzungen für jene Schichten nach wie vor als Rettungsanker dienen, die sich durch die internationale Migration und den dadurch verschärften Verdrängungswettbewerb in ihrem sozialen Status gefährdet sehen. Von 1970 bis 1988 ist der Anteil von Ausländern in den alten Bundesländern von 4,9 auf 7,3 Prozent gestiegen. Im Zeitraum von 1960 bis 1988 weist die Bundesrepublik einen Wanderungssaldo von + 4,7 je 1000 Einwohner auf und kommt im EG-

Vergleich zusammen mit Luxemburg und seinen EG-Bediensteten auf den bei weitem höchsten Wert (Brettschneider, Ahlstich und Zügel 1992: 489, 491; Anhang: Tabelle 6). Die Integration der Zuwanderer ist jedoch nur unzureichend gelungen. Die ethnisch-kulturell plurale Gesellschaft überwindet den alteuropäischen Nationalstaat nur langsam und ohne zugleich alle Schichten der Gesellschaft zu erfassen. Gegenwärtig existieren vollkommene Weltoffenheit und das Festklammern an den Restbeständen nationaler Identität gerade auch in der Bundesrepublik in besonderer Schärfe Seite an Seite. Dem schon genannten Drittel von Jugendlichen mit ausländerfeindlichen Tendenzen stehen laut einer 1992 durchgeführten Befragung 69 Prozent gegenüber, die in der Ausländerfeindlichkeit ein bedrohliches gesellschaftliches Problem sehen. 25 Prozent sind erklärte Gegner jeder Art von Ausländerfeindlichkeit (Brandes 1992).

Selbst die höchstrichterliche Auslegung des Grundgesetzes hat noch ihre Schwierigkeiten. Sie hält in der Gewährung des politischen Wahlrechts an der Zugehörigkeit zum deutschen Staatsvolk fest. Dieses Staatsvolk wird allein von den deutschen Staatsangehörigen gebildet. Zusammen mit der restriktiven Vergabe der Staatsangehörigkeit ergibt sich daraus in Städten mit einem hohen Anteil an »Gastarbeitern« die Ausgrenzung eines erheblichen Teiles der Bevölkerung von der politischen Teilnahme. In einigen Großstädten erreicht die Ausländerquote 16 bis 26 Prozent, z. B. am 31. 12. 1991 in Köln 17,4, in Stuttgart 21,8, in Frankfurt/M. 26,1 Prozent (Deutscher Städtetag 1992: 26). Bei wachsender Migration wird dieser ausgegrenzte Teil noch zunehmen. Im Bewußtsein der Bevölkerung ist jedoch längst die Bereitschaft gewachsen, die politische Teilnahme von solchen restriktiven Zugehörigkeitskriterien abzukoppeln und allein an den jeweiligen Wohnsitz zu binden. Hamburg und Schleswig-Holstein sind diesem Bewußtseinswandel durch ihre Gesetze zum Kommunalwahlrecht von Ausländern schon entgegengekommen. Die Verfassungsrichter sind dieser gewachsenen Weltoffenheit der Bevölkerung jedoch bislang noch nicht gefolgt. Sie erkennen zwar die demokratische Intention der entsprechenden Kommunalwahlgesetze an, dennoch haben sie diese für verfassungswidrig erklärt, weil nach dem Grundgesetz alle Gewalt vom Volke ausgehe und das »Volk« nur die deutschen Staatsbürger meinen könne. Das juristische Demokratieverständnis hinkt hier dem Demokratieverständnis der Bevölkerung deutlich hinterher. Es eignet sich eher zur Erhaltung der Einheit von Kultur-, Volks- und Staatsnation als zur Förderung eines pluralistischen Demokratieverständnisses, das an ethnisch-kulturelle oder sogar nationale Zugehörigkeiten nicht gebunden ist. Nach dem traditionellen Verständnis der Einheit von Staatsangehörigkeit und ethnisch-kultureller Abstammung erhalten alle deutschstämmigen Aussiedler unmittelbar nach der Einwanderung die Staatsangehörigkeit und mit ihr alle politischen Rechte, während Gastarbeiter auch nach Jahren von diesen Rechten ausgeschlossen bleiben. Im internationalen Vergleich gehört die Bundesrepublik bisher zusammen mit der Schweiz zu den restriktivsten Staaten hinsichtlich der Einbürgerung von Immigranten. Die Einbürgerungsrate ist in Frankreich etwa vier- bis fünfmal höher, in Großbritannien gut siebenmal, in den USA zehnmal, in Schweden etwa fünfzehnmal und in Kanada mehr als zwanzigmal (Brubaker 1990: 384; Haverland 1985: 182-189; Hofmann 1985: 202; Koch-Arzberger 1985). Bei diesem Vergleich werden die Einbürgerungen deutschstämmiger Aussiedler aus Polen, Rumänien und der Sowjetunion allerdings nicht mitgezählt. 1987 gab es z. B. in der Bundesrepublik 23 781 Einbürgerungen aufgrund eines rechtlichen Anspruchs, der normalerweise durch den Nachweis deutscher Vorfahren erworben wird, und 14 029 Einbürgerungen nach Ermessen. Bei einer Ausländerzahl von 4,240 Millionen kamen insgesamt 8,92 Einbürgerungen auf 1000 Ausländer, aber nur 3,31, wenn die Anspruchseinbürgerungen nicht berücksichtigt werden. Diese Zahlen entsprechen in etwa dem Durchschnitt der achtziger Jahre. In Frankreich wurden zwischen 1977 und 1987 pro Jahr durchschnittlich 48 521 Einbürgerungen erteilt. Bezogen auf 3,680 Millionen Ausländer resultiert daraus eine Einbürgerungsrate von 13,18 je 1000 Ausländer. Sie liegt knapp vierfach höher als die Rate der Ermessenseinbürgerungen in der Bundesrepublik. In Schweden wurden 1988 bzw. 1991 insgesamt 17 966 bzw. 27 663 Einbürgerungen bei einer ausländischen Bevölkerung von 421 023 bzw. 493 848 und einer Gesamtbevölkerung von 8,458 bzw. 8,644 Millionen vorgenommen. Pro 1000 Ausländer sind 42,67 bzw. 56,02 Einbürgerungen zu verzeichnen. Im Vergleich zur Bundesrepublik handelt es sich um eine knapp dreizehn- bzw. knapp siebzehnfach höhere Rate. In den USA waren 1980 insgesamt 14,080 von 223,160 Millionen Bürgern im Ausland geboren, 1990 dann 21,632 von 246,191 Millionen. Das deutsche Dilemma äußert sich im Zusammentreffen von vergleichsweise hohen Zuwanderungs- und niedrigen Einbürgerungsraten. In den anderen hier betrachteten Ländern stehen beide Seiten in einem besseren Einklang zueinander (Statistisches Bundesamt 1992a: 71, 72; Institut National 1989: 88; Nordic Statistical Secretariat 1989/90: 39, 43, 72, 1993: 43, 50, 71; U. S. Bureau of the Census 1992: 39, 42; Eurostat 1991b: 18).

Deutschlands Weg in die Moderne war ein anderer als derjenige von Großbritannien, Frankreich oder den USA. Das gilt unabhängig von der inzwischen auch bestrittenen These, daß es ein »Sonderweg« gewesen sei, der vom »Normalweg« der anderen Nationen abwich. Bei aller Liebe für das historische Detail, bei der auch der Blick für das Unterscheidende und Entscheidende verlorengehen kann, sollte man nicht in das andere Extrem verfallen und verkennen, daß der Weg eben anders verlief und dementsprechend auch andere Folgen gehabt hat, die wir noch heute zu verarbeiten haben.

1.225 Nation und Bürgergemeinschaft IV:
Die Vereinigten Staaten von Amerika

In der Entwicklung einer pluralistischen Bürgergemeinschaft sind die Vereinigten Staaten von Amerika am weitesten gegangen. Sie haben sich als ein Einwanderungsland entwickelt, in dem sich Menschen jeglicher Rasse, ethnischer Herkunft, Sprache oder Religion aus aller Welt in einer gesellschaftlichen Gemeinschaft mit gleichen Bürgerrechten für alle, im Sinne von *citizenship*, zusammenfinden (Lipset 1963/1979; Parsons 1971: 110-155). Das US-amerikanische Einbürgerungsrecht ist dementsprechend sehr offen. Es ist ein unbedingtes ius soli. Wer auf US-amerikanischem Boden geboren wird, ist amerikanischer Staatsbürger, gleichviel woher die Eltern kommen, und gleichviel, ob sie sich legal oder illegal im Lande aufhalten. Im allgemeinen ist für Einwanderer ein fünfjähriger berechtigter Aufenthalt im Lande, ein »guter moralischer Charakter«, die Kenntnis der amerikanischen Geschichte und die Gewährleistung der Verfassungstreue Voraussetzung der Einbürgerung (Wolf 1985: 272-273).

Nach der Idee des *melting pot* sollten die verschiedenen Ethnien auf amerikanischem Boden verschmelzen und so eine eigene amerikanische Identität erzeugen. Dabei wurde von der vorherrschenden weißen, angelsächsischen und protestantischen, aber ins Amerikanische gewendeten Frontier-Identität als Basis ausgegangen, mit der sich die neu zugewanderten ethnischen Identitäten so verbinden sollten, daß sich daraus eine Umschmelzung der Herkunftsidentitäten ergibt sowie eine ständige Auffrischung, Ergänzung und Erweiterung der amerikanischen Identität, ohne daß diese in ihrem Kern verändert wird. Die Voraussetzungen dafür sind insofern nicht schlecht, als die Immigranten in der Regel mit der Einstellung in das Land kommen, ihre Vergangenheit hinter sich zu lassen und es in diesem Land »zu schaffen«. Im Idealfall erleben sie im Lande ihrer Sehnsucht eine Wiedergeburt als neue Menschen mit einer neuen Identität (vgl. Sollors 1986). Sicher gibt es nirgendwo in der Welt eine größere Bereitschaft der Zuwanderer, die neue Identität des Ziellandes zu erwerben und nirgendwo eine größere Bereitschaft der Einheimischen, die Impulse einer Vielzahl von Herkunftsidentitäten aus der ganzen Welt zwecks Erneuerung in sich aufzunehmen. Im allgemeinen herrscht der Optimismus vor, daß die Auslese durch den Wettbewerb und die Attraktivität des *American way of life* ohnehin alle, die das Land betreten, zu erfolgsbesessenen Amerikanern machen werden. Es haben jedoch auch stets pessimistische Stimmen davor gewarnt, daß die immer größer werdenden Einwanderungswellen aus immer fremderen Ländern in der Tat die ursprüngliche Identität der Amerikaner verdrängen und eine Pluralität von mehr oder weniger gut oder schlecht koexistierenden Identitäten hervorbringen würden (Wendler 1978). Schon die Gründerväter der amerikanischen Republik wurden von diesen Befürchtungen bewegt. Benjamin Franklin (1961: 120-121, 234, 477-485) sorgte sich wegen der Unterwanderung Pennsylvanias durch die pfälzischen Bauern. Thomas Jefferson (1989: 197-198, 331) wollte die Einwanderung zur Steigerung des Wohlstandes, befürchtete aber einen Verfall der republikanisch-demokratischen Tugenden durch die Einwanderer aus den absolutistischen Monarchien Europas.

Die Hoffnungen und die Befürchtungen prallen bis heute immer wieder aufeinander, wenn besonders große Einwanderungsströme die öffentliche Debatte beschäftigen. Repräsentativ für die optimistische Umschmelzungs- und Wiedergeburtstheorie können die von dem französischen Siedler de Crèvecoeur (1735-1813) geschriebenen *Letters from an American Farmer* (1782/1904) gelten, in denen der Amerikaner gleich welcher Herkunft als neuer Mensch geschildert wird, der nach neuen Prinzipien handelt: freier Leistungswille und Erfolgsstreben zum Nutzen von sich selbst und allen anderen. Eine repräsentative Fassung der Überfremdungstheorie ist Thomas Bailey Aldrichs Gedicht »Unguarded Gates«, das im Juli 1892 im *Atlantic Monthly* erschienen ist; in ihm gipfelt die Furcht vor der Überfremdung in der Vision einer Eroberung des Landes durch fremde Horden, vergleichbar der Einnahme Roms durch die Goten und Vandalen (Bischoff und Mania 1991: 517-522; vgl. auch Sollors 1991).

Heute konzentriert sich die Diskussion auf die Frage angloamerikanischer versus ethnisch diversifizierter Erziehung in den Schulen und Colleges. Sollen andere Sprachen – wie vor allem das Spanische – gleichrangig werden, soll der Lehrplan die ethnische Pluralität der Gesellschaft reflektieren oder an der bisherigen Dominanz der angloamerikanischen Sprache und Kultur festhalten? Auf der einen Seite wird der Verlust der nationalen Identität und Integration befürchtet, wenn die Lehrpläne ethnisch-kulturell diversifiziert werden, auf der anderen Seite wird die Chancenungleichheit moniert, die sich für die nicht-angloamerikanischen Ethnien bei Beibehaltung der bisherigen Lehrpläne ergibt (vgl. Schlesinger 1992).

Die amerikanische gesellschaftliche Gemeinschaft hat im Hinblick auf ihre Zusammensetzung aus verschiedenen Gruppen seit den Anfängen bis heute z.T. drastisch ihr Gesicht verändert. Von den 248,710 Millionen Einwohnern im Jahre 1990 waren 80,3 Prozent Weiße, 12,1 Prozent Schwarze, 0,8 Prozent Indianer, Eskimos oder Aleut, 2,9 Prozent asiatischer oder pazifischer und 3,9 Prozent sonstiger rassischer Zugehörigkeit. Unter den aufgezählten Rassen wurden 9 Prozent hispanischer Herkunft errechnet. Alle Gruppen differenzieren sich wieder in eine Vielzahl von Untergruppen (U.S. Bureau of the Census 1992: 17). Die USA sind heute das ethnisch vielfältigste Land der Welt. In dieser Auffassung von gesellschaftlicher Gemeinschaft haben die Vereinigten Staaten das größte Experiment des gesellschaftlichen Zusammenlebens durchgeführt, das jemals auf dieser Erde unternommen wurde. Auch dort klaffen jedoch Anspruch und Wirklichkeit oft weit auseinander. Es hat seit 1789 nahezu zweihundert Jahre gedauert, bis der schwarzen Bevölkerung in der Tat alle formalen Rechte gegeben wurden. Ganz anders sieht es jedoch mit der materiellen Umsetzung dieser Rechte im alltäglichen Zusammenleben aus. Hier hinkt die Wirklichkeit hinter dem Recht noch weit hinterher (Blauner 1989). Die Gesellschaft gleicht außerdem eher einer Ansammlung von Inseln in sich homogener rassischer und ethnischer Gruppen, außerdem gestaffelt nach Einkommensklassen. Die Nachbarschaftsgemeinschaften sind auf jeden Fall so gebildet. Wo sie auf engstem Raum nebeneinander existieren – wie in den großen Städten – und die Einwanderungswellen besonders rasch aufeinanderfolgen, nehmen die Konflikte enorm zu. Ganze Bevölkerungsgruppen fristen ihr Dasein in Armut. Die Zahl der unterhalb der Armutsgrenze lebenden US-Bürger liegt seit Mitte der sechziger Jahre kaum verändert zwischen 13 und 15 Prozent, unter den Weißen bei 11 Prozent. Unter den Farbigen ist sie von 40 auf 32 Prozent zurückgegangen, unter den Ibero-Amerikanern von 22 auf 28 Prozent gestiegen. 12,1 Prozent der Schüler haben 1990 im Durchschnitt die High School ohne Abschluß verlassen, Afro-Amerikaner nicht-hispanischer Herkunft zu 13,2, Hispanics zu 32,4 Prozent. In den innerstädtischen Ghettos wird eine Dropoutquote von bis zu 60 Prozent erreicht. Unter schwarzen Jugendlichen zwischen 15 und 24 Jahren ist Mord die Todesursache Nr. 1. Von der schwarzen Bevölkerung Washingtons im Alter von 18 bis 35 Jahren befanden sich 1991 an einem beliebigen Tag 42 Prozent im Gefängnis, auf Bewährung, in Erwartung eines Prozesses oder auf der Flucht vor einem Haftbefehl.

Die »Subkultur der Gewalt« gehört inzwischen zu einem Standarduntersuchungsgegenstand der amerikanischen Soziologie (Caplow et al. 1991: 524; U.S. Bureau of the Census 1992: 83, 85, 90, 160, 456; Seeleib-Kaiser 1992: 24-25; Wilson 1990, Wolfgang und Ferracuti 1967, Messner 1983, Huff-Corzine, Corzine und Moore 1991). Drogenhandel und Bandenkriminalität expandieren rapide und nehmen ganze Stadtteile in Beschlag. Je näher sich unterschiedliche Herkunftsgruppen kommen, um so schärfer grenzen sie sich voneinander ab und um so harscher werden die Konflikte. Auf engstem Raum wird die friedliche Koexistenz schwieriger als auf unbegrenztem Raum, wo man sich aus dem Wege gehen kann. Der Kampf der Herkunftsgruppen um ihre soziale Stellung verbindet sich mit der amerikanischen Idee des Erfolgs im Wettbewerb mit den anderen, untergräbt jedoch die Idee der *individuellen* Verfügung über gleiche Bürgerrechte, unabhängig von jeder vorgängigen Gruppenzugehörigkeit.

Das amerikanische Experiment ist nur teilweise gelungen. Es hat zugleich Probleme geschaffen, aufgrund derer wir Europäer gerne die Vereinigten Staaten tadeln: Armut, Drogenhandel und Bandenkriminalität in erschreckendem Ausmaß. Indessen haben die Europäer in dieser Hinsicht keinen Anlaß zur Selbstgerechtigkeit. Die relativ festgefügte Zusammensetzung der Bevölkerung in den europäischen Nationalstaaten hat es natürlich leichter gemacht, die soziale Ordnung zu sichern. Was diese Ordnung hätte gefährden können, wurde auch ganz anders als in den Vereinigten Staaten ausgegrenzt, manchmal auch unterdrückt oder – im schlimmsten Fall des Holocaust – verfolgt und vernichtet. Jetzt beginnen sich die Verhältnisse jedoch zu ändern. Europa wird eine Einwandererregion für Menschen aus der ganzen Welt, ohne daß sich die europäischen Nationalstaaten wie die Vereinigten Staaten als Einwandererstaaten begreifen würden. Die Furcht vor den noch größer werdenden Zuwanderungsströmen ist deshalb groß. Man denkt mit Schaudern an die mögliche Zuwanderungswelle aus den Nachfolgestaaten der ehemaligen Sowjetunion, der neugegründeten Gemeinschaft unabhängiger Staaten. Die Politiker bemühen sich hektisch darum, Dämme gegen die anschwellenden Einwanderungsströme zu errichten, als Flankenschutz der gleichzeitig verfolgten Politik der wirtschaftlichen Grenzöffnung und des europäischen Zusammenwachsens (Körner und Mehrländer 1986, Zuleeg 1987, Hailbronner 1992).
Während sich die Vereinigten Staaten bewußt als Einwanderungsland definieren und mit den daraus folgenden Problemen zu kämpfen haben, kommen auf die europäischen Nationalstaaten ähnliche Probleme zu, ohne daß sie sich jedoch zu der Idee eines Einwanderungslandes bekennen würden. Der Ausländeranteil in den einzelnen Staaten wird zunehmen, ohne daß jedoch die Idee ihrer vollständigen Integration in die gesellschaftliche Gemeinschaft und der Gewährung der entsprechenden Rechte existieren würde. So werden Ausländer auf lange Zeit nicht mehr als geduldete Mitbewohner sein, die sehr leicht zum Objekt von Haß werden können, wenn sich die wirtschaftlichen Probleme verschärfen (Anhang: Tabellen 1, 7, 8). Europa nähert sich amerikanischen Verhältnissen, jedoch ohne schon die Wertideen und institutionellen Vorkehrungen zu haben, innerhalb derer diese

Probleme auch positiv angenommen und bewältigt werden können. Ohne diese kulturellen und institutionellen Voraussetzungen können sie nur durch abwehrende Strategien behandelt werden. Dieses Defizit wird ihre Bewältigung erschweren.

Die Staaten der EG öffnen ihre inneren wirtschaftlichen Grenzen, sind jedoch noch weit davon entfernt, eine Gemeinschaft der Europäer zu bilden, in der jeder an jedem beliebigen Ort seinen Platz mit gleichen Rechten einnehmen kann. Es wird die wirtschaftliche Mobilität gefördert. Die Wahrnehmung der politischen, sozialen und kulturellen Bürgerrechte bleibt jedoch noch weitgehend auf die nationale Zugehörigkeit zu einem Herkunftsland beschränkt. Ohne das Zusammenwachsen auf diesen Ebenen kann sich eine europäische Gemeinschaft mit einer gemeinsamen europäischen Identität jedoch nicht entwickeln. Diese Probleme stellen sich schon innerhalb der EG. Sie werden noch viel größer, wenn es über die EG hinausgeht und die Staaten in Osteuropa einbezogen werden. Die Ungleichheit der wirtschaftlichen Leistungsfähigkeit bei gleichzeitiger Öffnung der Wirtschaftsgrenzen wird die reichen Industriezentren zum Einwanderungsziel der armen Bevölkerungsmassen aus den Peripherien der ganzen Welt machen. Man wird eine Wanderung von den ländlichen Regionen in die städtischen Zonen erleben, die den Verhältnissen in den Entwicklungsländern ähnelt. Slumgebiete drohen sich um die Städte herum zu bilden. Dagegen werden sich die reichen Industriestaaten mit einer Schließung ihrer Grenzen wehren. Gleichzeitig werden sie eine Politik der Investitionsförderung in den armen europäischen und außereuropäischen Regionen betreiben und Entwicklungshilfe leisten müssen, um die Bevölkerungen an ihrem angestammten Ort zu halten. Die Wirtschaft wird dabei große Herausforderungen bewältigen müssen.

Die gemeinsame Abschließung nach außen könnte unter den Europäern so viel Zusammengehörigkeitsgefühl schaffen, daß dadurch die innereuropäische Pluralisierung des gesellschaftlichen Zusammenlebens erleichtert und stabilisiert wird. Die Europäer werden angesichts der Gefahr von außen enger zusammenrücken. Im weiteren Verlauf werden die reichen Industriezentren und die armen Peripherien miteinander verkettet werden wie Kapital und Arbeit in der bisherigen Geschichte der industriellen Zivilisation. Wieviel Zeit benötigt wird, um der neuen Arbeiterklasse in den Peripherien denselben Bürgerstatus in einem entwickelten Europa zu geben, wie ihn die Arbeiterklasse in den reichen Industriezentren heute erreicht hat, ist kaum abzusehen. Noch weniger zu ermessen ist, wie lange es dauern wird, um diesen Prozeß im Weltmaßstab abzuwickeln. Wir wissen überhaupt nicht, ob der Prozeß jemals zum Erfolg führen wird. Das Projekt der modernen westlichen Zivilisation hat heute eine Stufe der Entwicklung erklommen, auf der es Herausforderungen ausgesetzt ist, an denen es durchaus scheitern könnte.

1.23 Kulturelle Einheit

Wie sich immense Probleme bei der Herausbildung einer europäischen Solidargemeinschaft als Voraussetzung für die Entwicklung einer europäischen Identität auftun, so gestalten sich auch die kulturellen Voraussetzungen einer solchen Identität als sehr schwierig (vgl. Morin 1988). Mit den unterschiedlichen Sprachen verbinden sich unterschiedliche Denkweisen, Weltsichten, Werthaltungen, moralische Auffassungen und Einstellungen zu Welt, Mensch und Gesellschaft. Die Intellektuellen haben ihre eigenen nationalen Denktraditionen und Philosophien, die aufgrund der relativ geschlossenen nationalen Diskurse auch bis heute erhalten geblieben sind. Der englische Empirismus und Common sense, der französische Rationalismus und Esprit und der deutsche Idealismus und Geist ziehen noch heute relativ feste Grenzlinien um die nationalen Diskurse der Intellektuellen (Münch 1986/1993a). Gewiß haben die Intellektuellen in Europa immer schon wahrgenommen und auch rezipiert und verarbeitet, was jenseits ihrer nationalen Grenzen gedacht und gesagt wurde. Entscheidende Impulse der kulturellen Entwicklung sind oft von solchen grenzüberschreitenden Lernprozessen ausgegangen. Dennoch: Den europäischen Intellektuellen suchen wir vergeblich. In der jüngeren Vergangenheit konnte man das z. B. schon allein daran erkennen, mit wie wenig Verständnis die französischen Intellektuellen den Pazifismus der deutschen Friedensbewegung und auch die Radikalität der Umweltschützer beobachtet haben (z. B. Glucksmann 1984) und mit wie wenig Verständnis die deutschen akademischen Intellektuellen die Preisgabe der Vernunft als oberste Instanz durch die eher literarisch ambitionierten französischen Intellektuellen kommentiert haben (z. B. Habermas 1985a: 191-

343). Ebenso sind der angelsächsische *ordinary language approach* und die Sprechakttheorie der Gegenwart (Austin 1962, Searle 1969) meilenweit von der deutschen Diskurstheorie entfernt, wiewohl die Diskurstheorie heute Anleihen bei der Sprechakttheorie macht (Habermas 1981). Im Verhältnis zu den inneren nationalen Diskursen sind die grenzüberschreitenden Diskurse äußerst spärlich ausgeprägt. Es findet erst seit ein paar Jahren ein vorsichtiges Abtasten in grenzüberschreitenden Konferenzen statt.

Wenn wir an die Rolle der Intellektuellen als Führungselite bei der Formulierung kollektiver Identitäten denken (Giesen 1993), dann fällt auf, wie wenig sie an der Herausbildung einer kollektiven Identität der Europäischen Gemeinschaft beteiligt sind. Die Idee eines Vereinten Europas hat einzelne von ihnen zwar immer wieder beschäftigt (Morin 1988), eine intellektuelle Bewegung ist daraus aber nicht entstanden. Vielmehr ist die Idee nach dem Zweiten Weltkrieg allein von führenden Staatsmännern zum Zwecke der wirtschaftlichen Prosperität ihrer Nationen in die Tat umgesetzt worden. Ausgeführt wurde diese rein ökonomische Zwecksetzung von einer wachsenden technokratischen Führungselite. Die Europäische Gemeinschaft hat sich so als ein ökonomisches Riesengebilde ohne kulturelle Idee und ohne Beteiligung der Intellektuellen entfaltet. Jetzt, da sie mehr als nur eine ökonomische Einheit werden soll, fehlt ihr die von einer europäischen Intellektuellenbewegung gestiftete kulturelle Identität.

Die kulturellen Unterschiede zwischen den Mitgliedsstaaten der EG haben selbst auf wirtschaftlichem Gebiet, wie etwa in den Unternehmensverfassungen, in der Gestaltung der Unternehmensführung und ihrer Kontrolle durch Aktionäre und Arbeitnehmer, bis heute Bestand. Der Europäischen Gemeinschaft ist es trotz ihrer Bemühungen in zwanzig Jahren nicht gelungen, eine Richtlinie über die Struktur der Aktiengesellschaft oder ein Statut einer Europäischen Aktiengesellschaft zu schaffen. Die unterschiedlichen, geschichtlich gewordenen und rechtskulturell legitimierten Unternehmensverfassungen erweisen sich als äußerst resistent gegen die vereinheitlichenden Kräfte des gemeinsamen Marktes und der politischen Regulierung (Gerum 1992). Kultureller Wandel spielt sich in viel längeren Zeiträumen ab als wirtschaftliche Anpassungs- und politische Entscheidungsprozesse.

Wir sind weit davon entfernt, eine distinktive europäische Weltsicht zu haben, wie man dies von den Vereinigten Staaten und

Japan sagen kann. Dementsprechend folgen daraus auch höchst unterschiedliche Antworten auf die drängenden Fragen unserer Zeit innerhalb der Grenzen Europas. Es gibt mehr nationale Unterschiede in den Antworten auf die Fragen von Wirtschaftswachstum, Umweltschutz, Technikentwicklung, Bürgerrechten und Menschenrechten als Einheitlichkeiten im Vergleich zu den nichteuropäischen Staaten. Weltsichten haben ihre Wurzeln in philosophischen Traditionen und werden durch intellektuelle Trägerschichten fortentwickelt. Die philosophischen Traditionen differenzieren sich jedoch nach wie vor stark nach nationalen Grenzen, und sie werden von national relativ abgeschlossenen Intellektuellengruppen in national abgegrenzten Diskursen weitergeführt. Von daher betrachtet, ist es noch ein weiter Weg zu einer europäischen Kultureinheit und Kulturidentität.

Eine 1981 und 1990 durchgeführte Befragung über Werthaltungen in den EG-Mitgliedsstaaten weist die nationale Zugehörigkeit als den erklärungskräftigsten Faktor aus (Stoetzel 1983; Harding, Phillips und Fogarty 1986; Ashford und Timms 1992: 108-112). Es ist deshalb keine Überraschung, wenn wir auf Umfrageergebnisse wie die folgenden aus den Jahren 1983 bis 1988 stoßen: In Deutschland setzen sich 32,6 Prozent für Gleichberechtigung ein, in Frankreich nur 22,7, in Großbritannien 24. Die Deutschen befürworten jedoch nur zu 31 Prozent, daß Mann und Frau berufstätig sein sollen, obwohl sie zu 66 Prozent die Emanzipation der Frau wünschen. In Frankreich sind 47,2 Prozent für die Berufstätigkeit von Mann und Frau, bei einer Befürwortung der Emanzipation von Frauen zu 74,5 Prozent. In Großbritannien möchten 48,6 Prozent Mann und Frau berufstätig sehen, bei 57,9 Prozent Befürwortern der Frauenemanzipation. In Deutschland meinen noch 33,8 Prozent, daß Politik eine Sache der Männer sei, in Frankreich nur 17,6, in Großbritannien nur 10,8. Die Deutschen bekunden zu 67,3 Prozent den Willen, etwas für den Weltfrieden zu tun, und unterstützen zu 38,2 Prozent die Friedensbewegung (wohl als angemessenes Mittel). Die Franzosen finden sich zu 78,3 Prozent bereit, für den Weltfrieden zu arbeiten, fördern aber nur zu 9,2 Prozent die Friedensbewegung. Die Briten erklären zu 70,9 Prozent ihre Bereitschaft, den Weltfrieden sichern zu helfen, vertrauen sich aber nur zu 13,8 Prozent der Friedensbewegung an. Die Armut wollen nur 44 Prozent der Deutschen bekämpfen, aber 70,9 Prozent der Franzosen und 57,4 Prozent der Briten. Die

Freiheit des Individuums ist 35,8 Prozent der Deutschen ein Einsatz wert, aber 41,3 Prozent der Franzosen und 43,2 Prozent der Briten. In Deutschland treten 74,7 Prozent für den Naturschutz ein, 26,5 Prozent für die Ökologiebewegung, 22,2 Prozent für die Antiatomkraftbewegung und 58,1 Prozent für den Naturschutzverband. 38,5 Prozent stehen der Ökologiebewegung, 41 Prozent der Antiatomkraftbewegung und 8,8 Prozent dem Naturschutzverband nicht bei. In Frankreich stellt es sich völlig anders dar: Nur 56,1 Prozent engagieren sich für den Naturschutz, 10,3 Prozent für die Ökologiebewegung, 5,5 Prozent für die Antiatomkraftbewegung und 19,9 Prozent für den Naturschutzverband. 79 Prozent tragen die Ökologiebewegung, 83,6 Prozent die Antiatomkraftbewegung und 69,3 Prozent den Naturschutzverband nicht mit. In Großbritannien erkennen sich 47,8 Prozent als Naturschützer, 16,9 Prozent als Sympathisanten der Ökologiebewegung, 14,6 Prozent als Unterstützer der Antiatomkraftbewegung und 29,7 Prozent als Förderer des Naturschutzverbandes. 66 Prozent greifen der Ökologiebewegung, 73,9 Prozent der Antiatomkraftbewegung und 57,5 Prozent dem Naturschutzverband nicht unter die Arme.

Diese stark voneinander abweichenden Antworten auf die härtere Frage nach der Unterstützung der neuen sozialen Bewegungen dürften aussagekräftiger sein und die tiefer sitzenden Mentalitätsdifferenzen sicherer zum Ausdruck bringen als die unverbindlichere Frage, ob man den Umweltschutz für sehr wichtig bzw. für ein unmittelbar drängendes Problem erachte. Die Antworten auf diese Frage haben sich inzwischen nach oben angeglichen. Im Frühjahr 1992 erblickten im Durchschnitt 85 Prozent der EG-Bevölkerung im Umweltschutz ein unmittelbar drängendes Problem, 11 Prozent mehr als vier Jahre zuvor. Lediglich die Irländer hinkten mit 70 Prozent noch hinterher (Kommission der EG 1992a: A44). Außerdem darf nicht übergangen werden, daß selbst innerhalb der Ökologiebewegung ganz erhebliche nationale Mentalitätsdifferenzen in Weltsicht, Denkansätzen und politischen Strategien bestehen (Franken und Ohler 1989). Solche Mentalitätsdifferenzen zeigen sich weiterhin in Umfragedaten wie den folgenden: Bei einer jährlich durchgeführten Befragung sagen zwischen 1973 und 1990 im Durchschnitt 15,3 Prozent der Deutschen, daß sie mit Freunden häufig über politische Fragen diskutieren, 19,5 Prozent äußern, daß sie dies nie tun. In Frankreich ist das Verhältnis 17,2 zu 35,6 Prozent, in Großbritannien 15,4 zu 32,7 Prozent. 1981 bzw. 1990 berichten jeweils 2 Prozent der befragten Deutschen, 7 bzw. 8 Prozent der Briten, 10 bzw. 9 Prozent der Franzosen und jeweils 5 Prozent aller EG-Bürger, daß sie schon einmal an einem wilden Streik teilgenommen haben. 1981 bzw. 1990 halten 11 bzw. 12 Prozent der Deutschen, 15 bzw. 18 Prozent der Briten, 22 bzw. 23 Prozent der Franzosen und 15 bzw. 17 Prozent aller EG-Bürger ihre Teilnahme für möglich. Ausschließen bzw. nicht beantworten wollen dies 1981 bzw. 1990 insgesamt 87 bzw. 75 Prozent der Deutschen, 77 bzw. 71 Prozent der Briten, 69 bzw. 61 Prozent der Franzosen und 71 bzw. 69 Prozent aller EG-Bürger. Man kann sich des Eindrucks nicht erwehren, daß sich der deutsche »Sonderweg« in die Moderne noch in diesen aktuellen Umfragedaten bemerkbar macht (Brettschneider, Ahlstich und Zügel 1992: 570, 571, 573, 574, 580, 583, 584; Ashford und Timms 1992: 101; vgl. Inglehart 1990: 90-93, 135-139, 162-168, 378-384; Anhang: Tabellen 5, 9, 10).

Was heute in die nationalen Kulturtraditionen einbricht und vereinheitlichend wirkt, kommt mehr von außerhalb Europas, nämlich aus den Vereinigten Staaten, als aus einem innereuropäischen Kulturaustausch. Die Unterhaltungsindustrie von Comics, Film, Fernsehen und populärer Musik mit ihrem Zentrum in Hollywood überzieht Europa, wie die anderen Teile der Welt auch, mit einheitlichen Kulturmustern, die mehr und mehr zu einem Teil der Alltagswelt und des Denkens der heranwachsenden Generationen werden, wie McDonald's an der Straßenecke. Auf diesem Wege ist der heutigen Jugend der *American way of life* oder vielmehr der dargebotene klischeehafte Abklatsch davon vertrauter geworden als das *savoir vivre à la française*, die englische, spanische, italienische oder irgendeine andere nationale Lebensart in Europa. Was die spezifisch europäische Lebensart sei, wird man sie dagegen vergeblich fragen. Die Lebensart, die den Europäern zunehmend gemeinsam wird, ist insofern in ihrem Ursprung gar nicht europäisch, sondern amerikanisch. Allerdings könnte dies durchaus zu einer Neutralisierung der kulturellen Differenzen in Europa und zu einer kulturellen Vereinheitlichung führen, bei der sich keine der einzelnen europäischen Kulturen gegen die anderen durchsetzt.

Eine ähnlich einebnende Rolle spielt die zunehmende Benutzung der englischen Sprache als internationales Verständigungsmittel.

Sie ist durch ihre Verbreitung schon so weit ihrer Ursprungskultur entrissen, daß sie kaum noch Träger einer kulturspezifischen Denkweise und Weltsicht sein kann, obwohl natürlich schon noch Reste davon mitgeschleppt werden, allerdings eher im Sinne des Amerikanischen anstelle des Englischen, weil die amerikanische Kulturindustrie, Coca Cola und McDonald's eben doch weltweit Kulturmuster bildhaft vermitteln. Durch massive Werbung werden sie uns im Stundentakt und in noch kürzerer Abfolge eingehämmert. Das international gesprochene Englisch verbindet sich eher damit als mit der traditionellen englischen Lebensart.

Im Gegensatz dazu ist das Französische nach wie vor ausdrücklich gepflegter Träger der Lebensart, Denkweise und Weltsicht der französischen Elite, die diese Sprache im offiziellen staatspolitischen Auftrag pflegt und der weltweiten Amerikanisierung des Kulturlebens entgegenstemmt. Aufgrund dieser engen Verknüpfung von Sprache und Trägerschicht wird sich das Französische jedoch auch nicht als internationale Verkehrssprache behaupten können und wird auch trotz des französischen Führungsanspruchs in der Behauptung Europas im interkontinentalen Konkurrenzkampf nicht zur Vereinheitlichung einer spezifisch europäischen Identität beitragen können. Die deutsche Sprache ist ohnehin im Hintertreffen, weil sie nirgendwo über den ursprünglichen deutschen Sprachraum hinausreicht und auch mit dem Kainsmal des deutschen Geistes und seiner unglücklichen Geschichte versehen ist. Sie wird nicht mehr als eine Sprache zum Studium der deutschen Klassiker, aber keine aktuelle Verkehrssprache sein können, die sich zur Herausbildung einer europäischen Identität eignet. Auch das Spanische oder das Italienische werden in Europa regionale Sprachen bleiben wie die anderen europäischen Sprachen auch.

Europa wird insofern immer mit einer Vielzahl von Sprachen und korrespondierenden kulturellen Identitäten leben. Was kulturell einheitlich wird, sind Denkweisen, Lebensstile und Einstellungen, die eher aus einer globalen, stark amerikanisch bestimmten Kultur hervorgehen, da sich in den Vereinigten Staaten das Zentrum einer weltweit agierenden Kulturindustrie befindet. Für die Europäer wird es schwer sein, dagegen eine ebenso erfolgreiche europäische Kulturindustrie zu stellen.

Die innereuropäischen Kulturdifferenzen äußern sich in allen Lebens- und Funktionsbereichen, in unterschiedlichen Rechts-,

Wirtschafts-, Bildungs- und Politikkulturen, die alle der Herausbildung einer europäischen Kulturidentität entgegenwirken. Sie werden sogar durch das ökonomische Zusammenwachsen Europas noch verstärkt, weil nun die Kulturvertreter auf allen Ebenen die Sturmglocken läuten und genau ihre kulturellen Errungenschaften in den europäischen Einigungsprozeß einbringen und gegen alle Vereinheitlichungstendenzen verteidigen wollen.

1.3 Die Europäische Gemeinschaft: Wirtschaftsriese ohne kollektive Identität?

Ungeachtet aller Differenzen zwischen den Nationalstaaten fügt sich Europa wirtschaftlich zusammen. Der EG-Binnenmarkt setzt das Zeichen für eine neue Stufe dieses wirtschaftlichen Zusammenwachsens. Die Europäische Gemeinschaft wird ökonomisch noch mehr prosperieren und der Konkurrenz aus den Vereinigten Staaten und Japan besser standhalten. Das Mißverhältnis, das sich hier jedoch in aller Schärfe zwischen der Wirtschaftseinheit und der fehlenden politischen, gemeinschaftlichen und kulturellen Einheit auftut, wird immer mehr Probleme aufwerfen, und es ist fraglich, ob sie überhaupt befriedigend gelöst werden können. Die Europäische Gemeinschaft ist ein Wirtschaftsriese noch ohne ausreichende politische Handlungsfähigkeit, innere Solidarität und kollektive Identität. Die innereuropäischen politischen, gemeinschaftlichen und kulturellen Differenzen werden durch den Prozeß des ökonomischen Zusammenwachsens sogar noch schärfer artikuliert. Aufgrund der wachsenden politischen Handlungszwänge werden sie um so härter aufeinanderprallen.

Was die Politikwissenschaft schon einmal für die Nationalstaaten diagnostiziert hatte, könnte noch mehr für ein unausgewogenes und ungleichmäßig entwickeltes Riesengebilde gelten: die Neigung zur Unregierbarkeit. Diese würde sich vor allem darin äußern, daß Brüssel stets mehr nationale Eigenwege blockiert, dort aber nur in sehr langwierigen Aushandlungsprozessen Kompromisse geschlossen werden können, die oft nur Unzufriedenheit auf allen Seiten hinterlassen. Das Schneckentempo der politischen Entscheidungstätigkeit würde dann mit dem rasenden Tempo des ökonomischen Wachstumszuges nicht mitkommen.

Während Europa wirtschaftlich wächst, wird es sich in zunehmende und schärfere Konflikte verstricken. Eine Alternative zu dem begangenen Weg scheint es indessen nicht zu geben, weil der von Europa ausgegangene Entwicklungsprozeß weltweit einen Sog entwickelt hat, dem sich auch das neue Europa nicht entziehen kann. Alles Widerstreben könnte Niedergang bedeuten und noch mehr Konflikte heraufbeschwören. Der Weg zurück zu den einfacheren und überschaubareren Verhältnissen ist versperrt.

2. Ökonomie

Die Europäische Gemeinschaft erhofft sich aus der Vollendung ihres Binnenmarktes eine kontinuierliche Wohlstandssteigerung innerhalb ihrer Grenzen. In den Kategorien von Wachstum, Preisstabilität, Beschäftigung und Außenhandelsbilanz ist daran auch kaum zu zweifeln. Lassen sich diese Wohlstandsgewinne aber auch ohne Wohlstandsverluste verwirklichen? Wenn wir diese Frage nicht ungeprüft mit einem Ja beantworten wollen, dann müssen wir uns im einzelnen damit beschäftigen, welche wirtschaftlichen Gewinne aus dem Binnenmarkt entstehen und welche wirtschaftlichen Verluste ihnen gegenübertreten (vgl. Kommission der EG 1985b, Franzmeyer 1987, Cecchini 1988, Hasse 1988, Schäfer 1988, Scharrer 1989, Bechtold 1990, Besters und Gleske 1991, Streit und Voigt 1991).

2.1 Die ökonomischen Gewinne des Europäischen Binnenmarktes

Der Binnenmarkt der Europäischen Gemeinschaft verspricht den Mitgliedsländern einen erheblichen ökonomischen Wachstumsschub. Die volle Verwirklichung der vier wirtschaftlichen Freiheiten, d. h. der freie Verkehr von Personen, Waren, Dienstleistungen und Kapital, bringt für den schon existierenden grenzüberschreitenden Wirtschaftsverkehr Kosteneinsparungen und wird diesen Verkehr erweitern. Personen, Waren, Dienstleistungen und Kapital werden zu geringeren Kosten dorthin transportiert oder von dorther bezogen, wo es für die jeweiligen Anbieter, Nachfrager und Investoren am kostengünstigsten ist. Im allgemeinen kann so in dem größeren einheitlichen Wirtschaftsraum eine optimalere Allokation von Ressourcen und Präferenzen stattfinden. Der Abbau von Hindernissen des freien Wirtschaftsverkehrs bedeutet, daß für wirtschaftliche Leistungen in Form von Warenangeboten, Dienstleistungen, Kapital und Arbeitsleistungen im Durchschnitt weniger bezahlt werden muß, weil einerseits Kosten der Grenzüberschreitung entfallen und andererseits der großräumigere Wettbewerb preisdämpfend wirkt. Die Anbieter müssen mit kostengünstigeren Konkurrenten mithalten, die für ihre Kunden wegen des beschränkten Verkehrs bislang noch nicht oder nur mit einem Mehraufwand zugänglich waren.

Der wirtschaftliche Wettbewerb wird bei der Versorgung mit Waren, Arbeitsleistungen, Dienstleistungen und Kapital großräumiger. Mit diesem erweiterten Wirtschaftsverkehr entwickelt sich auch eine großräumigere Arbeitsteilung mit einem entsprechenden weitverzweigten Austausch von Teilprodukten und Fertigprodukten (Prognos AG 1990). Daß ein Fertigungsbetrieb in Sindelfingen einen Teil seiner zu verarbeitenden Teile nicht aus Ludwigsburg, sondern aus Frankreich bezieht, wird so ein völlig normaler und noch leichter zu vollziehender Vorgang. Der Ausbau der Verkehrswege und die Beseitigung der Grenzkontrollen erlauben innerhalb des EG-Binnenmarktes eine erhebliche Erweiterung der sogenannten Just-in-time-Zulieferung, d. h. der Zulieferung von Einzelteilen an ihren verarbeitenden Betrieb genau zum Zeitpunkt, zu dem das Teil dort in die weitere Fertigung geht. Lagerkosten entfallen, da die Transportfahrzeuge als rollende Lager dienen.

Mit der großräumigen Konkurrenz findet auch eine weitere Spezialisierung lokaler Industrien auf diejenigen Wirtschaftsleistungen statt, die sich dort aufgrund bestimmter Standortvorteile und Qualifikationsprofile am konkurrenzfähigsten erbringen lassen. Betriebe, die der großräumigen Konkurrenz nicht standhalten, weil sie keine qualitäts- und/oder preisgleichen Produkte anbieten können, müssen schließen. Wo es tatkräftige und vorausschauende Unternehmen gibt oder wo solche von außen aktiv werden, entstehen anstelle der alten Betriebe neue, die sich auf genau jene Wirtschaftsleistungen spezialisieren, die am jeweiligen Ort am konkurrenzfähigsten erstellt werden können. Alteingesessenes Handwerk und Kleingewerbe wird so z. B. in ärmeren Regionen durch Betriebe der Schuh- oder Bekleidungsfertigung ersetzt, die sich wegen der niedrigen Arbeitskosten als konkurrenzfähig erweisen. Oder es bildet sich eine Ferienindustrie mit Arbeitsplätzen im Hotel-, Restaurant-, Unterhaltungs- und Baugewerbe, wo vorher eine auf kargem Boden dahindarbende Landwirtschaft auf Subsistenzbasis existierte. Kleine Lebensmittelläden und Restaurants werden durch Handels- und Restaurantketten verdrängt oder vereinnahmt, die ihr Warenangebot zu günstigeren Preisen machen können. Die reicheren Regionen werden Spezialisten in der Herstellung von Produkten, die einen hohen Einsatz von Kapital, Wissen und Technologie verlangen.

Die großräumige Verflechtung erweitert den Aktionsraum von Unternehmen, die ihre Produkte in größerer Stückzahl und damit günstiger absetzen können. Deshalb haben große Unternehmen mit großem Umsatz bessere Überlebenschancen auf dem vergrößerten Markt. Kleine Betriebe können nur in Nischen überleben, in die Großunternehmen nicht hineinpassen (vgl. Sepstrup 1985). Eine allgemeine Belebung des Marktes kann durchaus vielen kleinen Handwerks- und Gewerbebetrieben und spezialisierten industriellen Kleinbetrieben neue Chancen bieten und ihre Zahl sogar erhöhen, während im Kernbereich der Industrie ein Konzentrationsprozeß im Gange ist. Von den vielleicht drei bis fünf Konkurrenten innerhalb eines Landes bleibt dann eventuell nur noch einer übrig, der sich durch Aufkäufe und Zusammenschlüsse auf dem heimischen und dem ausländischen Markt so vergrößert hat, daß er mit der härteren Konkurrenz auf dem größeren europäischen und darüber hinaus globalen Markt mithalten kann (Dunning 1988). Firmenzusammenschlüsse, die aus der Sicht nationaler Kartellbehörden eine nicht zulässige Konzentration und Einschränkung des Wettbewerbs bedeuten, sind wiederum für die Erhaltung und Belebung der Konkurrenz auf dem europäischen und globalen Markt notwendig, weil dort gegen die schon vorhandene Konkurrenz nur Konzerne einer vergleichbaren Größenordnung überlebensfähig sind. Die nationalen Kartellbehörden verlieren so an Kompetenz und werden im gegebenen Falle in aller Regel durch die dennoch erfolgende Genehmigung eines Firmenzusammenschlusses durch den Wirtschaftsminister zurückgepfiffen. Der EG-Binnenmarkt verstärkt diese Tendenz und verschiebt die Aufrechterhaltung des Wettbewerbs im Kernbereich der Industrie von der nationalen auf die europäische Ebene. Den nationalen Kartellbehörden bleibt die Kontrolle der allein national, regional oder lokal operierenden Industrie. Allerdings wird dabei unterschätzt, in welchem Maße heimische Konkurrenz auf internationale Herausforderungen vorbereitet (vgl. Monopolkommission 1989, Niederleithinger 1990, Porter 1990).

Der EG-Binnenmarkt wirkt jedoch nicht nur wettbewerbsfördernd und damit in die Richtung einer Optimierung der Allokation von Ressourcen und Präferenzen, und zwar insoweit nicht, als sich mit der inneren Öffnung des Marktes eine äußere Abschließung gegen den Weltmarkt verbindet (vgl. Streit und Voigt 1991, Greenaway et al. 1991). Je mehr leistungsschwache Mitglieder die EG in ihren Reihen hat, um so mehr wird sie zu protektionistischen Maßnahmen gedrängt werden. Die Protektion der eigenen Industrien gegen die äußere Konkurrenz durch Subventionen, Importbeschränkungen oder Schutzzölle hält diese am Leben, obwohl ihre Produkte ohne den entsprechenden Schutz auf dem Weltmarkt aus anderen Ländern außerhalb der EG kostengünstiger bezogen werden könnten. Die EG schützt auf diese Weise ihre Landwirtschaft, ihre Textil- und Bekleidungsindustrie sowie ihre Montanindustrie. Dabei handelt es sich um die Unterstützung von alten Industrien, die sich gegen die Konkurrenz auf dem Weltmarkt vor allem wegen ihrer höheren Produktionskosten nicht behaupten können. Dieser Schutz von nicht konkurrenzfähigen Industrien ist ökonomisch irrational, weil er zu einer suboptimalen Allokation von Ressourcen und Präferenzen führt. Er verteuert die Produkte für die Verbraucher, vermindert die Absatzchancen und das Einkommen der kostengünstigeren Anbieter aus Drittländern, verlangsamt die Anpassung der heimischen Wirtschaft an die Lage auf dem Weltmarkt und behindert auf diese Weise das Entstehen neuer konkurrenzfähigerer Industrien sowie die entsprechende Umorientierung und das Umlernen der jetzigen und zukünftigen Arbeitnehmer. Aus politischen und solidarischen Gründen können solche Maßnahmen natürlich durchaus rational sein, wenn sie den Regierungen bessere Wahlchancen sichern, Konflikte mildern, Menschen helfen, die sich nicht von heute auf morgen umstellen können, oder Wirtschaftszweige am Leben halten, die zwar nicht konkurrenzfähig sind, aber als Vorsorge für eine unsichere Zukunft, als Bestandteil unserer Kultur oder als Kultivierer unserer Landschaft im eigenen Lande bewahrt werden sollen.

Eine andere, ökonomisch eher begründbare Protektion kommt den Zukunftsindustrien im Bereich der Mikroelektronik und der Biotechnologie zugute, die mit Hilfe staatlicher Subventionen in ihren Forschungsinvestitionen entlastet werden, um angesichts der übermächtigen Konkurrenz aus Japan und aus den Vereinigten Staaten wenigstens nicht zusammenbrechen zu müssen, bevor sie sich überhaupt richtig entwickeln konnten (Streit und Voigt 1991: 177-179). Man mag darin einen Beitrag zur Erhaltung des Wettbewerbs auf dem Weltmarkt erkennen. Wenn bei dieser mas-

siven Unterstützungsaktion allerdings aufs falsche Forschungs-
pferd gesetzt wird, während andere, am Ende vielleicht zukunfts-
trächtigere Projekte ausgespart bleiben, dann erweist sich das
Ganze als eine riesige Fehlinvestition. Kritische ökonomische
Stimmen sähen deshalb die Forschung lieber dezentralisiert und
von den Unternehmen in freiem Wettbewerb betrieben, um flexi-
bler und für Innovationen offener zu bleiben. Dem gezielten
politischen Eingriff in bestimmte Forschungsrichtungen mit riesigen Summen wird aus ökonomischer Sicht mißtraut, weil den
politischen Instanzen nicht die für den Erfolg erforderliche Vor-
aussicht auf die Zukunftschancen von bestimmten Forschungs-
entwicklungen zugetraut wird (Starbatty und Vetterlein 1988:
182, 1992: 23-24). Der Forschungswettbewerb bietet dagegen eine
breitere Suche nach dem Erfolg, aus der sich dann das tatsächlich
Erfolgreiche herausschälen kann. Allerdings dürften wiederum
angesichts der Weltmarktkonkurrenz auf dem Gebiet der kapital-
intensiven Forschung viele nationale und europäische Kleinpro-
jekte schon mangels Masse nicht den Atem haben, um international mitzuhalten. Der Wettbewerb findet hier auf der Weltmarkt-
ebene und nicht mehr so sehr auf der Ebene nationaler oder
europaweiter Märkte statt. Der Suchprozeß verläuft auf dem
Weltmarkt. Da kann es jedoch durchaus passieren, daß man im
pazifischen Raum fündig wird und nicht in Europa. Die Folge
wäre, daß die Europäer von ihren Konkurrenten aus Japan und
den USA abgehängt werden und ihre Chancen auf dem Weltmarkt
auf anderen Gebieten suchen müssen. Dabei können sie durchaus
auf weniger wachstums- und gewinnbringende Wirtschaftszweige
zurückgeworfen werden, so daß sie in der internationalen Ein-
kommensverteilung Verluste und einen entsprechenden Abstieg
hinnehmen müssen.
In ökonomischer Hinsicht kann sich auch zu große Heterogenität
im Sinne von ungleichem Entwicklungsstand und ungleicher Leistungsstärke innerhalb der Europäischen Gemeinschaft negativ
bemerkbar machen (vgl. Lichtenberg 1986, Padoa-Schioppa et al.
1988, Busch 1992). Mit Irland, Spanien, Portugal und Griechenland hat die EG jetzt schon Problemkinder in der Familie. Ihre
Zahl würde sich bei einer Erweiterung in den mittelosteuropäi-
schen Raum hinein noch vergrößern. In einer solchen Gemeinschaft sind aus politischen Gründen der Begrenzung von Ab- und
Zuwanderungsbewegungen und der Konfliktvermeidung sowie

aus Solidaritätsgründen Ausgleichszahlungen in Form von regionaler Strukturhilfe und Sozialhilfe nötig, die Finanzmittel nicht nach dem ökonomischen Prinzip der Leistungsfähigkeit, sondern nach dem solidarischen Prinzip der Bedürftigkeit fließen lassen. Wenn die Strukturhilfe keine Steigerung der wirtschaftlichen Leistungskraft der Empfänger zur Folge hat, ergibt sich daraus eine suboptimale Allokation von Ressourcen und Präferenzen. Ressourcen gehen an Stellen, von denen weniger Gegenleistung kommt als von anderen Stellen, wo sie auf einem offenen Markt hingelangt wären. Diese ökonomisch suboptimale Ressourcenverteilung ist um so umfangreicher, je ungleicher die Leistungsfähigkeit in einer sozialen Einheit verteilt ist, je mehr Konflikte daraus entstehen können (z. B. zu viel Wanderung) und unterbunden werden müssen und je größeres Gewicht dem Solidaritätsprinzip gegeben wird (vgl. Biehl 1989).

Aus ökonomischer Perspektive wird vor einer zu weitgehenden sozialpolitischen Harmonisierung der Europäischen Gemeinschaft gewarnt. Sie würde den wirtschaftlich schwächeren Ländern weitere Wettbewerbsnachteile bringen, wenn sie aus eigener Kraft so hohe Sozialleistungen zu tragen hätten wie die stärkeren Länder. Oder sie würde den stärkeren Ländern mit schon hohem Wohlfahrtsniveau auf dem Wege von Ausgleichszahlungen noch weitere Sozialleistungen aufbürden und leicht die Grenzen ihrer ökonomischen Leistungsfähigkeit überschreiten. Statt dessen soll der Wettbewerb der Sozialsysteme jedem Land ermöglichen, das jeweils ökonomisch tragbare Niveau der Sozialleistungen herauszufinden. Der Kritik, daß dadurch ein Prozeß des sozialen Dumping ausgelöst würde, hält der Ökonom entgegen: Es handelt sich dabei lediglich um einen Suchprozeß nach den länderspezifisch tragfähigsten Sozialsystemen, die auch langfristig ökonomisch abgesichert werden können (Sachverständigenrat 1989: 454-470; Bundesminister für Arbeit und Sozialordnung 1990: 28-32). Trotz solcher Warnungen aus ökonomischer Sicht könnte die EG jedoch in eine ähnliche Eigendynamik der sozialpolitischen Harmonisierung auf hohem Leistungsniveau hineingezogen werden wie das vereinigte Deutschland bei der raschen Einführung der Währungsunion. Bei der europaweiten und globalen Anerkennung des Rechts auf Wohlstand bewirkt die Offenheit der Grenzen eine wachsende Wanderungsbewegung von den armen in die reichen Regionen, so daß schon zur Vermeidung von daraus entstehenden

Konflikten umfassende Struktur- und Sozialhilfen auf europäischer und globaler Ebene erforderlich werden (Sieveking 1991).
Für die EG bedeutet diese Problemlage, daß sie innerhalb ihrer Grenzen erhebliche Summen für Struktur- und Sozialhilfe aufwenden muß und nach außen einerseits die Zuwanderungsströme durch Entwicklungshilfe in Grenzen halten und andererseits die Einwanderung nach eigenem Bedarf regulieren muß. Die EG leidet weltweit am meisten an Überalterung ihrer Bevölkerung. Die Fruchtbarkeitsrate (Lebendgeborene je Frau zwischen 15 und 45 Jahren) ist im EG-Durchschnitt zwischen 1960 und 1988 von 2,72 auf 1,60 gefallen, in der Bundesrepublik von 2,37 auf 1,42 (Brettschneider, Ahlstich und Zügel 1992: 486; vgl. Schmähl 1991). 9,3 Prozent der männlichen und 8,8 Prozent der weiblichen Bevölkerung der EG sind heute unter 15 Jahre alt, 6 Prozent der Männer und 8,7 Prozent der Frauen über 65 Jahre. In den USA sind 11 bzw. 10,5 Prozent unter 15 Jahre, 5,0 bzw. 7,3 Prozent über 65 Jahre, in Japan 10,7 bzw. 10,2 Prozent unter 15 Jahre, 4,3 bzw. 6,3 Prozent über 65 Jahre. In den Entwicklungsländern herrscht eine völlig andere Altersstruktur vor. Zum Beispiel sind in der Türkei 19,3 bzw. 18,3 Prozent unter 15 Jahre, 1,9 bzw. 2,3 Prozent über 65 Jahre (Eurostat 1991a: 110-111).
Eine auf junge Arbeitnehmer zielende Einwanderungspolitik würde das Sozialbudget der EG entlasten und insofern ökonomischen Gewinn bringen. Allerdings impliziert eine solche Einwanderungspolitik für die Abwanderungsländer nicht unbedingt auch einen Gewinn, weil sie von dort junge und dynamische Menschen abzieht, die für deren eigene Entwicklung gebraucht werden. Zurückbleiben würden eher die leistungsschwächeren Menschen, deren Not um so größer würde. Eine auf die Auffüllung der Rentenkassen ausgerichtete Einwanderungspolitik wäre nur vom partikularen Standpunkt der Zuwanderungsländer ökonomisch rational, aber nicht vom Standpunkt der Abwanderungsländer und auch nicht vom Standpunkt einer entwicklungsfähigen Weltwirtschaft. Es würde wirtschaftliche Leistungskraft von Regionen weggenommen, wo sie insgesamt mehr Werte schaffen könnte als in den Zentren, wo das Leistungspotential ohnehin schon sehr hoch ist. Die Weltwirtschaft würde noch mehr aus dem Gleichgewicht gebracht, als sie es ohnehin schon ist. Das Erreichen eines solchen Gleichgewichts ist jedoch im Interesse des Wachstums der gesamten Weltwirtschaft. Die sozialen Konflikte, die aus zu star-

ker Zuwanderung hervorgehen, sind schließlich eine Folgeerscheinung, die nicht unmittelbar unter ökonomischen Gesichtspunkten, sondern unter solchen der sozialen Integration zu diskutieren sind. Ökonomisch zu Buche schlagen allerdings die Kosten mangelnder Sozialintegration in Form von Ausgaben für Konfliktbewältigung und von fehlendem Vertrauen, das schließlich auch den Wirtschaftsverkehr schädigt.

Ein weiteres ökonomisches Problem, das der EG-Binnenmarkt mit sich bringt, ist die Notwendigkeit einer einheitlichen Wirtschaftspolitik und die Einführung einer einheitlichen Währung (Hasse 1988, Schäfer 1988, Besters und Gleske 1991, Gros und Thygesen 1992, Emerson et al. 1992). Können sich die Mitgliedsstaaten nicht auf eine gemeinsame Wirtschaftspolitik einigen, droht wegen der schnelleren, unmittelbareren und umfangreicheren Übertragung von Wirtschaftskrisen aus einem Teil des Binnenmarktes in andere Teile die Gefahr, daß wirtschaftspolitische Fehlleistungen von Einzelstaaten die anderen Mitgliedsländer in größerem Umfang als bisher in Mitleidenschaft ziehen und ökonomische Verluste in größerem Stil verursachen. Ähnlich überträgt eine einheitliche Währung schneller, direkter und umfassender wirtschaftliche Schwächen von einem Land in andere Länder. Die Stabilität der Währung wird auch von den schwächeren Mitgliedern mitgeprägt. Außerdem kann eine strenge Währungspolitik einer europäischen Zentralbank mit hohen Diskontsätzen zur Inflationsbekämpfung schwache Regionen überfordern, die dann mangels Investitionstätigkeit um so mehr in ein Leistungstief sinken. Das zeigt sich jetzt schon innerhalb des Europäischen Währungssystems (EWS) mit seinen festen Wechselkursen innerhalb einer Bandbreite von 2,25 Prozent im bilateralen Verhältnis der Einzelwährungen zueinander. Die Durchsetzung der DM als Leitwährung, an der sich die Notenbanken der anderen Mitgliedsländer orientieren, zwingt diese dazu, die strenge Währungspolitik der deutschen Bundesbank mitzumachen und mit relativ hohen Diskontsätzen zu fahren, obwohl sie damit nicht nur ihre Inflation bremsen, sondern auch die Konjunktur abwürgen und die ganze Wirtschaft lähmen können. Anfang August 1993 mußte dieser Tatsache mit der Erweiterung der Bandbreite auf 15 Prozent, mit Ausnahme der Relation zwischen dem holländischen Gulden und der DM, Rechnung getragen werden. Außerdem können in einer Währungsunion die Notenbanken der Einzelländer Schwächen in der Außenhandelsbilanz nicht mit Währungsabwertungen ausgleichen. Im Handel zwischen den Ländern erlauben flexible Wechselkurse länderspezifischer Währungen eine schnellere Anpassung an Leistungsbilanzschwankungen als ein System fester Wechselkurse wie das EWS oder gar eine Währungsunion mit einheitlicher Währung. Aus ökonomischer Sicht wird deshalb der EWS-Verbund eher kritisch, die angepeilte Währungsunion skeptisch beurteilt, solange noch zu große Unterschiede in der Leistungskraft der Mitgliedsländer bestehen. Es wird sogar angenommen, daß der EWS-Verbund die Konvergenz der Leistungskraft eher hinauszögert als befördert (Hasse 1988: 198; Schäfer 1988: 220; Bohley 1993: 40-43).

Der EG-Binnenmarkt läßt also eine Optimierung der ökonomischen Allokation von Ressourcen und Präferenzen und damit eine Wohlstandssteigerung im gesamten System erwarten. Gleichwohl dürfen aber auch Tendenzen zur suboptimalen Allokation von Ressourcen und Präferenzen nicht übersehen werden, die sich aus der Abschließung des EG-Binnenmarktes nach außen, aus der ungleichen Leistungsstärke der EG-Mitgliedsländer und aus der gesteigerten Anziehungskraft der EG auf Zuwanderer ergeben. Der EG-Protektionismus wird für eine geraume Zeit ein Zankapfel der Verhandlungen über die Entwicklung des freien Welthandels im Rahmen der GATT-Runden (General Agreement on Tariffs and Trade) sein, wo die USA, Japan und die Entwicklungsländer auf einen Abbau von Subventionen, Schutzzöllen und Importbeschränkungen drängen werden. Die innere Ungleichheit und die innere Wohlstandswanderung wird die EG durch erhöhte Struktur- und Sozialhilfen in Grenzen halten müssen. Die Zuwanderung von außen wird sie aus Gründen der ökonomischen Einzelrationalität in die Richtung der Auffüllung ihrer Rentenkassen lenken, obwohl diese Politik weltwirtschaftlich nicht rational ist.

Über diese Wohlstandssteigerung und ihre ökonomisch weniger rationalen Nebenerscheinungen hinaus treten jedoch im Zuge der großräumigen Verflechtungen innerhalb des EG-Binnenmarktes und darüber hinaus in ganz Europa und der ganzen Welt eine Reihe von Begleit- und Folgeerscheinungen sowie neuen Problemstellungen auf, die diese Entwicklung komplexer und ihre Steuerung schwieriger gestalten, als dies aus rein ökonomischer Sicht aussehen mag. Der EG-Binnenmarkt stellt uns neue Probleme der Ökonomie und Ökologie, der Politik, der Solidarität und der Kultur im Spannungsverhältnis der regionalen, nationalen, europäischen und globalen Ebenen des modernen Lebens.

2.2 Die ökonomischen Verluste und Folgeprobleme des Europäischen Binnenmarktes

Der vom EG-Binnenmarkt erwartete Wachstumsschub hat auch seine Kehrseite (Frühauf und Giesinger 1992; Wicke 1989: 27-59, 495-562; von Weizsäcker 1990: 32-53). Er vervielfacht die externen Negativeffekte ökonomisch rationaler Einzelhandlungen. Denken wir nur an die Negativeffekte der europäischen und globalen Verkehrsströme. Ein VW-Golf wird in Wolfsburg aus Teilen zusammengebaut, die aus 21 Ländern in vier Kontinenten zugeliefert werden. Die durch ihren Transport hervorgerufenen Schädigungen der Umwelt gehen nicht in den Verkaufspreis des Fahrzeugs ein (Martin und Schumann 1993: 107). Die sich entwickelnde europaweite Arbeitsteilung ist nur vordergründig optimal in der Allokation von Ressourcen und Präferenzen, solange die Kosten der damit einhergehenden Verkehrsströme nicht vollständig bezahlt werden. Müßten die Marktteilnehmer dafür aufkommen, dann würden sich viel mehr kleinräumige, örtlich begrenzte Märkte erhalten. Verbrauchernahe Produktion mit reduziertem Transportaufkommen würde sich als die optimalere Allokation von Ressourcen und Präferenzen erweisen. Das gilt europa- und weltweit. An die Stelle des europa- und weltweiten Austauschs von Rohstoffen und hochwertigen Gütern zwischen armen und reichen Ländern, mit der Folge ungleicher und langfristig erdzerstörender Lebensverhältnisse, würden kleinräumige Wirtschaftseinheiten treten, die sich und ihre Umwelt selbst erhalten können.

Allein ökonomisch gesehen, impliziert der gewaltige Wachstumsschub des europäischen Binnenmarktes natürlich auch einen immens gesteigerten Verbrauch von Ressourcen, die nicht beliebig erneuert werden können. Das fängt schon mit dem Verbrauch von Naturflächen für den Ausbau der Verkehrswege an. Der neueste Bedarfsplan des Bundesverkehrsministers sieht für Deutschland gegenwärtig einen Bedarf des Aus- oder Neubaus von rund 11 600

Kilometern Fernstraßen vor. Zur Begründung wird auf die deutsche Vereinigung, die Öffnung Osteuropas, den EG-Binnenmarkt und die wachsende Bevölkerung verwiesen. Die Umweltschützer sind alarmiert und drohen, sich mit allen Mitteln dagegen zur Wehr setzen zu wollen (Sussenburger 1992). Der Konflikt zeigt, daß weiteres wirtschaftliches Wachstum nicht uneingeschränkt als glücksbringend erfahren wird. Es wird mit dem Ausbau der Verkehrswege ja nicht nur Naturfläche verbaut. Der wachsende Verkehr belastet Mensch und Umwelt auch durch Schadstoffe und Lärm. Es werden außerdem nicht nur mehr Flächen für Verkehrswege genutzt, sondern auch für Lagerstätten, Parkplätze, Industrieanlagen, Freizeitanlagen und Wohngebäude, es werden mehr Energien verbraucht, mehr fossile Brennstoffe verbrannt.

Der Bestand an Personenkraftwagen ist in der Bundesrepublik zwischen 1961 und 1991 von 4,8 auf 30,5 Millionen gewachsen (Statistisches Bundesamt 1962: 361, 1992a: 342). Allein zwischen 1980 und 1990 hat sich der Bestand von 377 auf 432 Personenkraftwagen je 1000 Einwohner vergrößert (Statistisches Bundesamt 1988: 91, 1992b: 293). Der jährliche Bruttoinlandsenergieverbrauch je Einwohner ist in der EG zwischen 1983 und 1989 von 3,005 auf 3,378 Tonnen Rohöleinheiten gestiegen, in der Bundesrepublik von 4,047 auf 4,313, in Frankreich von 3,245 auf 3,746, in Großbritannien von 3,441 auf 3,700. Davon hat der Verbrauch im Verkehr in der EG von 0,538 auf 0,680 zugenommen, in der Bundesrepublik von 0,660 auf 0,793, in Frankreich von 0,595 auf 0,717, in Großbritannien von 0,596 auf 0,776. Die von fossilen Brennstoffen herrührenden jährlichen Kohlendioxid-Emissionen (CO_2 haben sich zwischen 1960 und 1987 in der EG von 467,9 auf 736,2 Millionen Tonnen Kohlenstoff erhöht, je Einwohner von 1,673 auf 2,274 Tonnen. Die jährlichen Schwefeldioxid-Emissionen pro Einwohner sind von 1980 bis 1988 zurückgegangen, in der Bundesrepublik von 52 auf 21 kg SO_2. Die jährlichen Stickoxid-Emissionen pro Einwohner sind konstant geblieben, in der Bundesrepublik bei 48 bzw. 47 kg NO_2 (Eurostat 1991a: 186, 187, 300, 301, 302).

Ein Bericht über die Weltkonferenz über Umwelt und Entwicklung, die im Juni 1992 in Rio de Janeiro abgehalten wurde, schildert den Vorgang so: »Ungerührt von den Kompromissen auf dem ›Erdgipfel‹ von Rio, setzen 5,4 Milliarden Menschen den Raubbau am Planeten Erde fort. Binnen eines Konferenztages

wächst die Weltbevölkerung um 250 000 Menschen; 140 Pflanzen-
und Tierarten werden ausgerottet; die Zahl der Autos steigt um
140 000; der Inhalt von 12 000 Fässern Rohöl fließt ins Meer. Und
55 000 Menschen verhungern« (Vorholz und Wernicke 1992: 6).
Die Erdatmosphäre wird weiter erwärmt, Wasser verbraucht, Boden, Meere, Seen, Flüsse und Grundwasser werden durch Chemi-
kalien geschädigt, neue und größere Gefahren werden produziert.
Der Verkehr zu Land, Wasser und Luft walzt noch mehr Lebens-
räume nieder. Jede Waschmaschine mehr in den Haushalten, jedes
gewaschene Hemd mehr bedeutet einen weiteren Schritt in diese
Richtung. Das reingewaschene Hemd leisten wir uns auf Kosten
der verschmutzten Gewässer. Die Bilanz ist damit noch nicht zu
Ende: Jeder gefahrene Autokilometer vergiftet und erwärmt die
Erdatmosphäre weiter, jede Reise in den Süden macht das Mittel-
meer noch mehr zur Kloake, trägt zur Verwüstung der Landschaft
durch flächendeckende Bebauung und zum Absterben von Pflan-
zen- und Tierarten durch die industrielle Erschließung der Landschaft für den Tourismus bei (vgl. Franken und Ohler 1989). Der
Verkehr zu Wasser, Land und Luft wächst indessen unablässig. Je
erschwinglicher, leichter und schneller das Reisen wird, um so
mehr Menschen werden es tun und um so mehr wird der Verkehr
durch Umweltvergiftung und Lärm zum Problem. Städte und Gemeinden wetteifern um Investoren, Konsumenten und Besucher,
indem sie ihre »Attraktivität« durch Angebote aller Art steigern.
Mit dieser gewachsenen Attraktivität für die Besucher sinkt jedoch gleichzeitig die Lebensqualität für die Bewohner, die bei
Erfolg des Programms von Fremden überschwemmt werden,
mehr Verkehrsdichte und Verkehrslärm ertragen müssen und an
der verpesteten Luft erkranken. Ruhe, Beschaulichkeit und Gemeindeleben sind dahin. Die Gemeindemitglieder haben sicherlich mehr Geld in der Tasche, mit dem sie sich dann beim
Ausgeben für attraktive Sportfahrzeuge und Motorräder gegenseitig auf die Nerven gehen können. Gleichwohl mehren sich jetzt
die Zweifel an dem Sinn dieser Art des besseren Lebens. Das Programm der unablässigen Steigerung des materiellen Wohlstands
scheint jenseits einer bestimmten Schwelle kontraproduktiv zu
werden. Jeder weitere Wohlstandsgewinn verbindet sich dann mit
größeren Einbußen der Lebensqualität.
Die Frage stellt sich hier, weshalb es nicht gelingt, das wirtschaftliche Wachstum so zu kontrollieren, daß es nicht in diese Parado-

xie der Verschlechterung der Lebensumstände führt. Wir haben dafür zwar ein Schlagwort, nämlich: »qualitatives Wachstum«, aber noch keine Lösung. Das Wort »qualitatives Wachstum« bleibt bedeutungslos und -leer, solange nur Bruttosozialprodukt, Pro-Kopf-Einkommen, Geldwertstabilität, erwerbsmäßige Vollbeschäftigung und Außenhandelsbilanz die Maßstäbe sind, an denen wir unser Wohlergehen messen. Die Versuche, mit Ökobilanzen ein Pendant zu bilden, sind gewiß beachtenswert (Wild 1993), bislang aber noch wirkungslos, weil sie zu keiner wirklichen Umorientierung geführt haben. Der Bericht des *Club of Rome* über die Grenzen des Wachstums hat zwar ein Umdenken, aber keine Umkehr unseres Handelns eingeleitet. Mit der vielfach vorgetragenen Kritik an dem Bericht teilen wir die Hoffnung, daß technischer Fortschritt die Grenzen weiter hinausschieben wird, als vorausgesagt wurde. Deshalb setzen wir eher auf ein Wirtschaftswachstum, das durch eine vorausschauende Umweltpolitik in die richtigen Bahnen gelenkt wird. Dazu müssen allerdings erst noch die wirtschaftspolitischen Instrumente entwickelt werden (Meadows et al. 1972, Global 2000 Report to the President 1980, Hauff 1987; Wicke 1989: 548-562; von Weizsäcker 1990: 141-158, 264-273). Die Schwierigkeiten beginnen schon bei der Steuerung des wirtschaftlichen Handelns über Markt und Geld. Das paradoxe Umschlagen von ökonomischer Einzelrationalität in ökonomische Gesamtirrationalität tritt nämlich um so massiver auf, je mehr Menschen in je größeren und immer dichter verflochtenen Wirtschaftsräumen agieren und aufeinander einwirken. Um so häufiger und entsprechend massiver erzeugt dann nämlich die ökonomisch rationale Einzelhandlung externe Negativeffekte, die in der Gesamtrechnung als ökonomisch irrational zu Buche schlagen (Wicke 1989: 43-46). Jenseits einer bestimmten Zahl steigen die Kosten um ein Vielfaches im Verhältnis zum Nutzen. Ein Privatflieger pro Woche über einem Gebiet von 10 Millionen Einwohnern wird noch als besonderes Ereignis erlebt, 100 Privatflieger pro Tag über demselben Gebiet sind für die Bewohner eine lästige Plage, deren wirtschaftlicher Nutzen in keinem Verhältnis zu den verursachten Schäden steht.

Man sieht, daß hier Schwellen erreicht werden, jenseits derer sich die Frustrationen bemerkbar machen. Es fehlt uns allerdings noch die Maßeinheit, um solche Rechnungen überhaupt durchführen zu können. Versuche, die Sprache der Preise auf ökologische Gesamtrechnungen anzuwenden, stecken noch in den Anfängen (Wicke 1989: 59-99, van Suntum 1993: 11-12). Eine in der Entwicklung begriffene Methode besteht darin, die sogenannten defensiven Ausgaben für die Erhaltung des Status quo der Lebensverhältnisse zu errechnen. Ein Versuch, die jährlichen Defensivausgaben für die Bundesrepublik zu ermitteln, kommt für die Entwicklung von 1970 bis 1988 zu folgenden Ergebnissen: Die Kosten zur Verminderung von Umweltbelastungen haben von 11,7 auf 38 Milliarden DM bzw. von 1 auf 2,2 Prozent des Bruttosozialprodukts zugenommen, die Folgekosten nicht vermiedener Umweltschäden von 5,1 auf 19,7 Milliarden bzw. von 0,5 auf 1,2 Prozent, die defensiven Verkehrsausgaben von 30,8 auf 56,3 Milliarden bzw. von 2,7 auf 3,3 Prozent, die Mehrbelastungen für das Wohnen in Ballungszentren von 5,5 auf 12,8 Milliarden bzw. von 0,5 auf 0,8 Prozent. Die Kosten für die innere Sicherheit in Form von defensiven Staatsausgaben, Umsatz der Sicherheitsbranche, Schadensaufwand der Versicherer für Einbruchs- und Diebstahlsdelikte sowie betrieblichem Werkschutz haben sich von 4,4 auf 23,1 Milliarden DM bzw. von 0,4 auf 1,4 Prozent des Bruttosozialprodukts erhöht, die defensiven Gesundheitsausgaben von 19,5 auf 44,5 Milliarden bzw. von 1,7 auf 2,6 Prozent. Die Aufwendungen für Arbeitsunfälle sind von 2,2 auf 1,9 Milliarden bzw. von 0,2 auf 0,1 Prozent des Bruttosozialprodukts gefallen. Zusammengerechnet ergibt sich eine Steigerung der Defensivausgaben von 79,2 auf 196,3 Milliarden DM bzw. von 7,0 auf 11,6 Prozent des Bruttosozialprodukts. Die absoluten Werte wurden dabei in konstanten Preisen angegeben (Leipert 1989: 126-127; vgl. auch Wicke 1989: 95-99). Nach dieser Berechnung dienten 1987 insgesamt 11,6 Prozent des erwirtschafteten Bruttosozialprodukts allein der Erhaltung der vorhandenen Lebensgrundlagen, gegenüber 7 Prozent im Jahre 1970. Das heißt, daß wir einen wachsenden Teil des Bruttosozialprodukts dafür einsetzen müssen, die Schäden zu vermeiden bzw. zu beseitigen, die wir bei der Steigerung des Bruttosozialprodukts verursachen. Das gesamte Bruttosozialprodukt ist im untersuchten Zeitraum um 50 Prozent, der Anteil der Defensivausgaben jedoch um 148 Prozent gewachsen. Die Defensivausgaben sind also dreimal schneller gestiegen als das gesamte Bruttosozialprodukt. Dementsprechend bringt das Bruttosozialprodukt immer weniger das tatsächliche Ansteigen des Wohlstands zum Ausdruck (Leipert 1989: 133-136).

Es muß außerdem beachtet werden, daß in die Berechnung der Defensivausgaben nur diejenigen Aufwendungen für die Sicherung der Lebensgrundlagen eingehen, die bei der Ermittlung des Bruttosozialprodukts auch erfaßt wurden. In diese Berechnung werden nur die in der Marktproduktion und in der Staatstätigkeit erstellten Güter und Leistungen aufgenommen. Außer acht bleiben alle Güter und Leistungen, die unentgeltlich oder steuerlich unerfaßt erbracht werden: Hausarbeit, Nachbarschaftshilfe, Freundschaftsdienste oder Schwarzarbeit. Außerdem werden im Bruttosozialprodukt direkte oder indirekte Umweltschädigungen positiv als Leistungssteigerung ausgewiesen. Jeder Verkehrsunfall, jede Verkehrssteigerung, jeder Verkehrslärm, jede Vergiftung der Umwelt steigern das Bruttosozialprodukt. Auch eine Mutter, die ihr Kind nicht stillt, sondern mit industriell produzierter Babynahrung versorgt, erhöht das Bruttosozialprodukt, während die stillende Mutter als Leistungsverweigerin erscheint. Darüber hinaus werden in der Berechnung des Bruttosozialprodukts die Kosten der nicht vermiedenen und nicht reparierten Schäden, die Beeinträchtigungen der Lebensqualität, die wir unkorrigiert hinnehmen und späteren Generationen überlassen, überhaupt nicht berücksichtigt (von Weizsäcker 1990: 143-158). Vermutlich stellen die ermittelten Defensivkosten nur die Spitze eines Eisberges dar. Die Berechnungen der Umweltschäden kommen auf immer höhere Schadenswerte. Während eine 1989 veröffentlichte Jahresschadensbilanz von Luftverschmutzung, Gewässerverschmutzung, Bodenbelastung und Lärm 103,5 Milliarden DM ausweist, errechnet derselbe Autor unter weiterer Einbeziehung der Kosten für die ökologische Schadensbegrenzung 1993 in der Neuauflage desselben Buches 203,3 Milliarden DM und schätzt selbst diesen Wert immer noch als zu niedrig angesetzt ein (Wicke 1989, 1993). Das Heidelberger Umwelt- und Prognose-Institut hat den jährlich entstehenden Schaden schon auf 475 Milliarden DM beziffert, das Karlsruher Fraunhofer-Institut für Systemtechnik und Innovationsforschung sogar auf 610 Milliarden bis 1 Billion DM (*SPIEGEL* 1993f: 290-294).

Je mehr und je unbezweifelbarer dieser Zusammenhang deutlich gemacht und in die öffentliche Debatte eingeschleust wird, um so mehr wachsen die Konflikte um die Frage, wie und von wem die tatsächlichen Kosten des Wirtschaftswachstums aufgebracht werden sollen. Wer hat dafür aufzukommen: die direkten Verursacher oder die Gemeinschaft? Wer gehört zu den Verursachern? Sind es nur die Produzenten eines umweltschädigenden Gutes oder auch die Konsumenten? Am Ende wird alles eine Sache des Preises sein, der für die Nutzung der Umwelt zu zahlen ist und in Form von speziellen Umweltabgaben und Umweltsteuern, z. B. bei der Energienutzung oder bei der Nutzung von Verkehrswegen, zu entrichten ist. Der Schwerlastverkehr auf den Straßen der Bundesrepublik verursacht z. B. enorme externe Kosten, die jedoch von den Urhebern auf dem Wege der Mineralölsteuer nur zu einem geringen Teil ersetzt werden. Müßten die Flugunternehmen und Flughafengesellschaften alle Menschen entschädigen, die sie mit dem von ihnen gewebten flächendeckenden Lärmteppich belästigen, dann könnten nur noch wenige den Flug auf die Kanarischen Inseln buchen. Hätten alle für die Kosten des müllproduzierenden und Verkehr verursachenden Konsums geradezustehen, dann würden wir uns wieder Verhältnissen nähern, in denen der ungebremste Konsum eine Sache privilegierter Schichten war. Ähnlich sieht es mit dem stetig wachsenden Personenverkehr auf den Straßen aus. Würden von den Autofahrern die tatsächlich hervorgerufenen externen Kosten ausgeglichen, dann müßte eine entsprechend erhöhte Mineralölsteuer den Liter Kraftstoff möglicherweise auf 5 DM verteuern. Das Autofahren würde wieder zu einem Privileg der Gutsituierten, viele Zweit-, Dritt- und Viertwagen müßten abgeschafft werden, die Automobilindustrie würde samt ihrer Belegschaft und allen mittelbar von ihr lebenden Menschen leiden. Wir erkennen, wo das Problem liegt. Widerstand gegen solche Steuerpläne würde von allen Seiten kommen. Sie wären schlicht nicht durchsetzbar.

Die Preise sagen uns nicht die Wahrheit über die Kosten, die der Konsum eines Gutes mit sich bringt. Deshalb bezahlen wir nur einen Teil dieser Kosten. Schätzungen nehmen an, daß die Preise nur den fünften bis zehnten Teil der wirklichen Kosten angeben (von Weizsäcker 1990: 143-158). Mit steigendem Einkommen wird ein Flug zum ersehnten Reiseziel immer attraktiver, mit steigendem Fluglärm der sonntägliche Nachmittagskaffee im Garten oder der Waldspaziergang dagegen weniger angenehm. Am besten verkriechen sich die Spaziergänger in ihre vier Wände, warten auf ihren eigenen Flug ins Urlaubsparadies und übertönen die Belästigung durch Musik, oder sie schützen sich mit ihrem Motorrad durch Eigenlärm vor dem Lärm von oben, dies natürlich wieder auf Kosten der noch verbliebenen Spaziergänger. Überlassen wir alles dem Markt, dann finden wir am Sonntag nur noch Flieger, Autofahrer, Motorradfahrer, Jogger mit Walkmen, schwerhörige Rentner und solche Zeitgenossen draußen, denen ein ständiger Lärmpegel schon zur Gewohnheit geworden ist und die bei völliger Ruhe schon Angst vor dem Nichts bekommen. Es ergibt sich also eine Verschiebung von Lebensweisen. Welche davon die bessere ist, das läßt sich ökonomisch nicht klären. Der ökonomisch rational handelnde Mensch wird sich stets auf veränderte Situationen so mit angepaßtem Verhalten umstellen, daß für ihn ein maximaler Nutzen herausspringt. Der Markt verteilt nur Nutzen und Kosten und sorgt für eine kurzfristige Optimierung der Allokation von Ressourcen und Präferenzen, weil alle Marktteilnehmer schnellstmöglich dort kaufen können, wo es für sie am günstigsten ist. Je größer die Wirtschaftsräume werden und je schneller und preisgünstiger der Transport von Gütern erfolgen kann, um so weiträumiger bildet sich die Arbeitsteilung heraus (Prognos AG 1990). Die EG ist auf diesem Wege schon weit vorangekommen und wird nach der Schaffung des Binnenmarktes noch weiter voranschreiten. Die Folge wird eine wachsende Belastung von Mensch und Umwelt durch den Personen- und Güterverkehr sein.

Nach Auskunft des Bundesverkehrsministeriums und des ADAC wird sich in der Bundesrepublik bis zum Jahre 2010 der Güterverkehr auf der Straße um 95 Prozent vermehren, die Binnenschifffahrt um 84 Prozent, der Güterverkehr zur Schiene um 55 Prozent, der Bahnverkehr um 40 Prozent, der PKW-Verkehr um 29 Prozent (*Parlament* 1992: 3). Der Bestand an Flugzeugen, einschließlich Motorsegler und Segelflugzeuge, hat sich von 1955 bis 1961 von 99 auf 1253, bis 1971 auf 4337 und bis 1991 auf 17 402 erhöht. 1961 gab es 637 831 Starts von deutschen Flughäfen, 1971 waren es schon 2,178 Millionen, 1991 nochmals knapp 50 Prozent mehr, insgesamt 3,009 Millionen. Zwischen 1960 und 1990 ist ein Anwachsen der beförderten Personen von 4,885 auf 62,576 Millionen und ein Wachstum der beförderten Güter von 79 000 auf 1,148 Millionen Tonnen festzustellen, allein zwischen 1985 und 1990 eine Steigerung der jährlich geflogenen Personenkilometer von 24,431 auf 42,387 Milliarden (Statistisches Bundesamt 1962: 379, 1972: 345, 1982: 301, 1989: 204, 1992a: 40, 361, 1992b: 297). Gegenwärtig werden jährlich 79 Millionen Fluggäste, 1,5 Millio-

nen Tonnen Luftfracht und 0,3 Millionen Tonnen Luftpost gezählt (*Parlament* 1992: 14). Die Fluggesellschaften rechnen bis
zum Jahre 2000 mit einer Verdoppelung des Luftverkehrs. Durch
die zentrale Lage des Landes in der Mitte Europas bewegt sich
zusätzlich ein ständig wachsender internationaler Luftverkehr
durch den Luftraum der Bundesrepublik. Hier spielt sich der
dichteste Flugverkehr der Welt ab (Rößler 1991: 186). Es ist deshalb nicht erstaunlich, daß die Bevölkerung in wachsendem Maße
über Fluglärm klagt. Ermittlungen der Bundesvereinigung gegen
Fluglärm e.V. haben ergeben, daß sich 1987 schon annähernd 40
Prozent der Bundesbürger durch Fluglärm belästigt fühlten (Rößler 1991: 186). Im EG-Vergleich sehen sich die Deutschen zusammen mit den Griechen am meisten durch Lärm in ihrem Leben
beeinträchtigt. Auf einer Skala von 0 bis 3 erreichen sie einen
Lärmwert von 1,1, während die Dänen den geringsten Lärmwert
von 0,37 verzeichnen. Der EG-Durchschnitt liegt bei 0,80 (Eurostat 1991b: 106). Natürlich muß dabei berücksichtigt werden, daß
es sich hier um subjektive Empfindungen handelt, die auch von
dem kulturell variierenden Bedürfnis nach Ruhe bestimmt werden. Derweil wird nach wie vor mit steuerfreiem Treibstoff geflo-
gen, werden Flughäfen mit Milliardenbeträgen aus öffentlichen
Mitteln neu gebaut, erweitert und in ihrem Betrieb unterhalten,
während die Eisenbahnen ihren Dieselkraftstoff zu versteuern haben (Rößler 1991: 188).

Obwohl es inzwischen dazugehört, die aus den Steigerungsraten
des Verkehrs hervorgehenden Belastungen durch Schadstoffemis-
sionen, Lärm und Verkehrstote in öffentlichen Diskussionen zu
erwähnen (Antes, Prätorius und Steger 1992, Orfeuil und Zumkeller 1993), werden daraus noch keine Konsequenzen gezogen.
Die Diskussion konzentriert sich bislang auf die Frage, wie der
wachsende Verkehr besser geleitet werden kann (Hohenthal
1992). Die größte Furcht erzeugen Verkehrsstaus auf den Straßen
und in der Luft sowie die Zeit- und Geldverluste, die im Stau auf
der Straße und in den Warteschleifen in der Luft entstehen. »In-
telligente« Verkehrsleitsysteme werden gefordert, um diese
Probleme zu bewältigen. Beliebt ist auch der Ruf nach der Verlagerung des Güterverkehrs auf die Schiene als Beitrag zur Ver-
kehrsentlastung und zur Schadstoffbegrenzung. Dabei wird jedoch verdrängt, daß auch der entsprechende Ausbau des Schie-
nennetzes Landschaft zerschneidet und der Schienenverkehr

Lärm verursacht, der die Menschen um ihren Schlaf bringt. Es mehren sich zwar die Stimmen, die eine ökologische Umkehr der Verkehrspolitik fordern, gleichwohl ist eine solche Umkehr in den politischen Maßnahmen der einzelnen EG-Mitgliedsstaaten und in denjenigen der Europäischen Gemeinschaft als supranationaler Einheit noch nicht zu erkennen (van Suntum 1993, Wille 1993, Ewers 1993, Reh 1993).

Der modernen Gesellschaft fällt es offensichtlich schwer, auf die von ihr produzierte Selbstgefährdung mit einem Umschreiben ihres Programms zu antworten. Sie ist von ihrem Ursprung her auf die Steigerung des materiellen Wohlstands programmiert, um allen Menschen ein besseres Leben zu ermöglichen. Dazu gehören auch das weltweite Anschwellen der Verkehrsströme und die mit ihnen einhergehende Erweiterung der Mobilität. Auf die paradoxe Umkehr des Programms in sein Gegenteil, die Verschlechterung der Lebensverhältnisse, ist die Gesellschaft nicht eingestellt. Die Kontrolle der Selbstgefährdung würde eine Abkehr von Lebensprinzipien verlangen, die tief in der modernen Kultur verwurzelt sind. Eine Reduzierung der Mobilität durch ihre Verteuerung wird als eine Einschränkung der Freiheit und ein Verstoß gegen den Grundsatz der Gleichheit empfunden, obwohl die Folgen der vervielfachten Mobilität längst die Freiheit selbst einschränken und die Gleichheit nicht im besseren, sondern im schlechteren Leben bringt. Wir können nicht mehr frei darüber entscheiden, ob wir den Tag mit mehr oder weniger Gift in der Lunge, mehr oder weniger Lärm und Streß verleben wollen. Im Rahmen des laufenden Programms sind es stets nur technische Verbesserungen, von denen eine Lösung der Probleme erwartet wird. Dabei häuft die verbesserte Technik immer wieder neue Probleme auf. Der Ausbau der Verkehrswege, bessere Verkehrsleitsysteme, schadstoffärmere und leisere Verkehrsmittel erzeugen z. B. noch mehr Verkehr, von dem noch mehr Belastungen durch Schadstoffe und Lärm ausgehen. Die zunehmende Verkehrsdichte zu Lande, Wasser und Luft summiert sich am Ende zur Dauervergiftung und zum flächendeckenden und unausweichlichen Dauerlärm, wenn auch die Schadstoffe und der Lärm in den Spitzenwerten um das eine oder andere Mikrogramm oder Dezibel vermindert worden sind. Außerdem treibt der gesteigerte Verkehr weiterhin den Konsum und den Tourismus nach oben, verbaut und verbraucht noch mehr Natur, türmt die Müllhalden weiter auf und zerstört gewachsene Kulturen. Gefragt ist deshalb nicht die weitere Erleichterung des Verkehrs, sondern seine Erschwerung und Eindämmung.

Nachdem der EG-Binnenmarkt alle Zollschranken für den Wirtschaftsverkehr beseitigt hat, wird mehr und mehr erkennbar, daß neue Wegezölle eingeführt werden müssen, um die ungewollten Folgen des Verkehrs unter Kontrolle halten zu können. Bis es zu dieser Umkehr der Verkehrspolitik kommt, wird jedoch einige Zeit vergehen. Wir müssen deshalb der Frage nachgehen, warum die moderne Gesellschaft nicht schneller die von ihr verursachte Selbstgefährdung durch ein Umschreiben ihres Programms beseitigen kann. Das Unvermögen, schneller die Gefahr zu bannen, hängt im Rahmen des marktwirtschaftlichen Programms zunächst einmal mit den externen Negativeffekten von ökonomisch rationalen Einzelhandlungen zusammen. Weder der Markt noch der Homo oeconomicus reagieren auf externe Kosten. Der Markt verteilt nur Nutzen und Kosten, ohne sie zu bewerten. Der Homo oeconomicus reagiert auf Nutzen und Kosten mit entsprechend angepaßtem Verhalten, ändert jedoch nichts an der Situation, wenn es für ihn zu aufwendig ist. Er ist prinzipienlos und wehrt sich gegen Belastungen nicht, wenn das für den einzelnen wenig aussichtsreich ist und viel Aufwand erfordert, d. h. wenn die sogenannten Transaktionskosten zu hoch sind. Statt dessen paßt er sich an die veränderte Situation mit verändertem Verhalten an. Ob das, was dabei herauskommt, auch gut für den Menschen ist, könnte nur dann mit »Ja« beantwortet werden, wenn der Homo oeconomicus den ganzen Menschen ausmachen würde.

Überzeugte Ökonomen glauben, daß der Markt alle Probleme lösen kann, wenn man ihm nur die Gelegenheit und genug Zeit dafür gibt und der Staat auf preisverfälschende Eingriffe verzichtet. Dies ist das Credo der liberalen Wirtschaftstheorie, das indessen schon von Arthur Pigou (1920/1960) in seiner Wohlfahrtsökonomik erschüttert wurde. Er hat gezeigt, daß eine Menge von Folgewirkungen – Externalitäten –, die von anderen getragen werden müssen, nicht in die Kalküle der rational handelnden Marktakteure eingehen. Der Markt führt nur scheinbar zu einem Pareto-Optimum, einem Zustand, dessen Änderung zugunsten der Besserstellung einzelner nur auf Kosten der Schlechterstellung anderer möglich wäre, so daß die Bessergestellten den Schlechtergestellten wieder einen entsprechenden Ausgleich zu zahlen hätten, um wieder zu einem Optimum zu gelangen (Pareto 1906/1965). Pigou weist dem Staat deshalb die Aufgabe zu, durch Steuererhebungen und wohlfahrtsstaatliche Maßnahmen die Verzerrungen des Marktes zu korrigieren. Gerhard Maier-Rigaud (1988) hat im Rahmen einer Diskussion des Markt- oder Staatsversagens im Umweltschutz Pigous Kritik an der liberalen Wirtschaftstheorie gegen neuere Rettungsversuche des vollkommen freien Marktes durch die ökonomische Theorie gewendet. Ich greife im folgenden Maier-Rigauds Kritik auf, um die Grenzen des Marktes in der Erhaltung unserer Lebensgrundlagen zu bestimmen.

Gegen die Wohlfahrtstheorie Pigous wenden sich die Theoretiker der Eigentums- bzw. Verfügungsrechte (*property rights*). Sie trauen dem Staat nicht das Wissen zu, die Verzerrungen zu erkennen und den optimalen Zustand herbeizuführen. Da wir dieses Wissen nicht haben, muß es dem evolutionären Suchprozeß des freien Marktes überlassen bleiben, mit der Zeit das Optimum zu finden. Wir müssen nur die nötige Geduld haben und dem Markt seine Zeit geben.

Nach dem konsequent ökonomischen Ansatz von Friedrich A. von Hayek (1969) erzeugt der Markt aus sich heraus in einem evolutionären Entdeckungsprozeß eine spontane Eigentumsordnung, die jeweils eine optimale Allokation von Ressourcen und Präferenzen erlaubt. Harold Demsetz (1967) hat am Beispiel der Indianer von Labrador gezeigt, daß sie nach einer Verknappung des Wildbestandes zu einer Aufteilung von Eigentumsrechten gelangten, die wiederum zu einem schonenderen Umgang mit dem Wildbestand führte. Da nun jeder sein eigenes Revier hatte, mußte jeder darauf achten, daß der Wildbestand erhalten blieb. Als Ahnherr dieser Argumentation wird Adolph Wagner (1893) angeführt, der die Herausbildung von Bodeneigentum bei den germanischen Ackerbauern auf ähnliche Weise erklärt hat. Wagner hat es jedoch bei der historischen Erklärung belassen und den Vorgang im Gegensatz zu den Theoretikern der Eigentumsrechte nicht zu einem Modell generalisiert, nach dem sich Ordnung immer und überall entwickeln müßte. Gelegentlich verlassen die Theoretiker der Eigentumsrechte diesen Pfad der rein ökonomischen Erklärung von spontaner Ordnung und schreiben dem Staat die Minimalaufgabe zu, kompensatorisch eine Eigentumsordnung per Gesetz einzuführen. Beispielsweise wird von einer Privatisierung der Umweltnutzung durch staatlich eingeführte Eigentumsrechte an der Umwelt erwartet, daß die Eigentümer ökonomischer mit diesem Gut umgehen als bei einer herrenlosen, völlig freien Verfügbarkeit dieses Gutes. Die Rolle des Staates soll sich auf die Festlegung von Eigentumsrechten beschränken. Auf keinen Fall soll er in den Markt eingreifen. Diese Argumentation entfernt sich jedoch weiter von dem Modell der spontanen Ordnungsbildung, als im allgemeinen realisiert wird. Während sich im Marktmodell die optimale Bestimmung der Eigentumsrechte in einem endlosen Entdeckungsprozeß ohne vorgängiges Wissen der Akteure herausbildet, muß der staatlichen Einführung von Eigentumsrechten ein entsprechendes vorausschauendes Wissen vorhergehen. Wenn darauf nicht gebaut werden kann, dann muß auch dem Staat zugebilligt werden, daß er ebenfalls in einem langen Suchprozeß erst allmählich zur optimalen Bestimmung von Eigentumsrechten findet. Das heißt, daß das staatliche Entscheidungsverfahren genügend offen für Revisionen sein muß. In diesem Fall nähert es sich wieder dem Marktmodell an.

Ein von Ronald Coase (1960) eingeführtes Beispiel legt dar, wie es im Marktprozeß zur Internalisierung externer Effekte kommt, wenn Eigentumsrechte klar definiert sind. Ein Farmer braucht nicht den Staat, der nach dem Modell von Pigou von seinem Nachbarn eine Viehzüchtersteuer eintreibt, um den Schaden, den dessen Vieh auf dem angrenzenden Farmland anrichtet, wieder auszugleichen. Der Farmer kann unmittelbar mit seinem viehzüchtenden Nachbarn über eine Entschädigung oder z. B. auch über die Beteiligung an den Kosten eines Zaunes verhandeln. Bei freier Entscheidung werden beide denjenigen Punkt als Verhandlungsergebnis treffen, der für beide das Optimum darstellt. Gegen diesen Ansatz kann allerdings leicht eingeworfen werden, daß die Wirklichkeit viel mehr Akteure in ein komplexes Wirkungsgefüge einspannt und eine Verhandlung zwischen ihnen aufgrund viel zu hoher sogenannter Transaktionskosten gar nicht zustande kommt, also die externen Kosten unbezahlt bleiben (Maier-Rigaud 1988: 39-40). Dagegen kann wieder im Anschluß an Buchanan und Stubblebine (1962) aus eigentumsrechtlicher Perspektive argumentiert werden, daß sich die Akteure in diesem Fall völlig rational zum Verzicht auf Verhandlungen entscheiden und die niedrigeren externen Kosten tragen, dies demgemäß der optimale Zustand des Systems ist. Die Verhandlungen würden schlicht noch höhere Kosten verursachen. Erst dann, wenn die externen Effekte ein solches Ausmaß erreicht haben, daß die Transaktionskosten der Durchführung von Verhandlungen geringer sind als die Kosten der zu tragenden externen Effekte, werden sie sich – wieder völlig rational – für Verhandlungen entscheiden. Dann ist der Zeitpunkt gekommen, zu dem die Beseitigung der externen Effekte als optimaler Zustand zu gelten hat.

In bezug auf die Erhaltung der natürlichen Lebensgrundlagen läßt sich aus dieser Argumentation ableiten, daß sich die Marktsubjekte nur schlimm genug geschädigt sehen müssen, um umweltökonomisch aktiv zu werden. Dieser These ist jedoch entgegenzuhalten, daß die Transaktionskosten von Verhandlungen für eine Gesellschaft aus lauter Marktsubjekten zu hoch sind, um noch vor dem Untergang zu einer Einigung zu gelangen, weil die akkumulierten Schäden gar nicht mehr rückgängig zu machen sind.

Außerdem wird im eigentumsrechtlichen Modell überhaupt nicht berücksichtigt, daß Machtunterschiede eingreifen und die Machtunterlegenen daran hindern, die ihnen aufgebürdeten externen Kosten gegenüber den Verursachern geltend zu machen. Die tatsächliche Allokation wird also durch Machtunterschiede in die Suboptimalität getrieben. Wenn der Viehbesitzer genug Feuerkraft besitzt, kann er den Farmer ganz von seinem Farmland verdrängen und das eroberte Gelände als Weide nutzen, womit weder dem Farmer noch seinen Kunden gedient ist. Das ist die reale Welt, die sich leider nicht den idealen Bedingungen des Marktmodells fügt, in dem ein vollkommenes Machtgleichgewicht herrschen muß.

Weiterhin haben wir es in der realen Welt mit komplexen Verursachungsketten zu tun, die weit über Zwei-Personen-Spiele hinausgehen. Wenn ich mich durch den Fluglärm im Hörbereich meines Grundstücks geschädigt sehe, kann ich nicht so einfach zur Flughafengesellschaft gehen und ein Unterlassen oder Entschädigen erwirken wie der Farmer beim Viehbesitzer. Ich muß zuerst einmal einen Rechtsanwalt finden, der einer entsprechenden Klage eine Erfolgschance gibt. Dagegen spricht schon einmal die gängige Rechtspraxis, die das individuelle Bedürfnis nach Ruhe gegenüber dem Bedürfnis der Flughafengesellschaft und aller weiterer Nutznießer, Geschäfte machen oder in Urlaub reisen zu können, als nachrangig betrachtet, wenn ein sehr hoch angesetzter Grenzwert von Dezibel nicht überschritten wird. Wenn ich mich schon durch ständig wiederkehrende Brummgeräusche unterhalb des Grenzwerts gestört fühle, habe ich keine Chance, und zwar nicht deshalb, weil eine optimalere Ressourcenallokation dagegen spricht, sondern weil das Gericht der Präferenz »Geschäfte machen« einen Vorrang vor der Präferenz »Ruhe« einräumt. Das Gericht bringt aber auch meistens zum Ausdruck, welche Präferenzrangordnung in der Gesellschaft vorherrscht.

Mit der Vielzahl der direkt oder indirekt Betroffenen kann ich überhaupt nicht in Verhandlung treten. Das Gericht ist wiederum kein Generalunternehmer, der wüßte, welches Maß an Flugverkehr und welches Maß an Ruhe die optimale Aufteilung für alle wäre. Der ganze Vorgang kann sich deshalb nur als ein Kampf um die kollektive Meinungs- und Willensbildung abspielen, in dem es um eine kollektive Änderung der Präferenzordnung geht und der sich außerhalb der ökonomischen Tauschprozesse im politischen Feld vollzieht. Es muß mir gelingen, eine Mehrheit für eine völlig neue Präferenzordnung zu gewinnen, in der die Ruhe auf dem eigenen Balkon oder im eigenen Garten einen höheren Rang als die Flugreise nach Gran Canaria hat. Selbst wenn ich dabei Nützlichkeitsargumente ins Spiel bringe und meine Zeitgenossen dazu bewegen möchte, daß sie in mehr Ruhe bei reduzierter Reisetätigkeit einen größeren Gesamtnutzen des Lebens sehen, muß ich zuerst einmal von den anderen gehört werden. Sie müssen mir außerdem glauben, und ich muß Zugang zur politischen Macht finden, um neue Grenzwerte durchzusetzen, die der veränderten Präferenzordnung Rechnung tragen. All dies geschieht nicht mehr in einem Tauschhandel, sondern in Prozessen der diskursiven Legitimation, der Vertrauens- und Machtbildung, die ihren eigenen nicht-ökonomischen Gesetzen gehorchen.

Die letztendliche Durchsetzung neuer Grenzwerte ist keine Sache der Ökonomie, sondern eine Sache der Politik, auf die sich die Marktökonomie dann z. B. durch eine Erhöhung der Flugpreise bei gleichzeitiger Verminderung der Flugzahl einstellen wird, weil sie durch entsprechende Abgaben politisch dazu gezwungen wird. Die Marktökonomie bringt aus sich heraus keine neue Präferenzordnung hervor, sie kann nur auf sie reagieren. Die Bewältigung unserer Umweltprobleme ist aber in erster Linie ein Problem der Veränderung unserer Präferenzordnung. Wie wir dazu kommen, kann uns die ökonomische Theorie nicht sagen. Es ist deshalb eine unzulässige Verabsolutierung des ökonomischen

Denkens, wenn angenommen wird, daß Umweltpolitik durch Umweltökonomie ersetzt werden könnte (Maier-Rigaud 1988: 33-63).

Den Grenzen des ökonomischen Denkens muß auch eine Umweltökonomie Rechnung tragen, die das ökologische Problem mit Hilfe von Berechnungen der Grenzkosten und des Grenzertrags von Umweltschutzinvestitionen zu lösen versucht. Nach der entsprechenden ökonomischen Gesetzmäßigkeit nimmt der Grenzertrag mit jedem hinzukommenden Faktoreinsatz im Umweltschutz ab. Das heißt, daß der anfänglich hohe Ertrag von Umweltschutzmaßnahmen immer geringer wird, je mehr weitere Maßnahmen hinzutreten, und stets höhere Investitionen erforderlich sind, um beispielsweise Emissionen noch unter bestimmte Grenzwerte herabzudrücken. Umweltschutz wird jenseits eines bestimmten Optimums ständig teurer und weniger effektiv und zieht um so mehr Ressourcen von anderweitiger Verwendung ab. Maßvoller Umweltschutz kann z. B. den dadurch erlittenen Verlust an materiellem Wohlstand durch eine größere Steigerung der Umweltqualität überkompensieren und zu einem größeren Gesamtnutzen führen. Zu viel Umweltschutz kann den materiellen Wohlstand senken, ohne einen gleichwertigen Ausgleich durch bessere Umweltqualität zu schaffen und so einen Gesamtverlust verursachen. Aus ökonomischer Sicht ist deshalb der optimale Punkt zu treffen, in dem sich Grenzkosten und Grenzertrag des Umweltschutzes im Gleichgewicht befinden. Dabei entspricht der Grenzertrag des Umweltschutzes den Grenzkosten der Umweltbelastung (Anhang: Abb. 1).

Es wird also das Optimum der Umweltverschmutzung gesucht. Dabei bleibt jedoch unberücksichtigt, daß diese Rechnung auf einen Input der Präferenz für Umweltqualität und der Präferenz für materiellen Wohlstand angewiesen ist. Diese Präferenzen ergeben sich nicht von selbst aus der ökonomischen Kalkulation. Geben wir der Umweltqualität eine niedrige Priorität, dann stellt sich das Optimum erst bei sehr hoher Verschmutzung ein, geben wir ihr eine hohe Priorität, dann wird es schon bei sehr niedriger Verschmutzung erreicht. Dementsprechend wird das Gleichgewicht von Grenzkosten und Grenzertrag einmal schon bei sehr niedrigen Umweltschutzinvestitionen, das andere Mal erst bei sehr hohen gefunden. Die Umweltökonomie kann uns deshalb nicht allein sagen, wo der optimale Verschmutzungsgrad der Umwelt liegt. Die Bestimmung dieses Optimums hängt von den Präferenzen ab, die außerhalb des ökonomischen Kalkulierens gebildet werden und kollektiven Meinungs- und Willensbildungsprozessen unterworfen sind. Wir können also die ökonomische Argumentation zur Rettung des Marktes so weit treiben, wie wir wollen, an einer angemessenen Berücksichtigung der kollektiven Entscheidungsprozesse – und das ist Politik – kommen wir nicht vorbei (Maier-Rigaud 1988: 64-71).

Auch Versuche, über die mikroökonomischen Denkansätze hinaus das Ökologieproblem mit den Mitteln der Makroökonomie zu lösen, können uns den Gang zur Politik nicht ersparen. Solche Versuche betrachten das Problem als einen Konflikt des Umweltschutzes mit den gesamtwirtschaftlichen Zielen des hohen Beschäftigungsstandes, der Preisstabilität, des außenwirtschaftlichen Gleichgewichts und des stetigen Wirtschaftswachstums (Wicke 1989: 425-562). Ohne Zweifel haben umweltpolitische Maßnahmen, wie etwa die Reduzierung von Emissionsgrenzwerten oder die Einführung von Emissionsabgaben, gesamtwirtschaftliche Effekte. Neue Investitionen in Rauchentschwefelungsanlagen erhöhen die Produktionskosten, verteuern die Produkte, verschlechtern ihre Absatzchancen im In- und Ausland, vermindern dadurch die Gewinne der Unternehmen und die Außenhandelsbilanz der Gesamtwirtschaft und beschränken das Wachstum, *wenn* die neuen Kosten *nicht* durch Produktivitätsgewinne, Angebotsverlagerungen oder Realeinkommensverzichte ausgeglichen werden. Wirtschaften ist indessen immer ein dynamischer Prozeß, dessen Logik gerade darin besteht, Knappheit zu bewältigen. Wird also das Gut »Umwelt« knapper und dementsprechend teurer, dann ist es gerade der Vorteil des marktwirtschaftlichen Systems, Suchprozesse auszulösen, die zur Bewältigung dieser Knappheit durch Produktivitätsfortschritte oder durch Verlagerung der Produktangebote führen.

Die Wirtschaft muß jedoch auch die entsprechenden umweltpolitischen Anreize bekommen, um die schrittweise Verteuerung des Gutes »Umwelt« mit Produktivitätsfortschritten, mit neuen, weniger umweltintensiven Produktangeboten, aber auch Realeinkommensverzichten ausgleichen zu können. Dabei wird sich ein Strukturwandel mit einer entsprechenden Verlagerung der wirtschaftlichen Produktion auf unschädliche Angebote ergeben, der den Abbau alter Arbeitsplätze und den Aufbau neuer impliziert.

Der Wandel wird also auch mit vorübergehender Arbeitslosigkeit und erzwungener Umschulung verbunden sein. Es ist jedoch gerade der immer wieder gepriesene Vorzug des marktwirtschaftlichen Systems, einen solchen Wandel so rasch wie kein anderes System vollziehen zu können. Es muß nur durch eine politisch induzierte Verknappung des Gutes »Umwelt« dazu gezwungen werden. Die richtige Linie zwischen einer Schocktherapie mit enormen Krisen und einer Minimaltherapie ohne nennenswerte produktivitätssteigernde und angebotsverlagernde Effekte zu finden, ist Aufgabe einer aktiven Umweltpolitik (Maier-Rigaud 1988: 95-112).

Zwischen Umweltschutz und gesamtwirtschaftlicher Stabilität besteht insofern kein grundsätzlicher Widerspruch. Vielmehr ist die Verknappung des Gutes »Umwelt« ein Faktorinput, auf den die Wirtschaft reagieren muß, wie sie auch sonst gewohnt ist, auf Faktorverknappungen mit entsprechenden Ausgleichsmaßnahmen zu antworten. Die Marktwirtschaft lebt schon immer mit Verknappungen von Rohstoffen, Boden, Kapital, Arbeit oder Wissen, ohne dadurch zugrunde gegangen zu sein. Sie wird auch lernen, sich auf die Verknappung der Umwelt einzustellen. Die Verknappung des Gutes »Umwelt« muß jedoch rechtzeitig angezeigt werden, bevor es völlig verbraucht ist. Dazu benötigen wir entsprechende Messungen und Grenzwerte, die festlegen müssen, was wir für eine angemessene Umweltqualität halten. Dies kann nur in politischer Meinungs- und Willensbildung geschehen. Die Politik wird in zunehmendem Maße mit neuen Verteilungskonflikten konfrontiert sein. Sie wird sich darauf konzentrieren müssen, die Auszehrung des immer knapper werdenden Kollektivgutes einer Leben ermöglichenden natürlichen und sozio-kulturellen Umwelt zu unterbinden (Olson 1965, Hardin 1968). Durch Umweltsteuern und Umweltnutzungszertifikate wird sie den Preis für die Nutzung der Umwelt schrittweise hochsetzen müssen. Es wird eine Grenze für die Umweltbelastung festzusetzen sein, innerhalb derer jenseits eines wohlfahrtsstaatlich garantierten Existenzminimums jede individuelle Nutzung der Umwelt durch den dafür zu entrichtenden Preis reguliert wird. Wo die Grenze zwischen dem Existenzminimum und der preisregulierten Verteilung der Umweltnutzung zu ziehen ist, wird der Gegenstand der zukünftigen umweltpolitischen Verteilungskonflikte sein. Die ökologische Herausforderung der Politik findet nicht jenseits der Verteilungskonflikte statt, sondern führt uns wieder mitten in diese hinein.

Daß die Politik auch ihre Tücken hat und sich mit der wachsenden Europäisierung und Globalisierung unseres modernen Lebens vor völlig neue Probleme gestellt sieht, wird uns im folgenden Kapitel beschäftigen. Auf jeden Fall ist der Mensch mehr als nur eine ökonomische Kalkulationsmaschine, die Gesellschaft ist mehr als Ökonomie. Zunächst ist der Mensch auch ein Homo politicus, die Gesellschaft auch Politik. Ob beide die externen Negativeffekte ökonomisch rationaler Einzelhandlungen unter Kontrolle halten können – nationalstaatlich, europäisch und global –, ist indessen eine offene Frage.

3. Politik

Von der Politik erwarten wir im allgemeinen die Bereitstellung derjenigen Kollektivgüter, die aus den Einzelhandlungen von ökonomisch rational kalkulierenden Einzelakteuren nicht hervorgehen. Gerade im Hinblick auf die Kontrolle der Umweltbelastungen aus dem ungezügelten wirtschaftlichen Wachstum werden immer größere Erwartungen in die Politik gesetzt, ganz besonders in supranationale und globale Politik jenseits der Grenzen des Nationalstaats. Man erhofft sich aus dem politischen Wachstum Europas zu einer größeren politischen Einheit bessere Voraussetzungen für die Lösung der großräumiger gewordenen Probleme. Einerseits ist dann innerhalb Europas die Einigung auf notwendige Maßnahmen im Allgemeininteresse und gegen partikulare Interessen leichter möglich. Andererseits werden dadurch die europäischen Stimmen gebündelt, so daß Europa mit größerem Gewicht und mit einer Stimme in globalen Verhandlungen über die Bewältigung der Weltprobleme sprechen kann.

Kann die Politik im allgemeinen und die supranationale Politik im besonderen diese Erwartungen erfüllen? In welchen Formen kann Politik auf nationaler und supranationaler Ebene mit welchen Erfolgsaussichten und Begleiterscheinungen organisiert werden? Welchen Restriktionen ist die Politik unterworfen? Welche paradoxen Effekte und dynamischen Prozesse sind zu erwarten? Welche Vorteile bietet die Bildung supranationaler politischer Einheiten wie die Europäische Politische Union, welche Nachteile müssen dabei in Kauf genommen werden? Diese Fragen gilt es jetzt zu klären.

3.1 Staatenbund, Nationalitätenstaat oder Bundesstaat?

Wie das wirtschaftliche Wachstum durch den europäischen Integrationsprozeß gesteigert wird und seine Segnungen einer größeren Menschenzahl auf größerem Raum bringt, aber gleichzeitig die externen Negativeffekte vermehrt, so forciert auch die politische Einigung Europas das politische Wachstum im positiven wie auch im negativen Sinne. Es können politische Entscheidungen getroffen werden, die eine größere Menschenzahl auf größerem Raum binden, gleichzeitig nimmt aber auch die Zahl der Menschen zu, die sich von einer Entscheidung negativ berührt sehen bzw. ihr widersprechen und entgegengesetzte Ziele haben. So wächst das Potential von Protest allein aufgrund der größeren Zahl negativ betroffener Menschen.

Der Weg zurück zu den kleinen politischen Einheiten ist uns jedoch versperrt, weil unser Handeln längst so großräumig geworden ist, daß Konflikte über die Grenzen der Nationalstaaten hinausreichen und dementsprechend zwischenstaatliche Entscheidungen erforderlich machen. Je mehr die großräumigen Interessenverflechtungen und -kollisionen zunehmen und in je schnellerer Abfolge externe Negativeffekte und Konflikte über die Nationalstaatsgrenzen hinaus produziert werden, um so weniger lassen sich die Konflikte noch durch bilaterale oder auch multilaterale zwischenstaatliche Auseinandersetzungen und/oder Verhandlungen bewältigen. Auch die Einstimmigkeit als Entscheidungsregel bei der Konfliktbewältigung von Staatengemeinschaften versagt häufiger, weil sie mit der wachsenden Zahl der zu treffenden Entscheidungen, der beteiligten Staaten und der betroffenen Menschen kaum noch Entscheidungen in einer absehbaren Zeit hervorbringen kann.

Mit der großräumigen Verflechtung erhöht sich insofern der Druck, die Mehrheitsregel anzuwenden, um überhaupt zu Entscheidungen zu kommen. Die beteiligten Staaten willigen dann gewissermaßen in einer Hobbesschen Situation in die Einführung der Mehrheitsregel ein, weil es jetzt besser ist, überhaupt staatenübergreifend bindende Entscheidungen zu haben als gar keine. Bei wachsendem Chaos erscheint jede Ordnung besser als das Chaos selbst (Hobbes 1651/1966). In der Situation des Unterlegenen bei erfolgter Mehrheitsentscheidung sieht es dann schon wieder anders aus. Hier ist der Austritt aus der Staatengemeinschaft im Vergleich zum Nationalstaat eine stets präsente und kalkulierte Alternative des Handelns, die einen Druck auf die Mehrheit ausübt, die Minderheit nicht zu sehr zu vergraulen. Deshalb ist die Entschlußfähigkeit einer Staatengemeinschaft auch nach Einführung der Mehrheitsregel im Vergleich zum Nationalstaat gebremst.

Gleichwohl ist der Bedarf an überstaatlichen, ja globalen kollektiv bindenden Entscheidungen durch die großräumige, ja globale

Verflechtung des menschlichen Handelns enorm gewachsen. Dieser stets weiter steigende Bedarf drängt uns in die Richtung der Bildung immer größerer politischer Einheiten, deren Entschlußfähigkeit die Anwendung der Mehrheitsregel verlangt. Die Umweltzerstörung, die aus dem globalen Wirtschaftswachstum und dem globalen wirtschaftlichen Wettbewerb resultiert, führt uns unmittelbar auf diesen Weg. Wie wenig sich die Staaten auf europäischer und auf globaler Ebene gegenwärtig einigen können, wird ständig beklagt. Es wird allenthalben nach überstaatlichen Regelungen gerufen, weil Alleingänge von Einzelstaaten global nichts bewirken und nur die Konkurrenzfähigkeit der eigenen Wirtschaft gefährden. Dieser Ruf nach der globalen Lösung unserer Probleme wird nicht verhallen, bis es auf europäischer und darüber hinaus auf globaler Ebene politische Organe gibt, die auch ohne die ständige Gefahr, daß unwillige Einzelstaaten Entscheidungen durch Kooperationsverweigerung verhindern können, mit Mehrheit entscheiden können.

Die EG hat trotz des gegenwärtig für Entscheidungen zum Ausbau des europäischen Binnenmarktes geltenden qualifizierten Mehrheitsentscheides im Ministerrat als dem höchsten Beschlußorgan diese Entscheidungsmacht noch nicht erlangt. Der Ministerrat ist noch immer ein Verhandlungsorgan der 12 Regierungen der Einzelstaaten, in dem es vor allem darum geht, alle Mitglieder zugleich zufriedenzustellen. Je mehr jedoch Probleme mit kontroversen Interessenlagen europaweit und darüber hinaus global gelöst werden müssen, um so lauter werden jedoch die Stimmen werden, die mit Kompromissen nicht mehr zufrieden sind. Verhandlungsorgane, in denen die Einzelstaaten de facto ein Vetorecht ausüben, weil sie kraft ihrer Souveränität einfach die Kooperation verweigern können, werden immer wieder Kritik an ihrer mangelnden Problemlösungsfähigkeit einstecken müssen. Gegenwärtig äußert sich diese Kritik im Zusammenhang mit den Forderungen nach europaweiten und globalen Regelungen zum Schutz der Umwelt, die in Brüssel teilweise noch weiter hinter den Erwartungen der umweltpolitisch sensibilisierten Bevölkerungsteile zurückbleiben als in den Einzelstaaten.

Es ist aber auch die wirtschaftliche Konkurrenz mit den USA und Japan, die in zunehmendem Maße den Ruf nach einer gemeinsamen europäischen Strategie und Ressourcenzusammenlegung in der Industrie- und Technologiepolitik laut werden läßt. Ebenso wird von der EG in den nachrevolutionären Turbulenzen in Osteuropa eine aktive Rolle in der Friedenssicherung erwartet.

Dem Ruf nach supranationalen Lösungen drängender Probleme gesellt sich nun zunehmend die Kritik am mangelnden demokratischen Unterbau der EG hinzu. 71 Prozent der befragten EG-Bürger meinten 1992, daß sie keinen ausreichenden Einfluß auf die Entscheidungsprozesse in Brüssel hätten (Kommission der EG 1992c: A45). Viele sehen deshalb in der Errichtung eines EG-Bundesstaates die Lösung des Problems. Gegenwärtig ist die EG noch ein Zusammenschluß von Einzelstaaten zu einem spezifischen Zweck: die Entwicklung und entsprechende Regulierung eines einheitlichen Wirtschaftraumes. Binnenmarkt und Währungsunion sind die logische Konsequenz dieser Zwecksetzung. Die politische Regulierung dieses Wirtschaftsraumes durch einheitliche Bestimmungen des Vertragsrechts, des Eigentumsrechts, des Arbeitsrechts, des Wettbewerbsrechts, des Verbraucherschutzes oder der technischen Normierung erfordert die Verlagerung der entsprechenden Entscheidungsmacht auf die Ebene der EG. Die Entscheidungsorgane der EG sind auf diesen spezifischen Zweck ausgerichtet. Sie können deshalb nicht den Meinungs- und Willensbildungsorganen eines souveränen demokratischen Staates gleichgesetzt werden. EG-Kommission, der Rat als Europäischer Rat oder als Ministerrat, Wirtschafts- und Sozialausschuß, Europäisches Parlament und Europäischer Gerichtshof sind die Organe der EG, die in diesem Rahmen eine je spezifische Funktion erfüllen.

Die Hauptarbeit wird von der EG-Kommission geleistet. Sie allein hat das Initiativrecht für Gesetzesentwürfe, kann allerdings auch aufgrund von Empfehlungen des Europäischen Rates, des Ministerrates oder des Parlaments aktiv werden. Die 17 Kommissare werden von den Regierungen der Entsenderländer ernannt, von denen jedes Land mindestens einen, höchstens zwei stellen darf. Der Präsident und die sechs Vizepräsidenten werden nach Absprache der Regierungen aus der Mitte der Kommissare bestimmt.

Die Grundsatzentscheidungen werden vom Europäischen Rat getroffen. Er ist die Versammlung der Regierungschefs der Mitgliedsländer, ergänzt um den Kommissionspräsidenten. Der Europäische Rat wird in den EG-Verträgen nicht erwähnt, ist jedoch de facto tätig und wird in der Einheitlichen Europäischen

Akte von 1986 formell bestätigt. Er ist dem Ministerrat übergeordnet und ihm gegenüber weisungsberechtigt. Hier hat jedes Land gleiches Stimmrecht; die Einigung auf bestimmte Entscheidungen geht nur einstimmig.

Das routinemäßig arbeitende Beratungs- und Beschlußorgan ist der Ministerrat. Er setzt sich je nach Sachlage aus den zuständigen Fachministern der Mitgliedsländer zusammen. In allen grundlegenden Fragen gilt hier nach wie vor die Einstimmigkeitsregel, in den Fragen des Binnenmarktausbaus jedoch seit 1986 die Regel der qualifizierten Mehrheit von 54 aus 76 Stimmen. Dabei haben die großen Länder Großbritannien, Frankreich, Deutschland und Italien je 10 Stimmen, Spanien hat 8 Stimmen, Belgien, die Niederlande und Griechenland haben je 5 Stimmen, Dänemark und Irland je 3, Luxemburg hat 1 Stimme.

Den Wirtschafts- und Sozialausschuß bilden Vertreter der für das wirtschaftliche und soziale Leben wichtigen Gruppen der Mitgliedsländer. Er umfaßt insgesamt 189 Mitglieder (24 aus Deutschland). Der Wirtschafts- und Sozialausschuß muß in bestimmten Fällen der Gesetzgebung gehört werden; er kann Empfehlungen ausarbeiten, die jedoch nicht bindend sind. Über den Ausschuß wird eine Einbindung der wirtschaftlichen und sozialen Gruppen der Mitgliedsländer in den Gesetzgebungsprozeß der EG angestrebt.

Das Europäische Parlament umfaßt 518 Abgeordnete, die seit 1979 direkt gewählt werden. Die Mitgliedsländer entsenden im Verhältnis zu ihrer Bevölkerungszahl zwischen 6 und 81 Abgeordneten. Das Europäische Parlament hat nur eingeschränkte Kontroll-, Haushalts-, Legislativ- und Beratungsrechte. Es wählt nicht den Präsidenten der Kommission und bestätigt nicht die übrigen Kommissionsmitglieder, kann jedoch die gesamte Kommission durch einen mehrheitlich angenommenen Mißtrauensantrag zum Rücktritt zwingen. Es kann die Kommission und den Ministerrat durch schriftliche oder mündliche Anfragen oder in monatlichen Fragestunden zu Stellungnahmen verpflichten. Das Parlament kann den Haushaltsplan der Kommission ablehnen und hat das letzte Wort bei Ausgaben, die nicht durch EG-Verträge vorgeschrieben sind. Die legislative Rolle des Parlaments ist äußerst begrenzt. Es hat kein Initiativrecht und war bis 1987 nur in Form der Anhörung an der Gesetzgebung beteiligt. Seit 1987 gibt es vor allem für Gesetze zur Vollendung des Binnenmarktes das Kooperationsverfahren, in dem das Parlament das Recht hat, Gesetzesvorschläge der Kommission abzulehnen. Kommt es in erster Lesung vor dem Parlament zur Ablehnung des Kommissionsvorschlags, dann setzt der Ministerrat einen gemeinsamen Standpunkt der 12 Mitgliedsstaaten fest, der dem Parlament zur zweiten Lesung vorgelegt wird. Danach geht die Vorlage zurück an die Kommission, die Änderungsvorschläge des Parlaments berücksichtigen oder unter Angabe von Gründen zurückweisen kann. Schließlich entscheidet der Ministerrat mit qualifizierter Mehrheit, wenn er sich die endgültige Kommissionsvorlage zu eigen macht, oder einstimmig, wenn er nochmals eigene Änderungen einbringt (vgl. Hänsch 1990).

Der Europäische Gerichtshof hat die Aufgabe, durch eigene Rechtsprechung die Geltung und Auslegung der EG-Verträge und des EG-Rechts in allen Mitgliedsländern zu sichern.

Gegen diese Konstruktion der EG-Organe zur politischen Willensbildung ist zunehmend eingewandt worden, daß sie der Wirklichkeit der Verlagerung von politischer Entscheidungstätigkeit auf die EG-Ebene nicht mehr gerecht wird. Es wird argumentiert, daß sich die EG-Regulierungen nicht allein auf die Gestaltung des Binnenmarktes im engen wirtschaftlichen Sinne begrenzen lassen, sondern auch andere Politikfelder mit einbezogen sind. Auf EG-Ebene werden in wachsendem Maße nicht nur Fragen des Vertragsrechts, Eigentumsrechts, Arbeitsrechts, Unternehmensrechts, Wettbewerbsrechts, Verbraucherschutzes oder der technischen Normierung entschieden, sondern auch die damit zusammenhängenden Fragen in den Bereichen der Wirtschaftspolitik, Sozialpolitik, regionalen Strukturpolitik, Wissenschafts- und Verkehrspolitik oder Telekommunikationspolitik. Selbst die Bildungs- und die Kulturpolitik werden erfaßt, weil auch sie über die Förderung der europaweiten beruflichen Mobilität und die Entwicklung der Kultur zum Wirtschaftsfaktor mit dem europäischen Markt verflochten sind (Schröder 1990).

Es wird deshalb zunehmend schwieriger, die Grenzlinien zwischen EG-Kompetenz und nationalstaatlicher Souveränität zu ziehen. Mit der Institution der Europäischen Politischen Zusammenarbeit (EPZ) arbeitet die EG auch auf eine gemeinsame Außen- und Sicherheitspolitik hin (Rummel 1992). Es bleibt dementsprechend kaum ein Politikfeld übrig, auf dem die EG nicht tätig wird. Sie tendiert dazu, immer mehr Entscheidungsbefugnisse an sich zu reißen, weil nahezu jedes Feld der Politik mit der Entwicklung des europäischen Marktes verknüpft ist. Nach der Stagnation in den sechziger Jahren und nur geringem Vorankommen in den siebziger Jahren hat die Europäische Gemeinschaft in den achtziger Jahren, ganz besonders nach der Einheitlichen Europäischen Akte von 1986, erheblich an Entschlußkraft gewonnen. Eine Auszählung der jährlich in Kraft gesetzten Verordnungen, Richtlinien und Entscheide zeigt von 1957 bis 1971 ein langsames Ansteigen auf 102, von 1971 bis 1985 ein etwas stärkeres Anwachsen auf 510, von 1985 bis 1991 schließlich eine deutliche Steigerung auf 1234 (berechnet nach: Amt für Amtliche Veröffentlichungen der Europäischen Gemeinschaften 1992; Anhang: Tabelle 11, Abb. 2, 3). Daran ist zu erkennen, in welch beschleunigtem Maße sich Entscheidungsmacht nach Brüssel verlagert hat. Die Verordnungen werden unmittelbar in allen EG-Staaten zu verbindlichem Recht, die Richtlinien müssen von den Einzelstaaten in eigenes Recht umgesetzt werden, die Beschlüsse und Entscheidungen regeln Einzelfälle unmittelbar.

Mit der Einführung der qualifizierten Mehrheit als Entscheidungsregel des Ministerrats bei Fragen des Binnenmarktausbaus durch die Einheitliche Europäische Akte hat die EG sicherlich ihre Beschlußkraft gestärkt. So konnte auch das Ziel der Verwirklichung des Binnenmarktes zum 31. 12. 1992 erreicht werden. Das hängt jedoch auch mit der Beschränkung der Zielsetzung und der noch geringen Mobilisierung politischer Aufmerksamkeit auf europäischer Ebene zusammen. Dies wird sich mit einer Ausweitung der EG-Kompetenzen und einer wachsenden öffentlichen Thematisierung der EG-Politik ändern.

Jetzt mehren sich die Stimmen, die einerseits eine konsequente Kompetenzerweiterung der EG, andererseits eine Demokratisierung ihrer Willensbildungsorgane oder beides zugleich fordern (Reif 1992). Diesen Forderungen kommt der Maastrichter Vertrag vom 10. Dezember 1991 ein Stück weit entgegen. Neben dem Ausbau der europäischen Wirtschafts- und Währungsunion sieht er die Bildung einer Politischen Union vor. Obwohl die Gestalt dieser Politischen Union noch recht unklar bleibt, ist doch der Aufbau eines Vereinigten Europas nach dem Modell eines Bundesstaates in der Debatte (Grupp 1991: 13; Wieland 1992: 91-114). Nach dieser Vorstellung soll der Europäische Rat ein Präsidium aus den Staats- und Regierungschefs der Mitgliedsländer bilden und abwechselnd ein europäisches Staatsoberhaupt stellen. Der Ministerrat wird zum »Rat der Union« und ist als Staatenkammer zu verstehen. Das Europäische Parlament bekommt größere Kontroll-, Haushalts- und Legislativrechte zugesprochen und dient neben dem Rat der Union als zweite Kammer der Gesetzgebung. Während die erste Kammer die Einzelstaaten repräsentiert, soll die zweite Kammer die Vertretung des ganzen »europäischen Volkes« sein. Die Kommission wird vom Europäischen Parlament als europäische Regierung gewählt. Der Europäische Gerichtshof übernimmt die Rolle eines obersten Verfassungsgerichtes. Die Union kann in gemeinsamer Aktion wie ein Staat in ihrem eigenen Gesetzgebungsverfahren nach Mehrheitsentscheid handeln oder in Zusammenarbeit durch einvernehmliche Entscheidungen der Staats- und Regierungschefs der Einzelstaaten. Insgesamt soll das Prinzip der Subsidiarität gelten, nach dem im föderalen Aufbau der Union – Region, Bundesland, Einzelstaat, Union – alle Entscheidungen auf der niedrigst möglichen Ebene getroffen werden. Dazu sollen auch die Mitwirkungsrechte der Bundesländer und Regionen bei der EG-Gesetzgebung erweitert werden. Wie weit diese Mitwirkungsrechte gehen sollen, ist äußerst umstritten. Die Vorschläge reichen vom bloßen Anhörungsrecht betroffener Regionen bis zur Bildung eines Regionalrates als dritte Kammer der Legislative.

Der Maastrichter Vertrag über die Politische Union geht in der Verwirklichung solcher Pläne noch nicht sehr weit (Bulletin 1992: 113-184; Schmuck 1992, Wessels 1992). Konkret enthält er nur Bestimmungen über eine gewisse Erweiterung der Beteiligung des Europäischen Parlaments an der Gesetzgebung und über die Einrichtung eines Regionalausschusses. Es wird noch keine den nationalen Parlamenten vergleichbare Gesetzgebungskompetenz des Europäischen Parlaments geben und auch keine dritte Kammer mit Gesetzgebungsrechten. Für das Parlament ist für bestimmte Bereiche (Forschung, Gesundheit, Kultur, Verbraucherschutz) ein Beteiligungsverfahren mit drei Lesungen und einer möglichen Einberufung eines Vermittlungsausschusses an zwei Stellen im Konfliktfall vorgesehen. Bei anhaltendem Dissens kann der Rat auch ohne Zustimmung des Parlaments entscheiden, das jedoch ein Gesetz durch Veto endgültig zu Fall bringen kann. Außerdem erhält das Parlament ein Zustimmungsrecht bei der Besetzung der EG-Kommission. Zur besseren Beteiligung der

Regionen soll ein Regionalausschuß eingerichtet werden. Ihm sollen je nach Größe der Mitgliedsstaaten zwischen 6 und 24 Mitglieder eines jeden Staates angehören. Sie werden vom Ministerrat auf Vorschlag der Mitgliedsstaaten ernannt. Der Ausschuß soll in allen regionalpolitischen Fragen gehört werden, jedoch nur mit beratender Stimme.

Indessen ist es fraglich, ob die bessere Beteiligung der Regionen an der EG-Gesetzgebung, sei es mittelbar durch die Beteiligung an der nationalen Formulierung europäischer Politik, sei es unmittelbar im Rahmen eines Regionalausschusses, die angemessene Kompetenzerweiterung der Regionen ist. Sie führt in erster Linie dazu, daß sowohl die nationale Interessenvertretung auf EG-Ebene als auch die EG-Gesetzgebung selbst schwieriger werden. Sie würde die nationalen Regierungen entmachten und die Macht auf EG-Ebene zersplittern. Nationale Interessen können so nicht konsequent auf EG-Ebene vertreten werden, und die EG-Gesetzgebung bleibt hinter dem akuten Regulierungsbedarf zurück. Der EG-Binnenmarkt verlangt jedoch einerseits eine der Marktdynamik gewachsene EG-Regulierungspolitik, um die schlimmsten sozialen und ökologischen Negativeffekte unter Kontrolle zu halten. Andererseits müssen die Regionen (Bundesländer und Kommunen) ihre besonderen Standortqualitäten im Binnenmarkt ins Spiel bringen. Dies kann ihnen wieder nur gelingen, wenn die dafür nötigen industriepolitischen Vorkehrungen durch die Kooperation von Politik, Wirtschaft und Wissenschaft auf diesen Ebenen getroffen werden. Dazu benötigen die Länder und Kommunen einen größeren gesetzgeberischen und fiskalischen Gestaltungsspielraum, der ihnen nur durch Zurücktreten des Bundes zufließen kann. Nach diesem von Fritz Scharpf (1990: 38-44) formulierten Modell dürfte die Kompetenz des Bundes in der externen Vertretung der nationalen Interessen auf EG-Ebene nicht geschmälert werden, dagegen müßte sie zugunsten einer größeren Selbständigkeit der Länder und Kommunen in der Formulierung einer standortgemäßen Industriepolitik intern zurückgeschnitten werden.

Man wird bei einer solchen Umverteilung der Kompetenzen allerdings im Auge behalten müssen, daß sie es den stärkeren Ländern und Kommunen erleichtert, sich aus der nationalen Verantwortung zu stehlen. Es ist möglich, daß der Nationalstaat die Macht zum Ausgleich regionaler Ungleichheiten der Lebensverhältnisse verliert, ohne daß die EG die dafür nötige Macht gewinnt. Die Folge könnte ein engerer Zusammenschluß starker Regionen über nationale Grenzen hinweg sein, während die schwächeren Regionen noch weiter an den Rand gedrängt werden. Es könnte z.B. passieren, daß sich zwischen München und Mailand eine kraftstrotzende Alpenregion herausbildet, die Bayern sich von Bonn nicht mehr so leicht zu Zahlungen im Länderfinanzausgleich, die Norditaliener sich nicht mehr von Rom zu Transferzahlungen nach Süditalien verpflichten lassen, ohne daß es die EG fertigbrächte, Bonn und Rom für europäische Ausgleichsmaßnahmen im notwendigen Maße zu gewinnen (Biehl 1991: 374-381).

Es stellt sich jetzt immer mehr die Frage, welche Form des Föderalismus für die Europäische Gemeinschaft die angemessene ist (vgl. zum Föderalismus allgemein: Abromeit 1992; zum EG-Föderalismus: Hrbek 1989, Scharpf 1990, Boldt und Reh 1990, Müller-Brandeck-Bocquet 1991, Borkenhagen 1992, Wieland 1992, Bohley 1993). Gegen die Pläne zur Errichtung eines EG-Bundesstaates sind indessen schwerwiegende Bedenken vorgetragen worden, am überzeugendsten von Rainer Lepsius (1991). Lepsius weist darauf hin, daß die Einzelstaaten nach wie vor und für eine unabsehbare Zeit über eine eigene nationalkulturelle Identität mit eigener Nationalsprache verfügen und sich aufgrund ihrer industriellen Schwerpunkte in einer je besonderen Interessenlage befinden, die der nationalstaatlichen öffentlichen Meinungsbildung und politischen Willensbildung ein besonderes Gewicht verleihen. Außerdem sind öffentliche Meinungsbildung und politische Willensbildung auf Parteien, Verbände, Massenmedien und sprachliche Kommunikation, auf Formen der Interessenvermittlung und Konfliktaustragung angewiesen, die bislang national organisiert sind und von denen nicht abzusehen ist, ob und wie sie sich auf europäischer Ebene etablieren lassen. In einem europäischen Bundesstaat würden diese wesentlichen Institutionen der öffentlichen Meinungsbildung und politischen Willensbildung nicht genügend Spielraum haben, ohne daß an deren Stelle neue Institutionen treten, welche die entstehende Kluft zwischen Regierung und Bevölkerung überbrücken könnten (vgl. Wieland 1992: 115-136).

Der Vorschlag von Lepsius geht deshalb dahin, die Rückbindung der vorhandenen Beschlußorgane an die einzelstaatliche Willensbildung zu stärken, indem die nationalen Parlamente stärker eingebunden werden. Einer direkten Einbindung der Regionen in die EG-Willensbildung begegnet Lepsius dagegen mit Skepsis, da vielen Regionen die dafür erforderlichen Willensbildungsorgane fehlen. Lepsius (1990c, 1990d, 1991) plädiert in Anwendung eines von Emerich K. Francis (1965) geprägten Begriffs für den Ausbau der EG als »Nationalitätenstaat« anstelle eines europäischen Nationalstaates in Form eines Bundesstaates, der erst noch eine europäische Nation mit einer eigenen Identität und europaweiten Staatsbürgerrechten bis hin zum aktiven und passiven Wahlrecht jedes EG-Bürgers in jedem Mitgliedsland zu bilden hätte.

Gegen diese Einwände könnte man das Modell der Vereinigten Staaten von Amerika ins Feld führen (vgl. Ehringhaus 1971, Pagano und Bowman 1991; Abromeit 1992: 19-25). Auch dort liegt ein großes Gewicht auf der Meinungs- und Willensbildung in den Einzelstaaten und noch darunter auf der Ebene von Bezirken und Gemeinden. Die Parteien sind auf nationaler Ebene auch nur Bündnisse von einzelstaatlichen, regionalen und lokalen Gruppierungen, die sich deutlich unterscheiden. Dementsprechend ist die politische Zusammensetzung und die Interessenlage im Kongreß äußerst vielschichtig. Hinzu treten noch die Eigenrechte des vom Volk über Wahlmänner und nicht vom Parlament gewählten Präsidenten sowie das Mitspielen einer sehr großen Zahl zersplitterter Interessengruppen, aggressiver Massenmedien und politisierter Gerichte im gesamten politischen Spiel, das äußerst unübersichtlich und unberechenbar geworden ist. Die Folge ist eine starke Tendenz zur Inflation von politischer Macht, die sich in einem periodisch überproportionalen Wachstum von Gesetzesinitiativen im Verhältnis zu verabschiedeten Gesetzen äußert oder in einer periodischen Zunahme der Zeit, die zur Verabschiedung und/oder Implementation eines Gesetzes gebraucht wird, oder in der Zunahme von Einsprüchen gegen Gesetzesanwendungen. Das offenbaren z. B. vergleichende Untersuchungen zur gesetzlichen Kontrolle technischer Gefahren (Brickman, Jasanoff und Ilgen 1985, Schneider 1985). Ein Blick auf die Gesetzgebungsaktivitäten von Repräsentantenhaus und Senat zeigt eine vergleichsweise große Diskrepanz zwischen eingebrachten und tatsächlich verabschiedeten Gesetzen, im Repräsentantenhaus noch mehr als im Senat. Im Repräsentantenhaus kommen in den fünfziger Jahren auf ein verabschiedetes Gesetz etwa fünf eingebrachte Gesetzentwürfe, im Senat ist das Verhältnis etwa eins zu zwei. Zu Ende der sechziger Jahre bis Anfang der siebziger Jahre wird im Repräsentantenhaus ein Inflationshöhepunkt von etwa eins zu achtzehn erreicht, im Senat ein Verhältnis von etwa eins zu vier. Bis Ende der achtziger Jahre ist das Verhältnis im Repräsentantenhaus auf etwa eins zu sieben, im Senat auf etwa eins zu drei zurückgegangen. Im Vergleich zum Deutschen Bundestag ist die Diskrepanz jedoch nach wie vor groß. Dort hat sich das Verhältnis von verabschiedeten Gesetzen zu eingebrachten Gesetzentwürfen seit Anfang der fünfziger Jahre über den gesamten Zeitraum etwa bei eins zu eineinhalb bewegt (Thaysen, Davidson und Livingston 1988: 600-606; Statistisches Bundesamt 1992a: 101-102). Ein Zeichen für die Tendenz zur Inflation von Einfluß ist die in den Vereinigten Staaten enorm gestiegene Zahl von freien Vereinigungen und politischen Aktionskomitees. Erstere sind zwischen 1968 und 1991 von 10 299 auf 22 389, letztere zwischen 1974 und 1991 von 608 auf 4094 angewachsen (Caplow et al. 1991: 75, 76, 297, 333; U.S. Bureau of the Census 1992: 274, 778). Es kommt darin eine zunehmende Zersplitterung und gegenseitige Entwertung von Einfluß zum Ausdruck. Einfluß läßt sich immer weniger bündeln.

In einem europäischen Bundesstaat nach amerikanischem Muster würden die Entscheidungsprozesse aufgrund der vielen Nationalsprachen, entsprechenden Nationalkulturen und Rechtstraditionen noch komplizierter. Vor allem würden Gegensätze vermutlich schärfer aufeinanderprallen, die jetzt noch auf der Ebene des Rates behutsam behandelt und in Kompromissen umschifft werden. Denkt man außerdem an die rund 800 Interessengruppen und Verbände, die jetzt schon in Brüssel aktiv sind, dann kann man unmittelbar erkennen, um wieviel unüberschaubarer und unberechenbarer die Willensbildung auf EG-Ebene wird, wenn sie im Sinne eines Bundesstaates noch weiter nach dorthin übertragen wird. Die Folge wären voraussichtlich ähnliche Erscheinungen großer periodischer Machtinflationen, wie sie in den USA zu beobachten sind. Das heißt, daß die Aktivitäten überschäumen, aber auf der Ebene der verbindlichen Gesetzgebung und Gesetzesimplementation im Verhältnis zu den Aktivitäten wenig erreicht wird. Bei all diesen Überlegungen ist ja in Betracht zu ziehen, daß sich die kulturellen Differenzen und Interessenlagen noch komplizierter gestalten werden, sobald sich die EG vergrößert. Österreich, die Schweiz, Norwegen, Schweden und Finnland stehen vor der Tür. Osteuropäische Staaten wollen assoziiert werden.

So spräche einiges gegen die Errichtung eines EG-Bundesstaates, wäre da nicht die De-facto-Verlagerung von immer mehr Gesetzgebung auf die Ebene der EG und wäre da nicht der wachsende und immer lautstärker artikulierte Bedarf an einer europaweiten und darüber hinaus globalen Regulierung unseres Zusammenlebens untereinander in einer gemeinsamen Umwelt, der sich heute vor allem in der Umweltpolitik, aber auch in der Industrie-, Technologie-, Menschenrechts-, Einwanderungs-, Sozial- und Sicherheitspolitik äußert. Man kann den entsprechenden Forderungen mit Lepsius (1991: 32-35) entgegenhalten, daß dieser Bedarf ohnehin nur auf politischen Ebenen zu befriedigen ist, die über die EG hinausreichen, z. B. im Rahmen der Konferenz für Sicherheit und Zusammenarbeit in Europa (KSZE), der NATO oder der Vereinten Nationen. Im Rahmen der Europäischen Politischen Zusammenarbeit (EPZ) können die EG-Staaten ohnehin ihr Handeln in diesen Organen der europäischen und globalen Willensbildung koordinieren.

Gleichwohl, unabhängig davon, ob die vorhandenen 12 Mitgliedsstaaten der EG bzw. die um weitere Staaten vergrößerte EG einen Bundesstaat bilden oder in einem Staatenbund zusammenarbeiten, werden sich politische Entscheidungsprozesse auf europäische und darüber hinaus globale Ebene verlagern und entsprechende Folgen haben. Mit der Entwicklung großräumiger politischer Systeme sind auf jeden Fall erhebliche Einbußen der Selbstbestimmung kleiner politischer Einheiten verbunden. Der europaweite oder gar globale Schutz der Umwelt oder europaweite Industrie-, Technologie- und Sozialpolitik mittels autorisierter Legislativ- und Exekutivorgane gehen nur auf Kosten der Einschränkung nationaler, regionaler, lokaler und individueller Beteiligung an den Entscheidungen und nur auf Kosten der Einbuße von Selbstbestimmungsrechten auf diesen Ebenen. Nach dem Maastrichter Vertrag, der auf die Herstellung der wirtschaftlichen und politischen Union hinzielt, wächst die Furcht vor einem europäischen Zentralismus und vor einer Herrschaft der Brüsseler »Eurokraten«. Die dänischen Bürger haben ihre Befürchtungen zuerst mit ihrem mehrheitlichen Nein, nach dem Zugeständnis von Sonderrechten dann mit einem heftig umkämpften Ja, die Franzosen mit einem nur hauchdünnen Ja zu dem Vertrag offen zum Ausdruck gebracht. Diese Reaktion ist sicherlich nicht einfach auf mangelnde Aufklärung über die Vorteile der Europäischen Union zurückzuführen, zumal es an der Werbung für die Europäische Union kaum mangelt. Vielmehr hat die Furcht auch reale Gründe in dem unausweichlichen Dilemma der Ausweitung zentraler Gesetzgebung bei gleichzeitiger Einschränkung der Selbstbestimmung kleinerer Einheiten, das eben gerade allzu leicht mit schönen Worten wie »Europa der Regionen« verdrängt wird (Renzsch 1990, Müller-Brandeck-Bocquet 1991). Der Maastrichter Vertrag sieht vor, daß mit der Abtretung von Souveränitätsrechten der einzelnen Nationalstaaten zugleich die Rechte der Regionen gestärkt werden sollen. Dies geht jedoch nicht über das Recht hinaus, aus gegebenem Anlaß gehört zu werden und sich untereinander zwecks Abstimmung zu verständigen. Die Verfechter regionaler Unabhängigkeit sind davon enttäuscht und kämpfen für mehr Rechte der Regionen. Am Ende dieser Entwicklung wird ein Machtgewinn der EG-Zentrale, ein Eigenständigkeitsgewinn der Regionen und ein Machtverlust der Nationalstaaten stehen. Diese Entwicklung wird jedoch nichts an dem Dilemma von Fremdbestimmung versus Selbstbestimmung ändern. Es verschärft sich mit der Herausbildung der EG als Politische Union.

Angesichts dieses Dilemmas erscheint das Plädoyer für einen Nationalitätenstaat mit nur begrenzten Gesetzgebungsrechten der Zentralorgane anstelle eines Bundesstaates als die ausgewogenere Kompromißlösung (Lepsius 1991). Ein solcher Nationalitätenstaat scheint so viel zentrale Entscheidungsmacht wie nötig zu schaffen und so viel nationale, regionale und lokale Souveränität wie möglich zu bewahren. Die Vielfalt der europäischen National- und Regionalkulturen ließe sich nicht unter die Herrschaft eines europäischen Zentralstaates zwingen, so wird argumentiert. Sicherlich kann man sagen, daß die Errichtung eines europäischen Bundesstaates entweder an den Widerständen der National- und Regionalkulturen scheitern oder im Erfolgsfall diese eben weitgehend zerstören würde. Indessen ist der Staatenbund oder Nationalitätenstaat auch nicht ohne erhebliche Negativerscheinungen zu erhalten bzw. weiter zu verwirklichen. Er wird die großräumige Verflechtung gerade auch aufgrund des Wettbewerbs mit den USA und mit Japan stetig erweitern und dadurch zwangsläufig die Zahl von Zielkonflikten, Interessenkollisionen und externen Negativeffekten aus rational kalkulierten Einzelhandlungen erhöhen. Somit wächst der Bedarf an großräumigen und einheitlich geltenden Kollektiventscheidungen. Je mehr dieser Bedarf zunimmt, um so mehr stößt die Entschlußfähigkeit des Staatenbundes oder des Nationalitätenstaates wegen divergierender Interessen bei gleichzeitigem Zwang zu einverständlichen Entscheidungen an Grenzen.

Die von Lepsius (1991: 37) empfohlene »Europäisierung« der nationalen Parlamente im Sinne ihrer stärkeren Einbindung in europäische Regelungen würde die Handlungsfähigkeit eines Staatenbundes oder Nationalitätenstaates noch weiter schwächen, weil sie darauf hinwirkt, das ganze Spektrum nationaler Interessen auf den Tisch zu bringen. So geraten die Repräsentanten der nationalen Regierungen im Europäischen Rat und im Ministerrat unter einen größeren Druck, ihre nationalen Interessen durchzusetzen, weil sie politische Unterstützung in der nationalen Arena gewinnen und erhalten müssen. Was bisher im Rat und Ministerrat noch ohne großes öffentliches Aufsehen in einem gemeinsamen europäischen Interesse vereinbart werden konnte, wird so an eine engere Leine nationaler Interessen genommen. Der Handlungsspielraum im Rat und Ministerrat wird enger, weil ihre Mitglieder nun ein Stück weit zurück in ihre nationale Herkunft gezogen werden. Sie verlieren an europäischer Denkweise und Souveränität. Das ist nicht unbeabsichtigt, ist dies doch die Voraussetzung einer besseren demokratischen Kontrolle der EG-Gesetzgebung.

So unabdingbar eine solche Rückkopplung an die nationalen Organe der Beschaffung von politischer Unterstützung in einem politisch mobilisierten Europa aus demokratietheoretischen Gründen auch ist, muß man jedoch zugleich damit rechnen, daß dadurch europäische Politik nicht leichter, sondern schwieriger wird. Es entsteht dann umgekehrt wieder ein Bedarf, ein europäisches Gegengewicht zu den nationalen Netzwerken durch Stärkung des Europäischen Parlaments und der Europäischen Kommission zu schaffen. Der konsequente Ausbau des Staatenbundes oder Nationalitätenstaates könnte dann gerade den Ruf nach bundesstaatlichen Lösungen wieder aufleben lassen. Es ist schon darauf hingewiesen worden, daß die EG weitgehend auf der Basis eines permissiven Konsensus ausgebaut worden ist. Die Bürger haben ihre Regierungen beim Ausbau der EG in der diffusen Erwartung gewähren lassen, daß dabei für sie etwas Profitables in Hinsicht des wirtschaftlichen Wohlergehens und der politischen

Friedenssicherung herausspringt. Die EG war jedoch bislang kein Adressat von konkreten Ansprüchen und Zurechnungen des politischen Erfolgs oder Mißerfolgs. Allein die nationalen Regierungen haben diese Rolle bislang gespielt. Die öffentliche Thematisierung des Binnenmarktes und der Maastrichter Beschlüsse hat jedoch die EG zum ersten Mal ein Stück weiter in den Mittelpunkt des Interesses gerückt und zum potentiellen Adressaten von Interessen und Zurechnungen des politischen Erfolgs oder Mißerfolgs gemacht. Die Baumeister Europas haben mit dem Binnenmarkt und dem Weg zur Politischen Union zwar einen Erfolg erzielt, sie haben damit auch wie gewünscht die Augen der Bürger auf Europa gerichtet, zugleich haben sie sich aber auch das Leben erschwert.

Mit der größeren Aufmerksamkeit für Europa ist es mit den Zeiten des permissiven Konsensus vorbei. Konsensus wird nun – wie auf nationalstaatlicher Ebene – auch auf europäischer Ebene mehr und mehr nur noch durch aktive Mobilisierung von Unterstützung und Zusammenarbeit zu erlangen sein (Reif 1992: 48). Dabei geraten wir jedoch in das Dilemma von Fremdbestimmung versus Selbstbestimmung. Der Weg über die »Europäisierung« der nationalen Willensbildung macht die Konsensfindung schwierig und verstärkt die Zentrifugalkräfte. Der Weg über die »Entnationalisierung« der europäischen Willensbildung in einem parlamentarischen Bundesstaat mit europäischen Parteien, einem gesetzgebenden Parlament und einer diesem Parlament verantwortlichen Regierung – wie das Europäische Parlament vorschlägt – oder in einem präsidentiellen Bundesstaat nach US-amerikanischem Muster mit einem vom Volk gewählten, vom Parlament unabhängigen Präsidenten als Chef einer Regierung wird ebenso schwer werden. Die Beschreitung dieses Weges wird damit zu kämpfen haben, daß die Europäisierung der Willensbildung aufgrund der noch in der Entwicklung begriffenen Zusammenarbeit von europäischen Verbänden, Vereinigungen, Parteien und Massenmedien mit dem Ausbau der politischen Organe nicht Schritt hält, die demokratische Teilnahme auf nationaler, regionaler und lokaler Ebene entwertet und die Hegemonie eines europäischen Zentrums der Starken über die Peripherie der Schwachen errichtet wird.

Trotzdem sollten wir nicht von vornherein in Abrede stellen, daß eine Europäisierung der politischen Willensbildung bei genügend Geduld im Ausbau der politischen Organe in dem Maße zustande zu bringen ist, in dem sich politische Entscheidungen noch weiter nach Brüssel verlagern. Immerhin ist die Beteiligung der Wirtschaftsverbände an der Entscheidungstätigkeit der EG schon so weit fortgeschritten, daß sich daraus der erforderliche Unterbau für eine europäische Willensbildung fortentwickeln kann. Für wie trag- und entwicklungsfähig man den Unterbau der EG-Gesetzgebung hält, ist auch eine Sache der Maßstäbe, die angelegt werden. Nimmt man mit Lepsius (1991) die herkömmliche nationale Willensbildung als Maßstab, dann erscheint die europäische Zusammenarbeit von Verbänden, Parteien und EG-Kommission zu schwach, zu einseitig von den Wirtschaftsverbänden dominiert und zu weit entfernt von den nationalen und lokalen Lebenswelten der Bürger. Im Lichte eines viel weniger strengen Maßstabs hat jedoch Carl Joachim Friedrich (1972) schon vor zwanzig Jahren eine erstaunliche Europäisierung des Denkens und Handelns der wichtigsten Wirtschaftsverbände in ihren europäischen Zusammenschlüssen und in ihrer Mitarbeit in Brüssel festgestellt. Die Herausbildung einer europäischen Föderation sieht Friedrich aus geopolitischen Gründen als unausweichlich, um Europa im gesamten, zur Bildung größerer politischer Einheiten tendierenden Weltsystem bessere Überlebenschancen zu sichern. Ob es sich dabei um einen Bundesstaat oder einen Staatenbund handeln wird, läßt Friedrich offen. Jedoch ist in seinen Augen selbst ein Bundesstaat nicht darauf angewiesen, sich auf eine Nation im Sinne von ethnisch-kultureller Einheit zu stützen. In einem pluralistischen und offenen Bundesstaat können Bürger unterschiedlicher Nationalität zusammenleben und ein politisches Gemeinwesen bilden, das mehrere kleinere Gemeinwesen in einem freien Zusammenschluß in sich enthält.

Heute wird ein solcher Zusammenschluß vor allem durch die Weltläufigkeit und Weltoffenheit erleichtert, die beide mit jeder nachwachsenden Generation und jeder Ausdehnung der Bildung in den Bevölkerungen gewachsen sind. Diese Entwicklung hat immer mehr Menschen hervorgebracht, für die ihre nationale Herkunft immer unbedeutender geworden ist. Für sie ist deshalb die politische Willensbildung ohnehin ein viel offenerer Prozeß geworden, als es ihre Eltern und Großeltern noch gekannt haben. In diesem Prozeß spielt die nationale Herkunft kaum noch eine Rolle. Sie tritt hinter viele andere Gesichtspunkte zurück, die in ihrer Relevanz situativ variieren und das Wählerverhalten um so unberechenbarer machen. Die Parteien und Verbände verlieren einen Teil ihrer Stammwähler oder Stammitglieder. So erodieren die eingefahrenen nationalen Institutionen der politischen Willensbildung ohnehin. Sie werden verdrängt von einer hohen Fluktuation von Mitgliedschaften, Interessenlagen und Koalitionen. Die politische Willensbildung hat demgemäß auch auf nationaler Ebene nicht mehr die gewohnte Stabilität und Berechenbarkeit. Ihre schrittweise Verlagerung nach Brüssel fügt dieser Unübersichtlichkeit nur eine weitere hinzu. Daß die Relativierung der nationalen Identität allerdings ihre Grenzen hat, werden wir gleich noch unter dem Stichwort des solidarischen Zusammenwachsens sehen. Sie wird uns nicht von der Ordnung ins Chaos führen, aber eben den Trend zu offeneren, unberechenbareren Entscheidungsprozessen mit erheblichen konjunkturellen Schwankungen, Aufschwüngen und Einbrüchen, Machtsteigerungen und Machtentwertungen fortsetzen, den wir schon seit geraumer Zeit auf der herkömmlichen nationalen Ebene beobachten können (vgl. Streeck 1987, Betz 1992, Wiesendahl 1992).

Die nationalstaatliche Institutionalisierung der politischen Willensbildung kann also nur eingeschränkt gegen eine Europäisierung der politischen Willensbildung ins Feld geführt werden, da sie selbst einem Auflösungsprozeß unterworfen ist. Die Europäisierung der politischen Willensbildung wird ihrerseits dadurch möglich gemacht, daß die nationale Herkunftsidentität immer mehr an Bedeutung für die persönliche Identitätsbildung einbüßt. Die nationale Identität ist deshalb immer weniger ein stabiler Fixpunkt für politische Präferenzen. Dadurch werden nationale Interessen immer weniger als entscheidende Barrieren für die politische Konsens- oder Mehrheitsbildung dienen. An ihre Stelle treten andere, zahlreichere und variablere Interessen. Aufgrund ihrer geringeren Fixiertheit werden Konsens- und Willensbildung einerseits weniger von vornherein durch Hindernisse gebremst und dadurch leichter erreichbar, aber sie werden variabler, unberechenbarer und kurzlebiger sein. Im Spannungsfeld zwischen europäischer und einzelstaatlicher Willensbildung wird es darauf ankommen, diejenige Verteilung der Gewichte zu finden, die uns vor zu viel Zentralisierung und vor zu viel Dezentralisierung bewahrt. Wieviel kulturelle Einheit dabei gewonnen und wieviel Vielfalt verloren wird, steht auf einem anderen Blatt.

Wenn der Staatenbund und auch der Nationalitätenstaat zu

schwach sind für den Entscheidungsbedarf eines großräumig verflochtenen europäischen Binnenmarktes und für den Konsensbedarf einer wirtschaftlichen Supermacht im globalen Konkurrenzkampf mit den USA und Japan, der Bundesstaat nach dem Muster der USA jedoch den nötigen Konsens nicht im ausreichenden Maße beschaffen kann, weil der institutionelle Unterbau einer gesamteuropäischen Willensbildung und der kulturelle Unterbau einer gesamteuropäischen Meinungsbildung noch nicht genügend gewachsen sind, bietet da vielleicht das schweizerische Modell der pluralistischen Konkordanzdemokratie einen Ausweg (Rougemont 1965, Hrbek 1981, Blöchliger und Frey 1992)? Immerhin ist die Schweiz ein Bundesstaat, in dem die deutsche, die französische, die italienische und die rätoromanische Sprachkultur gleichberechtigt nebeneinander existieren, gleichwohl aber die öffentliche Meinungsbildung und die politische Willensbildung bei Bedarf ohne große Probleme zum gesamtstaatlichen Konsens und zum notwendigen politischen Handeln führen. Die Schweiz könnte also in ihrer Verbindung von Vielfalt und Einheit den Weg zum Vereinigten Europa weisen. Sie könnte in der Tat im Kleinformat zeigen, wie eine Europäische Politische Union einmal im Großformat aussehen wird. Allerdings sollte man sich nicht der Illusion hingeben, daß die Europäische Politische Union dann so konsens- und handlungsfähig sein wird wie die Schweiz. Dagegen spricht schon der Unterschied in der Größe, dann aber vor allem der Unterschied in der geopolitischen Lage und in der inneren Heterogenität. Die Schweiz ist ein kleines, überschaubares Land auf höchstem Wohlstandsniveau ohne gravierende Gegensätze wirtschaftlicher und sozialer Art. Sie ist als Eidgenossenschaft von ihrer Herkunft und ihrem bis heute existierenden kollektiven Bewußtsein her ein Schutzbündnis kleiner Kantone gegen bedrohliche Nachbarn. Die Sprachgruppen erkennen in der Eidgenossenschaft einen Schutz gegen die Absorption durch die angrenzenden sprachgleichen Nationalstaaten. In der Schweiz haben sie ein Gewicht, das sie in den sprachgleichen Nationalstaaten nie erreichen würden. Gemeinsam haben sie einen weltweit einmaligen Wohlstand geschaffen. Für die Kommunikation untereinander haben die Schweizer Sprachgruppen ein pragmatisches Arrangement getroffen. Wo es darauf ankommt, sprechen sie ihre jeweils eigene Sprache und verstehen diejenige ihres Gegenübers. Aus den sprachlich differenzierten Teilöffentlichkeiten der Massenmedien bildet sich durch wechselseitige Beobachtung und Berichterstattung über die Berichterstattung in den jeweils anderssprachigen Medien im Zentrum der Meinungsbildung eine gemeinsame Öffentlichkeit in Gestalt von Überlappungen.

Der gesamtstaatliche politische Entscheidungsbedarf der Schweiz ist wegen ihres überschaubaren und homogenen Charakters relativ gering. Interessengegensätze kumulieren sich nicht, sondern überkreuzen sich. Industrie und Landwirtschaft, Stadt und Land, Protestanten und Katholiken, Großbetriebe und Kleinbetriebe, deutsch-, französisch- und italienischsprachige Regionen stehen einander nicht gleichförmig, sondern in wechselnden Koalitionen gegenüber. Konflikte steigern sich dadurch nicht zu einem tiefen Riß in der Gesellschaft. Sie bleiben begrenzt und lösbar. Über die unterschiedlichen Interessenlagen hinweg herrscht ein Konsens über die wichtigen Fragen des Lebens. Das Spektrum politischer Fragen und das Ausmaß politischer Kontroversen wird dadurch in engen Grenzen gehalten. Das hohe Maß an Einverständnis, das durch die starke Einbeziehung der Kantonsinteressen im Verhältnis zu den gesamtstaatlichen Interessen für politische Entscheidungen erforderlich ist, läßt sich unter diesen Bedingungen bei Bedarf erzielen, weil es erstens nur in begrenztem Maße angefordert wird, weil zweitens die begrenzte Zahl der Beteiligten von der Wichtigkeit des Einverständnisses überzeugt ist und dieses gegebenenfalls über eigene Interessen stellt und weil drittens der vorgängig herrschende Konsensus unversöhnlichen Streit kaum aufkommen läßt (vgl. Abromeit 1992: 25-32). Nur auf dieser Basis ist es möglich, dem Referendum ein solches Gewicht im politischen Entscheidungsprozeß zu geben, wie das in der Schweiz der Fall ist. Seitdem auch in der Schweiz die Beschleunigung des sozialen Wandels den politischen Entscheidungsbedarf steigert, wird auch dort prompt über eine Reform der politischen Institutionen diskutiert (Linder 1992).

Diese idealen Bedingungen für eine Konkordanzdemokratie findet die Europäische Politische Union nicht vor. Sie ist weder klein noch homogen noch mit einem vorgängigen Konsens einer herrschenden Schicht und einem gemäßigten Entscheidungsbedarf gesegnet. Entscheidung allein aufgrund von Einverständnis impliziert hier langwieriges und zähes Ringen, das für den akuten Entscheidungsbedarf oft zu lange dauert und in Kompromissen endet. Diese erzeugen in einer heterogenen und politisch mobilisierten Gesellschaft zu oft Enttäuschung und Wut, die sich in Protest entladen. Je mehr jedoch ein multinationaler europäischer Bundesstaat Handlungsfähigkeit durch Verfahren des Mehrheitsentscheides und durch Zurückdrängen der einzelstaatlichen Interessen gewinnen soll, um so mehr wird er sich vom schweizerischen Gleichgewichts- und Konkordanzmodell entfernen und sich dem Modell der Hegemonie eines Zentrums der großen und starken Mitglieder über die Peripherie der kleinen und schwächeren nähern müssen.

Politik wird auf europäischer Ebene so oder so schwieriger werden, innerhalb eines Bundesstaates ebenso wie innerhalb eines Staatenbundes oder Nationalitätenstaates. Die Vermittlung zwischen nationalen oder regionalen Eigeninteressen und europaweitem Gesamtinteresse wird schwieriger sein als in den in sich homogeneren Nationalstaaten. Das an der bundesrepublikanischen föderalen Kooperation von Bund, Ländern und Gemeinden ausgemachte Dilemma der Politikverflechtung (Scharpf, Reissert und Schnabel 1976) wird sich auf EG-Ebene verschärfen, wie Fritz Scharpf (1985) schon aufgezeigt hat. Es besteht in einer Vermengung von Sachproblemen aus der Sicht eines Allgemeininteresses mit Verteilungsproblemen aus der Sicht von Einzelinteressen. Sachprobleme lassen sich um so schlechter lösen, je mehr Einzelinteressen an Verteilungsfragen in die Problemlösung hineinsprechen und umgekehrt. Das ist in der Bundesrepublik z. B. bei den sogenannten Gemeinschaftsaufgaben von Bund, Ländern und Gemeinden der Fall. In der EG wird die Zusammenarbeit von EG-Kommission, nationalen Regierungen und Regionen einen noch größeren Raum einnehmen. Deshalb ist zu erwarten, daß noch häufiger der Weg zu den richtigen Sachlösungen durch Verteilungskonflikte verbaut wird, als dies für die Bundesrepublik festgestellt wurde.

Es wäre indessen kurzschlüssig, daraus ein Plädoyer für Entflechtung, d. h. für die weitergehende Trennung von EG-Gesetzgebung und nationaler Gesetzgebung abzuleiten. Die Verflechtung von Allgemeininteressen und Einzelinteressen ist nämlich eine Realität, die sich durch institutionelle Abgrenzungen nur mit dem Defizit beseitigen läßt, daß dann die Einzelinteressen wegen fehlender Beteiligung und wegen fehlender Abstimmung mit dem Allgemeininteresse Widerstand gegen die im Allgemeininteresse getroffenen Sachentscheidungen leisten. Das ist sehr wahrscheinlich, weil die Einzelstaaten nach wie vor ziemlich willensstark bleiben werden. Man mag dann die richtigen Sachlösungen auf dem Papier bekommen, das jedoch zu Makulatur wird, weil die Einzelstaaten wegen ihrer Eigeninteressen nicht mitziehen. Politik ist letzten Endes nicht die Kunst, die richtigen Sachlösungen zu finden, sondern die Kunst, *Folgebereitschaft* für möglichst effektive Sachlösungen zu schaffen. Sachlich nachrangige Lösungen sind dabei oft die politisch erstrangigen. In diesem Sinne argumentieren auch Krislov, Ehlermann und Weiler (1985: 88-108) aufgrund einer vergleichenden Studie zu den föderalen Systemen der Europäischen Gemeinschaft und der USA.

Ein europäischer Bundesstaat wird also nach den uns bekannten US-amerikanischen, schweizerischen und deutschen Modellen entweder wegen fehlender Voraussetzungen nicht realisierbar sein oder beim Versuch der Verwirklichung starke Kräfte der Zentralisierung und Vereinheitlichung entfalten (dazu Abromeit 1992) oder aber auch in den Fangnetzen der Politikverflechtung hängen bleiben (Scharpf 1985). Seine Zentralisierungs- und Vereinheitlichungstendenz könnte auch durch chronische politische Schwäche in Grenzen gehalten werden. Angesichts dieser Sachlage hat Fritz Scharpf (1991) das Modell eines bipolaren Bundesstaates in die Debatte geworfen, dessen mögliche Verfassung von Beate Wieland (1991, 1992: 163-184) skizziert worden ist. Dieses Modell soll insbesondere gegen die in den Vereinigten Staaten und in der Bundesrepublik erfolgte Aneignung von Gesetzgebungskompetenzen durch den Bund und für die Aufrechterhaltung einzelstaatlicher Kompetenzen arbeiten. Historisches Vorbild ist der duale und kompetitive Föderalismus in den Vereinigten Staaten vor 1937, der den Einzelstaaten ein größeres Eigengewicht gegenüber dem Bund gab. Während vor 1937 Konflikte zwischen einzelstaatlicher und bundesstaatlicher Gesetzgebung vom *Supreme Court* überwiegend zugunsten der Einzelstaaten entschieden wurden, ist seit der *New-Deal*-Gesetzgebung den Bundesgesetzen ein Vorrang gegeben worden. In Anlehnung an den älteren dualen Föderalismus der USA sehen Scharpf und Wieland in einer klaren Festlegung der Kompetenzen von Bund *und* Einzelstaaten und nicht nur der Kompetenzen des Bundes mit einer Überweisung des undefinierten Restes an die Einzelstaaten einen Schutz gegen die sukzessive Erweiterung der Bundeskompetenzen. Die Aufgaben des Bundes sollen auf die Gewährleistung des freien

grenzüberschreitenden Wirtschaftsverkehrs und alle damit unmittelbar zusammenhängenden *grenzüberschreitenden* Probleme, z. B. im Bereich der Verkehrs- und der Umweltpolitik, beschränkt bleiben. Die Einzelstaaten sollen Kompetenzen in der nationalen und lokalen Wirtschaftspolitik, Besteuerung, Umweltpolitik, Energiepolitik, Sozialpolitik, Kulturpolitik, Regionalpolitik, Raumordnungspolitik sowie im Zivil- und Strafrecht, Handelsrecht und Verwaltungsrecht fest zugeschrieben bekommen. Im Konfliktfalle hätte der Europäische Gerichtshof in gleichgewichtiger Abwägung stets nur für den Einzelfall zu entscheiden, welche Gesetzgebung Vorrang haben soll. Scharpf und Wieland sehen sehr wohl, daß dieser Konfliktfall häufig auftreten wird, hoffen aber darauf, daß sich eine berechenbare Rechtsprechung entwickeln wird, auf die sich die widerstreitenden Instanzen einstellen können. Scharpf (1991: 424-426) gesteht offen zu, daß dieses Modell nur funktionieren kann, wenn sich eine politische Kultur des gegenseitigen Verständnisses und der Rücksichtnahme im Sinne eines »bundesfreundlichen Verhaltens« herausbildet. Es kommt auf die wechselseitige Ergänzung von »Bundesgeist«, »Bundestreue« und »Bundeshöflichkeit« an (Friedrich 1972: 28-32). Anderenfalls wird man sich im ständigen Streit zerfleischen. Eine starke Politisierung der Rechtsprechung mit langwieriger Konfliktaustragung wird ohnehin nicht zu vermeiden sein. In diesem wahrscheinlicheren Fall werden die ständigen Kompetenzstreitigkeiten noch mehr Reibungsverluste verursachen und die politische Problemlösungskapazität im Verhältnis zum gestiegenen Regulierungsbedarf noch weiter einschränken. Ein solches Modell wird der Vielfalt der Interessenlagen jedoch am ehesten gerecht. Man wird ihm im Verhältnis zu den artikulierten Problemen chronische Defizite nachsehen müssen.
Auch ein bipolarer Bundesstaat wäre indessen vor Tendenzen der Zentralisierung und Vereinheitlichung nicht ganz gefeit. Im Namen von Rechtsgleichheit und gleichen Chancen für alle gibt es sogar gute Gründe, die für bundesweit gleiche Regelungen sprechen. In den Vereinigten Staaten waren es gerade diese von der Verfassung garantierten Grundrechte, die im Zuge ihrer steigenden Inanspruchnahme für ein wachsendes Übergewicht von bundesweit einheitlichem Recht gesorgt haben. Die Durchsetzung des Bundes gegen die Einzelstaaten erfolgte zu einem erheblichen Teil aufgrund der Rechtsprechung des Supreme Court auf dem Gebiet

der einheitlichen Geltung der Bürgerrechte und ihrer Verwirklichung, beim Ausbau der sozialen Rechte und beim Abbau der Rassendiskriminierung. Das Grundrecht auf Gleichstellung und Gleichbehandlung wirkt als solches schon in einem Bundesstaat vereinheitlichend. Diese Tendenz wird auch ein bipolarer Föderalismus mangels Legitimitätsgründen nicht aufhalten können. Die Industrie wird gleiche Bedingungen wegen der Wettbewerbsfähigkeit einfordern, die Gewerkschaften werden dasselbe im Interesse der Arbeitnehmer tun, die Umweltschützer im Interesse der Umwelt, die Frauenverbände im Interesse der Frauen, die Kulturerzeuger im Interesse der Kultur; und selbst die Regionalpolitiker werden im Interesse gleicher Chancen für die Regionen daran arbeiten, daß überall der gleiche materielle Lebensstandard herrscht, wodurch sich natürlich auch die immateriellen Lebensverhältnisse in Form von Rechtsnormen und kulturellen Orientierungen angleichen.

Mit welchen Negativeffekten auch alle in Frage kommenden Varianten einer Europäischen Politischen Union behaftet sein mögen, die Klagen über das Ausbleiben dringend erforderlicher großräumig geltender Entscheidungen werden zunehmen. In dieser Situation bleiben allein drei Optionen:

1. Rückbau der großräumigen Verflechtungen: Das wäre die konsequenteste Auflösung des Dilemmas, ist aber kaum denkbar und bedeutete eine Umkehr der bisherigen Entwicklung, eine Umstellung vom Weltmarkt auf die Regionalmärkte, vom Welttheater auf die Provinzbühne.

2. Übertragung von mehr legislativen und exekutiven Funktionen auf EG-Zentralorgane: Das ist aufgrund des wachsenden großräumigen Entscheidungsbedarfs vorstellbar, hat aber fatale Folgen des Abbaus von Selbstbestimmungsrechten.

3. Beibehaltung der Kompromißlösung in der freiwilligen Zusammenarbeit von Staaten in einem Staatenbund, Nationalitätenstaat oder bipolaren Bundesstaat: Diese Lösung ist ebenso möglich, aber nur in Verbindung mit einem wachsenden Defizit im Hinblick auf den steigenden Bedarf an großräumigen und globalen Kollektiventscheidungen.

Selbstbestimmung und Demokratie lassen sich wahrscheinlich nur auf Kosten permanenter Klagen über erhebliche politische Entscheidungsdefizite aufrechterhalten. Dazu gehört auch der Bedarf an globalen Ökologiestrategien. Wer Demokratie und

Selbstbestimmung bewahren will, wird wohl mit erheblichen Mängeln der politischen Entscheidungsfähigkeit leben müssen. Man wird sich damit abfinden müssen, daß allzu oft keine Entscheidungen getroffen oder faule Kompromisse geschlossen werden, wo mutige Entscheidungen gefordert wären. Wir werden lernen müssen, defizitäre Politik als Normalzustand zu ertragen. Wir werden uns auch mit den Defiziten einer europäischen Föderation als Staatenbund, Nationalitätenstaat oder auch bipolarer Bundesstaat arrangieren müssen. Bei allen Vor- und Nachteilen der verschiedenen Modelle der Abstimmung von europäischen, nationalen, regionalen und lokalen Kompetenzen wird wohl die stärkere Einbeziehung der nationalen Parlamente in die EG-Gesetzgebung derjenige Weg sein, der einerseits das Demokratiedefizit der Europäischen Gemeinschaft ein Stück weit abbauen und andererseits den Selbstbestimmungsrechten der beteiligten Nationen gerecht werden kann. Dazu zählt auch die Beibehaltung der überwiegend konsensuellen Entscheidungspraxis des Ministerrats sowie dessen größere Entscheidungsmacht im Vergleich zum europäischen Parlament. Die Einbeziehung der nationalen Parlamente wird die Konsensbildung zwar erschweren und langsamer gestalten, weil die unterschiedlichen nationalen Interessen nachhaltiger auf EG-Ebene vertreten werden. Es wird dadurch jedoch wenigstens sichergestellt, daß die Ergebnisse der EG-Verhandlungen in den Mitgliedsstaaten verläßlich umgesetzt werden und nicht nachträglich an Verzögerungen, Verwässerung und Widerstand scheitern.

3.2 Normsetzung und Normimplementation

Es ist das erklärte Ziel der Europäischen Gemeinschaft, den Binnenmarkt so weit wie möglich durch eine rechtliche Harmonisierung zu unterbauen und auf diesem Wege ihre Integration voranzutreiben (Capelletti, Seccombe und Weiler 1986). Dadurch sollen einerseits alle Hindernisse für den freien Verkehr von Personen, Waren, Dienstleistungen und Kapital beseitigt werden. Andererseits sollen die externen Negativeffekte des wachsenden Wirtschaftsverkehrs unter Kontrolle gehalten werden. Die dafür erforderliche Ausarbeitung von Rechtsvorschriften und Normen und ihre Implementation verlangt die Zusammenarbeit der EG-

Verwaltung mit Experten und Interessenten der Wissenschaft, der Industrie, der Gewerkschaften, der Umweltschutz- und Verbraucherschutzgruppen. Wie weit, in welcher Form und mit welchen Effekten die Europäische Gemeinschaft diesen Prozeß gestalten kann, soll in diesem Abschnitt schwerpunktmäßig am Beispiel der Normsetzung und Normimplementation zur Kontrolle technischer Gefahren untersucht werden.

Normsetzung und Normimplementation lassen sich nicht zureichend analysieren, wenn man sie allein als interne Prozesse des politischen Systems begreift, auch nicht, wenn man dabei das Verhältnis des politischen Systems zu seiner Umwelt in die Betrachtung einbezieht. Im Unterschied zur essentialistisch argumentierenden Systemtheorie Luhmanns (1981, 1986, 1988) betrachte ich diese Prozesse als Grenzverkehr zwischen allein analytisch abgrenzbaren Funktionssystemen, der in den konkreten Verhandlungen von Politikern, Ministerialbeamten, Experten und Verbandsvertretern in Gang gesetzt wird. Wenn wir sagen, daß Gesetze und technische Normen nicht durch politische Macht allein zu normativ verbindlichen Regeln des Alltagslebens werden können, dann drücken wir damit aus, daß Normsetzung und Normimplementation mehr einschließen als die autopoietischen Operationen des politischen Systems. Einbezogen sind neben den Prozessen der Machtmobilisierung und -anwendung auf einer ersten Unterscheidungsebene auch solche der Finanzierung, der Legitimation und der Kooperation. Dabei findet jeweils eine wechselseitige Transformation von politischer Macht, Geld, Wahrheit und Einfluß statt.

Ich kann dieses Modell hier nicht in allen Details ausbreiten und beschränke mich deshalb auf die wechselseitige Transformation von politischer Macht und Einfluß, die den Grenzverkehr von Politik und gesellschaftlicher Gemeinschaft bestimmt. Dieser wird durch die Zusammenarbeit von Ministerialbürokratie und Verbänden vollzogen. Die Verbände bündeln mit ihrem Einfluß Interessen und bringen diese in die Normsetzung ein. In dem Maße, in dem aus ihrer Zusammenarbeit mit der Ministerialbürokratie technische Normen hervorgehen, setzt sich ihr Einfluß in politische Macht um. In dem Maße, in dem sich der Staat bei der Normimplementation auf ihre Kooperation und ihren Einfluß auf ihre Mitglieder stützt, wandelt sich die staatliche Macht in Einfluß um, der allein garantiert, daß die Normen nicht nur äußerer

Zwang bleiben, sondern zu Bestandteilen der normativen Lebenswelt der gesellschaftlichen Gemeinschaft werden. Politische Macht und Einfluß sind symbolisch generalisierte Kommunikationsmedien, die eine weitere Reichweite auszeichnet als Gewalt bzw. Gruppensolidarität, aber eben mit der Generalisierung auch nur einen symbolischen Gehalt besitzen. Sie verweisen auf eine von ihnen unabhängige Wirklichkeit des sozialen Handelns. Sie können deshalb einen geringeren oder größeren Wert in der Umsetzung in soziales Handeln haben. Politische Macht verweist auf Folgebereitschaft, Einfluß auf Kooperation. So kann mit politischer Macht mehr oder weniger Folgebereitschaft erzeugt werden, mit Hilfe von Einfluß mehr oder weniger Kooperation. In zeitlicher Betrachtung lassen sich dementsprechend dynamische Prozesse mit Konjunkturen sowie Inflation, Deflation und Rezession als Krisenerscheinungen beobachten.

Eine Inflation politischer Macht äußert sich in einem wachsenden Mißverhältnis von Machtmobilisierung und Folgebereitschaft, eine Inflation von Einfluß in einem wachsenden Mißverhältnis von mobilisiertem Einfluß und Kooperation. Im einzelnen offenbaren sich Entwertungen politischer Macht im steigenden Mißverhältnis von Gesetzesinitiativen und tatsächlich verabschiedeten Gesetzen, in der zunehmenden Zeit, die von der Verabschiedung eines Gesetzes bis zu dessen Vollzug vergeht, in der häufigeren und schnelleren Revision von Gesetzen, in dem steigenden Anteil von Gesetzesänderungen an der gesamten Gesetzgebung sowie in zunehmenden Fällen der Abweichung und des Widerstands. Entwertungen von Einfluß machen sich in dem wachsenden Aufwand bemerkbar, der für Beziehungspflege und Imagepflege betrieben werden muß, um gehört zu werden, und in den wachsenden Dienstleistungen, die von Verbänden erbracht werden müssen, um ihre Mitglieder bei der Stange zu halten und für Unterstützungsaktionen zu gewinnen. Deflationäre Erscheinungen bedeuten zwar eine Wertsteigerung von politischer Macht und Einfluß, sie gehen aber einher mit einem Absinken der Produktion von Gesetzen und Normen zur Regelung gesellschaftlicher Verhältnisse. Politische Macht und Einfluß haben hier nur deshalb einen hohen Wert, weil der Status quo nicht angetastet wird.

Der Grenzverkehr zwischen Politik und gesellschaftlicher Gemeinschaft mit der entsprechenden wechselseitigen Transformation von politischer Macht und Einfluß wird durch die Institutionen der Normsetzung und Normimplementation und das dadurch bestimmte Verhältnis von Staat und Verbänden geregelt. Jede Gesellschaft hat im Verlaufe ihrer Geschichte ihre eigenen institutionellen Formen gefunden, durch die der genannte Grenzverkehr in je eigene Bahnen mit entsprechenden Konsequenzen für die Dynamik der Prozesse gelenkt wird. Eine Analyse der Einführung von Chemikaliengesetzen und ihrer Anwendung in den siebziger und frühen achtziger Jahren zeigt, daß sich die geschichtlich entwickelte institutionelle Form in den USA einem Wettbewerbsmodell nähert, in Deutschland einem Synthesemodell, in Frankreich einem etatistischen Modell, in Großbritannien einem Trägheits- bzw. Kompromißmodell (Brickman, Jasanoff und Ilgen 1985, Schneider 1985, Münch 1992a). Diese Modelle will ich hier in der gebotenen Kürze skizzieren, um dann der Frage nachzugehen, welche institutionelle Form der Normsetzung und Normimplementation sich in der Europäischen Gemeinschaft herausbildet und mit welchen Folgen zu rechnen ist. Dabei greife ich eine von Christian Joerges (1991, 1993) durchgeführte Analyse der EG-Normsetzung auf.

In den Vereinigten Staaten ist der Prozeß der Normsetzung und Normimplementation von Anfang bis Ende durch eine vergleichsweise hohe Zahl involvierter Interessengruppen, Repräsentanten und Instanzen gekennzeichnet. Die Interessen werden kaum gebündelt, sondern bleiben zersplittert und artikulieren sich selbständig. Der Mechanismus der Interessenvermittlung ist der Wettbewerb um Zugang zur Normdefinition, -setzung und -implementation. Der Prozeß verläuft höchst kontrovers und unberechenbar und impliziert enorme Schwankungen im Wert von eingesetzter politischer Macht und von eingebrachtem gesellschaftlichem Einfluß.

In den europäischen Gesellschaften hat der Staat mit seiner Rechtsetzung und Rechtsprechung viel mehr in die Regelung des gesellschaftlichen Zusammenlebens eingegriffen als in den USA. An die Stelle der Vielzahl freiwilliger Vereinigungen, die einerseits Funktionen der gesellschaftlichen Selbstregulation wahrnehmen, andererseits auf die Durchsetzung von Rechten und Interessen spezialisiert sind, treten die großen Verbände und Kirchen, die mit dem Staat in der Abarbeitung von Konflikten und der Regulierung des gesellschaftlichen Zusammenlebens zusammenarbeiten (Brickman, Jasanoff und Ilgen 1985). Sie kommen Durkheims

Korporatismus-Modell näher als die US-amerikanische Gesellschaft. Das gilt vor allem für Deutschland, wo eine überschaubare Zahl großer Verbände und die Kirchen mit hohen Mitgliederzahlen einen großen Teil der Bevölkerung an sich ziehen. Durch ihre Zusammenarbeit mit dem Staat in der Vor- und Nachbereitung von Gesetzgebungsprojekten binden sie mit ihrem Einfluß den Staat an die Interessen ihrer Mitglieder und ihre Mitglieder an die Gesetze des Staates (Schneider 1985, Voelzkow, Hilbert und Heinze 1987; am Beispiel der Produktsicherheitspolitik: Joerges, Falke, Micklitz und Brüggemeier 1988: 132-200). Die Folge dieses Modells ist die sprichwörtliche Gesetzestreue der Deutschen. Nach einer 1981 durchgeführten Befragung in neun europäischen Ländern gehören die Deutschen im Durchschnitt zu den Gesetzestreuern, bilden allerdings nicht die absolute Spitze, wenn es darum geht, den Fiskus zu umgehen, schwarzzufahren, nach einer Karambolage mit einem parkenden Auto Fahrerflucht zu begehen, gegen die Polizei zu rebellieren, die Sozialversicherung zu betrügen, Korruption zu betreiben oder gestohlene Gegenstände zu kaufen. 1990 waren sie in diesen Fragen sogar noch etwas freizügiger (Stoetzel 1983: 41; Ashford und Timms 1992: 62; Barker, Halman und Vloet 1992: 32, 37; Anhang: Tabelle 4). Die Gesetzestreue der Deutschen entspringt nicht einfach obrigkeitsstaatlicher Untertanenmentalität – die ohnehin kaum noch existiert – , sondern der Verflechtung von Staat und Bürgern durch den Transmissionsriemen der intermediären Instanzen. In den vergleichbar großen Mitgliedsstaaten der EG – in Großbritannien, Frankreich und Italien – funktioniert dieses Modell schon weniger.

In Großbritannien ist es für den Staat schwierig, in angestammte Rechte von gesellschaftlichen Gruppen einzugreifen. Normsetzung erfolgt überwiegend auf dem Wege der informellen Zusammenarbeit von Regierungsvertretern mit Gruppenvertretern mit dem Ziel der Kompromißbildung in zähem Ringen. Die Fragmentierung der Gruppenorganisationen gibt solchen Kompromissen jedoch keine klare Verbindlichkeit, weil nicht repräsentierte Organisationen Widerstand leisten können. Die Implementation von Normsetzungen auf lokaler Ebene wird durch die Zusammenarbeit von Regierungsinspektoraten mit den betroffenen Gruppen vollzogen und impliziert meistens Kompromisse (am Beispiel der Produktsicherheitspolitik: Joerges, Falke, Micklitz und Brüggemeier 1988: 106-131). Dieses Modell birgt erhebliche deflationäre

Tendenzen in sich. Der Staat ist lange am Widerstand der gesellschaftlichen Gruppen gescheitert, wenn er auf durchgreifende Reformen zielte, bis Margaret Thatcher die Macht der Gewerkschaften durchbrach und damit den bis dahin herrschenden Immobilismus überwunden, aber zugleich den gesellschaftlichen Konsens zerstört hat (Burgi 1985, Boston 1985).

In Frankreich zerfällt die Gesellschaft in eine Vielzahl von mitgliederschwachen Gruppen und Parteien, die kaum zur Zusammenarbeit fähig sind, weil sie sich auf ihre jeweiligen Prinzipien und Interessen versteifen (Crozier 1964, 1970; Safran 1991: 106-130). Dementsprechend ist ihre Mitarbeit an der Regulierung des gesellschaftlichen Zusammenlebens begrenzt. Soweit sie mitarbeiten, ist ihr Einfluß auf die Politik wie auch auf die Gesellschaft geringer als in korporatistisch organisierten Gesellschaften, weil sie nur einen kleinen Teil ihrer potentiellen Klientel als Mitglieder an sich binden können. Nur ein Beispiel: In Frankreich sind nur 20 Prozent aller Metallarbeitnehmer Mitglied einer Gewerkschaft, in Großbritannien sind es dagegen 85 Prozent, in der alten Bundesrepublik 50 Prozent (Kirchner 1988: 159). Dabei handelt es sich in der Bundesrepublik im Unterschied zu den beiden anderen Ländern um eine einzige Gewerkschaft. Nicht mehr als 27 Prozent der Franzosen nennen 1981 eine Mitgliedschaft in einer Vereinigung, im Gegensatz zu 52 Prozent der Briten und 50 Prozent der Deutschen (Stoetzel 1983: 285).

Selbst das Parlament gestaltet in Frankreich nur wenig die Gesetzgebung der Regierung mit. Die Verfassung der V. Republik erlaubt es der Regierung, mit Hilfe des »rationalisierten Parlamentarismus« auch ohne Mehrheit im Parlament handlungsfähig zu bleiben und Gesetze durchzubringen. Die sozialistische Minderheitsregierung hat zwischen 1988 und 1993 mit wechselnden Mehrheiten und mit zwei Verfassungsinstrumenten gearbeitet. Mit der »vote bloqué« nach Art. 44 Abs. 3 ließ sie über gesamte Vorlagen und nicht über einzelne Anträge entscheiden; wenn das nicht half, verband der Premierminister die Abstimmung mit der Vertrauensfrage. Sofern kein Mißtrauensantrag eingebracht wird oder ein solcher keine Mehrheit findet, gilt eine Gesetzesvorlage als angenommen, ohne daß über sie eigens abgestimmt worden wäre. Bis zum 31. 7. 1991 ist von der sozialistischen Minderheitsregierung achtundzwanzigmal von diesem Instrument Gebrauch gemacht worden, mehr als jemals zuvor (Kimmel 1991: 5).

So hängt die staatliche Gesetzgebung und Normsetzung weitgehend in der Luft. Sie kann sich nur auf die reine Sanktionsgewalt stützen, weil die betroffenen Gruppen der Gesellschaft weder über Verbände noch Parteien in die Gesetzgebung eingebunden werden (am Beispiel der Produktsicherheitspolitik: Joerges, Falke, Micklitz und Brüggemeier 1988: 61-105). Die Gesetze werden nicht durch den Einfluß von Verbänden in die Gesellschaft hineingetragen, um dort zu einem festen Bestandteil der normativen Lebenswelt zu werden. Die staatlichen Gesetze nehmen nur eine rein äußerliche Geltung an, ohne innere verpflichtende Wirkung. Für die Menschen in den Départements werden sie von der Administration in Paris gemacht, zu der sie keine Verbindung haben. Daran hat auch die seit 1982 unternommene Dezentralisierung noch nichts durchgreifend geändert (Müller-Brandeck-Bocquet 1990: 51, 82). Was der Peripherie ein gewisses Gegengewicht gegen das Zentrum verleiht, ist nicht die lokale Bürgerbeteiligung, sondern die Fähigkeit der Notabeln, der Lenkung durch das Zentrum zu widerstehen (Grémion 1976). Die Bürger in der Peripherie nehmen die staatlichen Gesetze hin, wenn sich Widerstand nicht lohnt, umgehen sie, wenn sie nicht kontrolliert werden, oder leisten Widerstand, wenn sie sich gerade stark genug fühlen. Den Gesetzen des Staates fehlt so die Abstützung durch den Einfluß und die Legitimationsarbeit repräsentativer Gruppen. Die Folge sind immer wiederkehrende Erscheinungen wie z. B. die tagelange Blockade von zentralen Verkehrswegen durch Lastwagenfahrer, die sich der Einführung eines Punktesystems für Verkehrssünden nicht fügen wollten, im Juni/Juli 1992. Ein anscheinend machtloser Staat muß zusehen, wie eine Gruppe aus rein egoistischen Interessen den Verkehr und damit auch die Versorgung der Bevölkerung lahmlegt. Der hohe Permissivitätswert, den die Franzosen im europäischen Vergleich erreichen, verdankt sich auch ihrer größeren Bereitschaft, Gesetze nicht einzuhalten. Bei einer Befragung 1981 erreichten sie unter neun Nationen fast durchgehend den Spitzenplatz, wenn es darum ging, sich dem Fiskus zu entziehen, schwarzzufahren, bei einer Karambolage mit einem parkenden Auto Fahrerflucht zu begehen, gegen die Polizei zu rebellieren, die Sozialversicherung zu betrügen, Korruption zu betreiben oder gestohlene Gegenstände zu kaufen. Eine Wiederholung der Befragung erbrachte 1990 weitgehend dieselben Ergebnisse (Stoetzel 1983: 41; Ashford und Timms 1992: 62;

Barker, Halman und Vloet 1992: 32, 37; Anhang: Tabelle 4). Es ist darin eine erhebliche Entwertung von politischer Macht und Recht zu erkennen. Die politische Macht des Staates ist entwertet, weil man sich ihr anscheinend ohne weiteres widersetzen kann. Das Recht büßt an Wert ein, weil dessen Übertretung anscheinend jederzeit möglich ist. In diesem Sinne handelt es sich hier um ein System mit ganz erheblichen Tendenzen zur Inflation von politischer Macht und Recht.

Soll positiv gesatztes Recht eine verbindlichere Geltung haben, als sie allein durch überlegene Sanktionsgewalt gesichert werden kann, dann muß es schrittweise zum Bestandteil der normativen Lebenswelt der Menschen werden. Bei der Umsetzung von nationalstaatlichem Recht in geltende Normen der alltäglichen Lebenswelt spielen die Verbände als intermediäre Instanzen eine wichtige Rolle. Durch ihre Zusammenarbeit mit dem Staat bei der Entwicklung und Implementation gesetzlicher Regelungen beziehen sie ihre Mitglieder ein und sorgen für eine verbindlichere Geltung der Regelungen. Auf EG-Ebene ist diese Zusammenarbeit erst in der Entwicklung begriffen (Lepsius 1991: 29). Neben den schon gebildeten Europaverbänden der verschiedenen Industriezweige, agieren in Brüssel auch die nationalen Verbände der einzelnen Länder. Diese Zusammenarbeit von Regierung und Verbänden kann auf EG-Ebene nicht so konsequent in eine allseits getragene Gesetzesformulierung und -implementation münden wie auf der nationalen Ebene. Neben dem allgemeinen Verbandsinteresse bleibt stets auch das nationale Interesse wirksam. Einigung wird viel mühsamer, weil die Heterogenität der mitsprechenden Interessen größer ist. Die Bindung der nationalen Verbandsmitglieder an die Vereinbarungen mit der EG-Regierung wird ebenso schwieriger, weil einerseits der Europaverband eines Industriezweigs keinen direkten Einfluß auf die nationalen Mitglieder hat und weil andererseits die nationalen Verbände nicht so weit die Gesetzgebung gestalten können, daß sie voll dahinter stehen und mit ihrem Einfluß ihre Mitglieder an das neue Recht binden.

Die Agrarpolitik der EG gibt uns heute den richtigen Anschauungsunterricht. Obwohl sie immer größere Summen in die Subvention der Mindestpreise von EG-Agrarprodukten steckt, hinterläßt sie meist nur Verärgerung. Die Bauern sind verärgert, weil sie im Vergleich zu anderen Berufsgruppen dennoch zu wenig zu bekommen glauben. Ihr Ärger entlädt sich regelmäßig in Demonstrationen gegen die EG-Agrarpolitik. Die übrigen Steuerzahler schauen verdrossen zu, weil riesige Summen von Steuergeldern in die Agrarsubventionen geschleust werden, ohne daß erkennbar wird, ob sie langfristig überhaupt einen Nutzen für alle haben. Die Experten sind sich darüber einig, daß das System der garantierten Mindestpreise wirschaftlich eine Fehlallokation bedeutet, weil Ressourcen von wachstumsträchtigen Aktivitäten abgezogen werden, und sozialpolitisch ineffektiv ist, weil nicht nur die bedürftigen, sondern auch die bessergestellten Bauern davon profitieren (von Geldern 1988, Koester 1989).

In allen anderen Politikfeldern verläuft die EG-Gesetzgebung bislang noch unspektakulär, weil die national orientierten Massenmedien noch wenig Notiz davon nehmen, zumal die vielen technischen Verordnungen und Richtlinien, die im Rahmen der Harmonisierung des Rechts für den EG-Binnenmarkt erforderlich sind, bislang keine große öffentliche Aufmerksamkeit erlangen. Erst in jüngster Zeit haben die Massenmedien angefangen, die Bürger mit Berichten über den europaweiten Verkauf von Nahrungsmitteln, die nationale Normen nicht erfüllen, ein wenig wachzurütteln. Hier sieht man die Heterogenität der Interessenlagen auf EG-Ebene aufleuchten. Zu dem Interesse eines Industriezweigs an einer allgemein vorteilhaften Normierung seiner Produkte gesellt sich das Interesse am Festhalten an nationalspezifischen Normen, durch welche die darauf eingestellte nationale Industrie Wettbewerbsvorteile gegenüber ausländischen Konkurrenten hat.

Je anspruchsvoller die Harmonisierungsbestrebungen der EG in der Vereinheitlichung sämtlicher handelsbeschränkender Vorschriften der einzelnen Mitgliedsländer geworden sind, um so schwieriger hat sich auch schon die rein systematische Arbeit der Angleichung einzelstaatlicher Normenwerke in den Bereichen des Lebensmittelrechts, des Verbraucherschutzes, des Umweltschutzes, des Arbeitsschutzes oder der Produktsicherheit gestaltet. Die EG-Kommission hat deshalb 1985 in ihrem Weißbuch zur Vollendung des Binnenmarktes einen Umschwung der Harmonisierungspolitik von der durchgehenden Vereinheitlichung der Rechtsvorschriften zur gegenseitigen Anerkennung der im Herkunftsland eines Produktes geltenden Vorschriften eingeleitet. Die Normen des Ursprungslandes eines Produktes sollen in allen anderen Mitgliedsländern der EG anerkannt werden, so daß dem freien Warenverkehr durch unterschiedliche Normen keine Grenzen mehr gesetzt sind (Kommission der EG 1985b; vgl. Joerges 1991: 243-249). Eine Regulierung auf Gemeinschaftsebene soll nur insoweit erfolgen, als dies durch den Schutz von Gesundheit, Umwelt und anderen hohen Rechtsgütern gefordert ist. Die EG-Regulierung kann sich auf die Festlegung von »grundlegenden Anforderungen« beschränken und die rein technischen Normungsvorgänge den europäischen Normungsorganisationen – dem Europäischen Komitee für Normung (CEN) und dem Europäischen Komitee für Elektrotechnische Normung (CENELEC) – im Rahmen von EG-Verfahrensrichtlinien, den einzelnen Mitgliedsstaaten und ihren nationalen Normungsorganisationen im Rahmen von EG-Mindestanforderungen oder den einzelnen Herstellern im Rahmen ihrer Produkthaftpflicht überlassen. Als Beispiel für die Beschränkung der EG-Regulierungspolitik auf die Formulierung von grundlegenden Anforderungen mag die Richtlinie zu einfachen Druckbehältern dienen. Sie nennt nur die grundlegenden Sicherheitsanforderungen wie z. B. den maximalen Druck, dem die Behälter standhalten müssen, und weist die Umsetzung der Richtlinie in europäische Produktnormen den europäischen Normungsorganisationen zu.

Den Weg für die Liberalisierung und Dezentralisierung der Normsetzung nach dem Prinzip des Herkunftslandes hat das Cassis-de-Dijon-Urteil des Europäischen Gerichtshofes von 1979 gewiesen (EuGH 1979). Nach diesem, auf die Vertreibung von französischem Johannisbeerlikör in der Bundesrepublik bezogenen Urteil dürfen nur solche Rechtsvorschriften den nach Art. 30 EWGV garantierten freien Warenverkehr einschränken, die zwingenden Erfordernissen entsprechen. Darüber hinaus sei die positive Harmonisierung von Rechtsvorschriften nicht erforderlich (Joerges, Falke, Micklitz und Brüggemeier 1988: 305-386; Müller-Graff 1991). Die Folgeurteile zum Reinheitsgebot von Bier im Jahre 1987 (EuGH 1987), zur Mehlqualität bei der Herstellung von Pasta im Jahre 1988 (EuGH 1988) und zu Fleischerzeugnissen im Jahre 1989 (EuGH 1989) haben diesen Weg fortgesetzt. Deutsche Bierbrauer haben vergeblich geklagt, ihr Reinheitsgebot von 1516, nach dem Bier nur aus Gerstenmalz, Hopfen, Hefe und Wasser gebraut werden darf, gegen die Einfuhr von anders, z. B. mit Reis- oder Maisstärke gebrautem Bier zu wenden. Italienischen Herstellern von Pasta ist es nicht gelungen, die Einfuhr von deutschen Nudelprodukten nach Italien zu verhindern, die nicht nach italienischem Rezept aus Hartweizen, sondern aus Weichweizen hergestellt werden. In beiden Fällen ist der Europäische Gerichtshof davon ausgegangen, daß durch die unterschiedlichen Rezepturen keine Gefahr für die Gesundheit der Verbraucher drohe und deshalb dem freien Warenverkehr der Vorzug gebühre. Eine angemessene Produktkennzeichnung genüge, um den Verbraucher in die Lage zu versetzen, unter dem Warenangebot in aufgeklärtem Bewußtsein frei zu wählen. Aus ökonomischer Sicht wird diese Politik der regulativen Konkurrenz als Beitrag zur Beschleunigung der Binnenmarktintegration, zur Förderung des Produktwettbewerbs und zur Gewinnung von mehr Konsumentensouveränität begrüßt. Die Entscheidung über die Produktsicherheit liegt dann ein Stück weiter auf der Seite des Verbrauchers (Scharrer 1989: 100-104; Siebert 1989, Donges 1990; Joerges 1991: 253-255).

Das Ziel der Beschleunigung der Binnenmarktintegration ist durch die neue Harmonisierungspolitik erreicht worden. Die EG-Harmonisierung kommt besser voran. Die neue Harmonisierungspolitik hat jedoch auch weniger positive Nebenfolgen. Zusammen mit der wachsenden Mobilisierung von Umwelt- und Verbraucherschutzorganisationen verschärft die regulative Konkurrenz im Rahmen des EG-Binnenmarktes in den Einzelstaaten die Konflikte um die angemessenen Regulierungsmaßnahmen. Sie weckt das Interesse der nationalen Industrien, darauf hinzuwirken, daß sie zur Erhaltung ihrer Konkurrenzfähigkeit keine schärferen Auflagen zu erfüllen haben als ihre ausländischen Konkurrenten. So entsteht ein Wettbewerb um die geringstmöglichen nationalen Auflagen (Scharpf 1990: 34-38). Die deutsche Industrie wehrt sich jetzt mit aggressiveren Tönen gegen den umwelt- und sicherheitspolitischen »Würgegriff«. So klagt z. B. der Vorsitzende des Verbandes der Industriellen Energie- und Kraftwirtschaft (VIK), die deutsche Wirtschaft leide im Vergleich zu den anderen europäischen Ländern an 30 bis 40 Prozent höheren Energiepreisen. Neben unterlassenen Rationalisierungen aufgrund der monopolistischen Struktur der deutschen Energiewirtschaft, Subventionen für die heimische Steinkohle und Konzessionsabgaben an die Gemeinden werden dafür vor allem »überzogene« umwelt- und sicherheitspolitische Auflagen verantwortlich gemacht. Der Verbandsvorsitzende sieht die Industrie von einer »subversiven Bürokratie«, einer »kleinen Clique von Beamten« und den Umweltverbänden als »selbsternannten Blockwarten der Nation« gegängelt. Die Zusammenarbeit von Behörden und Umweltverbänden ginge so weit, daß es *Greenpeace* möglich sei, mit einem Brief an einen subalternen Beamten des Bundesumweltministeriums die Haltung deutscher Delegationen bei internationalen Konferenzen zu bestimmen (*Kölner Stadtanzeiger* 1992b: 9).

Einzelne Staaten können sich Standortvorteile durch geringere Auflagen schaffen. Sobald dieser Wettbewerb jedoch Risiken produziert, die von den wachgerüttelten Verbraucher- und Umweltschutzverbänden erfolgreich in die Diskussion gebracht werden, entsteht über die einzelstaatlichen Konflikte hinaus ein Bedarf, Mindeststandards auf EG-Ebene anzuheben oder neu festzulegen, wobei dann die nationalspezifischen industriellen Interessen aufeinanderprallen. Die Zulassung aller nationalen Standards bei Erfüllung von Mindestnormen ist insofern kurzfristig eine elegante und schnell durchführbare Lösung. Sie verschiebt jedoch die Konflikte zwischen Industrieinteressen und Verbraucheroder Umweltschutz sowie zwischen nationalspezifischen Industrieinteressen nur auf einen späteren Termin. Nach der gewachsenen Skepsis der Bevölkerungen hinsichtlich der Entwicklung einer Europäischen Politischen Union geißeln Politiker jetzt gerne die »Regelungswut« der Eurokraten und versprechen weniger Zentralismus und mehr Subsidiarität, weniger bürokratische Reglementierung und mehr Bürgernähe, um so den stockenden EG-Zug wieder ins Rollen zu bringen (Senger und Etterlin 1992). Gleichwohl, ob und wie dieses Versprechen einzulösen ist und welche Folgen es haben wird, bleibt dabei eine unbeantwortete Frage. Es wird verschwiegen, in welch hohem Maße der Binnenmarkt eine EG-weite Ordnungs-, Sozial-, Produktsicherheits- und Umweltpolitik erzwingt, um einen geordneten Wirtschaftsverkehr zu ermöglichen und dessen externe Negativeffekte unter Kontrolle zu halten. Mit dem Verweis auf die erlaubte Krümmung von Gurken als eine unsinnige EG-Regelung hat man noch nicht widerlegt, daß die mit dem EG-Binnenmarkt enorm wachsende Marktdynamik eine ebenso wachsende politische Kontrolle benötigt und damit der Regelungsbedarf auf EG-Ebene nicht ab-, sondern zunehmen wird, trotz aller Beteuerungen der um Unterstützung werbenden Politiker. Auch die Demokratisierung der

Europapolitik im Interesse ihrer größeren Bürgernähe reduziert nicht den Regelungsbedarf, sondern erhöht ihn schon aufgrund der nun wachsenden Zahl artikulierter Interessen erst recht. Wenn Subsidiarität die Konkurrenz von Normensystemen heißt, dann bekommen wir zwar eine Deregulierung des Marktes, ohne daß es jedoch eine Grenze gäbe, jenseits derer uns diese Deregulierung wehrlos den enorm wachsenden Belastungen, Gefahren und Beeinträchtigungen des ungezügelten Wirtschaftsverkehrs aussetzt. Der Ruf nach EG-weiten Kontrollen der Exzesse des Wirtschaftsverkehrs muß dann um so lauter werden und für eine Regulierungswelle sorgen.

Auch die neue Harmonisierungspolitik wird auf umfassende Normsetzungsaktivitäten auf der Ebene der EG angewiesen sein (Joerges, Falke, Micklitz und Brüggemeier 1988: 387-429; Hart 1989, Majone 1989, Falke 1989, Dehousse 1992). In der Tat zeigt die Europäische Gemeinschaft seit Mitte der achtziger Jahre entgegen der vorherrschenden Skepsis (Weiler 1982, Scharpf 1985) unter der energischen Führung der EG-Kommission eine erstaunliche Aktivität in der Regulierung des Binnenmarktes (Majone 1989, Eichener 1992, 1993). Die Kommission kann sich dabei auf die in Art. 100a der Einheitlichen Europäischen Akte formulierte Verpflichtung auf ein hohes Schutzniveau stützen. Der größte Erfolg ist ihr in der Erarbeitung einer gemeinsamen Richtlinie zum Arbeitsschutz gelungen, die nach dem Urteil der Experten über das bisher in allen Mitgliedsländern geltende Niveau hinausgeht. Zu erklären ist dies durch die entschlossene Wahrnehmung einer Führungsrolle durch die Kommission, die Nutzung des qualifizierten Mehrheitsentscheids, den größeren Einfluß der technischen Experten aus den hochentwickelten Ländern und ihre Mehrheit in den Beratungsausschüssen. Die Tatsache, daß im Ministerrat jeweils die Fachminister untereinander entscheiden und sich nicht mit den Ministern anderer Ressorts streiten müssen, trägt ebenso zur Steigerung der Entschlußkraft bei. Einen positiven Beitrag leistet auch die unablässige Anhebung technischer Standards durch wissenschaftlich-technische Innovationen und moralische Diskurse, durch welche jede *neue* Normsetzung auf höherem Niveau als zuvor erfolgt. Weiterhin förderlich ist das bislang noch geringe Hineinziehen der EG-Gesetzgebung in öffentliche Auseinandersetzungen und das leichtere Finden von gemeinsamen Sachlösungen, weil Eitelkeiten, Darstellungszwänge, Selbstblockaden durch öffentliche Stellungnahmen und Stimmengewinne noch keine Rolle spielen (Eichener 1993, Rehbinder und Stewart 1985: 12-13). Mit dem wachsenden Erfolg in der Normsetzung verlagern sich die Probleme jedoch auf die Ebene der Normimplementation, wie wir noch sehen werden.

Das Grünbuch der Kommission von 1990 setzt der EG das ehrgeizige Ziel, im Interesse der Binnenmarktintegration die Verlagerung der Normungsverfahren auf europäische Ebene zu erreichen und ein europäisches Zertifizierungssystem für die Zulassung von Produkten einzurichten. Von den Mitgliedern der Normungskommission wird ein Abgehen von nationalen Interessen zugunsten einer europäischen Sichtweise gefordert. Auf dem Wege genauer Richtlinien mit detaillierten Vorschriften zur Vergabe von Zertifikaten soll sichergestellt werden, daß die dezentral auf die Mitgliedsstaaten verlagerte Vergabepraxis dennoch zu einheitlichen Ergebnissen kommt (Joerges 1991: 246-247).

Gegenwärtig verläuft die EG-Gesetzgebung und -Normsetzung bei der Harmonisierung technischer Normen noch ohne großes öffentliches Aufsehen, weil die Umwelt- und Verbraucherschutzverbände erst anfangen, auf EG-Ebene aktiv zu werden, und in Brüssel noch kaum Fuß gefaßt haben (Weber 1989: 150-151; Kohler-Koch 1992; Joerges 1991: 257; Markmann 1991, Struwe 1991, Brendle und Hey 1993). »Konzern- und Bankenfusionen sowie supranationale Bürokratie sind unterdessen Realität, die ›grüne Internationale‹ hingegen bleibt eine Fata Morgana«, schreibt Claus Leggewie (1989: 8; siehe auch Leggewie 1990a). So haben die gut etablierten Wirtschaftsverbände ein deutliches Übergewicht in der Einflußnahme auf die Entwicklung von EG-Verordnungen und EG-Richtlinien. Rund 800 überwiegend wirtschaftlich interessierte Verbände europäischer und nationaler Art und 20 000 Lobbyisten sind in Brüssel tätig. Der Verwaltungsapparat der EG-Kommission umfaßt jedoch nur 15 820 Bedienstete, der Apparat einer mittleren Großstadt (Röttinger und Weyringer 1991: 92). Von den Bediensteten ist zudem der größte Teil im aufwendigen Agrarsektor tätig. Die einzelnen Abteilungen sind in der Regel zu schwach besetzt, um mit dem Informationsstand der Wirtschaftsverbände mithalten zu können, so daß deren Einwendungen gegen vorgesehene Regelungen nur schwer zurückgewiesen werden können (Weber 1989: 148-149; Franken und Ohler 1989).

Der EG-Normungsprozeß wird inzwischen von einer Vielzahl von Ausschüssen geleistet, in denen Experten der einzelstaatlichen Verwaltungen, der Wirtschaftsverbände und der technischen Normungsverbände mit den EG-Verwaltungsexperten zusammenarbeiten. Insoweit hat sich ein EG-Korporatismus herausgebildet (Joerges 1991: 256-257), der deutlich von den technischen Experten der Wirtschaftsverbände und der technischen Normungsverbände beherrscht wird. Diese Sachlage wird sich jedoch ändern, sobald die Umwelt- und Verbraucherverbände auf EG-Ebene aktiver werden. Die EG-Kommission sieht selbst die Notwendigkeit einer Pluralisierung der Normierungsverfahren: »Andere interessierte Gruppen wie Verbraucher, Anwender und Arbeitnehmer müssen ebenfalls bereit sein, sich für eine Teilnahme am europäischen Normungsprozeß besser zu organisieren« (Kommission der EG 1990: Ziff 29, 33; zit. bei Joerges 1991: 257; siehe auch Joerges, Falke, Micklitz und Brüggemeier 1988: 401-429; Streeck und Schmitter 1991; Majone 1992, Eichener 1993). Soweit die EG die Pluralisierung der Normsetzungsverfahren erreicht, werden diese indessen wesentlich konfliktreicher ablaufen.

Die Einrichtung europäischer Regulierungsagenturen, die jetzt im Falle von Behörden für Umweltschutz, Sicherheit am Arbeitsplatz und Arzneimittelkontrolle vollzogen wird (Hilf 1982; Joerges 1991: 257-259), käme der Pluralisierung des Normsetzungsverfahrens entgegen, wenn die Agenturen nicht als Behörden verstanden würden, die den Expertenkonsens verwalten, sondern dem US-amerikanischen Modell folgten. Nach diesem Modell müßten von der EG Agenturen mit dem Auftrag eingerichtet werden, unter Beteiligung der betroffenen Interessengruppen für bestimmte Bereiche der Produktsicherheit oder des Umweltschutzes technische Normen festzulegen und über die Zulassung von Produkten nach diesen Normen zu entscheiden. In den Vereinigten Staaten treffen in den Regulierungsaktivitäten dieser Agenturen sehr kontroverse Risikoeinschätzungen aufeinander. Die Experten der Industrie, der Umwelt- und Verbraucherschutzverbände, die Experten verschiedener nationaler Forschungsinstitutionen und der Agenturen selbst gehen mit sehr unterschiedlichen Zielsetzungen und Risikodefinitionen in die Verhandlungen (Schneider 1985, Brickman, Jasanoff und Ilgen 1985; Joerges, Falke, Micklitz und Brüggemeier 1988: 201-237). In diesem pluralistischen System ergeben sich technische Normsetzungen nicht aus einem Konsens der Experten, der sich aus objektiver Wahrheit speist, sondern aus einem konfliktreichen Prozeß der Ausfechtung (bargaining). Ebenso verläuft das Verfahren der Zulassung von Produkten. Die kontroverse Ausfechtung von Normsetzungen und Zertifikaten endet oft nicht mit der Entscheidung der Agenturen, sondern findet ihre Fortsetzung in ebenso kontrovers geführten Gerichtsverfahren, weil die unterlegenen Parteien immer häufiger die Gerichte in Anspruch nehmen, um das Blatt ein wenig zu ihren Gunsten zu wenden.

Die Einführung von Normsetzungs- und Zertifizierungsagenturen durch die EG wird diese pluralistische und kontroverse Form der Normsetzung nicht unmittelbar abbilden, weil hier noch eine andere Wissenschaftskultur vorherrscht, die den Glauben an das objektive Expertenurteil noch nicht ganz aufgegeben hat. Dementsprechend sollen die europäischen Behörden nur Beratungs- und Koordinationsfunktionen erfüllen (Joerges 1993: 25). Technische Normsetzung wird noch mehr als eine Sache der Experten betrachtet, die aufgrund wissenschaftlich begründeter Erkenntnis zu einem gemeinsamen, objektiv richtigen Urteil kommen (Wolf 1991). Je mehr jedoch eine Pluralität von Gruppen ihre Vertreter in die Expertenkommissionen entsendet, um so mehr zerbröselt dieser Glaube im Hin und Her über Grenzwerte und Risikoeinschätzungen. Sie verlieren allen Schein der Objektivität und geraten voll in die Austragung politischer Konflikte. Es wird erkennbar, daß die Festlegung von Grenzwerten der Belastbarkeit des Menschen und die Einschätzung von Risiken davon abhängen, welche Priorität dem Schutz- und Sicherheitsbedürfnis oder dem wirtschaftlichen Wachstumsbedürfnis gegeben wird. Die Festlegung von Grenzwerten und Risikoeinschätzungen verändert sich stark in Abhängigkeit von der Aufmerksamkeit, die diese beiden Zielsetzungen im Gefolge des Meinungsstreits in der Öffentlichkeit erlangen (Beck 1986).

Die Idee, daß Normsetzungsagenturen quasi im Auftrag der dazu legitimierten politischen Organe (Parlament oder Regierung, bei der EG: der Ministerrat) ihre Aufgaben als rein wissenschaftlich-technische Arbeit erledigen, wird durch diese Entwicklung obsolet (Majone 1976: 38). Sie werden selbst zu Arenen der politischen Auseinandersetzung (Beck 1986). Wie weit es sich dabei um von der Verfassung nicht legitimierte Formen der politischen Machtausübung und Entscheidung handelt, ist eine Frage des Verfassungsrechts, die dann nicht unberechtigt die Frage impliziert, welche Art von Kontrolle über diese Kontrollinstanzen selbst ausgeübt werden soll (Bach 1992). Eine erste Antwort auf diese Frage ist die Pluralisierung der Entscheidungsverfahren durch Einbeziehung von Repräsentanten aller betroffenen Gruppen. Nach US-amerikanischem Verständnis ist sie selbst eine Form der gegenseitigen Kontrolle von Experten (vgl. Schneider 1985; Brickman, Jasanoff und Ilgen 1985: 174-180, 187-217). Darüber hinaus wird Kontrolle durch Berichts- und Rechtfertigungspflicht gegenüber dem Kongreß sichergestellt. Beide Formen der Kontrolle laufen auf die Umstellung der Normsetzungsverfahren vom objektiv gültigen Expertenkonsens auf die Expertenkontroverse und die politische Kontroverse hinaus.

Die Verwirklichung dieses Normsetzungspluralismus auf EG-Ebene würde noch die Pluralität nationaler Kulturen, Wissenschaftstraditionen und Expertenschulen sowie nationaler Interessenlagen hinzufügen, die kaum in arbeitsfähigen Kommissionen abgebildet werden kann und im gegebenen Fall die Einigung noch schwieriger gestalten würde, als sie sich in den USA schon darstellt. Immer mehr Gutachten müßten für stets kläglichere Kompromisse bemüht werden, mehr Zeit würde für die Erzielung von Kompromissen benötigt, mehr Revisionen durch Gerichtsverfahren würden angestrebt werden, die einzelstaatliche Implementierung der EG-Normen würde langsamer vorangehen. Wir hätten demgemäß erhebliche Wellen der Macht- und Rechtsinflation zu erwarten. Die Pluralisierung der Normsetzung würde durch die verstärkte Einbeziehung von mehr Gruppen mehr Macht mobilisieren, der aber magerere Ergebnisse gegenüberstünden. Gesatzte Normen würden weniger und langsamer als zuvor tatsächlich geltendes Recht werden. Sollte jedoch die Pluralisierung der Normsetzung wegen der mangelnden Organisierung der relevanten Gruppen auf europäischer Ebene gar nicht möglich sein, dann würde die EG-Normsetzung analog zum französischen Modell des Etatismus in der Luft hängen und wegen der größeren Widerstandskraft der einzelstaatlichen Opponenten entweder mangels politischen Kapitals gar nichts bewirken oder bei zu viel Mut und Kreditaufnahme am Widerstand der einzelstaatlich mobilisierten Opposition scheitern und in eine um so größere Macht- und Rechtsinflation geraten.

Eine vollständige Pluralisierung der EG-Normsetzung wird mit Problemen der Entschluß- und Durchsetzungskraft verbunden sein und wird sich den Tendenzen der US-amerikanischen Normsetzung annähern. Eine solche Annäherung hat sich auch schon in den europäischen Einzelstaaten ergeben. Das ist vor allem am Beispiel des deutschen Synthesemodells zu erkennen. In der Bundesrepublik ist die institutionalisierte Synthese von Staat und Verbänden durch die Individualisierungsschübe und die politische Mobilisierung der Bevölkerung in Form von sozialen Bewegungen und Bürgerinitiativen seit Ende der sechziger Jahre erheblichen Erosionen unterworfen worden. Die Geschlossenheit des Systems hat dafür gesorgt, daß sich neue Ideen und Interessen zunächst nur in Form von Protest und Widerstand gegen die etablierte Synthese von Staat und Verbänden äußern konnten. Das Beispiel hierfür ist der Ausbau der Kernenergie in der Zusammenarbeit von Staat, Industrie, Gewerkschaften und Wissenschaft (Keck 1984, Kitschelt 1980). Die Kritiker der Kernkraft waren nicht in gleichem Maße in das System der Zusammenarbeit einbezogen. Die geschlossene Front von Staat, Industrie, Gewerkschaften und Wissenschaft konnte so zwar den zügigen Ausbau der Kernenergieversorgung beschließen, aber nicht mehr so zügig wie geplant durchsetzen, weil sich der Widerstand der Kritiker in Form von Protest, Geländebesetzungen und Verwaltungsgerichtsklagen um so heftiger formierte. Gemessen an den immer größeren Verzögerungen der Implementation von politischen Entscheidungen für den Bau von Kernkraftwerken und Entsorgungsanlagen ist auch hier eine erhebliche Inflation politischer Macht eingetreten. Faßt politische Macht Beschlüsse, die nur sehr schleppend oder in einigen Fällen gar nicht verwirklicht werden, ist sie in ihrer Wirkung entwertet. Die Verhältnisse werden auch dadurch noch komplizierter, daß sich die großen Verbände und Kirchen immer weniger auf einen festen Mitgliederstamm stützen können, der sich gewohnheitsmäßig solidarisch und loyal verhält und ohne Zögern der Verbandsführung folgt. Die Verbände und Kirchen müssen ihre Attraktivität durch spezifische Leistungen für ihre Klientel beweisen, weil sie sonst abzuwandern droht (Streeck 1987). Das erfordert ein aggressives Vorgehen in öffentlichen Debatten und politischen Entscheidungsverfahren, um die Interessen der Mitglieder möglichst weitgehend durchzufechten.

So verschärfen die größere Offenheit der Gesellschaft, die größeren individuellen Freiheiten und die damit einhergehende Auflösung von gewohnheitsmäßigen Bindungen an Kirchen, Verbände und Parteien den Konkurrenzkampf um ökonomische Vorteile, um die politische Gestaltung der Gesellschaft, um Unterstützung, Solidarität und Loyalität und um die kulturelle Definition des Wahren, Guten und Schönen. Das Synthesemodell löst sich in diesem Öffnungsprozeß zwangsläufig auf und macht Verhältnissen Platz, die sich dem US-amerikanischen Konkurrenzmodell nähern. An die Stelle der Synthese ist zunächst die Konfrontation getreten, aus der heraus jetzt mühsam der Weg zum Dialog gesucht wird. Ansätze zum Dialog zwischen Industrie und Umweltgruppen bleiben jedoch immer wieder im gegenseitigen Mißtrauen stecken (Claus 1993). Die Bürger werden nicht mehr automatisch durch den Einfluß von Parteien, Verbänden und Kirchen mit einem großen, quasi geborenen Mitgliederstamm an den Staat gebunden und auf das staatlich gesatzte Recht verpflichtet. Sie wählen aus einer größer gewordenen Zahl von Vereinigungen mit geringeren Mitgliederzahlen nach reinem Interesse oder reiner Gesinnung aus. Die Vereinigungen müssen sich um so mehr für die Förderung der Interessen und der Gesinnung ihrer Mitglieder ins Zeug legen. Um so mehr geraten sie untereinander in einen verschärften Konkurrenzkampf und um so mehr werden sie ihre »staatstragende« Rolle zugunsten einer aggressiven Interessenvertretung und Gesinnungspolitik aufgeben müssen. Diese Fragmentierung der gesellschaftlichen Vereinigungen wird noch dadurch gesteigert, daß die Heterogenität der Bevölkerung durch Zuwanderung wächst. Zur Vielfalt konkurrierender Interessen- und Gesinnungsgruppen gesellt sich auch eine wachsende Vielfalt ethnischer, nationaler und regionaler Herkunftsgruppen. Die europäischen Gesellschaften bewegen sich auch in dieser Hinsicht ein Stück weit auf die US-amerikanischen Verhältnisse zu.

Auf EG-Ebene werden wir eine Kombination des französischen Modells eines in der Luft hängenden Etatismus mit dem britischen Modell des Beharrens von Einzelstaaten, Regionen und Gruppen auf ihren angestammten Rechten mit dem US-amerikanischen Modell des ubiquitären Konkurrenzkampfes einer zunehmend mobileren und heterogeneren Gesellschaft bekommen, während das deutsche Synthesemodell schon auf seinem heimischen Boden in der Auflösung begriffen ist. Der Rat wird der

Hort des Immobilismus sein, weil er auf Einvernehmlichkeit angewiesen ist und auf jedes mit Gewicht vertretene Interesse Rücksicht nehmen muß. Die Kommission wird nach dem etatistischen Modell Verordnungen und Richtlinien ausarbeiten, die noch die Zustimmung des Ministerrats finden, aber mangels Einbindung nicht diejenige der betroffenen Gruppen in den einzelnen Gesellschaften, deren Heterogenität und Konkurrenz für die Unübersichtlichkeit der Verhältnisse sorgt. Die regelmäßig wiederkehrenden Bauernproteste trotz ständig steigender Subventionen für die Landwirtschaft sind die Anzeichen für das, was in anderen Politikfeldern auf uns zuströmen wird, sobald dort eine eindeutigere EG-Zuständigkeit und ein höherer Grad der Politisierung erreicht ist.

Es wird sich auf EG-Ebene kaum das deutsche Synthesemodell der Zusammenarbeit von Bund, Ländern und Gemeinden auf der einen Seite und von Staat und Verbänden auf der anderen Seite verwirklichen lassen, weil schlicht die Zahl der angesprochenen Verbände und Interessengruppen vervielfacht wird, die entsprechenden Europaverbände keine nationale Verwurzelung haben und die nationalen Verbände weiterhin ihre nationalspezifischen Interessen vertreten werden. Die Gesetzgebung bewegt sich dadurch zwangsläufig von der Zusammenarbeit einer kleineren Zahl zur Konkurrenz einer größeren Zahl von Verbänden hin. Diese Tendenz wird sich noch verstärken, wenn auch ideelle Verbände, wie Umwelt-, Verbraucher- oder Tierschutzverbände, in Brüssel aktiv werden. Es wird deshalb stets genügend Verlierer geben, die in Brüssel übergangen werden müssen, um überhaupt zu Entscheidungen zu gelangen. Sie werden dann indessen nicht als Transmissionsriemen der Einbindung ihrer Klientel in die Gesetzesgeltung, sondern als Transmissionsriemen des Protestes und des Widerstandes dagegen dienen. Demzufolge ist mit erheblichen Entwertungen von politischer Macht und Recht zu rechnen. Es wird häufiger vorkommen, daß Verordnungen und Richtlinien erlassen werden, die in den Einzelstaaten nicht durchgeführt oder lange nicht durchgeführt werden, die dort umgangen werden, gegen die sich der massive Widerstand betroffener Gruppen richtet oder die schlicht nicht eingehalten werden.

Die EG ist schon seit Ende der siebziger Jahre mit einer explosionsartigen Zunahme von Verstoßverfahren nach dem Gemeinschaftsrecht konfrontiert (Anhang: Tabelle 11, Abb. 2, 3). Von

1962 bis 1978 hat sich die Zahl der Verfahren pro Jahr von unter 15 auf 100 erhöht, von 1978 bis 1985 jedoch von 100 auf 503, bis 1989 bzw. 1990 nochmals auf 664 bzw. 960 (Kommission der EG 1986: 15; Padoa-Schioppa et al. 1988: 67-69; Joerges, Falke, Micklitz und Brüggemeier 1988: 276-280; Nicolaysen 1991: 239; Röttinger und Weyringer 1991: 206; Snyder 1993: 29). Sicherlich trägt eine aktivere Implementationspolitik der EG-Kommission zur häufigeren Einleitung von Verstoßverfahren bei. Außerdem ist ja auch eine stetige Zunahme der jährlich verabschiedeten Verordnungen, Richtlinien und Entscheide von 102 im Jahre 1971 auf 1234 im Jahre 1991 zu verzeichnen (Amt für Amtliche Veröffentlichungen der Europäischen Gemeinschaften 1992). Es wäre jedoch falsch, aus der Zunahme von Verstoßverfahren schon auf eine wirksamere Durchsetzung des EG-Rechts zu schließen (Eurostat 1991b: 138). In Wirklichkeit scheint die Zahl der Verstoßverfahren nur einen kleineren Teil des tatsächlichen Vollzugsdefizits zum Ausdruck zu bringen. Schon die Zahl der angezeigten bzw. von der Kommission selbst ermittelten Verstöße ist teilweise mehr als doppelt so hoch wie die Zahl der formell eingeleiteten Verfahren in Gestalt eines Aufforderungsschreibens der Kommission an den betroffenen Mitgliedsstaat, eine Stellungnahme zur indizierten Vertragsverletzung abzugeben. Die Zahl der angezeigten bzw. ermittelten Verstöße lag 1980 bei 208, 1986 bei 1084, 1989 bei 1547 und 1990 bei 1535 (Snyder 1993: 29). Insbesondere in den südeuropäischen Ländern fehlen vielfach die administrativen, personellen und technischen Voraussetzungen, um eine konsequente Implementation und Applikation des EG-Rechts zu gewährleisten. In den in dieser Hinsicht besser ausgestatteten Ländern herrscht dagegen oft die Auffassung vor, daß ihr eigenes Recht und ihre eigene Verwaltungspraxis schon eine angemessene Umsetzung von EG-Recht böten oder sogar besser als EG-Recht seien.

Eine Studie stellt angesichts dieser Sachlage besorgt fest, daß zwar die Praxis der gegenseitigen Anerkennung von Normen sowie die Schaffung eines erstinstanzlichen Gerichts am Europäischen Gerichtshof für eine Entschärfung sorgen könnten, aber die Expansion der Gesetzgebung und die zunehmende Anwendung des Mehrheitsprinzips eher zu einer weiteren Verschärfung führen werden. Die erfolgreiche Gesetzgebung könnte durch erhebliche Implementationsdefizite zunichte gemacht werden: »Andererseits wird schon allein die Zahl der im Weißbuch geforderten gesetzgeberischen Maßnahmen das Problem der Einhaltung unausweichlich vergrößern. Die häufigere Anwendung des Mehrheitsbeschlusses ist zwar ein unumgänglicher Schritt zur Erleichterung des Gesetzgebungsprozesses, könnte aber auch bis zu einem gewissen Grad zu noch größeren Problemen bei der Einhaltung in den Ländern führen, die im Rat überstimmt worden sind. Nach dem Urteil einiger Kenner des gemeinschaftlichen Rechtssystems liegen die institutionellen Probleme bereits jetzt viel stärker auf der Seite der Einhaltung als auf der legislativen Seite« (PadoaSchioppa et al. 1988: 67-68).

Angesichts der bisherigen konsensuellen Entscheidungspraxis der EG ist dieses Phänomen als Paradox der Gesetzesbefolgung bezeichnet worden (Krislov, Ehlermann und Weiler 1985: 59-88). Die Einzelstaaten erfüllen immer weniger die Gesetzesimplementations- und Anwendungspflichten, denen sie in der Gesetzgebung zugestimmt haben. Eine wesentliche Ursache dafür ist in der wachsenden Frustration an der Konsensbildung und im Akzeptieren von Kompromissen zu sehen, bei denen nationale Interessen nicht genügend eingebracht wurden. Dänemark z. B. gilt als harter Verhandlungspartner, aber verläßlicher Gesetzesbefolger. Dagegen wird Italien als konzilianter Verhandlungspartner, aber unzuverlässiger Gesetzesbefolger eingeschätzt. Eine Auszählung von 1990 weist Dänemark 19mal als Adressaten einer Vertragsverletzungsklage aus, Italien jedoch 246mal (Röttinger und Weyringer 1991: 206). In Dänemark werden das nationale Parlament und die nationalen Behörden mehr als in den anderen Ländern in die EG-Verhandlungen einbezogen. Durch ihren Einfluß sichern sie einerseits die Berücksichtigung nationaler Interessen in der EGGesetzgebung, andererseits die verläßliche Implementation der EG-Gesetze im eigenen Land. Diese Erfahrung spricht für eine stärkere Einbeziehung der nationalen Parlamente und Behörden in die EG-Verhandlungen. Sie verlangsamen zwar die Konsensbildung, gewährleisten aber eine reibungslosere Implementation des EG-Rechts ohne allzu große Entwertung in Form von Verzögerung, Umgehen, Verwässern und Widerstand.

Erschwerend für die konsequente Umsetzung von EG-Recht in den einzelnen Mitgliedsstaaten wirkt sich aus, daß die EG über keine eigene Durchführungsverwaltung verfügt, sondern auf die Mitarbeit der Einzelstaaten und ihrer Behörden angewiesen ist

(Snyder 1993). In den Einzelstaaten kann deshalb das EG-Recht leicht an offenem oder verdecktem Widerstand scheitern oder auch nur im Gestrüpp nationaler Rechts- und Verwaltungstraditionen und Verwaltungsstile hängenbleiben. EG-Richtlinien werden dann verspätet, verwässert und bis zur Unkenntlichkeit angepaßt in nationales Recht eingearbeitet und in nicht intendierter Weise angewandt. Verordnungen werden nach nationalen Eigenarten der Verwaltungsführung ganz anders durchgeführt, als es vorgesehen war. Während einzelne Länder, die ein besonderes Interesse an einer Richtlinie haben, vielleicht eine vorbildliche Umsetzung vornehmen, können sie andere, die sie nur unwillig annehmen, bis zur Unkenntlichkeit ihres Sinngehalts entleeren. Das zeigt z. B. die Umsetzung der EG-Richtlinie zur Umweltverträglichkeitsprüfung vom 27. Juni 1985. Hier haben die Niederlande z. B. versucht, die Richtlinie möglichst genau durch ein neues Gesetz umzusetzen. Sie haben jedoch so hohe Anwendungsschwellen errichtet, daß die Landwirtschaft – z. B. die Massentierhaltung – davon weitgehend verschont bleibt. Italien, Spanien, Portugal und Griechenland haben relativ anspruchsvolle Gesetze formuliert, die den für Umweltfragen zuständigen Ministerien eine wichtige Rolle übertragen. Zweifel ergeben sich jedoch in bezug auf die Anwendung und Kontrolle, weil das dafür erforderliche qualifizierte Personal fehlt. In Frankreich, Dänemark, Großbritannien und Irland wurde der Standpunkt vertreten, daß die geltenden Gesetze die Anforderungen der Richtlinie schon erfüllen, wodurch an der bestehenden Rechts- und Verwaltungspraxis kaum etwas geändert werden mußte. Sie bewegen sich an der fließenden Grenze zwischen der Erfüllung der Mindeststandards und dem Unterlaufen der Anforderungen (vgl. Coenen und Jörissen 1989). So wird das EG-Recht nicht nur durch Nichtbefolgung entwertet, sondern auch durch schleppende, unterlaufende oder gar entstellende Umsetzung sowie durch unzureichende Durchführung mangels qualifizierter Kontrolle (vgl. Teske 1992).

An die Achtung des EG-Rechts als vorrangig vor dem nationalen Recht müssen sich nicht nur die nationalen Regierungen und Verwaltungen erst noch richtig gewöhnen, sondern auch die Bürger selbst. Eine Befragung im Herbst 1992 ermittelte im EG-Durchschnitt nur 17 Prozent, die uneingeschränkt für eine Befolgung der Entscheidungen des Europäischen Gerichtshofs eintraten, und 34 Prozent, die dies mit Einschränkungen taten. Dagegen wollten dies 14 Prozent in gewissem Maße nicht tun, 8 Prozent überhaupt nicht, während 18 Prozent unentschieden blieben und 10 Prozent keine Antwort wußten (Kommission der EG 1992c: A 49).

Eine weitere Tendenz zur Entwertung des EG-Rechts kann sich ergeben, wenn die Einzelstaaten in zunehmendem Maße von ihrem Recht auf einen nationalen Alleingang nach Art. 100a Abs. 4 EWGV Gebrauch machen. Sie können dies im Falle zwingender Erfordernisse nach Art. 36 tun. Hohe Schutzgüter wie die Arbeitsumwelt, die natürliche Umwelt und die Gesundheit sowie Sicherheit von Verbrauchern können solche nationalen Alleingänge rechtfertigen (Hailbronner 1989). Man kann vermuten, daß aufgrund der heterogenen Interessenlage und der Mentalitätsdifferenzen zwischen den Einzelstaaten bei expandierender EG-Gesetzgebung auch die Versuchung zu solchen Alleingängen wächst. In diesem Fall wird EG-Recht durch abweichendes nationales Recht in seinem Wert gemindert.

Es ist gut möglich, daß die Expansion der EG-Gesetzgebung über jene Grenze hinausgeht, innerhalb derer noch verläßlicher Konsens und Folgebereitschaft in einer Staatengemeinschaft vorherrscht, die auf die Zusammenarbeit und Mitarbeit der Einzelstaaten bei der Gesetzgebung und Gesetzesimplementation angewiesen ist. Je mehr die kritische Grenze von Zusammenarbeit und Mitarbeit überschritten wird, um so mehr wird das EG-Recht zu bloßem Papier, das nicht in die Tat umgesetzt wird. Das wachsende Mißverhältnis zwischen Kommissionsvorschlägen und verabschiedeten Gesetzen drückt dann eine entsprechende Entwertung von EG-Macht aus, das wachsende Mißverhältnis zwischen verabschiedeten Gesetzen und deren Befolgung eine Entwertung von EG-Recht (vgl. Münch 1992b).

Die Tendenzen zur Entwertung von politischer Macht und Recht warnen vor einem überhasteten und unausgewogenen Ausbau Europas. Der Ausbau kann nur so schnell vorangehen, wie der politische Überbau durch einen mit den politischen Organen zusammenarbeitenden Unterbau von Verbänden und Vereinigungen und deren europaweiter Zusammenarbeit gestützt wird. Alles andere führt eher in eine Kombination von britischem Immobilismus, französischem Etatismus und amerikanischem Konkurrenzkampf mit erheblichen Entwertungen von Recht und politischer

Macht und einer entsprechenden Erosion der Sozialordnung. Dabei müssen die europäischen Gesellschaften ähnlich wie die Vereinigten Staaten damit anfangen, in neuer Form wieder zusammenzukitten, was im Zuge der Öffnung und Mobilisierung im ubiquitären Konkurrenzkampf auseinandergebrochen ist. Die zu Interessen- und Gesinnungsgruppen vereinzelten Vereinigungen können die Funktion der Integration der Gesellschaft nicht zureichend erfüllen. Sie bedürfen der Ergänzung durch Vereinigungen, die über die Grenzen von Herkunfts-, Gesinnungs- und Interessengruppen hinausgreifen und auf die Verständigung zwischen sich sonst nicht Verstehenden, auf Vorurteils- und Konfliktabbau und auf die Herstellung von Einverständnis ausgerichtet sind.

In der Normsetzung wird am ehesten ein dezentraler, auf Kooperation der Normsetzungsinstanzen angelegter Aufbau der Komplexität der Anforderungen gerecht. Ein solches Modell ist von Christian Joerges (1991: 260-261) skizziert worden. Nach diesem Modell müßte die EG anhand ihrer Gesetzgebung auf Zuarbeit von pluralistischen Expertenkommissionen mit »europäischer« Verantwortung und anhand von europäischen Agenturen die Rahmenrichtlinien für die einzelstaatliche Normsetzung und Zertifizierung von Produkten vorgeben, die dann in der einzelstaatlichen Gesetzgebung und in einzelstaatlichen Agenturen nach den jeweiligen Gegebenheiten umgesetzt werden. Von der bloßen regulativen Konkurrenz unterscheidet sich dieses Modell insofern, als hier die EG nicht aus der Verantwortung für Rahmenrichtlinien entlassen wird und Bedingungen für die Herausbildung einer europäischen Verantwortung geschaffen werden sowie die einzelstaatliche Normsetzung und Zertifizierung mit der EG-Ebene zusammenarbeiten muß. Die Normsetzung wird sich auch nach diesem Modell nicht leicht gestalten und mit allen Problemen der »Politikverflechtung« zu kämpfen haben (Scharpf 1985), aber sie wird der Intention einer Verknüpfung von Einheit und Vielfalt gerechter. Die Einheit wird durch die Stärkung der europäischen Rahmensetzung gewährleistet, die Vielfalt durch die dezentralisierte Umsetzung der Richtlinien, ihre Verschränkung durch die Zusammenarbeit der europäischen und einzelstaatlichen Instanzen.

4. Solidarität

Der Herausbildung einer europäischen Solidarität sind durch die historisch gewachsenen nationalen Zugehörigkeitsgefühle und ihre alltägliche Bekräftigung klare Grenzen gezogen. Durch die politischen Konflikte, die mit dem wachsenden politischen Regulierungsbedarf auf Gemeinschaftsebene einhergehen, werden sie sogar zumindest zeitweise schärfer artikuliert, wodurch die politischen Konflikte ihrerseits verschärft werden. Dennoch setzt der EG-Binnenmarkt zusammen mit der geoökonomischen und geopolitischen Lage auch Kräfte frei, die auf eine Veränderung der Solidaritätsgefüge hinwirken und neue Solidaritätsprobleme schaffen.

Großräumige Verflechtungen, wie sie im Zuge des europäischen und globalen Zusammenwachsens nationaler Gesellschaften entstehen, unterziehen die soziale Ordnung, die Rechtssicherheit, die Normsetzung und -implementation, die Integration der neuen sozialen Systeme, die Solidarität der Menschen auf einer neuen Stufe der Herausbildung größerer sozialer Einheiten enormen Anforderungen. Diesen Fragen soll in den folgenden Abschnitten nachgegangen werden. Sie stellen sich auf nationalstaatlicher, europäischer und globaler Ebene.

4.1 Die Erosion der sozialen Ordnung

Mit dem großräumigen Zusammenwachsen Europas ergeben sich Probleme der sozialen Integration, der Rechtssicherheit und sozialen Ordnung. Es wachsen Unsicherheiten aus dem Zusammenwürfeln einer Vielzahl einander fremder Menschen, die keine festen Sozialbeziehungen miteinander verbinden. Großräumige Gesetzgebung verdrängt nationales, regionales und lokales Recht, ohne sogleich eine feste Verankerung in einer festgefügten Rechtsgemeinschaft zu haben. Positiv gesatztes Recht bedarf der Verwurzelung in lokalen, regionalen und nationalen Traditionen, wenn es eine verbindliche Geltung haben soll, die sich nicht allein auf die Androhung von Sanktionen, sondern auch auf das Rechtsgefühl und die Rechtsgewohnheiten von Gemeinschaften mit einem gewissen Zusammengehörigkeitsgefühl stützt. Stabile Gemeinschaften bilden ein Netzwerk der gegenseitigen Beobachtung, Kontrolle und Sanktionierung von konformem und nonkonformem Handeln. Je mehr die soziale Mobilität Fluktuationen in dieses Netzwerk hineinbringt, um so unsicherer wird die Geltung von Rechtsnormen. Menschen aus unterschiedlichen Rechtstraditionen ohne Zusammengehörigkeitsgefühl leben zusammen. Die Geltung von Normen wird hier nur noch äußerlich durch die Androhung von Sanktionen garantiert. Wie dies konkret aussieht, kann man am besten in Städten wie New York oder Los Angeles beobachten. Die Polizei oder private Sicherheitskräfte als Polizeiersatz werden zu den einzigen Garanten einer brüchigen Ordnung, die immer wieder durch kleinere oder größere Zusammenbrüche in Form von ausufernder Kriminalität, Rassenkrawallen mit gewaltsamen Auseinandersetzungen, Zerstörungen und Plünderungen erschüttert wird. In den Vereinigten Staaten gehört die Untersuchung des Zusammenhangs zwischen der »Desorganisation« von Nachbarschaften infolge von niedrigem ökonomischem Status, ethnischer Heterogenität und residenzieller Mobilität auf der einen Seite und wachsender Kriminalität auf der anderen Seite zum Standardprogramm der Soziologie. Seitdem Clifford Shaw und Henry McKay diesen Zusammenhang 1942 in einer inzwischen klassisch gewordenen Untersuchung aufgedeckt haben, ist er in zahlreichen Studien immer wieder bestätigt worden (Shaw und McKay 1942/1969, Bursik und Welb 1982, Heitgerd und Bursik 1987, Farley 1987, Sampson und Groves 1989, Thome 1992). Die Zahl der Menschen, die nicht fest in Solidargemeinschaften eingebunden sind, wächst auch in Europa. Die Mobilität der Bevölkerung beschleunigt sich und schwächt die sozialen Bindungen. Dementsprechend ist es gar nicht zu vermeiden, daß Abweichungen von Normen zunehmen. Kriminalität ist auch eine Folge erhöhter sozialer Mobilität. Es ist sicherlich erfreulich, wenn mit dem Zusammenwachsen Europas früher einmal verfeindete Völker das Kriegsbeil für immer begraben, einander näherkommen und in guter Nachbarschaft und Freundschaft zusammenleben. Die wohlgebildete und mobile Jugend fühlt heute weit mehr eine europäische Zusammengehörigkeit als ihre Eltern, Großeltern und Urgroßeltern. Sie ist sogar zunehmend dazu bereit, diese über die nationale Zusammengehörigkeit zu stellen (Piepenschneider und Wolf 1991). Diese Entwicklung hat alle guten Gründe der Verdrängung des moralischen Partikularismus durch den moralischen Universalismus auf ihrer Seite. Sie geht indessen nicht ohne eine Kehrseite ab. Es entstehen großräumigere und weitverzweigtere Solidaritätsnetzwerke. Die Maschen dieses Netzwerkes sind jedoch zwangsläufig viel weiter gestrickt und lassen insofern viel mehr Spielraum für unkontrolliertes Verhalten. Der Aufbau universalistischer Solidaritäten erfolgt auf Kosten der Intimität gewachsener Solidargemeinschaften und deswegen auch auf Kosten höherer Kriminalitätsraten.

Ein Blick auf die Entwicklung der hochindustrialisierten Länder in den letzten drei Jahrzehnten bestätigt den geschilderten Zusammenhang. Diese Länder haben ihren Wohlstand, den Ausbau ihres Wohlfahrtssystems und die Mobilität ihrer Bevölkerung enorm gesteigert, gleichzeitig aber auch ein stetiges Anwachsen der Kriminalität in Kauf nehmen müssen. Betrachten wir die USA und die Bundesrepublik als Beispiele: Auf 100 000 Einwohner bezogen, ist in den USA zwischen 1960 und 1990 allein die Zahl der jährlich erfaßten Gewalttaten von 160 auf 732, allein die Zahl der Eigentumsdelikte von 1710 auf 5089 gestiegen (Caplow et al. 1991: 501; U.S. Bureau of the Census 1992: 180). In der alten Bundesrepublik ist zwischen 1954 und 1990 die Gesamtzahl aller jährlich ermittelten Straftaten, die also mehr umfassen als nur Gewalt- und Eigentumsdelikte, von 150 467 auf 4 455 333 angewachsen, d. h. von 2900 auf 7046 pro 100 000 Einwohner. Gleichzeitig ist die Aufklärungsquote von 73,4 auf 47 Prozent gesunken (Glatzer et al. 1992: 492; Statistisches Bundesamt 1992a: 398). Es kann mit einiger Sicherheit angenommen werden, daß dieses Ansteigen der Kriminalität auf das Wachstum städtischer Ballungszentren, die wachsende Mobilität, die Auflösung stabiler Nachbarschaftsgemeinschaften und das hemmungslose Streben nach individuellem Wohlstand bei damit einhergehender Verschärfung des Wettbewerbs um knappe Ressourcen zurückzuführen ist (Merton 1949/1968, Shelly 1981, Blinkert 1988; Leipert 1989: 290-305). Die Verteilung der Kriminalität zwischen ländlichen und großstädtischen Regionen gibt Auskunft über diesen Zusammenhang. In den USA wie auch in der Bundesrepublik ist die Kriminalitätsrate in den großstädtischen Ballungszentren etwa dreimal höher als in den ländlichen Regionen. In den USA wurden 1990 in den ländlichen Regionen 2022 Gewalt- oder Eigentumsdelikte auf 100 000 Einwohner registriert, in den großstädtischen Ballungszentren 12 605. In der Bundesrepublik war das Verhältnis 1991 bei *allen* Straftaten insgesamt 3667 zu 13 560 (U.S. Bureau of the Census 1992: 180; Bundeskriminalamt 1992: 27). Einschränkend muß jedoch auch konstatiert werden, daß die Steigerungsraten der Kriminalität langfristig unter denjenigen des Bruttosozialprodukts liegen. Die Kriminalität expandiert nicht im gleichen Maße wie das Bruttosozialprodukt. Seit Mitte der siebziger Jahre öffnet sich die Schere sogar deutlich zugunsten einer größeren Steigerungsrate des Bruttosozialprodukts. Möglicherweise kann die Kriminalitätsrate auf dem jetzt erreichten Niveau stabilisiert werden. In den USA ist sie zwischen 1980 und 1985 sogar vorübergehend gefallen, um bis 1990 wieder das Niveau von 1980 zu erlangen (Anhang: Abb. 4, 5).

Die Politik der europaweiten und globalen Verflechtung schafft sich die Aufgabe, der dadurch ermöglichten Steigerung der Kriminalität Herr werden zu müssen. Die Fortschritte der großräumigen Verflechtung des Lebens bringen wir nicht ohne die Erosion der von den verdrängten engmaschigen Solidaritätsnetzwerken gestifteten sozialen Ordnung voran. Der Verlust an innerer Stabilität muß durch äußere Kontrolle ausgeglichen werden. Zugleich stellt sich das Problem, daß neue Wellen der Kriminalität immer weniger mit den herkömmlichen Mitteln unter Kontrolle gehalten werden können, die vor den Prinzipien des Rechtsstaates haltmachen. In den Vereinigten Staaten hat der Kampf gegen den internationalen Drogenhandel schon so weit die traditionellen Grenzen der Verbrechensbekämpfung überschritten, daß die Polizei zum Mitorganisator des Verbrechens geworden ist, indem sie sich aktiv am Drogenhandel beteiligt, um Zugang zu den Netzwerken dieses Handels zu bekommen. Die Diskussion über den »verdeckten Ermittler« und den »Lauschangriff« in der Bundesrepublik zeigt das Dilemma klar auf: Steigende Kriminalität ruft nach Ermittlungsmethoden, die vor der Verstrickung des Staates in die kriminelle Szene und vor dem Eindringen des Staates in die Privatsphäre nicht zurückschrecken (Quoirin 1993). Bisher für sakrosankt gehaltene Prinzipien des Rechtsstaates werden so zwangsläufig und ohne bösen Willen ausgehöhlt. Die Mafiamorde an hohen Staatsbeamten in Italien haben im Sommer 1992 das öffentliche Augenmerk auf die Ausbreitung der Mafia, aber auch anderer Formen des international operierenden organisierten Verbrechens in der Europäischen Gemeinschaft im Zuge des Grenzabbaus gelenkt (Heidensohn und Farrell 1991, Boer und Walker 1993). Jetzt häufen sich die Stimmen, die für eine Stärkung der polizeilichen Ermittlung auch auf Kosten der Freiheitsrechte von uns allen eintreten. Jede öffentliche Darstellung der Ausbreitung des organisierten Verbrechens in Europa wird die Zustimmung zu solchen Einschränkungen rechtsstaatlicher Prinzipien bis in das liberale Lager hinein befördern. Die kurzfristig gewachsene Schar der Skeptiker hinsichtlich der Auswirkungen des EG-Binnenmarktes nennt im EG-Durchschnitt unter zwölf Gründen ihrer Skepsis die Gefahr der ausufernden Kriminalität infolge der Beseitigung der Grenzkontrollen mit 26 Prozent an fünfter Stelle, die deutschen Skeptiker tun dies sogar an zweiter Stelle mit 42 Prozent. Dieses Ergebnis hat eine Befragung im Herbst 1992 zutage gefördert (Kommission der EG 1992c: A39).

Die Angst vor der mit den offenen Grenzen wachsenden Kriminalität wird noch dadurch geschürt, daß die veröffentlichte Kriminalstatistik des Bundeskriminalamtes eine höhere Kriminalitätsbelastung unter Ausländern als unter Deutschen anzeigt (Wassermann 1992: 18). Der Anteil von Ausländern an der Gesamtbevölkerung der Bundesrepublik lag 1991 bei ca. 7 Prozent. Unter den von der Polizei ermittelten Tatverdächtigen fanden sich in demselben Jahr 25,9 Prozent Ausländer; ohne Straftaten gegen das Ausländer- und Asylverfahrensrecht waren es 22 Prozent. Im einzelnen wurden folgende Anteile von Ausländern errechnet: bei Mord und Totschlag 29,6, Vergewaltigung 34,0, Raub 34,1, einfachem Diebstahl 27,3, schwerem Diebstahl 23,7, Betrug 20,6, Urkundenfälschung 53,4, illegalem Handel und Schmuggel von Rauschgiften 32,9 Prozent (Bundeskriminalamt 1992: 91). Diese statistischen Angaben müssen jedoch mit Vorsicht gelesen und interpretiert werden (Mansel 1986, Geißler und Marißen 1990). Es handelt sich hierbei um die Registrierung von Tat*verdächtigen*. Auf dem Wege zur Anklageerhebung und zur Verurteilung werden die Unterschiede geringer. Ohne Berücksichtigung von Verstößen gegen das Ausländergesetz wurden 1989 insgesamt 580 671 Deutsche und 100 762 Ausländer wegen einer Straftat verurteilt. Unter den Verurteilten sind Ausländer demgemäß noch zu ca. 14,8 Prozent vertreten. Bezogen auf ihren Anteil an der Gesamtbevölkerung weisen sie etwa die doppelte Verurteiltenquote auf (Statistisches Bundesamt 1992a: 404). Ein Teil der höheren Kriminalitätsbelastung von Ausländern ist darauf zurückzuführen, daß sie von der Bevölkerung und der Polizei schneller unter Tatverdacht genommen werden als Deutsche. Es ist zu vermuten, daß auch nach der Bereinigung durch Anklageerhebung und Gerichtsverfahren die überproportionale Registrierung von Ausländern als Tatverdächtige noch eine überproportionale Verurteilung im Verhältnis zu den tatsächlich begangenen Delikten bewirkt. Der Unterschied zwischen Ausländern und Deutschen geht darüber hinaus noch weiter zurück, wenn gleiche soziale Lagen im Hinblick auf Geschlecht, Alter, Schulbildung, Beruf, Einkommen und Wohnlage miteinander verglichen werden. Da Ausländer einen deutlich höheren Anteil junger Männer aufweisen, zur Hälfte in Ballungsgebieten wohnen, Deutsche jedoch nur zu einem Drittel, über niedrigere Schulbildung und geringeres Einkommen verfügen, schlagen diese kriminalitätsfördernden Faktoren bei ihnen auch mehr zu Buche. Unter den Deutschen stellen die Männer 48 Prozent, unter den Ausländern 56 (Statistisches Bundesamt 1992a: 63, 71). 17 Prozent der Deutschen, aber 59 Prozent der Ausländer leben in Haushalten von un- oder angelernten Arbeitern (Geißler 1992b: 157). Schließlich wird die gesamte Belastungsquote von Ausländern durch Verstöße gegen das Ausländer- und Asylverfahrensgesetz erhöht, die nur von Ausländern begangen werden können, sowie dadurch, daß Delikte von nicht gemeldeten Ausländern statistisch auf die Zahl der gemeldeten ausländischen Einwohner bezogen werden. 1991 hielten sich 10,7 Prozent der ausländischen Tatverdächtigen in den alten Bundesländern einschließlich Gesamt-Berlin illegal in der Bundesrepublik auf, 10,3 Prozent waren Touristen bzw. Durchreisende (Bundeskriminalamt 1992: 96).

Aus dieser Einschränkung der verbreiteten Meinung über die besondere Steigerung der Kriminalität durch Ausländer ist soviel abzuleiten, daß Ausländer nicht per se die soziale Ordnung in Gefahr bringen. Das heißt jedoch umgekehrt auch nicht, daß hier überhaupt kein Problem einer erodierenden Sozialordnung besteht. Insofern als eine stark anschwellende Einwanderung die Ballungszentren noch weiter bevölkert, die Konkurrenz unter den Benachteiligten verschärft und den Anteil der Menschen wachsen läßt, die nicht in festen Nachbarschaftsbeziehungen verankert sind, ist auch mit einer Schwächung der sozialen Ordnung und einem entsprechenden Ansteigen der Kriminalität zu rechnen. Aus einer Bereinigung der Kriminalitätsstatistik läßt sich dementsprechend nicht schließen, daß ein Anschwellen der Zuwanderung keine Integrations- und Ordnungsprobleme erzeuge. Ohne Integration der Zuwanderer in einigermaßen stabile Sozialbeziehungen im Zuge einer dosierten und kontrollierten Einwanderung und einer entsprechenden Inklusion der Eingewanderten in die Bürgerrechte stellt die Zuwanderung eine Gefahr für die soziale Ordnung dar. So zeigt sich z. B., daß jugendliche Ausländer, die erst nach Absolvierung der Grundschule in die Bundesrepublik gekommen sind, deutlich häufiger straffällig werden als solche, die in der Bundesrepublik schon die Grundschule besucht haben (Geißler und Marißen 1990: 680-681). Je besser Zuwanderer integriert werden, um so weniger gefährden sie die soziale Ordnung. Eine volle Integration ist jedoch nur in dem Maße möglich, in dem sich die unteren sozialen Schichten im Aufnahmeland durch die Zuwanderer in ihrer sozialen Lage nicht bedroht sehen. Kontrollierte Zuwanderung bei voller Integration belebt die Gesellschaft durch eine Steigerung der kulturellen Vielfalt. Unkontrollierte Zuwanderung ohne Integration untergräbt die soziale Ordnung. Allerdings darf nicht übersehen werden, daß eine volle Integration die jugendlichen Ausländer nicht als solche vor einem Anwachsen ihrer Straffälligkeit schützt. Sie werden auf diesem Wege natürlich auch in die allgemein steigende Wohlstandskriminalität aller Jugendlichen hineingezogen. Viele jugendliche Ausländer erreichen unbescholten das Wohlstandsparadies und werden erst dort aufgrund der Diskrepanz zwischen dem Möglichen und dem Wirklichen und aufgrund des Zugangs zur hiesigen kriminellen Szene straffällig. In der zweiten und dritten Generation der Zugewanderten verschärft sich außerdem der Identitätskonflikt. Wird er nicht durch Integration gelöst, kann daraus eine größere Bereitschaft zum Eintauchen in die kriminelle Szene entstehen.

Die großräumige Verflechtung des sozialen Lebens und die mit ihr steigende Mobilität der Bevölkerung führen zur Erosion der kleinräumigen Sozialordnungen, ohne sogleich eine gleichwertige großräumige Sozialordnung an ihre Stelle setzen zu können. Steigende Kriminalitätsraten und die zu ihrer Bekämpfung erfolgende Einschränkung von Rechten durch den Staat bedeuten eine schleichende Entwertung des Rechts, eine Inflation des Rechts, die darin zum Ausdruck kommt, daß die Menschen zu einem Zeitpunkt t_2 nicht mehr mit derselben sicheren Geltung von Recht und Rechten rechnen können wie zu einem Zeitpunkt t_1, und zwar deshalb, weil sie jetzt häufiger als zuvor Abweichungen vom Recht und Einschränkungen von Rechten in Kauf nehmen müssen. Recht und Rechte haben für diejenigen, die sich darauf stützen wollen, an Wert eingebüßt. Je dramatischer diese Entwertung von Recht erfahren wird, um so mehr verlieren die Menschen das Vertrauen in das Recht, in ihre Rechte sowie in die Organe der Rechtspflege und greifen nach anderen Mitteln der Sicherung von Recht und Rechten. In den Vereinigten Staaten von Amerika, die in dieser Entwicklung am weitesten vorangeschritten sind, äußert sich dieser Vertrauensverlust im steigenden Waffengebrauch zum persönlichen Schutz, in der wachsenden Beschäftigung von privaten Sicherheitskräften und privaten Ermittlungsdiensten, in privaten Strafaktionen, kurz: in der schleichenden Verdrängung des Rechts durch Faustrecht. 28,6 Prozent der amerikanischen Haushalte gaben 1989 an, eine Schußwaffe zu besitzen; in Deutschland waren es 6,7 Prozent (Shapiro 1993: 175). Die tatsächliche Zahl dürfte weit höher liegen. Wer es sich leisten kann, kauft sich in ein elektronisch überwachtes und von einem *doorman* gesichertes Anwesen ein. Oder er/sie erwirbt eine Villa in einer der vollkommen abgeschlossenen und elektronisch überwachten »gated communities«, die an die ummauerten mittelalterlichen Städte erinnern. 1987 sorgten allein in New York 64 000 *doormen* für private Sicherheit in geschützten Wohnhäusern. In der ganzen Bundesrepublik verfügten 1987 private Bewachungsunternehmen mit ca. 70 000 Beschäftigten über kaum mehr Personal (Leipert 1989: 329; *Zeitmagazin* 1987: 18; *SPIEGEL* 1987: 136-137).

Das Recht unterliegt solchen dynamischen Entwertungsprozessen, weil es in der modernen Gesellschaft nicht mehr fest in einer homogenen Gemeinschaft und deren traditionaler Lebenswelt verankert ist und nicht mehr in eindeutiger Weise die Struktur von Denken und Handeln zugleich bestimmt. Vielmehr ist das Band zwischen dem Recht und dem tatsächlichen Handeln in der Gesellschaft zerschnitten. Positiv gesatztes Recht und verfassungsmäßig garantierte Rechte sind nur generalisierte Symbole, durch deren Gebrauch Individuen mit mehr oder weniger Erfolg andere Menschen zu rechtlich vorgeschriebenen Handlungen bewegen können. Je mehr Mißerfolge dabei auftreten, um so weniger Wert hat das Recht, so wie man bei wachsender Geldinflation für einen Hundertmarkschein immer weniger Waren kaufen kann (Münch 1992b).

Wir können den aufgezeigten Folgeerscheinungen der steigenden Mobilität der Bevölkerung noch besser auf die Spur kommen, wenn wir uns überhaupt die Verhältnisse in den Vereinigten Staaten genauer anschauen. Die Vereinigten Staaten von Amerika sind Europa in der Mobilität der Bevölkerung immer noch weit voraus. Das gilt für die Raten der Zuwanderung von außen ebenso wie für die Binnenwanderung, für die berufliche Mobilität wie für die Mobilität in den privaten Intimbeziehungen, für die politische wie auch die religiöse Mobilität (Kappelhoff und Teckenberg 1987). In keinem anderen Land ist die Zuwanderung von außen so hoch wie in den USA. Zwischen 1820 und 1990 sind 56,994 Millionen Menschen eingewandert. Die größten Wellen gab es zwischen 1881 und 1930 mit insgesamt 27,573 Millionen Einwanderern. Seit 1970 ist wieder ein starker Anstieg zu verzeichnen. Allein 1990 strömten 1,536 Millionen ins Land (U.S. Bureau of the Census 1992: 10). Nirgendwo wird der Wohnort, der Job, der ausgeübte Beruf, der Partner/die Partnerin, die gewählte Partei oder die Religionsgemeinschaft so oft gewechselt wie dort. Von 1989 auf 1990 verlegten im Westen der USA 22 Prozent der Bevölkerung ihren Wohnort, im Süden 19, im Mittelwesten 16, im Norden 12. Im gesamten Bundesgebiet wiesen die 20- bis 24jährigen mit 36 Prozent die höchsten Wanderungsquoten auf, gefolgt von den 25- bis 29jährigen mit 32 Prozent. In Deutschland zogen 1990 innerhalb des alten Bundesgebietes 4,7 Prozent der Bevölkerung um. Zwischen 1960 und 1988 ist in den USA die Zahl von Scheidungen je 1000 verheiratete Frauen von 9 auf 21 gestiegen, in der Bundesrepublik von 4 auf 9. Die USA hatten 1990 eine Scheidungsrate von 4,7 auf 1000 Einwohner, der Westteil der Bundesrepublik hatte eine solche von 1,94 (U.S. Bureau of the Census 1992: 20, 93, 828; Statistisches Bundesamt 1992a: 84). Nach einer Studie im Staat Washington hatten 1979 insgesamt 19,4 Prozent der Männer und 24,2 Prozent der Frauen im Alter von 28 bis 31 Jahren ihre Religionszugehörigkeit gegenüber ihren Angaben bei einer Befragung in den Jahren 1965 bis 1966 verändert. 40,6 Prozent der Männer und 33,4 Prozent der Frauen hatten ihre Religionsgemeinschaft verlassen, ohne einer neuen beizutreten (Sandomirsky und Wilson 1990: 1219; vgl. auch Bainbridge 1990). Die Folge der hohen Mobilität sind die allseits bekannten Probleme der USA, überhaupt noch eine soziale Ordnung aufrechtzuerhalten, in der jeder mit der Geltung bestimmter Normen rechnen kann. Rücksichtsloses Erfolgsstreben ohne Fairneß, Ausnutzen jeder Schwäche der anderen, Verherrlichung des Siegers, Mißachtung des Verlierers, Verletzung der Spielregeln des Wettbewerbs mit Mitteln der Täuschung, Erpressung und Gewalt, ausufernde Kriminalität, Rassenkrawalle und Ausgrenzung der Schwachen sind die Kennzeichen dieser Anomie.

Die soziale Ordnung ist dort am weitesten zusammengebrochen, wo das legale Familien-, Vereins-, Gruppen- und Gemeindeleben durch das illegale Leben in der Bande verdrängt worden ist. Die jugendliche Bande ersetzt für eine große Zahl der Jugendlichen die Familie, den Sportverein, die religiöse Gemeinde oder andere Jugendgruppen. Es ist deshalb nicht erstaunlich, daß die Zahl von Delikten, angefangen beim Diebstahl, über Drogenhandel, Raub, Körperverletzung, Totschlag bis zum Mord in diesem sozialen Milieu am höchsten ist. Von 1970 bis 1991 ist der Anteil der Kinder, die sich in der Obhut beider Elternteile befinden, von 85 auf 72 Prozent gesunken, bei schwarzen Kindern von 59 auf 36 Prozent. Der Anteil der Kinder, die allein mit der Mutter leben, ist von 11 auf 22 Prozent gewachsen, bei schwarzen Kindern von 30 auf 54 Prozent (U.S. Bureau of the Census 1992: 55; vgl. Benson-von der Ohe 1990: 38). Eine Auswertung von Daten aus den 156 größten Städten in den Vereinigten Staaten ermittelte, daß im Jahre 1980 insgesamt 18 Prozent der weißen und 44 Prozent der schwarzen Familien ohne Vater waren. Die Auswertung zeigte einen engen Zusammenhang zwischen dem Aufwachsen in Familien mit alleinstehenden Müttern als Haushaltsvorstand und der Straffälligkeit von Jugendlichen, etwas abgeschwächt auch von Erwachsenen auf, sowohl unter Schwarzen als auch unter Weißen. Ein wesentlicher Faktor, der den höheren Anteil alleinstehender Mütter unter Schwarzen erklärt, ist die höhere Arbeitslosigkeit unter schwarzen Männern. Auf 100 schwarze Frauen kommen 52,95 beschäftigte schwarze Männer, auf 100 weiße Frauen 62,26 beschäftigte weiße Männer (Sampson 1987: 362, 371, 375).

Diese Erscheinungen allein auf Rassendiskriminierung, soziale Ungleichheit und Chancenlosigkeit der schwarzen Ghettobevölkerung zurückzuführen, greift sicherlich zu kurz. Dennoch spielen diese Faktoren nach wie vor eine Rolle. Alle Programme zur Verbesserung der Chancengleichheit, die seit Mitte der sechziger Jahre durchgeführt worden sind, haben keinerlei Verbesserung der Lage erbracht. Sie hat sich eher verschlechtert (Feinberg

1984). 1991 fristeten 10,7 Prozent der weißen und 31,9 Prozent der schwarzen Bevölkerung ihr Dasein unter der Armutsgrenze. Zwischen 1950 und 1985 hat sich das mittlere Einkommen schwarzer Familien in konstanten US-Dollar von 8352 auf 16786 im Jahr verdoppelt, das mittlere Einkommen weißer Familien hat sich von 15395 auf 29152 US-Dollar erhöht. 1991 wurden 21423 bzw. 36915 US-Dollar ermittelt. Der Abstand zwischen Schwarzen und Weißen hat sich also nur minimal verringert. Von den Einkommensverbesserungen hat jedoch fast nur die neue schwarze Mittelklasse profitiert. Fast die Hälfte der schwarzen Familien gehörte 1985 zum ärmsten Fünftel der Gesellschaft, das über ganze 4,6 Prozent des nationalen Gesamteinkommens verfügte, der geringste Anteil seit 1947. Die Arbeitslosigkeit ist bei Schwarzen durchschnittlich mehr als doppelt so hoch wie bei Weißen: 14,3 zu 6,3 Prozent 1980 und 12,4 zu 6 Prozent 1991. Unter schwarzen Jugendlichen wurden 1983 offiziell 42,7 Prozent Arbeitslose registriert. Schätzungen der offenen und verborgenen Arbeitslosigkeit zusammen kommen auf über 90 Prozent arbeitslose Jugendliche in den innerstädtischen Ghettos. Die Abwanderung aus den Innenstädten hat eine hoffnungslose, überwiegend schwarze Unterklasse zurückgelassen. In den siebziger Jahren sind 6 Millionen bzw. 11,5 Prozent der weißen Bevölkerung aus den Innenstädten weggegangen, jedoch 1,8 Millionen bzw. 13 Prozent der schwarzen Bevölkerung zugezogen. 21,5 Millionen bzw. 81 Prozent der Schwarzen lebten 1980 in großstädtischen Ballungsgebieten, 15,3 Millionen bzw. 58 Prozent in den Innenstädten. Dagegen stellten die Weißen nur 25 Prozent der Einwohner großstädtischer Ballungszentren. So ist es auch nicht überraschend, daß die Zahl schwarzer Bürgermeister von Großstädten zwischen 1970 und 1980 von vier auf dreizehn gestiegen ist (Capelleveen 1991: 275-277; U.S. Bureau of the Census 1992: 39). Die Programme zur Verbesserung der Chancengleichheit haben lediglich erreicht, daß die aufstiegsorientierten Schwarzen die Chancen ergriffen und die Ghettos verlassen haben (Landry 1987), die jedoch um so mehr nur noch von den kriminellen Banden beherrscht werden. Die Programme haben selbst auf die individuelle Wahrnehmung von Chancen gesetzt und dadurch das individuelle Erfolgsstreben noch weiter in den Mittelpunkt gerückt. Die jugendlichen Drogendealer nehmen nur die Gelegenheit wahr, schneller zum Erfolg zu gelangen als über den mühsamen Weg des

Schulbankdrückens, der womöglich nur zu unattraktiven und schlecht bezahlten Jobs führt.

Die Gesellschaft wird so durch und durch von der Anomie des Erfolgsstrebens um seiner selbst willen ohne Bindung an die legalen Normen des Spiels erfaßt, die schon Robert K. Merton (1949/1968) als Ursache relativ hoher Kriminalität in der US-amerikanischen Gesellschaft ausgemacht hat. Ungleiche Chancen spielen sicherlich eine Rolle bei der Beantwortung der Frage, wer am ehesten straffällig wird. Das hat auch schon Merton festgestellt. Hinzutreten muß jedoch – wie Merton ebenfalls betont hat – eine Schwäche der Bindung an die sozialen Normen bei gleichzeitiger Geltung des Erfolgsziels für alle. In traditionalen Gesellschaften herrscht hohe Ungleichheit, ohne daß sie hohe Kriminalität zur Folge hat. In der modernen, auf Wohlstand für alle programmierten Gesellschaft verursacht jedoch Chancenungleichheit in Verbindung mit schwacher Bindung an die Regeln hohe Kriminalitätsraten. Die Bindung an die sozialen Normen nimmt indessen mit der Auflösung des Gruppenlebens der legalen Gesellschaft ab. Wird das schwache Gruppenleben der legalen Gesellschaft außerdem durch ein starkes Gruppenleben der illegalen Gesellschaft ersetzt, dann haben wir es nicht nur mit individuellen Delikten zu tun, sondern mit Bandenkriminalität und organisiertem Verbrechen.

Die USA sind in der aufgewiesenen Richtung weiter gegangen als alle anderen hochindustrialisierten Gesellschaften. Dementsprechend liegen die Kriminalitätsraten dort höher. Ein Vergleich mit der Bundesrepublik zeigt in den USA bei den polizeilich erfaßten Gewaltdelikten Mord und Totschlag, Vergewaltigung, Raub und schwere Körperverletzung eine um etwa das Vierfache, bei den polizeilich erfaßten Diebstahlsdelikten eine um 18 Prozent höhere Häufigkeit, bezogen auf die Einwohnerzahl. Auf 100 000 Einwohner kamen 1990 in den USA 732 Gewalttaten und 5089 Diebstähle, in der alten Bundesrepublik 175 bzw. 4295 (U.S. Bureau of the Census 1992: 180; Bundeskriminalamt 1991: 14). Aufgrund des deutlichen Unterschiedes bei der Gewaltkriminalität ist zu vermuten, daß der tatsächliche Abstand zwischen den beiden Ländern auch bei den Diebstahlsdelikten größer ist, als die Zahlen wiedergeben. Wahrscheinlich ist in den USA die Anzeigehäufigkeit aufgrund der geringer eingeschätzten Aufklärungschancen niedriger als in der Bundesrepublik. Nach einem Bericht des *National Crime Survey* wurden in den USA 54 Prozent der Vergewaltigungen der Polizei gemeldet, 50 Prozent der Raubüberfälle, 47 Prozent der schweren Körperverletzungen, 25 Prozent der Diebstähle ohne Kontakt zwischen Täter und Opfer, 51 Prozent der Einbrüche in Wohnhäuser und 75 Prozent der Fahrzeugdiebstähle (U.S. Bureau of the Census 1992: 178).

In den Vereinigten Staaten haben die Negativeffekte des ungezügelten individuellen Erfolgsstrebens ohne Gemeinsinn die intellektuelle Bewegung der sogenannten Kommunitaristen auf den Plan gerufen, die den schrankenlosen Individualismus und Liberalismus durch neue Formen der Einbindung des Menschen in Gemeinschaften und durch eine Wiederbelebung des unter den ersten Siedlern der Kolonien und unter den Gründern der Vereinigten Staaten ursprünglich einmal vorhandenen Gemeinsinns wieder unter Kontrolle bringen wollen (Honneth 1991, Joas 1992). Zu dieser in den USA, teilweise auch in Kanada entstandenen intellektuellen Bewegung gehören Soziologen wie das Autorenteam um Robert N. Bellah (1985, 1991, 1992) und Philosophen wie Charles Taylor (1988, 1989) und Alasdair MacIntyre (1987). Eine Verbindung zwischen beiden Zweigen stellt der politikwissenschaftlich ausgerichtete Michael Walzer (1983, 1990a, 1990b) her. Die Ideen der Kommunitaristen sind inzwischen auch in der Bundesrepublik aufgegriffen worden. Die Suche gilt neuen Formen der Demokratie jenseits der Herrschaft von Parteien und Interessengruppen und jenseits des übersteigerten Liberalismus und Individualismus. Die Vorschläge reichen von der eher konservativen Beschwörung des Gemeinsinns bis zur Entwicklung einer offenen Bürgergesellschaft der runden Tische (Darnstädt und Spörl 1993).

Die Kommunitaristen wollen ein Bewußtsein für die Notwendigkeit einer Wertegemeinschaft als Basis gesellschaftlichen Zusammenlebens auch in einer Gesellschaft schaffen, die ansonsten die Freiheiten des Individuums verherrlicht. Die Autorengruppe um Robert N. Bellah verweist auf die gemeinschaftlichen Ursprünge des amerikanischen Individualismus (Bellah et al. 1985, 1991, 1992). Schon Tocqueville (1835/40/1976: 593-595) hat ja in seiner Studie über die Demokratie in Amerika beschrieben, daß in den USA der Zusammenhalt der Gesellschaft nicht wie in Europa durch Familie, Ständegemeinschaften und Staat gesichert wird, sondern durch ein Netz unzähliger freiwilliger Vereinigungen

(*voluntary associations*). MacIntyre will mit Hilfe antiker Tugend-
ideale den Liberalismus in Grenzen halten, Taylor zielt darauf ab,
ihn mittels alternativer Ideen des Guten zu relativieren, Walzer
versucht die gemeinschaftlichen Grundlagen des Individualismus
selbst wieder ins Bewußtsein zu heben.

Gleichwohl, bei allem guten Willen, können solche philosophischen Appelle an die Bedeutung des Gemeinsinns überhaupt
etwas gegen die Eigendynamik einer vollständig mobilisierten Gesellschaft ausrichten? Die Problemstellung ist ja nicht neu. Schon
Emile Durkheim hat die anomischen Tendenzen der modernen
Gesellschaft zu deren Hauptproblem erklärt. Sowohl die wirtschaftliche Dynamik der Wohlstandssteigerung durch Wettbewerb und Austausch mit weiter fortschreitender Arbeitsteilung
als auch die kulturelle Dynamik der ständigen Erweiterung der
Freiheitsrechte des Individuums als auch die soziale Dynamik der
Entlassung des einzelnen aus festen Familienbindungen schwächen die sozialen Bande und damit die Geltung von Normen.
Durkheim (1893/1973a, 1897/1973b) hat diese Tendenz zur
Schwächung der sozialen Ordnung in der modernen Gesellschaft
sowohl in Gestalt der anomischen Arbeitsteilung als auch in Gestalt steigender Selbstmordraten untersucht. Neuere Forschungs-
arbeiten über Selbstmordraten in den Vereinigten Staaten bestätigen die Annahmen Durkheims nach wie vor (Breault 1986). Seine
Überlegungen zu einer möglichen Therapie münden in die Erkenntnis, daß weder die Familie noch der Staat noch die Religionsgemeinschaften in unserer Zeit genügend Bindungskraft
zwischen den Individuen erzeugen können. Die Familie kann das
nicht, weil sie das Individuum partikularistisch von den vielen
anderen abgrenzt, mit denen es zusammenleben muß. Der Staat
ist dazu nicht fähig, weil er von den Individuen zu weit entfernt ist
und keine Beziehung zwischen ihnen herstellt. Die Religionsgemeinschaften sind überfordert, weil sie die Individuen in der
säkularisierten Welt immer weniger erreichen können. Dazwischen liegen jedoch die Berufsgruppen, die in der modernen
industriellen Gesellschaft einen festen Platz haben und einen großen Teil des menschlichen Lebens erfassen. Ihnen schreibt Durkheim deshalb eine wichtige integrierende Funktion in der modernen arbeitsteiligen Gesellschaft zu. Sie sollen die Individuen an
sich binden und selbst wieder mit dem Staat in der Gesetzgebung
und Gesetzesimplementation zusammenarbeiten. Durch diese

Zusammenarbeit mit dem Staat, in der sie auch untereinander verbunden werden, ergibt sich eine durchgängige Integration der Gesellschaft.

Man hat diese Idee eines modernen Korporatismus schon oft für eine unzureichende Lösung von Durkheims Problem gehalten, gleichwohl ist der Grundgedanke zum Allgemeingut der Soziologie geworden: Die moderne arbeitsteilige Gesellschaft kann nur durch ein dichtes Geflecht von freiwilligen Vereinigungen und Verbänden zusammengehalten werden, die als sogenannte intermediäre Instanzen und als Transmissionsriemen zwischen den vereinzelten Individuen und der staatlichen Gesetzgebung und Gesetzesimplementation wirken. Dazu gehören nicht nur die Berufsverbände, sondern Verbände und freiwillige Vereinigungen aller Art, die sich um die Gestaltung des menschlichen Zusammenlebens bemühen. Sind sie zu schwach entwickelt, dann fehlt der Gesellschaft das soziale Bindemittel, das ihre Ordnung sichert.

In den USA haben die freiwilligen Vereinigungen dieses Bindemittel bereitgestellt, solange die ethnische Zusammensetzung der Bevölkerung noch relativ homogen blieb und sich das Leben noch hauptsächlich in kleinen Gemeinden und Kleinstädten abspielte. Auch heute funktioniert dieses System noch in relativ homogenen und überschaubaren Nachbarschaftsgemeinschaften. Das Zusammenleben wird hier immer noch durch eine Vielzahl von Vereinigungen geregelt. Sie reichen von der Feuerwehr über Einkaufsgemeinschaften, Kindergartenvereine, Schulvereine, Wohlfahrtsvereine, Fahrgemeinschaften, Lesegemeinschaften und Theatervereine bis zum gemeinsamen Schutz vor Kriminalität durch gemeinsam engagierte Sicherheitskräfte. Im Unterschied zu Durkheims Modell der Vereinigungen als intermediäre Instanzen zwischen Bürgern und Staat sind sie jedoch weniger mit dem Staat verflochten, als daß sie ihn durch die selbständige Regulierung des Zusammenlebens ersetzen. Wo die Voraussetzungen für diese Selbstregulation durch freiwillige Vereinigungen fehlen, ist die soziale Ordnung um so brüchiger. In den Großstädten existieren sie in dieser Form nicht. Da der Staat keinen ausreichenden Ersatz durch eigene Regulierungstätigkeit liefert, bricht dort die soziale Ordnung um so häufiger zusammen. Statt dessen breitet sich die illegale Ordnung von kriminellen Banden nach dem Gesetz des Stärkeren aus. Diese Entwicklung hat schon mit dem Wachstum der Großstädte, der enorm wachsenden Zuwanderung und der zunehmenden Heterogenität seit Anfang dieses Jahrhunderts eingesetzt. Sie ist nicht neu. Sie erreicht mit der ständigen Steigerung des Volumens, der Mobilität und Heterogenität der Bevölkerung nur neue Dimensionen.

Die freiwilligen Vereinigungen sorgen nur noch in kleinen homogenen Gemeinden und Nachbarschaften für eine inselhafte Ordnung. Sobald man sie verläßt, befindet man sich in einer anderen Welt, in der andere Gesetze herrschen. Dort bewirkt die vermehrte Mobilität eine Schwächung der freiwilligen Vereinigungen. Die gesteigerte ethnische Heterogenität setzt tendenziell die Vergemeinschaftung nach ethnischer Herkunft vor die freie Vereinigung nach gemeinsamen Anliegen und gemeinsamen Aufgaben. Ethnische Konflikte nehmen zu. Die Bindung an gruppenübergreifende Normen schwächt sich ab. Verknüpft sich diese schwache Bindung an gruppenübergreifende Normen mit sozialer Chancenlosigkeit, dann entsteht ein Milieu für Kriminalität. Dieser Zusammenhang zwischen der Auflösung sozialer Bindungen, steigender ethnischer Heterogenität und der Zunahme von Kriminalität ist vielfach ermittelt worden (Freudenberg 1986, Sampson und Groves 1989).

Die gewachsene Freiheit und Mobilität der Bevölkerung verändert auch den Charakter der freiwilligen Vereinigungen. Sie werden in die alles umspannende Konkurrenz hineingezogen und müssen sich durch besondere Leistungsangebote für ihre Mitglieder gegen Konkurrenten bewähren. Sie müssen dem speziellen Interesse ihrer Klientel dienen und dieses gegen die Interessen anderer durchsetzen. So werden sie zu Instrumenten im ubiquitären Kampf um die Durchsetzung von Interessen. Die Universalisierung der Freiheitsrechte leistet ihren eigenen Beitrag zu dieser Entwicklung. Je mehr Menschen unterschiedlicher Herkunft die gleichen Rechte für sich beanspruchen können, um so mehr müssen sich alle in Vereinigungen organisieren, die sich darum kümmern, daß ihre Mitglieder auch diese Rechte wahrnehmen können und von anderen in der Wahrnehmung ihrer Rechte nicht verdrängt werden. Die Vereinigungen, die spezielle Rechte und Interessen schützen, nehmen dementsprechend einen um so größeren Raum im sozialen Leben ein. Auch Vereinigungen zu eher ideellen Zwecken, wie solche zum Kampf gegen den Drogenmißbrauch, für den Umweltschutz, für das Recht des ungeborenen Lebens oder die Rechte von schwangeren Frauen, sind eher Kampftruppen, die sich gegen ihre Gegner behaupten müssen. Untersuchungen zum Wandel des Gemeinschaftslebens in den Vereinigten Staaten haben diesen Weg vom »natürlichen« zum »politisierten« Gemeinwesen aufgezeigt (Lee, Oropesa, Metch und Guest 1984). Die Pluralisierung des Gruppenlebens geht unablässig voran. Das beweist das Anwachsen der Zahl freier Vereinigungen von 10 299 auf 22 389 zwischen 1968 und 1991 und der Zahl politischer Aktionskomitees von 608 auf 4094 zwischen 1974 und 1991 (Caplow et al. 1991: 75, 76, 297, 333; U.S. Bureau of the Census 1992: 274, 778).

Freie Vereinigungen sind in den USA in größerer Zahl aktiv, und sie spielen eine größere Rolle als in den europäischen Gesellschaften. Dort wird deren Funktion eher von den großen Verbänden, den Parteien und den Kirchen erfüllt. Ihre große Zahl bringt sie in den USA automatisch in einen Wettbewerb untereinander, aus dem jeweils für eine gewisse Zeit ausgehandelte Regulierungen des sozialen Lebens hervorgehen. Von den Vereinigungen, die unmittelbar das Zusammenleben regulieren, wie z. B. Feuerwehren, Schulvereine, Fahrgemeinschaften, Einkaufsgemeinschaften und Wohlfahrtsvereine, unterscheiden sich die Vereinigungen zur Förderung materieller und ideeller Interessen und Rechte dadurch, daß sie die staatliche Regulierung des Zusammenlebens nicht ersetzen, sondern auf diese staatliche Regulierung auf lokaler, regionaler, einzelstaatlicher, bundesstaatlicher oder globaler Ebene in Konkurrenz mit anderen Vereinigungen einwirken. Da sie einen immer größeren Teil des sozialen Lebens erfassen, findet unter der Hand eine massive Politisierung des Zusammenlebens statt. Was in einer homogenen Neuenglandgemeinde noch relativ einvernehmlich geregelt werden konnte, ist in der Welt der Großstädte, der großräumigen Verflechtungen, der globalen Mobilität und Betroffenheit eine Sache des permanenten Streits einer Vielzahl von Interessengruppen, deren Zielsetzungen von den Parteien im politischen Entscheidungsprozeß kaum gebündelt werden können. Die politischen Entscheidungsprozesse verlaufen dementsprechend auf allen Ebenen äußerst kontrovers, Konflikte werden von der Gesetzesinitiative bis zur Gesetzesimplementation offen und immer wieder neu ausgetragen. Um die Wahrnehmung der eigenen Rechte wird aufs heftigste und immer extensiver gestritten: Die jährliche Zahl von zivilen Streitfällen an Bezirksgerichten ist zwischen 1960 und 1987 von 59 300 auf 239 000 gewachsen (Caplow et al. 1991: 207; Lieberman 1981).

So ist das Gemeinschaftsleben von drei Seiten zerrieben worden: Von der Seite der Ökonomie impliziert das ubiquitäre Profitstreben den ständigen Abbau alter Beziehungen, sobald sie für das persönliche Vorankommen hinderlich sind, und das Aufbauen neuer, gewinnträchtigerer Beziehungen. Wohnung, Wohnort, Vereinigungen und Partner werden beliebig nach dem Kosten-Nutzen-Prinzip gewechselt. Aber auch von der Seite der Universalisierung kulturell legitimierter Rechte gerät das Gemeinschaftsleben unter Druck. Die althergebrachte Verteilung von Rechten ist nicht mehr legitimierbar. Mehr Menschen wollen mehr Rechte, die ihnen zustehen, auch tatsächlich wahrnehmen. Dadurch geraten sie viel häufiger und heftiger miteinander in Konflikt. Es setzen sich mehr Menschen in Bewegung, weil sie am bisherigen Ort nicht das bekommen, was sie legitimerweise beanspruchen. Mit der traditionellen Harmonie, der Homogenität und der Erhaltung alter Privilegien ist es vorbei. Konflikt, Instabilität und ständige Zu- und Abwanderung prägen jetzt das Gemeinschaftsleben. Schließlich ist mehr Macht im Spiele. Immer mehr Vereinigungen wecken und organisieren Interessen, die zuvor geschlummert haben und von den herrschenden Interessen unterdrückt wurden. Bürgerinitiativen und Zweckvereine aller Art haben sich erheblich vermehrt und machen die Abstimmung von Interessen zu einer Sache des offenen Kampfes.

Es darf indessen nicht vergessen werden, daß das einstmals stabile Gemeinschaftsleben natürlich auch eine relativ unverrückbare Vorherrschaft bestimmter Interessen und die Vernachlässigung oder Unterdrückung anderer Interessen implizierte. Die homogene Gemeinschaft war auch ein System der Unterdrückung von allem, was sich nicht den herrschenden Normen und Interessen fügte. Die Massachusetts-Theokratie, die von John Winthrop errichtet worden war, zeichnete sich sowohl durch ihre vorzügliche Ordnung als auch durch ihre rigorose soziale Kontrolle und ihre konsequente Unterdrückung und Ausgrenzung von Abweichlern aus. Das hat schon damals zur Abwanderung derjenigen geführt, die diese autoritäre Herrschaft nicht akzeptieren wollten. Sie gründeten in der Nachbarschaft neue Kolonien. So entstanden Connecticut und Rhode Island als Kolonien, in denen Demokratie und Freizügigkeit größere Bedeutung zugemessen wurde (Miller 1956: 16-47).

Die Öffnung des Gemeinschaftslebens für eine größere Zahl unterschiedlicher Gruppen und Interessen und die freie Organisation dieser Interessen implizieren indessen eine zunehmende Politisierung. Das heißt, daß weniger die eingelebte Tradition über die Regeln des sozialen Zusammenlebens, die Verteilung von Rechten und Pflichten und die Berücksichtigung von Interessen entscheiden als die von einzelnen und Gruppen mobilisierte politische Macht in Form ihres Zugangs zu politischen Beschlußorganen, in Form ihrer Verfügung über politische Unterstützung und in Form ihres Besitzes von materiellen und ideellen Ressourcen (z. B. Wissen), die von vielen anderen benötigt werden.

Was wir hier beschrieben haben, ist in anderen Worten die Verdrängung von Gemeinschafts- durch Gesellschaftsbeziehungen, wie dies Ferdinand Tönnies (1887/1963) in den Wissensbestand der Soziologie eingebracht hat. Interessant ist, daß die moderne Gesellschaft auf neuen Stufen ihrer Entwicklung dieselben Veränderungen in noch größeren Dimensionen durchmacht, die schon die Klassiker in ihrem Anfang als ihre unterscheidenden Merkmale im Vergleich zur traditionalen Gesellschaft aufgezeigt haben.

Ist angesichts dieser von mehreren Seiten wirkenden Entwicklungsdynamik der Moderne der Ruf nach einer Wiederbelebung des Gemeinschaftslebens und des Gemeinsinns nicht einfach naive Träumerei, die in unserer Zeit keine Chance auf Verwirklichung hat? Nehmen wir die Vereinigten Staaten als Modellfall, dann mangelt es ja gar nicht an einer Wertegemeinschaft, die sich universell gültigen Werten verschrieben hat, und die freiwilligen Vereinigungen spielen ja nach wie vor eine große Rolle im öffentlichen Leben, allerdings eine deutlich veränderte Rolle. In dieser Gesellschaft stellt die moralische Erneuerungsbewegung der Kommunitaristen nichts anderes als eine der vielen Vereinigungen dar, die im Wettstreit mit anderen Vereinigungen auf die Gestaltung des sozialen Zusammenlebens einwirken wollen. Sie berufen sich in ähnlicher Weise auf die gemeinsamen Wertvorstellungen einer Gesellschaft, die allen Menschen die gleichen Rechte auf ein gutes Leben im Wohlstand zusprechen. Im Unterschied zu den alten religiösen Erneuerungsbewegungen in den Zeiten der Vorherrschaft des Puritanismus steht diese Erneuerungsbewegung jedoch auf viel schwächeren Beinen. Die alten religiösen Erneuerungsbewegungen konnten in einer relativ homogenen Gesellschaft aus einer gemeinsam geteilten konkreten Moral schöpfen und mit ziemlich klaren Verhaltensvorschriften den drohenden Sittenverfall einer nach dem Geld strebenden Gesellschaft brandmarken (McLoughlin 1978). Die Kommunitaristen tun dasselbe jedoch unter ganz anderen Vorzeichen. Die Gesellschaft ist längst viel heterogener geworden, die Moral abstrakter und das, was sie als Sittenverfall beseitigen wollen, eine zwangsläufige Entwicklung, die durchaus den Grundsätzen der abstrakten Moral dieser Gesellschaft folgt.

Es ist nicht allein die »Tyrannei des Marktes«, wie es Bellah und seine Mitstreiter im Titel eines neueren Aufsatzes zum Ausdruck bringen (Bellah et al. 1992), sondern auch die Befreiung der Individuen aus der Vormundschaft herrschender Eliten, die Wahrnehmung gleicher Rechte, die Vereinigung zur Durchsetzung dieser Rechte und der offene Kampf um die bessere Gestaltung der Gesellschaft, die das ehemals stabile Gemeinschaftsleben durcheinanderrütteln und das Leben insgesamt unsicherer und ungemütlicher machen. In dieser Gesellschaft ist der Ruf der Kommunitaristen nach mehr Gemeinsinn paradoxerweise nicht mehr als ein weiterer Mitstreiter im Kampf um die Gestaltung des gesellschaftlichen Zusammenlebens. Und aus der von ihnen erstrebten Wiederbelebung des Gemeinsinns gehen auch wieder paradoxe Effekte hervor. »Gemeinsinn« bedeutet in der Moderne immer auch, allen Menschen die gleichen Rechte zuzugestehen. Je mehr Menschen indessen tatsächlich davon Gebrauch machen, um so mehr prallen sie bei der Wahrnehmung ihrer Rechte als Konkurrenten aufeinander, woraus sich ein neuer Schub in der Entwicklung der ubiquitären Konkurrenzgesellschaft ergibt, deren Ausuferungen die Kommunitaristen ja gerade korrigieren wollen. Aus der Eigendynamik der Moderne können wir mit dem Ruf nach mehr Gemeinsinn offensichtlich nicht so ohne weiteres aussteigen. Wir bleiben dennoch Gefangene einer anscheinend auch gegen beste Absichten paradox verlaufenden Entwicklung.

4.2 Die Integration der individualisierten und mobilisierten Gesellschaft

Läßt sich in der vollkommen individualisierten und mobilisierten Gesellschaft der schleichenden Entwertung des Rechts und der entsprechenden Erosion der Sozialordnung überhaupt noch in irgendeiner Form beikommen? Es wird sicherlich sehr schwer sein. Die modernen Gesellschaften müssen ebenso Strategien zur Bekämpfung von Rechtsinflationen erarbeiten, wie sie Strategien zur Bekämpfung von Geldinflationen entwickelt haben. Eine schleichende Entwertung wird jedoch nicht zu vermeiden sein, weil eben mit der Mobilisierung der Gesellschaft auch die Geltung des Rechts dynamischen Prozessen unterworfen wird.

Folgen wir den Empfehlungen der Autorengruppe um Robert N. Bellah (1985, 1991, 1992), dann wäre die Hoffnung in die Einbindung der Menschen in die Regelung des Zusammenlebens in Familien, Schulen, Hochschulen und freiwilligen Vereinigungen zur Bewältigung gemeinsamer Anliegen zu setzen. Es ist nicht zu übersehen, daß diese Autoren die klassischen Institutionen im Auge haben, die im einstigen kleinstädtischen Amerika die soziale Ordnung durch Selbstregulation gesichert haben. Ist das nur ein nostalgischer Traum, der in der total mobilisierten großräumigen Konkurrenzgesellschaft keine Chance auf Verwirklichung hat? Sicher ist das Problem nicht durch die Erinnerung an die alten Institutionen zu lösen. Man kann höchstens versuchen, unter den gegenwärtigen Bedingungen Institutionen zu gründen, die ähnliche Funktionen erfüllen. Die Stoßrichtung dieser Institutionenbildung muß dahin gehen, daß zunächst einmal in jenen großstädtischen Agglomerationen, in denen ethnische Konflikte, Drogenhandel und Bandenkriege herrschen, interethnische Vereinigungen geschaffen werden, in denen die lokalen Führer dieser Gruppen zum ständigen Gespräch über die Regulierung des lokalen Zusammenlebens gebracht werden. Diese Vereinigungen müssen wiederum mit den lokalen politischen Organen zusammenarbeiten. Nur über interethnische Vereinigungen und deren Zusammenarbeit mit den lokalen politischen Organen kann es gelingen, der Zentrifugalwirkung des Gruppenwettbewerbs um knappe Güter entgegenzuwirken. Sie müssen jedoch die ethnischen Gruppen an sich binden und mit den lokalen politischen

Behörden verklammert sein, um wiederum mit ihrem gewonnenen Einfluß die Verpflichtung der Bürger auf die Einhaltung der getroffenen Regelungen des Zusammenlebens zu verstärken. Dieselbe Zusammenarbeit von politischen Behörden, interethnischen Vereinigungen und Bürgern ist auf regionaler, einzel- und bundesstaatlicher Ebene erforderlich.

Es sind jedoch nicht nur interethnische Vereinigungen, die ein Gegengewicht gegen den ubiquitären Kampf der Interessengruppen bilden müssen, sondern grundsätzlich Vereinigungen, die entgegenstehende Interessen zur kontinuierlichen Abarbeitung von Konflikten und zum Abbau von Vorurteilen und Verfeindungen zusammenführen: Frauen und Männer, Umweltschützer und Unternehmer, Arbeitgeber und Arbeitnehmer, Tierforscher und Tierschützer, Industrieforscher und Public-Interest-Forscher, Abtreibungsgegner und Abtreibungsbefürworter, Bergbahnbetreiber und Naturschützer usw. Soweit die Einzelgruppen im politischen Entscheidungsprozeß aufeinanderstoßen, werden sie in den politischen Kampf um Sieg oder Niederlage hineingezogen, der stets rachsüchtige Verlierer auf der Strecke läßt. Hier dienen die Interessengruppen nicht als Transmissionsriemen für die Verpflichtung ihrer Mitglieder auf die staatlichen Regulierungen des Zusammenlebens, sondern – sofern sie unterlegen sind – als Transmissionsriemen für die Mobilisierung von Abweichung, Protest und Widerstand. Es kommt deshalb darauf an, den politischen Entscheidungsprozeß in politischen Beschlußorganen durch die vorgängige und nachsorgende Zusammenarbeit von Interessengruppen in gemeinsamen Vereinigungen zu entlasten. In diesen Vereinigungen geht es darum, ohne Entscheidungszwang, gegenseitiges Verständnis und ein Bewußtsein für gemeinsame Verantwortung, in der Tat Gemeinsinn als Verantwortung für das Ganze zu wecken. Sie dürfen einerseits nicht selbst durch Entscheidungszwänge politisiert werden, dürfen andererseits aber auch nicht in der Luft hängen, weil sie sonst keine Wirkung über ihre Grenzen hinaus entfalten. Sie müssen sowohl mit den Interessengruppen als auch mit den politischen Organen eng verbunden sein. Sie brauchen eine breite, eingebundene Mitgliederbasis und eine regelmäßige Zusammenarbeit mit den politischen Organen.

Diese Vereinigungen zur Verständigung zwischen gegensätzlichen Interessen benötigen indessen einen Unterbau von Vereinigungen, die gemeinsame Aktivitäten organisieren und die Gruppenheterogenität der Gesellschaft widerspiegeln: Nachbarschaftsvereine, Sportvereine, Theatervereine, Einkaufsgemeinschaften, Reisegesellschaften. Auch das Zusammenleben am Arbeitsplatz erfordert als Gegengewicht zur individuellen Konkurrenz die Bildung von betrieblichen Gemeinschaften über die reine Arbeitsgruppe hinaus unter Widerspiegelung der Heterogenität der gesellschaftlichen Gruppenstruktur. Die gruppenübergreifenden Vereinigungen müssen auch darauf ausgerichtet werden, den ständigen Zustrom von Ein- und Binnenwanderern aufzusaugen und in das soziale Netzwerk einzugliedern. Spezielle Eingliederungsprogramme müssen auf diese Aufgabe zugeschnitten werden.

Schließlich ist die Einübung des Zusammenlebens verschiedener Gruppen in den Schulen und Hochschulen, wie die Bellah-Gruppe betont, der notwendige Unterbau für die Gesellschaft. Der Stellenwert der Zusammenarbeit bei der Gestaltung des schulischen Lebens kann nicht hoch genug veranschlagt werden. Für den Zusammenhalt der Gesellschaft ist diese Zusammenarbeit wichtiger als die Vermittlung des Fachwissens. Wir wissen, daß die Schulen und Hochschulen in den Vereinigten Staaten dieser Aufgabe ohnehin einen größeren Raum beimessen als die Schulen und Hochschulen in vergleichbaren europäischen Ländern, was die bekannten Schwächen in der Vermittlung von Sprachen und klassischem Bildungswissen mitverschuldet. Dennoch sind die Schulen und Hochschulen gerade in den Problemgebieten mit hoher ethnischer Heterogenität und/oder viel Armut und Kriminalität dieser Aufgabe nicht mehr gewachsen. Statt Zusammenarbeit und friedliche Abarbeitung von Konflikten zu lernen, tragen die Schüler dort die außerschulische Anomie und die Vorherrschaft des Faustrechts in die Schule hinein. Die Schule ist eben nur ein Spiegelbild der sie umgebenden Gesellschaft, wenn nicht ganz besondere Anstrengungen unternommen werden, durch sie ein Gegenbild zu schaffen.

Ein Blick auf die ganz andere Verbindung von traditionellem Gruppenleben und industrieller Gesellschaft in Japan kann noch weitere Erkenntnisse liefern. Japan ist den Weg in die industrielle Moderne gegangen, ohne gleichzeitig den Schritt von der »Gemeinschaft« zur »Gesellschaft« in Tönnies' (1887/1963) Sinne zu vollziehen (Inglehart 1990: 144-153). Japan lehrt uns, daß Industrialisierung, wirtschaftliches Wachstum und die Eroberung von

Märkten nicht zwangsläufig eine vollständige Individualisierung der Lebensweise voraussetzen oder nach sich ziehen. Dort verbindet sich der wirtschaftliche Aufstieg zur industriellen Supermacht Nr. 1 in der Welt mit einer außerordentlichen Erhaltung des Kollektivgeistes, der das gesamte Leben in Familie, Staat und Wirtschaft durchdringt. Daraus ist zunächst einmal zu entnehmen, daß es nicht allein die ökonomische Dynamik ist, die den westlichen Gesellschaften die Auflösung der traditionellen Solidargemeinschaften beschert hat. Vielmehr sind die Universalisierung der Freiheitsrechte des Individuums und die offene Konfliktaustragung in demokratischen Entscheidungsverfahren ebenso unabdingbare Voraussetzungen für diese Entwicklung. Diese beiden Voraussetzungen fehlen jedoch in Japan. Dort ist vielmehr die expansive Industrialisierung in eine traditionelle Gruppenstruktur und ein traditional-autoritäres Herrschaftssystem eingebettet geblieben, die Japan sogar gerade seine kollektive Geschlossenheit und Stärke in seiner Politik der Eroberung von immer mehr Anteilen am Weltmarkt verleihen (Fukutake 1982, Nakane 1985, Murakami 1987, Hendry 1989, McMillan 1989, Antoni 1991).
Die großen japanischen Industrieunternehmen konkurrieren untereinander hart auf dem heimischen Markt, aber sie bekämpfen sich nicht bis aufs Messer, sondern arbeiten unter Moderation des Handels- und Industrieministeriums (MITI) bei den heute immer aufwendigeren Forschungs- und Entwicklungsprojekten zusammen, um mit den Ergebnissen wieder einzeln den Weltmarkt zu erobern (Johnson 1982, Okimoto 1989). Die Eroberung des Weltmarktes ist eine nur mit kollektiven Anstrengungen generalstabsmäßig durchführbare Unternehmung. Japan hat dafür die Voraussetzungen der kollektiven Geschlossenheit und der gemeinsamen Ausrichtung der ganzen Gesellschaft auf dieses Ziel, die seinen Konkurrenten wegen ihrer internen Heterogenität, Konfliktfreudigkeit und Individualisierung fehlen. Deswegen ist Japan für die aktuelle Phase der Aufteilung des Weltmarktes mit seiner nur partiellen Modernisierung besser gerüstet als seine vollmodernisierten Mitstreiter. Was Japan militärisch nicht gelungen ist, holt es heute mit den Mitteln der wirtschaftlichen Eroberung nach. Japan hat in den achtziger Jahren den amerikanischen Hochtechnologiemarkt erobert und die dort heimische Industrie nahezu ausgeschaltet. Von den 27 großen amerikanischen Radio- und Fernsehgeräteherstellern hat ein einziger überlebt. Japanische Hersteller

halten heute einen Anteil von 36 Prozent am US-amerikanischen Automarkt. Inzwischen haben die Japaner auch die amerikanische Halbleiterindustrie von deren Heimatmarkt nahezu vollständig verdrängt. Jedesmal war Preis-Dumping die letztendlich erfolgreiche Strategie. Mit der Vorherrschaft in der Halbleiterproduktion hat Japan das Monopol über die Grundstoffindustrie des Informationszeitalters errungen (Seitz 1992: 4-7; Kolatek 1990).

Vieles spricht dafür, daß Japan in den neunziger Jahren den europäischen Markt ähnlich einnehmen wird wie zuvor den US-amerikanischen. Die europäische Industrie schaut mit Schaudern auf die japanischen Konkurrenten und sucht nach den Ursachen ihres Erfolgs, um daraus zu lernen. Unternehmenskultur, Einbindung der Mitarbeiter in die Unternehmenspolitik, Zusammenarbeit mit dem Staat und die Einforderung eines industrie-, technologie- und wachstumsfreundlichen Klimas bis hin zur Begeisterung der jungen Generation für die anstehenden Herausforderungen auf dem Weltmarkt sind die geläufigen Rezepte, die diesem Lernen am Erfolg Japans entnommen werden. Gleichwohl, kann man eine traditionalistische Gruppenstruktur und ein, trotz aller parlamentarisch-demokratischen Form, in seinem Gehalt autoritäres Herrschaftssystem auf Gesellschaften übertragen, die diese Formen des gesellschaftlichen Zusammenlebens und politischen Entscheidens schon längst hinter sich gelassen haben und mit ihrer großräumigen Verflechtung gerade noch weiter abbauen, was an Resten davon noch übriggeblieben war? Es wäre naiv zu glauben, daß sich dieses Rezept überhaupt anwenden ließe. Die Ironie des Schicksals will es sogar, daß Europa jetzt seine Nationalstaaten in ein größeres Gebilde zusammenfügt, auch um der japanischen Herausforderung durch Firmenzusammenschlüsse und die Vereinigung von Ressourcen besser begegnen zu können. Gleichzeitig werden durch diese Entwicklung jedoch Prozesse in Gang gesetzt, die ihre Modernisierung noch weiter vervollständigen. Individualisierung, Mobilität, Dauerkonflikt, Heterogenisierung und die Erosion der Sozialordnung, die alle zu einer Schwächung im Konkurrenzkampf mit Japan beitragen, breiten sich noch weiter aus (vgl. Turnbull 1988, Ackroyd, Burrell, Hughes und Withaker 1988, Dickens und Savage 1988).

Eine Rückkehr zur partiellen Modernität Japans steht den westlichen Gesellschaften nicht mehr offen. In Japan ist das Individuum von Anfang bis Ende in feste, hierarchisch geordnete Gruppen eingebunden. Die Familie mit ihrer klaren hierarchischen Ordnung ist die Keimzelle und die Grundstruktur der Gesellschaft. Nach ihrem Urbild sind auch die Wirtschaftsbetriebe aufgebaut. Sie sind ein in sich zusammenhängendes Gruppengefüge, in dem der einzelne nichts anderes zu tun hat, als der Gruppe zu dienen, für sie alles zu geben. Die lebenslange Anstellung in den großen Unternehmen ist nicht einfach beamtenmäßige Arbeitsplatzsicherheit, sondern lebenslange Herrschaft des Unternehmens über das Individuum. Das Unternehmen hat die Lebensgestaltung des Individuums durchgängig in der Hand. Das Ganze herrscht über die Teile, die keine andere Wahl haben, als sich in das Ganze einzupassen (Möhwald 1990, Deutschmann 1990). Demselben Aufbau folgt das Leben in Nachbarschaften und Gemeinden. Darin eingeschlossen ist auch eine intensive Betreuung und Kontrolle der Nachbarschaften durch die zuständigen Polizeidienststellen, die den westlichen Besucher in Erstaunen versetzt (Kränzle 1991; Tasker 1988: 94-103). Auch das Verhältnis von Wirtschaft und Staat entspricht dem Muster der Kollektivherrschaft. Die einzelnen Unternehmen fügen sich in die Strategie des Handels- und Industrieministeriums (MITI) wie die Mitarbeiter in die Unternehmensstrategie der Einzelunternehmen. Das Ziel der Unternehmen ist es, das eigene Prestige im Ganzen durch Erfolge insbesondere auf den Auslandsmärkten zu steigern und die Stellung Japans als übergeordnetes Kollektiv auf dem Weltmarkt zu verbessern.

Dem außerordentlichen wirtschaftlichen Erfolg dieses kollektiven Industrialismus gesellt sich auch noch eine im Vergleich zu den westlichen Industriegesellschaften größere Stabilität der Sozialordnung hinzu. Japan weist wesentlich geringere Kriminalitätsraten auf. Das gilt nach wie vor, trotz aller Meldungen über eine fortschreitende »Verwestlichung« mit entsprechenden Individualisierungstendenzen. Ein Vergleich einiger statistischer Daten unterstreicht diese Feststellung: 1987 kamen in Japan, in der Bundesrepublik bzw. in den USA auf 100 000 Einwohner 1,5, 4,5 bzw. 8,3 polizeilich erfaßte Mord- und Totschlagsdelikte, 1,7, 8,6 bzw. 37,4 Vergewaltigungen, 1,9, 46,0 bzw. 213,8 Raubüberfälle, 182, 314 bzw. 254 Polizisten und 10, 61 bzw. 194 Rechtsanwälte. Die Verhaftungsquote betrug 60, 46 bzw. 20 Prozent. Die Scheidungsrate pro 1000 verheirateter Frauen lag bei 5, 9 bzw. 21. Die unehelichen Geburten bewegten sich 1989 bei 1, 11 bzw. 27 Prozent (Tasker 1988: 97; U.S. Bureau of the Census 1992: 180, 828; Bundeskriminalamt 1992: 112, 119; Anhang: Tabelle 12).

Der Grund für die stabilere Sozialordnung Japans ist sicherlich in der Erhaltung des Kollektivgeistes durch die Vorherrschaft der Gruppe über das Individuum und durch den Aufbau der gesamten Gesellschaft als ein hierarchisches Gefüge von miteinander verklammerten Gruppen zu erkennen. Eine neuere Studie zeigt z. B., daß in Japan Scheidung nicht wie in den westlichen Industriegesellschaften zu einer Erhöhung der Selbstmordwahrscheinlichkeit führt, weil dort die Geschiedenen fester in das Gruppenleben der erweiterten Familie eingebunden bleiben (Stack 1992). Die andere Seite dieser Herrschaft des Kollektivgeistes über das Individuum ist die Häufung von Fällen, in denen sich die einzelnen für das Kollektiv bis zum Tode einsetzen. Einer gewissen Ausbreitung des Bewußtseins für individuelle Rechte ist es zu verdanken, daß diese Fälle jetzt häufiger registriert werden. Die Berichte über den plötzlichen Erschöpfungstod (Karoshi) japanischer Angestellter, die sich für ihre Firma geopfert haben, nehmen zu. Die Arbeitskontrollbehörde hat nach der Anerkennung von solchen Karoshi-Fällen in Kleinbetrieben jetzt zum ersten Mal einen solchen Fall in einem Großunternehmen bestätigt, wodurch das Unternehmen verpflichtet wird, für die Hinterbliebenen angemessen zu sorgen (Blume 1992). Auf der Seite von Selbstmorden ist die größte Zahl Durkheims (1897/1973b) Typus des altruistischen Selbstmordes zuzuordnen. Während sich in den westlichen Gesellschaften mehr Menschen wegen übermäßiger Individualisierung umbringen, tun dies in Japan mehr Menschen wegen übermäßigem Kollektivzwang.

Eine spannende Frage ist heute, ob sich Japan trotz wirtschaftlicher Öffnung in Zukunft weiterhin einer Verwestlichung seines Wertsystems im Sinne einer wachsenden Bedeutung der Rechte des Individuums gegenüber den Rechten des Kollektivs wird erwehren können. Die Japaner erbringen zwar auch heute noch mehr Opfer für ihren Betrieb, arbeiten länger und bleiben in den Großunternehmen häufiger ein und demselben Betrieb lebenslang verbunden als Arbeitnehmer in den westlichen Industriegesellschaften. Es gibt jedoch eine Entwicklung der Angleichung an den Westen (Oyama 1990, Herold 1991). Die junge Generation nimmt mit der amerikanischen Rock- und Popmusik auch Leitbilder des westlichen Individualismus auf. Die Arbeitszeit soll sich dem westlichen Niveau nähern. Die Regierung beabsichtigt, die Jahresarbeitszeit von ca. 2143 auf ca. 1800 Stunden zu senken. Sie umfaßt im Vergleich dazu in der Bundesrepublik – das Land mit der weltweit niedrigsten Jahresarbeitszeit – heute ca. 1648 Stunden (Herold 1990: 27-28; Europa im Schaubild 1992: 67). Die Zahl der Arbeitnehmer, die nicht mehr lebenslang einem Betrieb dienen, wächst. Zwischen den Februarmonaten 1991 und 1992 wechselten 2,77 Millionen Arbeitnehmer, das sind 4,4 Prozent aller Beschäftigten, die Arbeitsstelle, meist um bessere Arbeitsbedingungen vorzufinden (*Kölner Stadtanzeiger* 1992a: 11).

In den vollständig modernisierten Gesellschaften des Westens kann Zusammenhalt nicht mit den vormodernen Mitteln Japans hergestellt werden. Sie sind mit den verbrieften Freiheits- und Gleichheitsrechten des Individuums gar nicht vereinbar. Hier muß die Neuordnung des Gemeinschaftslebens gerade auch vorhandene Gruppenbande durchschneiden und Vereinigungen über die Grenzen der gegebenen Herkunftsgruppen und Interessengruppen schaffen, die darauf ausgerichtet sind, Konflikte nicht autoritativ zu unterdrücken, sondern durch gegenseitige Verständigung abzuarbeiten. Für die Durchschneidung der Bande von Herkunftsgruppen ist die Befreiung des Individuums aus der Herrschaft der Gruppe durch die Garantie individueller Freiheitsrechte sogar eine unabdingbare Voraussetzung. Die völlig freie Vereinigung über die Grenzen von Herkunftsgruppen hinaus ist nur in der individualisierten Gesellschaft möglich. Die Erzielung von Konsens ist in einer solchen Gesellschaft viel mühsamer und meist weniger effektiv, wenn es um geschlossenes Auftreten und strategisches Handeln von Staat und Unternehmen im Kampf um Weltmarktanteile geht. Es ist jedoch die einzige Form der Vergemeinschaftung, die den modernen westlichen Gesellschaften offensteht, ohne ihre Identität vollkommen zu ändern.

Die Eigenart der westlichen Moderne gebührend in Rechnung zu stellen, heißt jedoch nicht, sie der Zerstörungskraft des grenzenlosen Individualismus zu überlassen. Es müssen neue Formen der sozialen Bindung gefunden werden. Es mehren sich die Stimmen, die dem Diskurs über die Bürgerrechte einen Diskurs über die Bürgerpflichten entgegensetzen. Bei der Versammlung des vor 100 Jahren gegründeten *Institut International de Sociologie* im Juni 1993 in Paris haben z. B. Jerald Hage, J. Rogers Hollingsworth und Christopher Dandeker diese Position in die Diskussion eingebracht. Es ist daran zu denken, alle Mitglieder der Gesellschaft von ihrer Jugend an bis in das hohe Alter bindend in ein Netzwerk kommunaler, nationaler und internationaler Dienstleistungen einzubeziehen. Kinder-, Jugend-, Alten- und Krankenbetreuung, Hilfe für Zugewanderte und Neubürger, Mitarbeit in der Gestaltung des Vereins- und Gemeindelebens, in der äußeren und inneren Sicherung, im Umweltschutz, in Städtepartnerschaften und Entwicklungshilfe bieten ein breites Feld der Betätigung für das Gemeinwesen. Es könnte z.B. jedes Mitglied der Gesellschaft darauf verpflichtet werden, sich im Jahr 12 Tage zusammenhängend oder verteilt durch eine der genannten sozialen Dienstleistungen an der Erhaltung des Gemeinschaftslebens zu beteiligen. Wer in größerem Umfang Sozialleistungen empfängt, könnte über den sozialen Grunddienst hinaus weitere Dienste bereitstellen. Diese Dienstleistungen sollten überwiegend auf kommunaler Ebene organisiert werden und die einzelnen zwingend in soziale Gruppen hineinführen, denen sie nicht angehören. Auf diese Weise würden sich diejenigen Vernetzungen entfalten, die der individualisierten und mobilisierten Gesellschaft abhanden gekommen sind. Die Gemeinden, Bezirke und Nachbarschaften würden wieder zu Lebensgemeinschaften werden. Die einzelnen Bürger würden lernen, daß sie nicht nur Rechte, sondern auch Pflichten haben, sie würden ein Gespür für das Ganze in seinen verschiedenen Abstufungen erwerben, die Wahrnehmung der eigenen Rechte auf die Rechte der anderen abstimmen, die anderen in ihrer Eigenart respektieren, den Zusammenschluß aller in der Gesellschaft als Garanten der eigenen Individualrechte erkennen und so eine Achtung vor diesem Zusammenschluß entwickeln.

Auch die Freiheitsrechte des Individuums können nur fortbestehen, wenn sie in das soziale Netzwerk von gegenseitigen Verpflichtungen einer Zivilgesellschaft eingebunden werden. Jeder Bürger ist in irgendeiner Form Empfänger von Leistungen des Staates. Seine Gegenleistungen sollten sich nicht in Steuerabgaben erschöpfen, weil diese keine Beziehungen schaffen. Dagegen würde das Opfern von Zeit für das Gemeinwesen in konkreten Hilfeleistungen für andere genau diese Beziehungen aufbauen und die einzelnen untereinander verbinden sowie in das Gemeinwesen eingliedern. Die individualisierte und mobilisierte Gesellschaft könnte ihre soziale Integration wiedergewinnen. Nebenbei ergäbe sich eine spürbare finanzielle Entlastung des Staates und der

Steuerzahler, weil ein erheblicher Teil der gesellschaftlichen Arbeit unentgeltlich geleistet würde.

Die Erfahrung, daß totalitäre Gesellschaften ihre Erhaltung mit Mitteln des zwangsweisen Arbeitsdienstes gesichert haben, war für lange Zeit Anlaß für eine Tabuisierung solcher Überlegungen. Es wäre jedoch falsch, die Idee eines verbindlichen Sozialdienstes ohne nähere Prüfung für unvereinbar mit einer freien Gesellschaft zu erklären. Zumindest auf freiwilliger Basis lebt sie heute schon in ganz erheblichem Maße von sozialen Diensten. Warum soll diese Basis nicht verbreitert werden können? Warum soll dies aus dem Rahmen einer freien und demokratischen Gesellschaft fallen, wenn wir dasselbe mit dem Wehr- oder ersatzweisen Zivildienst für junge Männer tun? Die moderne Gesellschaft kann nicht allein durch Geld zusammengehalten werden. Sie bedarf vor allem auch der solidarischen Integration durch ein Netzwerk gegenseitiger Unterstützung über die Grenzen der einzelnen Teilgruppen hinaus. Durch Versicherungsprämien und Steuerzahlungen, Versicherungsleistungen und staatliche Stützung kann ein solches Netzwerk nicht vollkommen ersetzt werden. Soziale Integration wird nicht durch Geld, sondern durch gegenseitige Respektierung und Verpflichtung sichergestellt. Die moderne Gesellschaft kann nur auf der Basis einer Reziprozität von Bürgerrechten und Bürgerpflichten existieren.

4.3 Die Integration multiethnischer und multinationaler Gesellschaften

Wir erleben in Westeuropa wie überall in der Welt schon seit den siebziger Jahren eine neue Mobilisierung von Ethnizität und Nationalität (Esman 1977a). Das geschieht einerseits auf dem Wege der Herausbildung neuer multinationaler Gesellschaften wie im Falle der Europäischen Gemeinschaft, andererseits durch die Entwicklung multiethnischer Gesellschaften auf der Ebene der Nationalstaaten als Folge zunehmender Migration. Außerdem erwachen Ethnien und Nationalitäten in den Nationalstaaten aufs neue. Sie wollen einerseits auf der Ebene eines hohen politischen und kulturellen Mobilisierungsniveaus ihre Rechte wahrnehmen und zu mehr Selbstbestimmung und -entfaltung kommen, andererseits sehen sie in der Bildung supranationaler Einheiten neue

Chancen der Selbständigkeit. Auf diese Weise können sich ethnische Gruppen maßgeblich über die Nutzung des massenmedialen Diskurses auch erst als solche konstituieren, wie das z. B. der Lega Nord in Norditalien gelungen ist (Schmidtke und Ruzza 1993). So überwindet die Modernisierung nicht die politische Relevanz von Ethnizität, sondern verstärkt oder erzeugt diese sogar. Wir beobachten eine eigenartige Gegenläufigkeit und paradoxe Verknüpfung von Universalisierung und Partikularisierung in der Gestaltung der Solidaritätsbeziehungen (vgl. Hechter 1971, 1974, Nagel und Olzak 1982, Banton 1983, Nielsen 1985, Esser 1988, Estel 1991, Haller 1993).

Bei der Diskussion der Integrationsprobleme multiethnischer und multinationaler Gesellschaften können wir von folgenden Unterscheidungen ausgehen: Ethnien gründen sich auf Gemeinsamkeiten des Namens, der Herkunft, der Geschichte, der Kultur, des Territoriums und des Zusammengehörigkeitsgefühls (Smith 1986: 24). Bei ethnischen Gruppen sind diese Gemeinsamkeiten eher latent, bei ethnischen Gemeinschaften eher manifest ausgeprägt. Aus ethnischen Gemeinschaften ergeben sich Nationen durch die Verfügung über oder das Streben nach politischer Selbstbestimmung. Die Übergänge sind fließend. Mehrere Ethnien bilden eine multiethnische, mehrere Nationen eine multinationale Gesellschaft. Ihre Zusammensetzung kann wie folgt gestaltet sein: (1) Mehrheit plus Minderheit(en), wobei die Minderheiten auch zusammen keine Mehrheit bilden: absolute Mehrheit. (2) Mehrheit plus Minderheiten, wobei die Minderheiten zusammen eine Mehrheit darstellen: relative Mehrheit. (3) Mehrere Ethnien oder Nationen, wobei keine größer ist als die zwei zahlenmäßig nächsten Ethnien oder Nationen: Pluralismus.

Allein von der Struktur her gesehen, wächst die Häufigkeit von Konflikten mit der Abweichung vom absoluten Mehrheitsmodell und der Annäherung an das Pluralismusmodell. Eine multiethnische Gesellschaft mit einer absoluten ethnischen Mehrheit und vielen, im Verhältnis zur Mehrheit noch kleinen Minderheiten sind die USA, wenn wir die Weißen als eine Gruppe betrachten. Stellen wir deren Differenzierung in eine Vielzahl ethnischer oder nationaler Herkunftsgruppen in Rechnung, dann haben wir es mit einem ethnischen Pluralismus zu tun. Allerdings sind die Trennungslinien zwischen den Weißen europäischer Herkunft inzwischen weitgehend verschwunden. Multinationale Gesellschaften mit zwei oder mehreren gewichtigen nationalen Gruppen stellen Kanada, Belgien und die Schweiz dar.

Weiterhin ist zu unterscheiden: (1) Mehrheitsherrschaft, (2) Minderheitsherrschaft, (3) geteilte Herrschaft (Konkordanz). Die Minderheitsherrschaft wird mit zunehmender politischer Mobilisierung gefährdet und/oder beseitigt (Südafrika, ehemaliges Rhodesien).

Welche Solidaritätsprobleme ergeben sich nun in den neu entstehenden multinationalen und multiethnischen Einheiten auf europäischer und nationalstaatlicher Ebene? Wie können sie ihre Integration sicherstellen? Darauf sind jetzt Antworten zu suchen. Zunächst ist auf den Wandel der Solidaritätsbeziehungen einzugehen.

Mit der Entwicklung großräumiger und globaler Verflechtungen im Prozeß der europäischen Integration und der darüber hinausgehenden globalen Zusammenarbeit verändern sich auch die Solidargemeinschaften. Die Menschen werden aus nachbarschaftlichen, lokalen und regionalen Gemeinschaften herausgerissen und in weiträumigere Sozialbeziehungen hineingezogen. Es schreitet hier im großen Maßstab weiter voran, was Emile Durkheim (1893/1973a) die Umstellung von mechanischer auf organische Solidarität im Prozeß der fortlaufenden Arbeitsteilung genannt hat, wobei wir ja wissen, wie prekär die Entwicklung organischer Solidarität ist.

Der Nationalstaat hat diese Entwicklung mit Hilfe der Ersetzung von familialer und nachbarschaftlicher Solidarität durch ein einheitliches Rechtssystem, die Garantie von gleichen Bürgerrechten, ein umfassendes Wohlfahrtssystem und einen Solidaritätsmarkt von Selbsthilfegruppen unterstützt (Hondrich und Koch-Arzberger 1992: 30-79). Das hat lange gedauert, ist bis heute nur in den hochentwickelten Wohlfahrtsstaaten abgeschlossen und hat indessen traditionale Formen familialer und nachbarschaftlicher Solidarität zum Verkümmern gebracht. Auf staatsübergreifender Ebene wird diese Entwicklung noch mehr Zeit benötigen, noch schwieriger sein und ebenfalls die kleineren Solidargemeinschaften verdrängen. Wir werden durch die europäischen und globalen Verflechtungen in großräumigere Beziehungen eingegliedert, ohne uns völlig im klaren darüber zu sein, welche Veränderungen der Solidaritätsgefüge sich in dieser Entwicklung anbahnen. Während die wirtschaftlichen und politischen Verflechtungen im euro-

päischen und globalen Maßstab im wachsenden Tempo vorangetrieben werden, ist die Bereitschaft der Stärkeren, die Schwächeren zu unterstützen, noch wenig entwickelt, wenn man die
Verhältnisse in den hochentwickelten Wohlfahrtsstaaten als Maßstab zugrunde legt. Solange die Schwachen noch weit entfernt
leben, wird Struktur-, Regional-, Kohäsions-, Sozial- oder Entwicklungshilfe als Almosen betrieben und hinter alle nationalstaatlichen Sozialleistungen gestellt. Entwicklungshilfe für die
entfernt lebenden Armen Europas und der ganzen Welt muß hinter der Fürsorge für die näherstehenden Armen zurückstehen. Die
Relationen werden sich indessen verändern, wogegen sich Widerstand regen wird.

Die weltweiten Flüchtlingsströme aus den armen Ländern in die
reichen Industrieländer und aus den armen ländlichen Gebieten in
die reicheren städtischen Zentren jagen jetzt den länger ansässigen
Bürgern der reicheren Länder einen gewaltigen Schrecken ein
(Opitz 1988, Bovenkerk, Miles und Verbunt 1990). Eine Schätzung des Hohen Flüchtlingskommissars in Genf spricht von
weltweit 12 bis 15 Millionen Flüchtlingen Ende der achtziger
Jahre. Dabei wird jedoch die enge Definition der politischen Ver-
folgung nach der Genfer Flüchtlingskonvention zugrunde gelegt.
Zieht man auch die Menschen hinzu, die sich auf der Flucht vor
anhaltender Armut befinden, weil ihnen ihre Heimat keine ausreichenden Lebensgrundlagen bietet, dann zählt man schon eine
halbe Milliarde Flüchtlinge, die sich bis zur Jahrtausendwende auf
eine Milliarde verdoppeln soll. Die Flüchtlingsströme bewegen
sich jedoch noch überwiegend innerhalb der Dritten Welt. Nicht
mehr als fünf Prozent der Flüchtlinge werden in Europa aufgenommen (Opitz 1988: 228-234; Cohn-Bendit und Schmid 1992:
266-275). Viele davon kommen selbst aus einem europäischen
Land, nämlich aus Ost- oder Südosteuropa. In der Bundesrepublik sind es im Durchschnitt mehr als die Hälfte. 1980 wurden
107 818 Asylbewerber registriert, davon 65 809 aus Europa, 1987
waren es 57 379 bzw. 36 629, 1991 dann 256 112 bzw. 166 662 (Statistisches Bundesamt 1992a: 72).

Obwohl die Fluchtbewegungen nach und innerhalb Europas im
weltweiten Vergleich noch bescheiden aussehen, wird mit einer
drastischen Zunahme gerechnet. Die von uns in Bewegung gesetzten Waren-, Verkehrs- und Kommunikationsströme haben die
Welt verkleinert und zu einem einheitlichen System zusammenge-

fügt. Sie haben das Modell der Wohlstandsgesellschaft und die Idee der Menschenrechte zum Maßstab des Lebens in der ganzen Welt erkoren. Wie wir uns auf diese Weise die ganze Welt verfügbar gemacht haben, so steht jetzt auch umgekehrt unsere »heimische« Welt jedem Menschen auf dieser Erde offen. Die Weltgesellschaft, in die wir ökonomisch durch Waren-, Kapital- und Dienstleistungsströme, kulturell durch globale Kommunikation und politisch durch internationale Regime hineinverschlungen sind, ist ohnehin multiethnisch und multinational. Die zunehmenden Wanderungen führen uns diese Tatsache nur drastischer vor Augen als je zuvor. Die ökonomisch, kulturell und auch politisch zusammengewachsene Weltgesellschaft schickt sich jetzt an, auch auf der Ebene des Gemeinschaftslebens und der Solidarität enger zusammenzurücken. Das ist eine unausweichliche Tatsache. Ohne Zusammenwachsen auf dieser Ebene fehlt der Weltgesellschaft die für ihre Stabilisierung unverzichtbare soziale Integration. Keine Gesellschaft, auch nicht die Weltgesellschaft, kann allein mit Mitteln der systemischen Integration in Gestalt der globalen Vernetzung von Geld, Kommunikation und politischer Macht stabilisiert werden. Das gilt natürlich auch für die noch darunter liegende »kleinere« Einheit der europäischen Gesellschaft. Beide sind auf die Herausbildung von europaweiten und globalen Formen der solidarischen Integration angewiesen. Auf allen Stufen der Modernisierung ist die solidarische Integration jedoch die schwierigste Aufgabe. Das gilt auch für die Herausbildung von Gemeinschaftshandeln und Solidarität in Europa und der ganzen Welt.

In der Geschichte hat es immer wieder größere oder kleinere Wanderungen gegeben. Denken wir nur an die große Völkerwanderung in Europa im 5. und 6. Jahrhundert, die religiösen Fluchtbewegungen nach der Reformation, die Hugenottenvertreibung aus Frankreich nach der Aufhebung des Ediktes von Nantes im Jahre 1685, die Massenwanderung aus den ländlichen Peripherien in die städtischen Zentren seit den Anfängen der industriellen Revolution, die Zuwanderung der Polen in das Ruhrgebiet seit Beginn der siebziger Jahre des 19. Jahrhunderts, die großen Auswanderungswellen von Europa nach Amerika mit dem größten Ausmaß zwischen 1880 und 1930 oder die Flüchtlinge aus dem Osten, die nach 1945 in Westdeutschland aufgenommen werden mußten. Alle diese Wanderungen haben die Heterogenität der Bevölkerung in den Zuwanderungsländern gesteigert und deren soziale Integration auf die Probe gestellt (vgl. Cohn-Bendit und Schmid 1992: 176-238). Die gegenwärtigen Wanderungen unterscheiden sich jedoch von allen bisherigen dadurch, daß sie zeitlich und räumlich nicht mehr isoliert, sondern in einer zusammengewachsenen Weltgesellschaft ablaufen. Die soziale Integration von Gemeinden, Regionen, Nationalstaaten, supranationalen Einheiten und Weltgesellschaft kann nicht mehr jeweils für sich allein betrachtet werden. Diese gesellschaftlichen Einheiten bilden vielmehr ein Ganzes aus interdependenten Teilen. Die Integration der Teile setzt dabei die Integration des Ganzen voraus, wie auch umgekehrt die Integration des Ganzen von der Integration der Teile abhängt.

Die Entwicklung zur solidarischen Einheit Europas und der Welt impliziert den Verlust des Vertrauten und die vermehrte Begegnung mit dem Fremden. Sie produziert außerdem neue Konkurrenzverhältnisse. So entstehen zwangsläufig Verdrängungsängste. Die Furcht vor Überfremdung greift um sich (Anhang: Tabellen 7, 8). Traditionelle nationale Solidaritäten leben als Gegenreaktion wieder verstärkt auf. Die Abgrenzung gegenüber dem Fremden wird verschärft. Nationalistische Bewegungen finden Zulauf und Unterstützung (siehe dazu von Beyme 1988, Betz 1991, 1992, Andersen und Bjørklund 1990, Greß, Jaschke und Schönkäs 1990). Immer mehr Menschen suchen vor den anomischen Erscheinungen der globalen Vernetzung in der einen Waren- und Medienwelt der Weltgesellschaft die Zuflucht in neuen Formen des Nationalismus. Die von den globalen Kultur-, Konsum- und Finanzmärkten geschaffene Weltgesellschaft überfordert den Haushalt ihrer Gefühle. Solidarität läßt sich nicht beliebig durch Werbekampagnen und globale Satellitenverbindungen erzeugen. Sie wächst langsamer als die Waren-, Geld- und Kommunikationsströme. Sie gehorcht außerdem einer Logik der Einschließung und Ausgrenzung. Die Menschheit als ganze wird sich erst in dem Maße in ein einziges Solidaritätsnetzwerk fügen, in dem das Gefühl einer globalen Schicksalsgemeinschaft angesichts der drohenden Gefahren für das Überleben der Menschheit als ganzer die Gefühle der lokalen, regionalen und nationalen Zugehörigkeit überlagert.

So ist es kein Zufall, sondern eine erwartbare Begleiterscheinung, daß die europäische und globale Verflechtung einerseits die Menschen in großräumigere Solidaritäten einbezieht, andererseits aber traditionelle nationale Solidaritäten als Gegenreaktion neu belebt werden. Der Ausbau übergreifender Zusammenarbeit ist eine Sache der Erfolgreichen, das Festhalten an den traditionellen nationalen Solidaritäten eine Sache der Schwächeren, die von dieser Entwicklung zunächst nur die härtere Konkurrenz auf dem Arbeitsmarkt, dem Wohnungsmarkt und den Märkten für Sozialleistungen zu spüren bekommen. Jeder Modernisierungsschub produziert neben dem neuen Reichtum für die Erfolgreichen auch neue Armut für die Verlierer des verschärften Wettbewerbs (Room und Henningsen 1990). Es ist deshalb nicht überraschend, daß die Zustimmung zum weiteren Ausbau der Europäischen Gemeinschaft am deutlichsten von jungen Menschen, Akademikern, Schülern, Studenten und Selbständigen kommt, während sie bei älteren oder weniger gebildeten Menschen, Arbeitern und Rentnern am wenigsten deutlich ausgeprägt ist. Eine Befragung im Juni 1992 ermittelte z. B. im Umkreis von Köln auf die Aussage »Die Europäische Gemeinschaft ist eine große Chance für die Zukunft« bei den 18- bis 29jährigen 61 Prozent Zustimmung, aber bei den über 60jährigen nur 34, bei Abiturienten und Hochschulabsolventen 64 Prozent, aber bei den Hauptschulabsolventen nur 39, bei den Selbständigen 62 Prozent, aber bei den Arbeitern nur 38, bei Schülern und Studenten 79 Prozent, aber bei Rentnern nur 33. Der Aussage »Die Europäische Gemeinschaft ist ein unüberschaubarer und unkontrollierbarer bürokratischer Moloch ohne Nutzen für die Menschen« pflichten bei: nur 27 Prozent der 18- bis 29jährigen, aber 45 Prozent der über 60jährigen, nur 25 Prozent der Abiturienten und Hochschulabsolventen, aber 43 Prozent der Hauptschulabsolventen, nur 34 Prozent der Selbständigen, aber 46 Prozent der Arbeiter, nur 12 Prozent der Schüler und Studenten, aber 46 Prozent der Rentner. Für die in Maastricht vereinbarte Politische Union mit einer einheitlichen europäischen Regierung treten ein: 51 Prozent der 18- bis 29jährigen, aber nur 40 Prozent der über 60jährigen, 57 Prozent der Abiturienten und Hochschulabsolventen, aber nur 35 Prozent der Hauptschulabsolventen, 68 Prozent der Selbständigen, aber nur 47 Prozent der Arbeiter, 57 Prozent der Schüler und Studenten, aber nur 40 Prozent der Rentner. Für die Ablösung der DM durch eine einheitliche europäische Währung machen sich stark: 39 Prozent der 18- bis 29jährigen, aber nur 23 Prozent der über 60jährigen, 52 Prozent der Abiturienten und Hochschulabsolventen, aber nur 23

Prozent der Hauptschulabsolventen, 40 Prozent der Selbständigen, aber nur 30 Prozent der Arbeiter, 51 Prozent der Schüler und Studenten, aber nur 20 Prozent der Rentner (Forsa 1992, Kröter 1992a). Eine Untersuchung in Frankreich gelangt zu denselben Ergebnissen: Die Hinwendung zu einer europäischen Identität wächst mit der Schulbildung, dem Einkommen und dem Interesse an Politik. Sie ist bei den Führungskadern am deutlichsten ausgeprägt (Percheron 1991). Auch die EG-weite Eurobarometer-Befragung zeigt eine größere Bereitschaft zur Unterstützung der europäischen Einigung unter den jüngeren, gebildeteren, politisch aktiveren, einkommensstärkeren und mit Führungsaufgaben betrauten Schichten auf. Sie steigt von unten nach oben von 39 auf 71 Prozent an (Kommission der EG 1992c: A20, A27).

Sowohl auf der Seite der hochentwickelten Industrieländer als auch auf der Seite der weniger entwickelten Länder sind es die Eliten, die den globalen Verflechtungsprozeß vorantreiben, und die mobilen neuen Mittelschichten, die ihn mitmachen, während die schwächeren Unterschichten, kleinbürgerlichen und bäuerlichen Schichten eher mit Ängsten reagieren und das Potential für regionalistische und nationalistische Gegenbewegungen abgeben. Nach einer Ende 1991 durchgeführten Befragung von Jugendlichen in Brandenburg befürchten 19,1 Prozent der Gymnasiasten, 23,5 Prozent der Gesamtschüler und 31,5 Prozent der Auszubildenden eine »Überschwemmung durch Ausländer« (Sturzbecher und Dietrich 1993: 40; vgl. Heitmeyer 1991, 1993; Richter und Schmidtbauer 1993, Förster und Friedrich 1992, Müller und Schubarth 1992). Auf beiden Seiten werden traditionelle Treue-, Kundschafts- und Arbeitsverhältnisse der von außen in den Markt drängenden Konkurrenz ausgesetzt. Vorhandene Solidaritätsgefüge werden durch Eindringlinge von außen gefährdet und zum Teil aufgelöst. Für viele Menschen entstehen neue Chancen durch die Schaffung neuer Arbeitsplätze, zugleich macht sich aber auch Unsicherheit breit, weil bislang bestehende Treueverhältnisse nicht mehr aufrechterhalten werden können. Diese Unsicherheiten motivieren zu Gegenreaktionen, auch dann, wenn sich im allgemeinen eine Verbesserung der Lebensverhältnisse im materiellen, in Geld zählbaren Sinn einstellt.

Die multiethnische und multinationale Gesellschaft bildet sich in Europa unabhängig von unserem Wollen, allein aufgrund der fortschreitenden Verflechtung und der Verlagerung von immer mehr

Entscheidungsmacht in das Brüsseler Zentrum heraus. Die verschiedenen Ethnien und Nationalitäten werden mit den Entscheidungen in Brüssel zu leben haben, ihr Zusammenleben wird dadurch bestimmt, ihre formalen Rechte werden angeglichen, ohne indessen je materiell gleich zu werden. Die Bürger im Zentrum sind dem Wohlstand und der Macht materiell näher und ziehen aus der Zusammenarbeit den größeren Nutzen. Dennoch werden sie sich erst noch daran gewöhnen müssen, daß ihnen in wachsendem Umfang andere Nationalitäten formal gleichgestellt werden. Das wird nicht ohne Widerstände abgehen und nationalistischen Bewegungen stets Vorschub leisten. Am leichtesten wird es für sie zu ertragen sein, wenn sich die gleichen Rechte in Strukturhilfen des Zentrums an die Peripherie äußern, viel schwerer wird es, wenn die gleichen Rechte in Form des Zuzugs peripherer Ethnien und Nationalitäten in das Zentrum in Anspruch genommen werden (Cohn-Bendit und Schmid 1992).

Die Inklusion immer breiterer Bevölkerungsschichten in die Teilhabe am materiellen Wohlstand ist im Nationalstaat nur durch die allgemeine Steigerung des Wohlstands geglückt. Je mehr indessen die Konkurrenz um die Teilhabe an diesem Wohlstand durch den Zuzug von außen verschärft wird, um so mehr entlädt sich die Angst um die eigene Zukunft in der Aggression gegen die zugezogenen Fremden. Die multiethnische und multinationale Gesellschaft ist einerseits durch den Zusammenschluß verschiedener Nationalitäten unter der Hegemonie der EG möglich, andererseits ist sie um so eher in den Einzelstaaten zu verwirklichen, je mehr diese im Wohlstand leben und je mehr Nutzen sie aus dem Zuzug von außen ziehen. Die Solidarität der gleichen Bürgerrechte ist im modernen Nationalstaat von den beteiligten Bürgern schon immer als eine solche der gegenseitigen Nutzensteigerung verstanden worden. Wo indessen verschiedene Nationalitäten nicht auf fixierte Territorien verteilt bleiben, sondern zur gegenseitigen Nutzensteigerung zusammenkommen, gelingt das Zusammenleben um so mehr, je mehr die alten Gruppenzugehörigkeiten abgebaut werden und die gruppenübergreifende Verflechtung zunimmt. Die Pflege traditioneller Gruppenzugehörigkeiten ist gut für die Erhaltung der alten Gruppenabgrenzungen, aber schlecht für den Aufbau einer gemeinsamen, gruppenübergreifenden Solidarität, die gerade auf das Zurückdrängen der alten angewiesen ist. Wer die multiethnische und multinationale Gesellschaft in Form des multiethnischen und multinationalen Zusammenlebens und Zusammenarbeitens ohne räumliche Trennung will, muß einiges daransetzen, die alten Gruppenzugehörigkeiten ein erhebliches Stück zurückzudrängen und neue gruppenübergreifende Beziehungen aufzubauen. Eine solche multiethnische und multinationale Gesellschaft ist dann verwirklicht, wenn ihre Mitglieder ihre ethnische und nationale Herkunft zu einem erheblichen Teil vergessen haben.

Es mag gefragt werden, ob es auch anders geht, ob verschiedene Nationalitäten auf engstem Raum zusammenleben können, ohne ihre ursprüngliche Nationalität und ihre Gruppenzugehörigkeit aufgeben zu müssen. Viele wünschen es sich so, allein Gesetzmäßigkeiten der Solidarität sprechen dagegen. Die Pflege der Gruppenzugehörigkeit ist stets eine Abgrenzung nach außen, eine Differenzierung zwischen »wir« und »ihr«. Wenn es zum Konflikt kommt, werden zwangsläufig Solidaritäten nach Gruppenzugehörigkeit verteilt, wenn diese eben durch besondere Pflege auch besonders wirksam sind. So werden sachliche Konflikte stets durch die Verteilung von Solidaritäten überlagert und verschärft. Solche Konflikte werden um so häufiger auftreten, auf je engerem Raum verschiedene Gruppen zusammenleben und je mehr ihr Handeln aufeinander einwirkt. Das läßt sich am Beispiel der USA studieren.

Die Vereinigten Staaten von Amerika sind von allen Staaten der Welt in der Loslösung der Bürgergemeinschaft (citizenship) von der Gruppenherkunft nationaler, ethnischer oder rassischer Art am weitesten gegangen, ohne daß indessen die Wirklichkeit jemals dem Ideal voll entsprechen wird. Die Wirklichkeit besteht immer auch in der identitätsauflösenden Verschmelzung des *melting pot*, in der einseitigen Assimilation, in der Ausgrenzung und im inselhaften Nebeneinander ethnisch homogener Gruppen. Der Weg zur pluralistischen Bürgergemeinschaft ist nur in einem nie endenden Suchprozeß zwischen diesen vier Gefahren zu finden (siehe dazu Glazer und Moynihan 1963/1970, Gordon 1964, Dinnerstein und Reimers 1977, Higham 1984, Schlesinger 1992; Cohn-Bendit und Schmid 1992: 316-319).

Immerhin ist die Idee da, und sie hat auch ihre Wirkungen. Die Vereinigten Staaten verstehen sich als Einwanderungsland. Die Einwanderer lassen der Idee nach mit dem Erwerb der amerikanischen Staatsbürgerschaft ihre nationale Herkunft hinter sich und fühlen sich der amerikanischen Nation zugehörig. Nach dieser Idee sind sie Amerikaner, aber eben nicht Engländer, Iren, Schweden, Deutsche, Italiener, Polen, Chinesen, Japaner, Koreaner, Filipinos, Vietnamesen oder Mexikaner. So ist es gedacht, und die formale Gleichheit der Teilhabe an den Bürgerrechten unterstreicht dies. Die materielle Verwirklichung der Bürgerrechte sieht indessen anders aus. Je unterentwickelter das Herkunftsland ist, je weniger qualifiziert die Einwanderer sind, um so weniger Chancen haben sie im allgemeinen Wettbewerb um die materielle Wahrnehmung der Bürgerrechte. Mit dem Teil der schwarzen Bürger, der in den schwarzen Ghettos der Großstädte hängengeblieben ist, bilden sie die Unterschicht, die kaum Zutritt zum Wohlstand der übrigen Gesellschaft findet. Darüber hinaus verlieren sich die ethnischen und rassischen Zugehörigkeiten trotz der schönen Idee der Vorrangigkeit der staatsbürgerlichen Gemeinschaft der Amerikaner nicht vollständig. Sie bleiben dadurch bestehen, daß die verschiedenen nationalen, ethnischen und rassischen Gruppen dazu tendieren, ihre Grenzen insbesondere durch die Bewahrung geschlossener Wohnbezirke und durch Heirat aufrechtzuerhalten (Sørensen, Taeuber und Hollingsworth 1975, Massey und Denton 1988a, 1988b, Massey 1990). Konflikte zwischen rassischen und ethnischen Gruppen sind deshalb dort an der Tagesordnung, wo sie in enger Nachbarschaft wohnen und wo wirtschaftliche Verteilungskämpfe legaler und illegaler Art von Gruppenloyalitäten rassischer oder ethnischer Art überlagert werden (Banton 1983). Die Konflikte in New York oder Los Angeles zeigen die Grenzen der multiethnischen Gesellschaft auf, wenn die Bürgergemeinschaft ein leeres Wort bleibt und von den Gruppenzugehörigkeiten rassischer oder ethnischer Art weit in den Hintergrund gedrängt wird. Unter der Bedingung der ethnischen Abgrenzung von Solidaritäten hat die Politik der Herstellung von Chancengleichheit in den siebziger Jahren nicht nur die Chancen der Unterprivilegierten verbessert, sondern auch den Wettbewerb der Gruppen um knappe Ressourcen verschärft. Die Politik der Deregulierung und der Kürzung von Gleichberechtigungs- und Sozialprogrammen in den achtziger Jahren hat den Konkurrenzkampf der Gruppen weiter in die Bahnen heftigster Rassenkonflikte hineingeleitet. Zwischen 1980 und 1987 haben Rassenkonflikte eine Steigerung um 400 Prozent erfahren (Capelleveen 1991: 278).

Die Idee, Amerikaner zu sein, ersetzt für die einzelnen nicht das Zusammenleben mit wirklichen Menschen in relativ kleinen Gruppen. Es ist eine Gesetzmäßigkeit, daß die Menschen das Zusammenleben mit denjenigen suchen, die ihnen vertraut sind, sich von denjenigen fernhalten und diejenigen ausgrenzen, die ihnen fremd sind (Rorty 1989: 307-308). Die überzeugendste Begründung der Gleichheit aller Staatsbürger ändert nichts an dieser Verteilung der Gefühle. Sie erreicht nur den Verstand, aber nicht das Herz. Nur die langdauernde Umsetzung der Bürgerrechtslehre in tatsächliches Verhalten wird auch die Gefühle mit der Zeit verändern. Und nur in dem Maße, in dem die Kontakte und gemeinsamen Gruppenbildungen zwischen Rassen und Ethnien im Vergleich zu denjenigen innerhalb dieser Gruppen mehr und mehr überwiegen, wird die multiethnische Gesellschaft der Idee einer Gemeinschaft von Bürgern mit formal gleichen Rechten näherkommen (vgl. Habermas 1992a: 632-660).

Bürgerrechte sind Individualrechte und nicht Gruppenrechte, weil nur die Auflösung der partikularen Gruppensolidaritäten die Bildung einer darüber hinausgehenden Gemeinschaft gleicher Bürger ermöglicht. Gerade dieser Schritt ist jedoch höchst schwierig und kaum gangbar, weil alle natürlichen Tendenzen des Gruppenverhaltens dagegenstehen. So ist es auch nicht verwunderlich, aber eben doch insgesamt für die Herausbildung einer Gemeinschaft gleicher Bürger schädlich, wenn Ungleichheiten gruppenweise und nicht individuell abgebaut werden. Die alte Abgrenzung der Gruppen wird so auf neue Weise fortgesetzt, die Solidarität der partikularen Gruppen neu belebt und die übergreifende Solidarität der Bürger geschwächt. Es entsteht ein Teufelskreis der Diskriminierung durch Anstrengungen zum Abbau der Diskriminierung. Der gruppenweise Abbau von Diskriminierung kann zu nichts anderem als zur Erneuerung der Gruppenabgrenzungen führen. In den Vereinigten Staaten haben alle Anstrengungen zum Abbau der Diskriminierung von Schwarzen, Frauen und benachteiligten ethnischen Gruppen diese Wirkung gehabt. So wird die schöne Idee der gruppenunabhängigen staatsbürgerlichen Gemeinschaft mit gleichen Rechten für jeden Bürger immer wieder von der Wirklichkeit der Gesetzmäßigkeiten des Solidarverhaltens und der Gruppenabgrenzung eingeholt (Glazer 1975).

Auch die neue Bewegung der *political correctness* hat diesen Effekt. Sie leitet aus der bisherigen Benachteiligung von Minderheiten deren Recht auf Kompensation durch einen Sonderstatus ab und stellt die ethnische Identität über die des Amerikaners. Der Idee der Bürgergemeinschaft wird die Legitimität abgesprochen, weil sie zu lange einseitig von der WASP-Gemeinschaft vereinnahmt wurde. An die Stelle der WASP-Herrschaft soll die Gleichheit aller Ethnien treten. Dabei wird jedoch das Kind mit dem Bade ausgeschüttet und die Idee der Bürgergemeinschaft aufgegeben. Die Bürgerrechte werden hier als Gruppenrechte verstanden. Die militantesten Verfechter der *political correctness* wollen sogar die Thematisierung der mangelnden Integration von Schwarzen und anderen Minderheiten verhindern, weil diese schon eine Diskriminierung darstelle (Berman 1992). An der Bewegung der *political correctness* läßt sich beobachten, wie durch gewachsene Ansprüche auf die Verwirklichung *universeller* Rechte der Selbstverwirklichung neue Formen des Partikularismus hervorgebracht werden. Nach einer begrifflichen Unterscheidung von Anthony Giddens (1990, 1991) verdrängt diese auf Rechte der Selbstverwirklichung ausgehende *life politics* die ältere auf Befreiung von Herrschaft abzielende *emancipatory politics*.

Ist die multiethnische Gesellschaft schon in den Vereinigten Staaten bisher nur mit Einschränkungen in die Tat umgesetzt worden, wird es in Europa noch schwieriger sein, auf supranationaler Ebene eine multinationale und auf nationalstaatlicher Ebene eine multiethnische Gesellschaft aufzubauen. Hier wird die Idee der Auflösung ethnischer und nationaler Gruppenzugehörigkeiten in einer neuen staatsbürgerlichen Gemeinschaft individueller Bürger längst nicht so konsequent gedacht. Das Ziel ist eher das Zusammenleben verschiedener ethnischer Gruppen und Nationalitäten unter Beibehaltung ihrer Identität unter einem Dach. Das mag dem natürlichen Gruppenverhalten der Menschen näherkommen, ist aber um so schwerer zu verwirklichen, weil dann jeder beliebige Konflikt von Nationalitätenkonflikten überlagert und dementsprechend bis zum bitteren Kampf erhitzt werden kann. Wo die Erhaltung ursprünglicher nationaler Identitäten ausdrücklich gefördert wird, sind auch Gruppenabgrenzungen und Gruppenkonflikte zwischen Nationalitäten die unvermeidliche Folge, wenn die Verteilungsspielräume für erstrebte Güter aller Art enger werden. Konflikte wecken Gruppenloyalitäten. Je sichtbarer Nationalitäten als Gruppen sind, um so mehr verteilen sich die

Loyalitäten bei Konflikten dann auch nach Nationalitäten. Die multiethnische und multinationale Gesellschaft ist nur möglich, wenn im Zuge ihres Ausbaus die ethnischen und nationalen Herkunftssolidaritäten und -identitäten durch den Aufbau einer gruppenübergreifenden, auf der Mitgliedschaft individueller Bürger beruhenden staatsbürgerlichen Gemeinschaft verdrängt werden. Im Ernstfall muß dem EG-Bürger das Recht eines beliebigen EG-Bürgers heilig sein, unabhängig davon, ob er nach der Herkunft ein Deutscher, Italiener, Portugiese oder Grieche ist oder sogar aus einem Land außerhalb der EG stammt. Das läßt sich mit der Idee gleicher Bürgerrechte zwar leicht begründen, es muß aber erst einmal gelernt sein, die Gefühle zu erfassen und in tatsächliches Handeln umzusetzen. Es ist ein Lernprozeß, der über mehrere Generationen hinweggeht, bis er sein Ziel erreicht hat (Anhang: Tabelle 1).

Die moderne Idee der offenen Gemeinschaft gleicher Bürger, unabhängig von ihrer sonstigen Gruppenzugehörigkeit, stellt höchste Anforderungen an das Solidaritätsverhalten des Menschen und läuft allem natürlichen Gruppenverhalten entgegen, das vom Ursprung her auf der Abgrenzung partikularer Gruppen beruht. Nur die höchstentwickelten Nationalstaaten des Westens haben überhaupt nennenswerte Fortschritte in diesem Lernprozeß gemacht. Für alle nachfolgenden Länder ist dies ein äußerst schwerer Weg (Heisler 1990, Montville 1990). Das Vereinte Europa wird sich auf noch höherer Ebene auch nur sehr langsam und nur halbwegs dem angestrebten Ziel nähern können. Zunächst einmal ist die europäische Geschichte seit der Neuzeit durch das Zusammenfinden von Nation und Staat geprägt. Die Idee der Selbstbestimmung der Nation durch die Erlangung staatlicher Souveränität beherrscht noch heute das Denken, wie die Entwicklung in Osteuropa zeigt. Dies ist jedoch genau das Gegenteil der Entwicklung in den Vereinigten Staaten, die gerade auf der Entkopplung von Herkunftsnation und Staat beruht. In den Vereinigten Staaten ist die Nation ein Konstrukt, das aus der staatsbürgerlichen Gemeinschaft erst hervorgeht. Die Nation ergibt sich sekundär aus der Gemeinschaft aller Staatsbürger mit gleichen Rechten. Der Staat wurde 1789 gegründet. Die Nation ist seitdem im Werden. In Europa ist es ganz anders. Dort herrscht das Streben nach der Einheit von Nation und Staat vor. Und Nationen mit einer gemeinsamen geschichtlichen Herkunft ohne Staat suchen ihre

Selbstbestimmung in der Bildung eines eigenen Nationalstaates. Dementsprechend ist jede Abweichung von der Konvergenz zwischen Nation und Staat eine Gefahr für die Existenz des Staates. In Großbritannien ist das Unabhängigkeitsstreben Nordirlands ein Dauerproblem, in Spanien gilt dies für das Baskenland.

Die europäische Idee der Selbstbestimmung als Einheit von Staat und Nation wird noch lange Zeit ein Hindernis für die Verwirklichung der multiethnischen und multinationalen Gesellschaft sein, sowohl in den Grenzen der bestehenden Nationalstaaten als auch über ihre Grenzen hinaus auf der Ebene eines Vereinten Europas. Es wird den Menschen schwerfallen, jedem beliebigen anderen Menschen dieselben Rechte zuzugestehen wie dem Angehörigen der eigenen Herkunftsgruppe und im Interesse des Wohlergehens des Ganzen auf nationale Eigenrechte zu verzichten, zumal das Ganze im Verhältnis zur eigenen Gruppe weit entfernt ist (Anhang: Tabellen 1, 7, 8). Sie werden deshalb immer wieder Widerstand gegen diese Entwicklung leisten und die besten Absichten der Europapolitik durchkreuzen. Das ist nicht erstaunlich, weil die Menschen in der Tat etwas aufgeben müssen, das im europäischen Denken lange Zeit für sakrosankt erklärt wurde: einen Teil ihrer Selbstbestimmung. Sie geraten auf neuer Stufe in jenes Dilemma von Befreiung und Unterwerfung, das schon Georg Simmel (1900, 1908/1968, 1914/1926) als schicksalhaftes Merkmal der Moderne deutlich gemacht hat. Ihr Handlungsspielraum erweitert sich ebenso, wie er zugleich eingeengt wird. Durch die Integration in eine größere solidarische Einheit sind ihnen mehr andere Menschen, Dienstleistungen und Güter und mehr Handlungsmöglichkeiten zugänglich als zuvor, zugleich werden sie jedoch durch immer mehr Vorgänge und Zusammenhänge in ihren Handlungsmöglichkeiten eingeschränkt, deren Gestaltung ihnen entzogen bleibt.

Die Bereitschaft der Menschen, partikulare Solidaritäten der Loyalität für das übergeordnete Ganze zu opfern, wird sich nur in dem Maße entwickeln, in dem die Kontakte zur Herkunftsgruppe reduziert und die gruppenübergreifenden Kontakte und festen Bindungen erweitert werden. Es wäre jedoch falsch, die Verteilung von Solidaritäten als ein Nullsummenspiel zu begreifen (Hondrich und Koch-Arzberger 1992: 118). Das wäre nur dann der Fall, wenn wir absolut nicht lernfähig wären. Durch die Vermehrung von Kontakten und den Aufbau von sozialer Nähe zu den bisher Fremden können wir jedoch unser Solidaritätsvermögen erweitern. Wir können mit der Solidarität einer größeren Zahl von Menschen rechnen und lernen, uns selbst in einem erweiterten Kreis solidarisch zu verhalten, je weiter unsere Lebenskreise gezogen sind. Es läßt sich jedoch nicht vermeiden, daß die Solidaritätsbeziehungen mit der gewachsenen Zahl und Reichweite an Intensität verlieren. Diese abnehmende Intensität ist es, die wir als Verlust erfahren. Im erweiterten Solidaritätsnetzwerk gleichen sich die Solidaritätsbeziehungen in verminderter Intensität einander an. Wir überwinden den solidarischen Partikularismus unserer Verbundenheit mit den Allernächsten durch den solidarischen Universalismus unserer Verbundenheit mit jedermann und jederfrau. Im erweiterten Netzwerk können jedoch materiell größere Solidaritätsleistungen erbracht werden, nämlich durch den Aufbau eines leistungsfähigen Wohlfahrtssystems. Dadurch steigt die Produktion von Solidarität im gesamten System. Den einzelnen Mitgliedern des Netzwerkes stehen materiell umfassendere Solidaritätsleistungen zur Verfügung. Solidarität ist also kein Nullsummenspiel, wenn es gelingt, mit dem Ausbau von Solidaritätsnetzwerken ein leistungsfähigeres Wohlfahrtssystem zu entwikkeln.

In den modernen Gesellschaften hängt der Ausbau von Solidaritätsnetzwerken eng mit dem wirtschaftlichen Wachstum zusammen. Die Steigerung der wirtschaftlichen Leistungsfähigkeit hat auch eine Steigerung der Solidaritätsleistungen eines umfassenden Wohlfahrtssystems erlaubt. Die Erweiterung der Solidaritätsnetzwerke im Zuge von Wanderungsbewegungen und supranationalen Zusammenschlüssen gehorcht derselben Logik. Sie glückt in dem Maße, in dem die wirtschaftliche und damit auch die solidarische Gesamtleistung zunimmt. Ist dies nicht der Fall, bleiben die Solidaritätsgewinne aus, dann ist das erweiterte System äußerst brüchig und in seinem Bestand gefährdet.

Zur Erweiterung der Netzwerke über die wirtschaftlichen Tauschprozesse hinaus gehört auch solidarisches Lernen im engeren Sinne. Das heißt, die Menschen müssen genug Gelegenheiten haben, Beziehungen im erweiterten Netzwerk aufzubauen, das Fremde kennenzulernen und zum Vertrauten zu machen. Ohne ein solches solidarisches Begleitprogramm hängen die erweiterten Tauschprozesse in der Luft. Die unzureichende solidarische Integration über die ökonomische hinaus rächt sich spätestens in wirtschaftlichen Krisensituationen im Ausbrechen von Ausländerfeindlichkeit und ethnischen Konflikten. In diesem Fall tritt der von ökonomischer Integration nur überlagerte solidarische Partikularismus wieder voll ans Tageslicht. Die ökonomische Integration durch das Geld bedarf der Unterstützung durch die solidarische Integration und entsprechende solidarische Lernprozesse (Cohn-Bendit und Schmid 1992: 115-175; Hondrich und Koch-Arzberger 1992: 100-105).

In Europa wird sich das Modell der multiethnischen Gesellschaft auf absehbare Zeit nicht in derselben Weise wie in den USA verwirklichen lassen. Hier leben ethnische und nationale Gruppen mit einer jahrhundertealten Geschichte nach wie vor auf voneinander abgegrenzten Territorien. Die räumliche Durchmischung dieser Herkunftsgruppen ist im Vergleich zu den Vereinigten Staaten noch gering. Der Ablösung der staatsbürgerlichen Gemeinschaft von der ethnisch-kulturellen Herkunft sind deshalb engere Grenzen gesetzt. Unter diesen Bedingungen ist die Frage nach der Existenzfähigkeit der multiethnischen und/oder multinationalen Gesellschaft anders zu beantworten. Auf der Ebene der Europäischen Gemeinschaft als politisches Gemeinwesen in ihren jetzigen oder später einmal erweiterten Grenzen geht es in erster Linie um die multinationale Gesellschaft. Hier kommt es auf die gleichen Rechte der Nationalitäten an. Ein dauerhaftes Zusammenleben wird auf dieser Ebene nur möglich sein, wenn die kleinen Nationalitäten mit gleichem Stimmengewicht sprechen können wie die großen. Das Problem ist hier die Majorisierung der kleinen Nationalitäten durch die großen. Im großen Verbund sind die kleinen Nationalitäten Minderheiten, die sich vor einer Majorisierung durch die großen Nationalitäten werden schützen wollen, solange sie ihre nationale Identität nicht verloren haben. In diesem Sinne kann die europäische Gemeinschaft keinen Nationalstaat im europäischen Sinn, aber auch keinen multiethnischen Staat im US-amerikanischen Sinne bilden. Als Modell bietet sich der Nationalitätenstaat an, wie er von Emerich K. Francis und im Anschluß an seine Untersuchungen von Rainer M. Lepsius in die Diskussion gebracht wurde (Francis 1965, Lepsius 1990c). Die richtige Balance zwischen den Regelungszwängen der großräumigen Verflechtungen und den Selbstbestimmungsrechten der Nationalitäten zu finden, wird deshalb auf Dauer das größte Problem der Verfassungsentwicklung in der europäischen Gemeinschaft sein.

Dies kann nur in einem langwierigen und nie abzuschließenden Suchprozeß gelingen (Bieber 1991).

Auch auf einzelstaatlicher Ebene stellt sich das Problem der multinationalen und multiethnischen Gesellschaft anders dar als in den Vereinigten Staaten. Außer in der Schweiz und in Belgien, wo es ein gewisses Gleichgewicht verschiedener national- bzw. ethnisch-sprachlicher Gruppen gibt, findet sich in Westeuropa eine in jahrhundertelanger Entwicklung zur Vorherrschaft gelangte national- bzw. ethnisch-kulturelle Gruppe, von der die nationale Identität auch gegen regionale Autonomiebestrebungen bestimmt wird. Das trifft z. B. wesentlich auf Frankreich, Großbritannien und Spanien zu (vgl. Blaschke 1987, Nohlen 1980, Gerdes 1980, Schultze 1980). Hinzu gesellt sich jetzt noch die Zuwanderung weiterer ethnischer Gruppen aus anderen europäischen und außereuropäischen Ländern. In diesen Gesellschaften impliziert das Verständnis der Bürgerrechte als Individualrechte in der Regel die Majorisierung der nationalen bzw. ethnischen Minderheiten durch die nationale bzw. ethnische Mehrheit. Wo diese Majorisierung nicht in jahrhundertelanger Entwicklung die Minderheitsidentitäten zum Verschwinden gebracht hat, bleibt die Idee der Selbstbestimmung immer auch als ein Bestreben nach national- bzw. ethnisch-kultureller Selbsterhaltung und Selbstregierung bestehen. Ein friedliches Zusammenleben ist in diesem Fall nur möglich, wenn den Minderheiten auch weitgehende Eigenrechte gegeben werden. Das gilt z. B. für die Anerkennung ihrer Sprache als Amtssprache, bilinguale Schulbildung und regionale Selbstverwaltung bis hin zu weitgehender Autonomie in der Gestaltung des regionalen Lebens. Dasselbe muß für die Minderheiten beachtet werden, die in solchen Minderheitsregionen selbst wieder Minderheiten sind.

Wieder ein wenig anders bietet sich die Integration der Zuwanderer dar. Sie dürfte eher dem US-amerikanischen Modell folgen. Da die Zuwanderer in der Regel nicht als geschlossene Gruppen kommen und selbst aktiv die Aufnahme in einem neuen Land suchen, kann ihre Inklusion nicht über die Anerkennung von Gruppenrechten laufen, sondern nur über die volle Gewährung der staatsbürgerlichen Individualrechte und die Einbeziehung in das vorhandene Gruppenleben der Gesellschaft. Multiethnische Vereinigungen müssen die volle Eingliederung der zugewanderten Bürger besorgen. Sie sind indessen auch wichtig für die Integration der alteingesessenen ethnischen Gruppen in einem multiethnischen Gemeinwesen. Die ethnische Autonomie bedarf stets der Ergänzung durch multiethnische Vereinigungen. Hier ist uneingeschränkt zu berücksichtigen, was wir anhand des US-amerikanischen Modells der multiethnischen Gesellschaft ermittelt haben (vgl. Francis 1976). Da die Integration von Zuwanderern über die volle Gewährung von Individualrechten nur langsam vonstatten geht, ist sie ohne Gefährdung der gesellschaftlichen Integration nur schrittweise in relativ klein dosierten Mengen möglich. Die Kontakte zwischen Einheimischen und Fremden müssen sich entfalten. Sie bleiben jedoch meist auf den Arbeitsplatz beschränkt. Selbst das in der Theorie nach Multikulturalität strebende Alternativmilieu hat kaum Kontakte zu den in unmittelbarer Nachbarschaft lebenden Fremden (Eckert und Kißler 1992).

Daß Bürgerrechte an sich Individualrechte sind, in Europa jedoch zugleich Selbstbestimmung als Gruppenrecht gedeutet wird und die ethnischen wie auch die nationalen Gruppen darauf pochen, wird auf absehbare Zeit ein Grundkonflikt bleiben. Er wird sich in den EG-Staaten nur dadurch in Grenzen halten lassen, daß sie sich auf eine geregelte Zuwanderung in demjenigen Umfang und in derjenigen Geschwindigkeit einstellen, innerhalb derer sowohl Einheimische als auch Zuwanderer lernen können, in gegenseitiger Achtung und mit gleichen Bürgerrechten das gemeinsame Leben einzurichten (Wassermann 1992, Oberndörfer 1992, Biermann 1992). Unkontrollierte Zuwanderung ohne Inklusion in die Bürgerrechte und ohne Zurückdrängen ethnisch-kultureller Herkunftsidentitäten durch die neue Identität einer offenen staatsbürgerlichen Willensgemeinschaft erzeugt dagegen ein kaum zu zügelndes Konfliktpotential. Zum Fremdenhaß mangels Vertrautheit mit den Fremden tritt dann außerdem der Haß der Fremdgebliebenen auf die Gesellschaft, die ihnen die Integration versagt. Das macht sich vor allem in der zweiten und dritten Generation der Einwanderer bemerkbar. Während die erste Generation noch auf die Rückkehr in die Heimat hofft und kaum Kontakte mit den Einheimischen aufnimmt, ist der zweiten und erst recht der dritten Generation das Land ihrer Eltern fremd. Finden sie keinen vollgültigen Zugang zur Gesellschaft, in der sie leben, dann geraten sie in schwere Identitätskonflikte. Spätestens die dritte Generation beginnt damit, diesen Konflikt durch den Haß auf die Gesellschaft, die sie nicht annimmt, und durch einen neuen Stolz auf ihre ethnische Herkunft zu lösen. Die verweigerte Integration von De-facto-Zugewanderten läßt so mit der Zeit eine unterprivilegierte ethnische Klasse als ein erhebliches Konfliktpotential der Gesellschaft entstehen (Tichy 1990: 145-152). In der Bundesrepublik haben sich nach dem Mordanschlag in Solingen Ende Mai/Anfang Juni 1993 unter den türkischen Jugendlichen die ersten Zeichen der aggressiven Haltung gegen die Gesellschaft gezeigt, in der sie aufgewachsen sind, die ihnen aber die Tür der Zugehörigkeit nicht öffnet.

Wieviel Zuwanderung eine Gesellschaft verkraftet, läßt sich in absoluten Zahlen nicht sagen. Es hängt auf jeden Fall viel weniger von der räumlichen Knappheit und der schon vorhandenen Zuwandererquote ab als von den Wertmaßstäben, Einstellungen und Wahrnehmungen der Gesellschaftsmitglieder sowie von den Begriffen, in denen darüber gesprochen wird. So kann eine ethnisch homogene, nach außen abgeschlossene Gesellschaft schon auf die geringste Zuwanderung mit rapide steigendem Fremdenhaß reagieren, während eine heterogenere, schon lange mit Zuwanderung lebende Gesellschaft weitere, absolut sehr große Zuwanderungsströme ohne jede Fremdenfeindlichkeit absorbieren kann. Die ökonomische Gesetzmäßigkeit der abnehmenden Grenzkosten läßt erwarten, daß die Grenzkosten des Sichvertrautmachens der Einheimischen mit den Fremden sinken, sobald sie sich an das Leben mit den schon Zugewanderten gewöhnt haben. Die Grenzkosten des Sichvertrautmachens fallen dann pro Zuwanderer. Am Anfang sind die Kosten der Einheimischen, sich mit den Fremden vertraut zu machen, sehr hoch. Nachdem sie dieses Vertrauen entwickelt haben, können sie mit Fremden, also auch mit weiteren Zuwanderern, leichter zusammenleben. Ihre Grenzkosten schrumpfen dementsprechend. Außerdem werden die Steigerungsraten geringer. Eine Erhöhung der Ausländerquote an der Gesamtbevölkerung von 1 auf 2 Prozent bedeutet eine Steigerung um 100 Prozent, eine Erhöhung von 10 auf 11 Prozent eine solche um 10 Prozent, eine Erhöhung von 20 auf 21 Prozent nur noch eine solche um 5 Prozent. Dementsprechend verringert sich der Gewöhnungsbedarf. Ginge es allein nach dieser Gesetzmäßigkeit, dann wäre bei Zuwanderung in der Bundesrepublik mit mehr Fremdenfeindlichkeit zu rechnen als in den USA, in Ostdeutschland mit mehr als in Westdeutschland, in Hoyerswerda mit mehr als in Frankfurt am Main.

Die Reaktion auf Zuwanderung wird jedoch nicht nur von den subjektiv erfahrenen Grenzkosten des Sichvertrautmachens, sondern auch vom wahrgenommenen Grenzertrag bestimmt. Sehen die Gesellschaftsmitglieder in den Zuwanderern eine willkommene Auffüllung ihrer Rentenkasse, eine erstrebte Besetzung vorhandener Arbeitsplätze, eine gewollte Steigerung der kulturellen Vielfalt oder eine erwünschte Stärkung ihrer Innovationskraft, dann folgt die Zuwanderung auch dem Gesetz des abnehmenden Grenzertrags. Am Anfang ist der Grenzertrag sehr hoch, im weiteren Verlauf wird er jedoch immer niedriger. Im gleichen Maße wie der Grenzertrag der Heterogenität sinken die Grenzkosten der Homogenität in Gestalt von entgangener Arbeitsleistung, Rentenzahlung, Vielfalt und Innovation. Nimmt der Anteil der Zugewanderten an der Gesamtbevölkerung von 1 auf 2 Prozent zu, dann erhöht sich ihr Beitrag zur Rentenabsicherung, zur Besetzung von Arbeitsplätzen, zur kulturellen Vielfalt und zur Innovation um 100 Prozent, wächst er von 20 auf 21 Prozent, dann vergrößert sich dieser Beitrag nur noch um 5 Prozent. Dementsprechend müßten stets größere Zuwanderungsströme ins Land geleitet werden, um den Grenzertrag der Heterogenität noch spürbar zu heben bzw. die Grenzkosten der Homogenität weiter zu senken. Die Grenzkosten pro Einheit gesteigerter Heterogenität steigen immer steiler an, so daß sie über deren Grenzertrag bzw. über die Grenzkosten beibehaltener Homogenität hinausgehen. Die Einheimischen haben zwar kaum noch Probleme des Sichvertrautmachens mit einzelnen Fremden. Je Einheit gewonnener Heterogenität müssen jedoch stets mehr Zuwanderer ins Land geholt werden. Die exorbitanten Zuwachsraten der Zuwanderung, die für eine weitere Steigerung der Pluralität und Innovationskraft erforderlich sind, drücken diese Kosten ebenso nach oben, wie neue Kosten gravierender werden: Verlust der Lebensart und Identität, Erosion der Sozialordnung, Knappheit an Arbeit und Wohnraum und daraus folgende Konflikte. Sie schlagen in wachsendem Maße zu Buche und machen aus der weiteren Zuwanderung ein Verlustgeschäft. Je unvoreingenommener die Gesellschaftsmitglieder an die Sache herangehen und je mehr sie allein dem ökonomischen Denken folgen, um so freier werden sie den Punkt suchen, in dem sich die Kurven von Grenzkosten und Grenzertrag schneiden und das Optimum der Zuwanderung erreicht wird (Anhang: Abb. 6). Wie diese Kurven verlaufen, hängt jedoch nach wie vor davon ab, von welchen Wertmaßstäben die Gesellschaftsmitglieder ausgehen. Legen sie großen Wert auf Homogenität und haben sie die unmittelbare Konkurrenz von Zuwanderern zu fürchten, dann sind die Kosten der Zuwanderung natürlich größer, als wenn dies für sie weniger zutrifft. Sind ihnen gefüllte Rentenkassen und Multikulturalität sehr wichtig, dann ist der Ertrag der Zuwanderung größer, als wenn dies nicht der Fall ist. Diese Rechnung stellt sich für alle Gesellschaftsmitglieder in jeweils eigener Weise dar. Dementsprechend reagieren sie in unterschiedlichem Ausmaß fremdenfreundlich oder fremdenfeindlich. Eine ökonomische Theorie der Zuwanderung kann das Heterogenitätsoptimum und die entsprechende Aufnahmebereitschaft der Einheimischen jedoch nur im Rahmen vorgegebener Präferenzen bestimmen und erklären (vgl. Esser 1985). Über die Präferenzen selbst kann sie keine Aussagen machen.

Gegenwärtig stoßen in der Bundesrepublik zwei gleichermaßen fundamentalistische Haltungen aufeinander. Die eine Seite will an der ethnischen Homogenität der deutschen »Volksnation« festhalten, obwohl die deutsche Gesellschaft ohne die schon Zugewanderten und weitere noch Zuwandernde in der zusammengewachsenen Weltgesellschaft gar nicht auf dem gewohnten Niveau des Wohlstands, der Weltläufigkeit, der Vielfältigkeit und der Innovationskraft fortleben könnte. Die andere Seite will die Multikulturalität um jeden Preis, ohne zu erkennen, daß es Grenzen der Konfliktverarbeitung und Integration gibt, jenseits deren jeder Gewinn an Vielfalt mit größeren Verlusten an sozialer Stabilität bezahlt werden muß. Die einen ignorieren, daß Zuwanderung ein Faktum und eine Notwendigkeit ist, die anderen verdrängen, daß Zuwanderung Grenzen hat und die offenste Einwanderungspolitik, die man sich nur denken kann, angesichts der immens wachsenden Zahl von Zuwanderungswilligen zwangsläufig viele Menschen von der Einwanderung ausschließen muß. Da beide Seiten das Asylrecht zu ihrem Vehikel machen, wird eine realistische Einwanderungspolitik verhindert. Die einen hoffen, mit der Einschränkung des Asylrechts die Zuwanderung stoppen zu können. Die anderen meinen, mit einem weitherzig praktizierten Asylrecht die erstrebte Multikulturalität der Gesellschaft erreichen zu können. Auf der Strecke bleibt dabei eine realistische Einwanderungspolitik. Eine solche Politik geht vom Faktum und von der Unausweichlichkeit der Zuwanderung aus. Sie hält diese jedoch durch Quoten in Grenzen. Durch Erleichterung der Einbürgerung sowie durch weitere flankierende Maßnahmen der Einbindung der Zuwanderer in das gesellschaftliche Leben versucht sie die Integration der pluralistischer werdenden Gesellschaft zu gewährleisten.

Der schließlich ausgehandelte Asylkompromiß zwischen Regierungskoalition und Opposition könnte bei aller moralischen Fragwürdigkeit wenigstens dazu beitragen, Asylsuche und Einwanderung wieder zu entflechten und den Mißbrauch des Asylrechts zu verhindern. Damit ist jedoch nicht das Problem gelöst, daß die Bundesrepublik auf Zuwanderung angewiesen ist, diese jedoch der Quotierung bedarf und von einer Erleichterung der Einbürgerung begleitet sein muß, wenn die Integration der vielfältiger werdenden Gesellschaft sichergestellt werden soll. Dies zu leisten, ist die Absicht einer realistischen Einwanderungspolitik, die in der zusammengewachsenen Weltgesellschaft auch die Zulassung der doppelten Staatsbürgerschaft in Erwägung zieht (vgl. Bade 1983; Cohn-Bendit und Schmid 1992: 275-279; *SPIEGEL* 1993e: 50-71).

Man sollte allerdings von der doppelten Staatsbürgerschaft keine kurzfristige Verminderung der Konflikte erwarten. Sie kann nur langfristig die Zugehörigkeit der Zugewanderten selbstverständlich werden lassen. Der formalen Einbeziehung in die Staatsbürgerschaft muß außerdem ihre inhaltliche Ausfüllung durch die gleiche Teilhabe an den zivilen, politischen, sozialen und kulturellen Rechten folgen. Das Zusammenleben von Alt- und Neubürgern bedarf der Absicherung durch den Aufbau von sozialen Beziehungen über den Arbeitsplatz hinaus. Sie können dort anfangen, müssen aber in alle Lebensbereiche, in das Familien-, Vereins-, Gemeinde-, Kirchen-, Verbands- und Parteienleben hineinführen. Es ist denkbar, den Vereinen, den Verbänden und sogar den einzelnen Bürgern eine solche Integrationsarbeit in Gestalt sozialer Dienstleistungen abzuverlangen. Die multiethnische Gesellschaft gründet in ihrer Stabilität nicht nur auf dem gleichen Recht der ethnischen Gruppen, sondern auch auf ihrer Pflicht, aufeinander zuzugehen und untereinander Beziehungen zu knüpfen.

Bei zureichender Eingliederung stellen Menschen mit doppelter Staatsbürgerschaft weniger eine Loyalitätsschwächung für die einzelnen Gesellschaften dar als vielmehr eine Ressource für ihre

Verflechtung in die Weltgesellschaft. Wir können nicht auf Dauer in der Täuschung leben, die wachsende Verflechtung in eine umfassende Weltgesellschaft sei bei gleichzeitiger Erhaltung der inneren ethnischen Homogenität möglich. Äußere Pluralität und innere Homogenität bei gleichzeitig immer enger werdender Verflechtung von innen und außen ist kein stabiler Zustand. Er wird sich in die Richtung eines neuen Gleichgewichts von äußerer und innerer Pluralität bewegen, ob wir es wollen oder nicht. Die Politik kann diese Gesetzmäßigkeit nicht außer Kraft setzen. Wir haben nur zwei Optionen: entweder den Rückzug aus der Weltgesellschaft und den Abbau der globalen Verflechtungen oder den Aufbau innerer Pluralität, um ins Gleichgewicht mit der schon längst gegebenen äußeren Pluralität zu kommen. Wir sollten nicht glauben, uns als Touristen, Geschäftsleute und Konsumenten die ganze Welt verfügbar machen zu können, ohne zugleich diese Welt in Gestalt der Pluralität ihrer Menschen zu uns hereinlassen zu müssen. Das eine geht nicht ohne das andere.

Wir reisen in unablässig vervielfachter Zahl als Touristen, Geschäftsleute, Wissenschaftler, Journalisten, Kulturproduzenten und Kulturkonsumenten in alle Länder dieser Erde und holen ebenso in steigender Zahl Touristen, Geschäftsleute, Wissenschaftler, Journalisten, Kulturproduzenten und Kulturkonsumenten in unser Land hinein. Wir exportieren und importieren Waren, Dienstleistungen und Kapital in einem ständig wachsenden Maße. Wir werden immer fester in ein globales Netzwerk der Kommunikation eingespannt. In einer so global verflochtenen Welt erleichtert die innergesellschaftliche Widerspiegelung der äußeren Pluralität das Vertrautmachen mit der Umwelt, die uns stets enger umschlingt. Gesellschaften, die sich frühzeitig auf die de facto stattfindende Pluralisierung des Zusammenlebens nach innen wie nach außen einstellen, haben bessere Chancen, die soziale Integration zu bewahren. Dabei kommt es darauf an, denjenigen Grad der inneren Pluralität zu erreichen, der die Außenwelt genügend repräsentiert, ohne daß die Gesellschaft ihre innere Integration und Identität verliert und sich im globalen Geflecht auflöst. Da wir ohnehin in der Weltgesellschaft leben, steht uns jedoch der Rückzug in die abgeschlossene Kammer der ethnisch homogenen Gesellschaft nicht mehr offen. Im Interesse der Integration der Weltgesellschaft, der nationalen Gesellschaften in *die* Weltgesellschaft und der nationalen Gesellschaften in *der* Weltgesellschaft gibt es Gründe, die für eine kontrollierte Pluralisierung nationaler Gesellschaften in dem Maße sprechen, in dem sie sich mit der gewachsenen Pluralität vertraut machen können, und in dem Maße, in dem sie noch abgegrenzte und integrierte Lebensgemeinschaften mit einer eigenen Identität im Weltsystem bleiben können. Die integrierte Weltgesellschaft wird ebensowenig auf diese Zwischenebene solidarischer Lebensgemeinschaften verzichten können wie der Nationalstaat auf die Erhaltung der Lebensgemeinschaften auf regionaler und lokaler Ebene.

Auch eine noch so offen gestaltete Einwanderungspolitik wird jedoch eine Menge von einreisewilligen Menschen abweisen müssen. An diesem Dilemma haben sich schon Befürworter und Gegner des Asylkompromisses die Zähne ausgebissen (Kimminich 1992, Habermas 1992b, Duve 1993). Es besteht auch für eine noch zu formulierende Einwanderungspolitik. Um so größer wird natürlich die Verpflichtung für die reichen Industrieländer, für lebenswerte Verhältnisse außerhalb ihrer Grenzen zu sorgen. Das ist jedoch leichter gesagt als getan, wie wir noch sehen werden.

4.4 Das neue Europa unter EG-Hegemonie

Der Zusammenbruch des Sowjetimperiums hat die von ihm unterdrückten Nationalitätenkonflikte voll zum Ausbruch gebracht. In den Augen der Baumeister der europäischen Einheit sehen die Konflikte anachronistisch aus, erscheinen als ein Rückschritt in eine Zeit, in der auch der Westen Europas durch die kriegerischen Auswüchse des Nationalismus beherrscht wurde. Die beiden Weltkriege waren das Resultat dieser Entwicklung. Vor dem Hintergrund dieser Erfahrungen ist es verständlich, daß wir heute das Zusammenwachsen Europas feiern und dem Nationalstaat alter Prägung keine Zukunft mehr geben wollen. Was uns hier irritiert, ist die Gleichzeitigkeit des Ungleichzeitigen. Wir machen uns im Westen Europas daran, den Nationalstaat im Sinne der Identität von Nation und staatlicher Souveränität zu begraben, den Nationalstaaten Souveränität zu nehmen und auf nationenübergreifende politische Organe zu übertragen sowie das Zusammenleben unterschiedlicher Nationalitäten in den Grenzen der alten Nationalstaaten zu erleichtern. Gleichzeitig findet in Osteuropa eine Wiederbelebung des Strebens nach der Einheit von Nationalität und staatlich-territorialer Souveränität statt (Mommsen 1992, Wettig 1993). Die Ursache für diese Gleichzeitigkeit des Ungleichzeitigen liegt darin, daß die Nationalitäten Osteuropas jetzt erst da wieder anfangen können, wo sich die Nationalstaaten im Westen Europas am Ende des Zweiten Weltkrieges befanden. Ihnen fehlt die Erfahrung von 45 Jahren freiwilliger Zusammenarbeit. Statt dessen haben sie die Erfahrung gemacht, daß unter dem Deckmantel des Kommunismus auch die Herrschaft von Nationalitäten über andere Nationalitäten ausgeübt wurde. In der Sowjetunion war es die Herrschaft der Russen über die anderen Nationalitäten oder auch z. B. die Herrschaft von Aserbaidschanern über die armenische Enklave Berg-Karabach (Stölting 1990). In Jugoslawien war es die Herrschaft der Serben über die anderen Nationalitäten (Reißmüller 1992).

In Osteuropa sind die Bedingungen für die Nationalstaatsbildung ohnehin völlig anders als in Westeuropa (Schieder 1991: 65-86). Die Entwicklung der ersten Nationalstaaten in Westeuropa vom 16. bis zum 18. Jahrhundert ergab sich aus der Herausbildung einer zentralen Herrschaft, die sich kleinere Herrschaften unterwarf, in der weiteren Entwicklung demokratisiert wurde und die Nation der Idee nach als eine staatsbürgerliche Gemeinschaft von Individuen, unabhängig von ihrer sonstigen Gruppenzugehörigkeit und Herkunft, ausgebildet hat. Großbritannien und Frankreich sind diesem Modell gefolgt. Ein noch freierer Zusammenschluß von Individuen, ungeachtet jeder Herkunft, zu einer Nation als staatsbürgerliche Gemeinschaft ist in den Vereinigten Staaten von Amerika entstanden. Die nachfolgenden mittelwesteuropäischen Nationalstaaten haben sich im 19. Jahrhundert in Reaktion auf die Hegemonialbestrebungen Großbritanniens und Frankreichs durch den Zusammenschluß kleinerer Herrschaften zu einem Großstaat unter Anknüpfung an eine gemeinsame ethnisch-kulturelle Herkunft herausgebildet. Deutschland und Italien entsprechen diesem Modell. In Osteuropa herrschten bis zum Ende des Ersten Weltkrieges Großreiche über kleine Volksgruppen: das Osmanische Reich, das Habsburgische Reich, das Großrussische Reich. Hier bedeutete die Nationenbildung nach dem Ersten Weltkrieg die Befreiung der Volksgruppen von der Unterdrückung durch Fremdherrschaft und die Selbstfindung und Selbstbestimmung in nationalstaatlicher Eigenständigkeit (Hroch 1978). Allerdings sind aufgrund der vielschichtigen Gemengelage der Volksgruppen keine ethnisch reinen, sondern ethnisch gemischte Nationalstaaten mit erheblichen Spannungen zwischen ethnischen Gruppen und/oder der jeweiligen Unterdrückung der ethnischen Minderheiten durch die ethnische Mehrheit entstanden. Kleine oder große ethnische Konflikte gab es in allen neuen Nationalstaaten Osteuropas, von Estland, Lettland und Litauen über Polen und die Tschechoslowakei bis Jugoslawien. Die wenigsten Probleme dieser Art hatte Ungarn aufgrund seiner relativen ethnischen Homogenität.

Der Zweite Weltkrieg setzte der Selbständigkeit der neuen Nationalstaaten ein Ende. Sie gerieten zuerst unter die nationalsozialistisch-deutsche, dann unter die sowjetisch-russische Vorherrschaft. Jetzt stehen sie wieder an der geschichtlichen Stelle, die sie zwischen den beiden Weltkriegen kurzzeitig eingenommen hatten, ohne daß sie sich auf irgendeine Erfahrung in der Bildung von staatsbürgerlichen Gemeinschaften quer durch ethnische Gruppen, allein aufgrund des freien Zusammenschlusses von Individuen mit gleichen Rechten unabhängig von ihrer Herkunft stützen können. Die Zugehörigkeit zu einer ethnischen Gruppe ist nach wie vor der erste Bestimmungsgrund der Identität der einzelnen Menschen. Friedliches Zusammenleben wird deshalb nur möglich sein, wenn es gelingt, ethnisch homogene Nationalstaaten zu bilden. Wo dies aufgrund ethnischer Gemengelage nicht erreichbar ist, wäre eine stabile staatliche Einheit nur zu verwirklichen, wenn es eine von der Mehrheit anerkannte Unantastbarkeit von Minderheitsrechten gäbe. Das ist jedoch auf mittlere Sicht nicht zu erwarten. Wahrscheinlicher ist deshalb die Fortsetzung kriegerischer Auseinandersetzungen, die auf die Herstellung ethnisch homogener Gebietsstaaten zielen, mit allen Greueln der Besetzung von Territorien, der Unterdrückung und der Vertreibung von Minderheiten (vgl. Lemberg 1992).

Es ist nicht überraschend, daß die unterdrückten Nationalitäten überall nach staatlicher Souveränität streben, während die ehemaligen Unterdrücker an den größeren politischen Einheiten festhalten wollen. Die unvermeidliche Folge dieses Gegensatzes sind die jetzt zu beobachtenden kriegerischen Auseinandersetzungen. Sie sind insofern kein Anachronismus, als die bislang unterdrückten Nationalitäten erst einmal zu einer Selbstbestimmung kommen müssen und die Unterdrücker zu einer Selbstbeschränkung, bevor später einmal neue Formen der Zusammenarbeit entstehen können. Sie sind indessen in den Grenzen der alten politischen Einheiten in Zukunft gar nicht erforderlich, da sich europaweit eine ganz andere Struktur der staatlichen Zusammenarbeit herausschält. Norwegen, Irland und Island haben bewiesen, daß kleine Staaten, die aus einem größeren Nationalstaat heraustreten, durchaus selbständig existieren können (Connor 1977: 31). Irland zeigt, daß die Mitgliedschaft in einer supranationalen Gemeinschaft bei der Bewahrung dieser Existenz hilfreich ist. Die neuen Kleinstaaten in Osteuropa können in den Kleinstaaten im Nordwesten Europas ein Beispiel ihrer eigenen Entwicklung sehen. Ihre Verflechtung mit der Europäischen Gemeinschaft könnte ihre Existenz sichern. Die EG-Länder werden das Zentrum bilden, auf das sich die Länder Osteuropas beziehen, weil der wirtschaftliche Austausch schon die Bahnen dafür schafft. Der Schwerpunkt der Austauschbeziehungen wird sich in Osteuropa so verlagern, daß die einzelnen Länder zuvorderst durch ihre Beziehungen zur EG geprägt sein werden und erst nachrangig durch ihre Beziehungen untereinander. Ihr Zusammenschluß zur Regelung ihrer wirtschaftlichen Zusammenarbeit wird deshalb weniger verlangt sein. Sie werden im Zuge des Anschlusses an das Zentrum Europas zu Filialen der europäischen Großkonzerne und werden zunächst als Billiglohnländer und neue Absatzmärkte dienen.

Der Souveränität der neuen Kleinstaaten werden im Rahmen dieser europaweiten Verflechtung ohnehin engere Grenzen gesetzt. Das Mitfahren im Wachstumszug der EG werden sie mit der Erfüllung der Kooperationsforderungen und mit der Unterordnung unter die Vorherrschaft der EG bezahlen müssen. Die EG wird zur Hegemonialmacht in Europa werden, der sich kein europäisches Land mehr entziehen kann. Länder, die sich trotzig dieser Entwicklung entgegenstemmen, verpassen die Chance, an der Weichenstellung mitzuwirken und sich einen Platz in der Brüsseler Schaltzentrale zu sichern. Zusammenarbeit und Solidarität werden im Rahmen der EG-Hegemonie in Europa neu geordnet. Die Verflechtung der neuen osteuropäischen Kleinstaaten mit der EG macht diese unabhängig von den erzwungenen Formen der Zusammenarbeit des ehemaligen Sowjetimperiums, eröffnet ihnen neue Chancen des wirtschaftlichen Wachstums und bindet sie langfristig in die EG-Solidarität in Form von Strukturhilfe und in absehbarer Zeit wahrscheinlich auch in Form von militärischem Schutz gegen Angriffe von außen ein (Daviddi 1992). Das EG-

Zentrum wird mit der ihm zugewachsenen Macht auch die Verantwortung für die innere und äußere Sicherheit Europas übernehmen müssen, wenn es seine Machtstellung bewahren und in der Konkurrenz mit den USA und Japan bestehen will (Hartwig 1991, Ehrhart 1993).

Die lange dauernde Untätigkeit der EG in den kriegerischen Auseinandersetzungen in Südosteuropa spricht nicht gegen diese Entwicklung. Die Kritik an dieser Untätigkeit trägt gerade mit zur Legitimation des Ausbaus einer EG-Hegemonie zum Zwecke der Sicherheit in Europa bei. Die EG arbeitet daran, schrittweise zu einer gemeinsamen Außen- und Sicherheitspolitik zu gelangen, die zu einer gemeinsamen Verteidigung führen soll. Gleichzeitig wird die Westeuropäische Union (WEU) als Verteidigungsbündnis neu belebt (Rühle 1988; Fröhlich 1992: 31-33). Es wird nicht zu vermeiden sein, daß Europa auf diesem Wege im Verhältnis zu den USA selbständiger wird. Das Sicherheitssystem der NATO wird dadurch zwangsläufig für die Sicherheit in Europa an Bedeutung verlieren. Es wird jedoch für die Sicherheit über die Grenzen Europas hinaus seine Bedeutung behalten, wo es um die Zusammenarbeit Europas mit den USA geht. Europa wird jedoch ein größeres Gewicht und mehr Eigenständigkeit in diesem Bündnis bekommen (Leimbacher 1991, Schneider 1991, Fröhlich 1992). Die Konferenz für Sicherheit und Zusammenarbeit in Europa (KSZE) kann den Ansatz für den Aufbau einer neuen Sicherheitsordnung in Europa unter Einbeziehung der USA und Kanadas bieten (Ropers und Schlotter 1993, Schneider 1991, Staack und Meier 1992, Senghaas 1992b).

Das Vorgehen der Allianz gegen Saddam Hussein im Golfkrieg könnte das Modell für künftige Sicherheitspolitik sein. Die Vereinten Nationen mit dem Sicherheitsrat als handelndes Organ werden die Legitimation für den Einsatz von Eingreiftruppen in Kriegsgebieten mit dem Ziel ihrer Befriedung geben (Kühne 1993). Bestehende Sicherheitsbündnisse wie die NATO oder die WEU oder aktuell gebildete Allianzen werden im Auftrag der Vereinten Nationen in den Krisengebieten eingreifen. In diesem Rahmen wird sich auch Deutschland nicht länger seiner weltpolitischen Verantwortung entwinden können (Lapins 1992: 43-45). Die Beschränkung auf humanitäre Hilfe allein klingt zwar nobel, bewirkt jedoch manchmal gerade das Gegenteil: die Verlängerung kriegerischer Auseinandersetzungen (Kühne 1991: 10).

Der Zusammenhalt Europas unter Führung des EG-Zentrums würde in dem Maße gestärkt, in dem die Augen der Europäer auf die Konkurrenz der USA und Japan auf dem Weltmarkt und um die Vorherrschaft in der Welt gelenkt wird. In dieser Situation werden auch die nach Eigenständigkeit strebenden Länder bereit sein, sich der EG-Führung unterzuordnen, um wenigstens im Rahmen eines Vereinten Europas ihre Existenz sichern zu können. Da indessen die EG-Hegemonie nicht aus politischer Unterwerfung, sondern aus wirtschaftlicher Zusammenarbeit zum Zwecke der Wohlstandssteigerung im Zentrum und an der Peripherie resultiert, ist in einem über die EG-Grenzen hinausreichenden Europa die umfassende Strukturhilfe für Osteuropa ein erstes Solidaritätsgebot für das EG-Zentrum, das im wohlverstandenen gegenseitigen Interesse West- und Osteuropas liegt. Die EG wird weltweit ihre Stellung nur behaupten, wenn mit dem westeuropäischen Zentrum auch die osteuropäische Peripherie wächst. Die Bevölkerung des Zentrums wird damit leben müssen, daß sie im Zuge des Ausbaus der europäischen Bürgerrechte einen Teil ihres erarbeiteten Wohlstands in die Strukturhilfe für die rückständigen Länder Süd- und Osteuropas investieren muß. Die Bevölkerung an der Peripherie wird den mit der Strukturhilfe kommenden Leistungserwartungen entsprechen müssen, um sich der gewährten Hilfe »würdig« zu erweisen. Das Zentrum wird so nicht einfach zum »Zahlmeister« der Peripherie – wie viele befürchten –, sondern viel mehr zu deren Zuchtmeister. Die Wirtschaftswissenschaften liefern unter der Bedingung, daß alle auf Wachstum setzen, die Legitimation für die wachstumsorientierte Strukturhilfe: »Soweit Ressourcen aus überverdichteten Regionen in Gebiete transferiert werden, die gewisse Mindestvoraussetzungen für eine wirtschaftliche Entwicklung aufweisen, wird auch die gesamtwirtschaftliche Entwicklung und die gesamtwirtschaftliche Wohlfahrt gesteigert; die Regionalpolitik ist in diesem Umfange keine Sozialpolitik, sondern Wachstums- und Entwicklungspolitik« (Biehl 1989: 216; vgl. weiter Lichtenberg 1986, Padoa-Schioppa et al. 1988, Bechtold 1990, Bursig 1991).

Die gewährte Strukturhilfe ist ein Geschenk, mit dem sich die normative Erwartung der Unterwerfung unter die Leistungsanforderungen eines auf stetiges Wachstum ausgerichteten Wirtschaftssystems verbindet. Die Konkurrenz der neuen Kleinstaaten Osteuropas um diese Strukturhilfe führt diese um so schneller auf den Pfad der EG-konformen Wirtschaftsreform. Die alltäglichen Klagen über die »zu langsam vorankommenden Reformen« und »ungeklärten Eigentumsverhältnisse« im Osten sind nicht mehr als eine zusätzlich beschleunigende Begleitmusik einer an sich im historischen Vergleich unglaublich rasanten Umwälzung. Aus dem Zusammenbruch des Sowjetimperiums geht in kürzester Zeit die Hegemonie der EG über ganz Europa hervor. In Osteuropa brennen zwar noch die Städte unter dem Beschuß verfeindeter Nationalitäten. Die neue Ordnung unter der Hegemonialmacht EG zeichnet sich indessen hinter den Rauchwolken schon deutlich ab. Man braucht Galtungs (1973) schon in den frühen siebziger Jahren vorgetragener polit-ökonomischer Argumentation nicht in allen Punkten zu folgen, um diese Entwicklung vorauszusagen. Die neue europaweite Solidarität ist keine solche der uneigennützigen Nachbarschaftshilfe oder der feudalen Beistandspflicht von Herr und Vasall, es ist vielmehr die Zusammenarbeit ungleicher Partner zum Zwecke der gemeinsamen Steigerung des Wohlstandes, bei welcher dem stärkeren Partner die Führungs- und Erziehungsrolle zufällt. Der schwächere Partner muß sich die gewährte Hilfe durch Anpassung an die Leistungsanforderungen des stärkeren Partners verdienen. Wer diesen Anforderungen nicht genügt, der wird im Wohlstandszug nicht mitfahren dürfen und wird nicht mehr als Almosen empfangen können.

Die Wirtschaftswissenschaft lehrt uns, daß die globale Öffnung von Märkten für Wettbewerb und Austausch die weltweite Arbeitsteilung vorantreibt, aus der all diejenigen profitieren können, die sich auf Leistungen spezialisieren, die sie kostengünstiger und/oder qualitativ besser als andere erbringen können. So ergibt sich ein globales Wirtschaftswachstum, das kein »Nullsummenspiel« sein muß, von dem nur die reichen Länder profitieren. Auch die Nachzügler können im Wachstumszug nach oben fahren, sofern sie sich als konkurrenzfähig erweisen. Freilich kann auch die Wirtschaftswissenschaft nicht darüber hinwegtäuschen, daß das Leben bei der weltweit verschärften Konkurrenz nicht leichter, sondern aufgrund der stetig steigenden Leistungsanforderungen eher unbehaglicher wird und alle diejenigen als Verlierer auf der Wegstrecke bleiben, die der gesteigerten Konkurrenz nicht standhalten können: »Alle Länder, nicht nur die Hauptakteure, können aus der zunehmenden Spezialisierung Gewinn ziehen, wenn sie dies wollen: Der internationale Handel ist kein Null-summenspiel, bei dem sich einige wenige auf Kosten der vielen anderen ›bereichern‹, wie die Anhänger der Imperialismustheorie entgegen allen Erfahrungen unentwegt behaupten. Aber die Erzielung von Handelsgewinnen ist mit dem Wunsch nach Ergebnis-Gleichheit nicht unbedingt vereinbar. Es gibt zwar Gleichheit in der Armut (bei Autarkie), aber keine Gleichheit in der Entwicklung (durch Handel und Auslandsinvestitionen). Im internationalen Wachstumswettbewerb haben jene Länder die Nase vorn, in denen die Bereitschaft zum Strukturwandel, zum nachfrage- und technologisch bedingten ebenso wie zum außenwirtschaftlichen, am größten ist« (Donges 1989: 229-230).

Die Musterschüler werden schnell von der Entwicklung profitieren, während es für die schwachen Schüler um so schwerer wird, in der Konkurrenz um die Mitfahrerplätze mithalten zu können. In Europa kündigt sich nach der Herausbildung der nationalen Zweidrittel-, Dreiviertel-, Vierfünftel- oder auch Neunzehntelgesellschaften des Zentrums schon die europaweite Zweidrittel-, Dreiviertel- oder Vierfünftelgesellschaft an. Wie die reichen Industriegesellschaften des Zentrums noch über ihr Drittel, Viertel, Fünftel oder auch Zehntel armer Menschen verfügen, so wird auch das reiche Europa als Teil des tripolaren Zentrums der Welt sein Drittel, Viertel oder Fünftel schwacher Mitglieder im Bunde haben.

Die Konflikte um soziale Ungleichheit auf nationalstaatlicher Ebene werden von solchen auf europäischer und globaler Ebene nicht beseitigt, aber in einen neuen Rahmen eingepaßt. Mit dem Anwachsen der europa- und weltweiten Solidaritätsgebote schrumpft der Verteilungsspielraum innerhalb der Nationalstaaten, wenn die neuen Anforderungen nicht in vollem Umfang durch eine entsprechende Steigerung des wirtschaftlichen Wachstums erfüllt werden (vgl. Room und Henningsen 1990, Kuhn 1991). Innerhalb der EG ist jetzt schon die Strukturhilfe für die schwachen Länder ein Dauerkonflikt. Der Präsident der EG-Kommission, Jacques Delors, fordert gegenwärtig eine Aufstokkung des EG-Haushalts um ein Drittel in den kommenden fünf Jahren, um die Ungleichheit zwischen den wirtschaftlich starken und den wirtschaftlich schwachen Ländern besser ausgleichen zu können. Die drei kapitalkräftigsten Länder – Deutschland, Frankreich und Großbritannien – lehnen dies bislang jedoch ab. Die schwächsten Länder – Irland, Portugal, Spanien und Griechenland – haben ihrerseits ihre Zustimmung zu den Maastrichter Beschlüssen zum wirtschaftlichen und politischen Ausbau der Union an die Bedingung geknüpft, daß die EG-Hilfen für sie erhöht werden (*Leonberger Kreiszeitung* 1992: 4).

Im EG-Durchschnitt einer Befragung im Herbst 1992 rangierte die Befürchtung, für die anderen bezahlen zu müssen, mit 20 Prozent Nennungen zwar an viertletzter Stelle auf einer Liste von zwölf Gründen für ungute Gefühle beim Gedanken an den EG-Binnenmarkt. Die befragten Skeptiker aus dem größten und wirtschaftlich stärksten Mitgliedsstaat Deutschland befürchteten dies aber weit überdurchschnittlich zu 42 Prozent (West: 44, Ost: 34). Dieselbe Befragung ermittelte hinsichtlich der Frage nach dem Gesicht der EG im Jahre 2000 auf die Vorlage einer Liste aller europäischen Staaten eine klar gestaffelte Aufnahmebereitschaft nach der vermuteten Wirtschaftskraft des Landes, die im EG-Durchschnitt zwischen 19 und 89 Prozent variierte (Kommission der EG 1992c: A39, A46, A47).

4.5 Vom nationalen zum globalen Klassenkonflikt

Die Herausbildung Europas und schließlich der ganzen Welt als eine solidarische Einheit erzeugt neue Inklusionsprobleme (Hondrich und Koch-Arzberger 1992: 80-113). Die nationalstaatliche Differenzierung in Klassen und Schichten wird von der Differenzierung der neuen Einheit in das Zentrum der hochentwickelten reichen Industrieländer und die Peripherie der armen unterentwickelten Länder überlagert. Die nationalstaatliche Klassen- und Schichtendifferenzierung hat die Frage der Teilhabe der unteren Klassen und Schichten am erarbeiteten Wohlstand und an der sozialen Sicherheit aufgeworfen. Die Inklusion dieser Klassen und Schichten ist im wesentlichen durch die allgemeine Steigerung des Wohlstands gelungen, die für alle ein materiell gesichertes Leben erlaubt, ohne daß es zu einer grundsätzlichen Umverteilung der Besitzverhältnisse kommen mußte. Dieses Problem wurde um so besser gelöst, je mehr der »Antagonismus« von Kapital und Arbeit durch die Kooperation von Kapital und Arbeit in der unablässigen Steigerung des wirtschaftlichen Wachstums ergänzt wurde.

Das wirtschaftliche Wachstum war der Schlüssel zur Lösung der Inklusionsprobleme des in Klassen und Schichten differenzierten Nationalstaats. Dabei spielte die ständige Steigerung der Produktivität die Hauptrolle, die wiederum aus der ständigen technologischen Rationalisierung und Arbeitsqualifizierung im Zuge der Steigerung des Ausbildungsniveaus resultierte. Neben der Erweiterung der Konkurrenz durch die Herausbildung des europa- und weltweiten Marktes haben auch die stets wiederkehrenden Arbeitskämpfe einen permanenten Druck auf die technologische Rationalisierung ausgeübt, die wachsende Anforderungen an die Qualifikation der Arbeitenden gestellt hat. Mit der daraus hervorgehenden Steigerung des Wohlstands sind die Arbeitseinkommen und mittelbar damit auch die Einzahlungen in die Kranken- und Sozialversicherungssysteme und in die Steuerkassen des Staates gestiegen, die einen stetigen Ausbau der Sozialleistungen ermöglicht haben. Die hochentwickelten Industrieländer Europas haben auf diese Weise ihre sozialen Probleme weitgehend bewältigt und die Inklusion aller Bevölkerungsschichten immer weiter vorangebracht. Natürlich leben in diesen Ländern nach wie vor nicht alle Menschen im gleichen Wohlstand. Die Rede von der Zweidrittel-, Dreiviertel-, Vierfünftel- oder auch Neunzehntelgesellschaft drückt dies klar aus. Nach den heute herrschenden Vorstellungen von einem angemessenen Lebensstandard nehmen wir von einem Drittel, Viertel, Fünftel oder auch Zehntel der Menschen an, daß sie nicht in ausreichendem Maße in den erarbeiteten Wohlstand der Gesellschaft einbezogen sind. Gleichzeitig mehren sich die Stimmen, nach denen die Grenzen des Wohlfahrtsstaates erreicht sind und das Hauptaugenmerk auf die Befähigung der Menschen zu richten sei, aktiv an der Erarbeitung des Wohlstands teilnehmen zu können.

In dieser Situation ergibt sich jetzt das neue Problem der Angleichung der materiellen Lebensverhältnisse von Zentrum und Peripherie auf übernationaler europäischer und globaler Ebene (vgl. Moser 1985, Sieveking 1991). Läßt sich die Lösung dieses Problems in ähnlicher Weise denken wie die Lösung des nationalstaatlichen Inklusionsproblems? Sie bedeutete ebenfalls eine stetige Steigerung der Produktivität durch technologische Rationalisierung und Arbeitsqualifizierung auf dem Wege der stetigen Anhebung des Ausbildungsniveaus der Bevölkerung in den Ländern der Peripherie. Von dieser Entwicklung sind wir allerdings weit entfernt. Bislang dienen die unterentwickelten Länder überwiegend als Rohstofflieferanten, Billiglohnländer und neue Absatzmärkte für die technologisch hochentwickelten Produkte der Industrieländer des Zentrums. Die Folge des ungleichgewichtigen Austauschverhältnisses ist die wachsende Ausbeutung der natürlichen Ressourcen, die Stagnation der Produktivität und die steigende Verschuldung der unterentwickelten Länder aufgrund zu geringer wirtschaftlicher Leistungsfähigkeit. Das nationalstaatliche Inklusionsmodell hat hier bislang versagt. Es beruht nämlich auf der unablässigen Steigerung der wirtschaftlichen Leistungsfähigkeit immer größerer Teile der Bevölkerung, die entsprechend ihr Einkommen erhöhen und ein hochentwickeltes Wohlfahrtssystem mitfinanzieren können. Das europaweite und darüber hinaus globale Verhältnis zwischen Zentrum und Peripherie ist dagegen so gestaltet, daß den unterentwickelten Ländern bislang nicht die Produktivitätssteigerung durch technologische Rationalisierung und Arbeitsqualifizierung glückt, die erforderlich wäre, um den Wohlstand in der gewünschten Weise zu steigern. Der Wunsch nach höherer Entwicklung muß durch eine stetig steigende Verschuldung bezahlt werden. Zwischen 1971 und 1991 sind die langfristigen Auslandsschulden der Dritten Welt von 87 auf 1129 Milliarden US-Dollar gewachsen. Ihr gesamter ausländischer Schuldenstand belief sich 1991 auf 1,478 Billionen US-Dollar (Frank 1981: 136; Beenstock 1983: 121; OECD 1989: 48, 1992: 54; Weltbank 1992: 290, 291). In 49 Ländern, das sind ein Viertel aller Länder der Erde, sind die Wirtschaftsleistungen pro Einwohner in den achtziger Jahren gesunken (Martin und Schumann 1993: 105; Nördlinger 1987, Fiala 1992, Ragin und Bradshaw 1992).

Drei Beispiele veranschaulichen diese Entwicklung: In Argentinien ist das Bruttoinlandsprodukt zu jeweiligen Preisen zwischen 1980 und 1989 von 43,9 auf 54,1 Milliarden US-Dollar gestiegen, in konstanten Preisen von 1989 jedoch von 64,6 auf 54,1 Milliarden gefallen, pro Kopf von 2289 auf 1694. Die Auslandsverschuldung hat sich von 10,181 auf 51,460 Milliarden US-Dollar erhöht. In Madagaskar ist in derselben Zeit ein Anstieg des Bruttoinlandsproduktes zu jeweiligen Preisen von 1,6 auf 2,3 Milliarden US-Dollar zu verzeichnen, in konstanten Preisen jedoch ein leichter Rückgang von 2,4 auf 2,3 Milliarden, pro Kopf ein solcher von 279 auf 205. Die Auslandsschulden sind von 926 Millionen auf

3,361 Milliarden US-Dollar angeschwollen. In Äthiopien sehen wir ein Anwachsen des Bruttoinlandsproduktes zu jeweiligen Preisen von 3,3 auf 6 Milliarden US-Dollar, in konstanten Preisen von 4,9 auf 6 Milliarden, pro Kopf jedoch ein Schrumpfen von 128 auf 120. Zugleich haben sich die Auslandsschulden von 669 Millionen auf 2,886 Milliarden US-Dollar vermehrt (U.S. Bureau of the Census 1992: 831, 852; vgl. auch United Nations 1992: 1056-1058).

Die Entwicklungshilfe der reichen Industrieländer ist von Jahr zu Jahr aufgestockt worden, von 1970 bis 1990 weltweit von jährlich 15,9 auf 85,3 Milliarden US-Dollar (U.S. Bureau of the Census 1992: 853; Weltbank 1992: 288, 289). In konstanten Preisen berechnet, ist jedoch seit Anfang der achtziger Jahre ein leichter Rückgang zu verzeichnen (OECD 1992: 17). Sie trägt nicht die gewünschten Früchte, so daß Zweifel an ihrem Sinn aufkommen (Dauderstädt 1990). Es geht daraus kein genügender Anstoß für eigene Entwicklung hervor. Gleichzeitig nehmen auch die Mahnungen zu, daß die reichen Industrieländer zu wenig Entwicklungshilfe leisten. Der Schuldenstand der Entwicklungsländer und die Entwicklungshilfe der Industrieländer driften immer weiter auseinander (Anhang: Abb. 7). Die staatlichen und privaten Aufwendungen für Entwicklungshilfe umfaßten 1988 in der Bundesrepublik 88 US-Dollar, in Frankreich 125, in Großbritannien 50, in den USA 50 und in Japan 75 (U.S. Bureau of the Census 1992: 853). Das Problem besteht darin, daß zu viel Entwicklungshilfe bislang noch im Sande verläuft bzw. unzweckmäßig oder zweckentfremdet – z.B. auch für die Kriegsführung – eingesetzt wird. Die Flüchtlingsströme aus den unterentwickelten Ländern üben jetzt einen Druck auf die reichen Industrieländer aus, mehr Verantwortung für die Entwicklung der unterentwickelten Länder zu übernehmen (Mühlum 1993, Ronge 1993, Giesecke, Heilemann und Loeffelholz 1993, Afheldt 1993).

Im Vereinten Europa wird die Strukturhilfe für den unterentwickelten Süden und Osten in Zukunft eine große Rolle spielen, um die Inklusion dieser Regionen in den Wohlstand der Europäischen Gemeinschaft voranzutreiben. Das größte Problem wird sein, die geleisteten Hilfen nicht als Almosen verpuffen, sondern als Starthilfen für eigenständige Entwicklung wirken zu lassen. Auch diese Zielsetzung zwingt zur Verlagerung von politischer Verantwortung auf die nationenübergreifende europäische und darüber hinaus auf die globale Ebene, um nationale und regionale Egoismen zu überwinden. So entsteht mit der europaweiten und globalen Arbeitsteilung auch ein korrespondierendes Netzwerk der Solidarität, mit dem Ziel der Angleichung der materiellen Lebensverhältnisse. Allerdings ist der Weg dorthin viel schwerer zu bewältigen als der Weg zur nationalstaatlichen Inklusion immer breiterer Bevölkerungsschichten in den stetig gesteigerten Wohlstand. In dem Maße, in dem sich die Arbeitsteilung im Zuge der Marktöffnung ausbreitet, werden kleinräumige, lokale und engmaschige Märkte und die dazugehörenden Solidaritätsnetzwerke mit ihren eigenen Normen durch weiträumige, europaweite und globale Märkte verdrängt. Die korrespondierenden Solidaritätsnetzwerke und Normen müssen jedoch erst noch geschaffen werden. Der Makrokosmos des Weltmarktes schlingt die letzten Reste traditionaler Mikrokosmen in sich hinein und löst diese in seinen weitverspannten Interdependenzen auf, ohne sogleich für die notwendigen neuen Solidaritätsnetzwerke und normativen Regulierungen zu sorgen. Diese zu etablieren dauert wesentlich länger als die Schaffung von erweiterten Märkten per zwischenstaatlicher Vereinbarung. Ökonomisch kalkulierendes Marktverhalten reagiert schnell auf veränderte Situationen. Solidarität und normgeleitetes Handeln bedürfen erst einer langwierigen Abnabelung von der alten Tradition. Das Schaffen von und das Einleben in neue Traditionen, das Umlernen, Erziehen und Sozialisieren brauchen ihre Zeit.

Mit den großräumigen Verflechtungen verändert sich der Charakter von Solidaritätsnetzwerken. In den Entwicklungsländern werden die traditionellen, verwandtschaftlich und nachbarschaftlich organisierten Solidaritätsnetzwerke geschwächt, die neu aufgebauten modernen Sozialversicherungen schließen jedoch noch große Teile der Bevölkerung gar nicht in die Versicherungssolidarität ein (Klemp 1992). Während die lokalen Netzwerke in Zusammengehörigkeit wurzeln und sich in der praktischen gegenseitigen Hilfe zwischen konkreten, nahestehenden Personen äußern, beruhen die großräumigen Solidaritäten auf formalen Mitgliedschaften, und sie zeigen sich in voneinander abgekoppelten Vorgängen der Einzahlung in Versicherungssysteme und der Inanspruchnahme von Versicherungsleistungen. Es ist leicht zu erklären, daß dabei ein ökonomisch kalkulierender, eigeninteressierter Umgang mit der Bereitstellung und der Inanspruchnahme von Solidarität gefördert wird. Die Kosten der Kranken- und Sozialversicherungssysteme werden zum Dauerproblem, weil der Solidaritätsgedanke und die eigeninteressierte Inanspruchnahme von Solidarität im Dauerkonflikt stehen. Letzten Endes können solche Systeme der Versicherungssolidarität nur durch die ständige Anhebung der Einzahlungen auf dem Wege steigender Einkommen aller Mitglieder getragen werden. Sie sind der Idee nach selbst ein Teil des Programms, das nach unablässiger Steigerung des Wohlstands strebt. Je mehr indessen dieses Programm auf das Verhältnis zwischen fortgeschrittenen und rückständigen Ländern übertragen wird, um so mehr wird die zurückbleibende Leistungsfähigkeit der rückständigen Länder zum Dauerproblem. Sie verlernen die angestammten Tugenden der Selbsterhaltung und werden zu Almosenempfängern der reichen Länder, in denen sich wiederum Widerstand gegen zu weitgehende Zahlungen an die Armen regt, weil hier Solidarität über ein Mindestmaß hinaus nur auf der Basis allseits steigender Einkommen und Einzahlungen in die Versicherungssysteme geübt wird.

Die drängende Frage ist heute, ob im Verhältnis zwischen Zentrum und Peripherie europa- und weltweit in der Tat jene Wachstumsdynamik in Gang kommen wird, die den Nationalstaaten die Inklusion immer größerer Teile der Bevölkerung in den erarbeiteten Wohlstand beschert hat, oder ob die Verflechtung von Zentrum und Peripherie den peripheren Ländern gerade so viel materielle Mittel gibt, daß dort immer größere Bevölkerungsmassen gerade noch überleben, ohne je auch nur den Rockzipfel des Wohlstands in den industriellen Zentren erhaschen zu können. Bei der Beantwortung dieser Frage muß man zwischen den ärmeren Ländern der Europäischen Gemeinschaft – Griechenland, Portugal, Spanien und Irland –, den armen Ländern Osteuropas, die den Anschluß an die EG suchen, und den weiter entfernten Ländern der Dritten Welt unterscheiden. Die erste Ländergruppe hat mit Hilfe der EG-Mitgliedschaft deutliche Fortschritte gemacht und wird weitere erzielen. Spanien hat als Musterknabe der EG seit seinem Beitritt im Jahre 1986 das höchste Wirtschaftswachstum unter allen EG-Staaten erreicht. Daß daraus noch keine Schlüsse auf die weitere Entwicklung gezogen werden können, beweist der Umschwung nach unten mit negativer Außenhandelsbilanz, erzwungener Währungsabwertung und wieder enorm gestiegener Arbeitslosigkeit in der jüngeren Vergangenheit. Innerhalb der EG herrscht nach wie vor ein deutliches Wohlstandsgefälle zwischen dem Zentrum innerhalb des Vierecks London-Paris-Mailand-Kopenhagen und der Peripherie in den Randzonen. Im Zentrum lebt ein Drittel der EG-Bevölkerung, das über mehr als die Hälfte des Gesamteinkommens disponiert. In der Peripherie der Randzonen von Irland über Portugal und Süditalien bis Griechenland finden wir ein Viertel, das nur ein Achtel des Gesamteinkommens auf sich vereinigt. Betrachtet man die 166 Regionen bzw. Verwaltungseinheiten der EG, dann zeigt sich zwischen den reichsten und den ärmsten Regionen ein Wohlstandsgefälle von 6:1 (Grupp 1991: 61; Eurostat 1991b: 78-79; Busch 1992).

Das Gefälle zwischen Reich und Arm wird noch wesentlich größer, wenn man über die Grenzen der EG hinausschaut. Da sind zunächst die Länder Osteuropas, die eine Assoziierung mit der EG suchen. Diese Gruppe wird – allerdings mit ziemlicher Verzögerung – in eine semiperiphere Position nachrücken. Die Lage in vielen der entfernten Länder der Dritten Welt ist dagegen eher hoffnungslos. Die materiellen Lebensverhältnisse im reichen dreipoligen Zentrum der Welt in Europa, Nordamerika (Nord-Mexiko bis Kanada) und Südostasien (Japan, Korea, Singapur, Hongkong, Taiwan) und die Lebensverhältnisse in den armen Ländern der Welt nähern sich nicht an, sondern driften weiter auseinander. Die Entwicklungsländer beherbergen über zwei Drittel der Menschheit, ihr Anteil am Weltbruttosozialprodukt ist in den achtziger Jahren jedoch auf ca. 15 Prozent gesunken, während sich 20 Prozent der Menschheit auf die hochentwickelten Industrieländer konzentrieren, deren Anteil am Weltbruttosozialprodukt auf über 80 Prozent gewachsen ist. Das jährliche Durchschnittseinkommen pro Kopf ist in den am wenigsten entwickelten Ländern unter 300 US-Dollar gefallen, während es in den OECD-Ländern auf 14 500 US-Dollar gestiegen ist. Das Bruttosozialprodukt Schwarzafrikas rangiert unter demjenigen von Belgien, obwohl Belgien nur über 2 Prozent der Bevölkerung Schwarzafrikas verfügt. Während die Entwicklungsländer ihren Handel zu 60 bis 70 Prozent mit den Industrieländern betreiben, kommt der Außenhandel der Industrieländer mit den Entwicklungsländern nur auf ca. 15 Prozent (Kühne 1991: 6; Statistisches Bundesamt 1992b: 108-109; U.S. Bureau of the Census 1992: 848).

Die fatalste Folge der Unterentwicklung ist die Bevölkerungsexplosion in den Ländern der Dritten Welt. Während das Bevölkerungswachstum in den Industrieländern eher rückläufig ist, vermehrt sich die Bevölkerung in den unterentwickelten Ländern in einem atemberaubenden Tempo. »In jeder Sekunde drei Menschen mehr«, umschreibt Joachim Schöps (1993) im *SPIEGEL* vom 8. März 1993 das Problem. Die Bevölkerung auf der Erde wächst exponentiell. Sie hat seit den Tagen Jesu Christi 1650 Jahre gebraucht, um sich von 250 auf 500 Millionen um 100 Prozent zu vergrößern, bis 1950 nochmals 300 Jahre, um sich auf 2,515 Milliarden zu verfünffachen; bis 1990 hat sie sich jedoch in nur 40 Jahren auf 5,292 Milliarden mehr als verdoppelt. Bis 2025 wird mit einem weiteren Anwachsen auf ca. 8,5 Milliarden gerechnet. Das jährliche Wachstum betrug zwischen 1950 und 1955 noch 47, zwischen 1985 und 1990 jedoch 87 Millionen. Bis zum Ende dieses Jahrtausends wird eine nochmalige Steigerung auf jährlich 97 Millionen erwartet. In Nord- und Westeuropa liegt das jährliche Wachstum nur bei 0,16 Prozent, in Südeuropa bei 0,5 Prozent, in Nordamerika bei 1 Prozent, in Asien bei 1,9 Prozent, in Lateinamerika bei 2,2 Prozent, in Afrika bei 3 Prozent. 90 Prozent des Bevölkerungswachstums vollzieht sich in den ärmsten Ländern (Wolfrum 1991: 1038-1056; Wicke 1989: 30-33; U.S. Bureau of the Census 1992: 820-825; Statistisches Bundesamt 1992b: 213-218; United Nations 1992: 13d; Weltbank 1992: 300, 301). Ohne eine radikale Wende in der Kontrolle des Bevölkerungswachstums wird Armut, Hunger und Krankheit das Schicksal des größten Teils der Weltbevölkerung sein (vgl. Matzke 1983, Brown 1993). Das Programm »Wohlstand für alle« hat dann einer verhältnismäßig kleinen Zahl von Menschen einen hohen Lebensstandard gebracht, während die riesige Mehrheit der Weltbevölkerung in Armut dahinvegetiert.

Der Abbau der Ungleichheit der nationalen Klassengesellschaften im Zentrum der Welt geht einher mit dem Aufbau einer weit dramatischeren weltweiten Ungleichheit zwischen der Weltelite des Zentrums und der Weltmasse der Peripherie. Weltweit ist die absolute Zahl der in materiellem Wohlstand lebenden Menschen in diesem Jahrhundert stetig gestiegen. Sehen wir einmal von den ökologischen Beeinträchtigungen des Wohlstands ab, dann können wir annehmen, daß sich diese Entwicklung in einem offenen Weltmarkt fortsetzen wird. Das vielfach größere Wachstum der Bevölkerung in den armen Ländern im Vergleich zu den reichen führt jedoch dazu, daß die Zahl der unter der Armutsgrenze lebenden Menschen exorbitant zunimmt. Sie ist heute auf ca. 1,4 Milliarden zu schätzen (Klemp 1992: 47). Weltweit ist die Gruppe der Ärmsten mit einer jährlichen Wirtschaftsleistung unter 500 US-Dollar pro Kopf schon heute am größten. Sie umfaßt 2,828 Milliarden Menschen. Danach kommt die Gruppe der Armen mit 500 bis 2500 US-Dollar. Zu ihr gehören 1,007 Milliarden Menschen. Dem Mittelstand mit 2500 bis 10000 US-Dollar sind 645 Millionen Menschen zuzurechnen. 281 Millionen bilden die Gruppe der Bessergestellten mit 10000 bis 20000 US-Dollar. Als Reiche mit 20000 bis 25000 US-Dollar dürfen sich 373 Millionen betrachten, als Superreiche mit über 25000 US-Dollar 136 Millionen. Heute schon leben also 3,835 Milliarden Menschen in Armut, 645 Millionen in bescheidenen bis mittleren Lebensverhältnissen und nur 790 Millionen in gutem bis sehr gutem Wohlstand (Mühlum 1993: 7; Weltbank 1992: 250, 251).

Die globale Entwicklung zur Moderne schafft insofern nicht nur mehr Wohlstand, sondern zugleich auch immer mehr Armut. Im globalen Maßstab scheint das Modell »Inklusion durch stetiges wirtschaftliches Wachstum« zu versagen, weil die Voraussetzungen fehlen, die auf der Ebene der Nationalstaaten des industriellen Zentrums die Verwirklichung dieses Modells begünstigt haben. Im Weltmaßstab sind die Probleme der Ungleichheit in den hochentwickelten Industriegesellschaften des Zentrums – so gravierend sie auch subjektiv noch erfahren werden mögen – inzwischen zu einer Kleinigkeit geworden. Das Problem von Ungleichheit und Inklusion läßt uns zwar nicht los, aber jetzt auf einer ganz anderen Ebene, auf der wir noch gar nicht erkennen können, ob es überhaupt eine Lösung gibt. Das Programm der Moderne gründet seine Legitimität indessen maßgeblich auf die Lösbarkeit dieses Problems. Welche Legitimität soll es nämlich haben, wenn es das gute Leben für alle verspricht, aber einem wachsenden Teil der Weltbevölkerung verweigert? Mit welchem Recht unterwerfen wir die Lebensbedingungen auf dieser Erde einer stetig steigenden Belastung, deren Grenze wir möglicherweise schon erreicht haben, dies indessen einer immer größeren Zahl von Menschen gar nichts nützt? Welchen Sinn hat das Programm der Moderne, wenn es sich am Ende in das Gegenteil verkehrt, statt des besseren das schlechtere Leben bringt?

Die Bedrohung, die von der Bevölkerungsexplosion in der unterentwickelten Peripherie ausgeht, läßt das hochentwickelte Zentrum nicht kalt. Die Sorge um die Zukunft der Welt angesichts dieser Bedrohung wird immer häufiger öffentlich zum Ausdruck gebracht. Helmut Schmidt, Bundeskanzler a. D. der Bundesrepublik Deutschland, spricht sie in den folgenden Worten aus: »Wenn die Menschheit weiterhin im gegenwärtigen Tempo wächst, dann kann kein vernünftiger Mensch auf eine Minderung der Armut und auf die Erhaltung der Umwelt setzen. Selbst dann nicht, wenn wir die Entwicklungshilfe vervierfachen. Im Jahre 1950 machten die industriell entwickelten Geberländer noch ein Drittel, die Empfängerländer zwei Drittel der Menschheit aus. Binnen dreißig Jahren aber werden die auf Entwicklungshilfe hoffenden Länder fünf Sechstel der Menschheit beherbergen. Die Hoffnung, der industrialisierte Teil der Menschheit könne durch Entwicklungshilfe den fünfmal so großen Rest aus seiner Armut befreien, wird zur bodenlosen Illusion, zumal die Empfängerländer im Schnitt das Fünffache der empfangenen Entwicklungshilfe für ihr Militär aufwenden. Massenwanderungen werden folgen, gegen die jene Völkerwanderung nebst ihren Kriegen verblassen wird, von der wir in der Schule gehört haben. Die Umwelt würde dann gleichfalls vor die Hunde gehen« (Schmidt 1992).

Nach einer Berechnung des World Watch Institutes (1989: 188-192) müßten weltweit jährlich 30 Milliarden US-Dollar aufgebracht werden, um zu einer wirksamen Kontrolle der Bevölkerungsentwicklung zu gelangen. Die Industrieländer werden im Angesicht der drohenden Katastrophe dazu übergehen müssen, ihre Entwicklungshilfe nur noch für nachgewiesene Gegenleistungen auf den Gebieten der Geburtenkontrolle, Bildung, Arbeitsqualifizierung, Gleichstellung von Mann und Frau und Kürzung der Militärausgaben zu gewähren. Helmut Schmidt sagt dies ziemlich unmißverständlich: »Wenn die Entwicklungsländer ihre jährlich über 200 Milliarden US-Dollar betragenden Militärausgaben ebenfalls halbierten und die eingesparten Mittel für die Dämpfung ihres Bevölkerungswachstums nutzten, dann könnten auch sie einen entscheidenden Beitrag zur Erhaltung gesunden Lebens auf unserem Planeten leisten. Sie brauchen Familienplanung, Verbreitung von Verhütungsmitteln, wesentlich verbesserte und bis zum sechzehnten Lebensjahr ausgedehnte Schulen für Mädchen sowie eine Verbesserung von Rechten, Status und Arbeitsmöglichkeiten für Frauen« (Schmidt 1992).

Das alles kann ohne Kontrollmaßnahmen nicht abgehen. Das Zentrum wird immer mehr globale Verantwortung an sich reißen und die Länder der Peripherie ihrer Souveränität berauben. Ihre Kolonialisierung wird im Zuge der politischen Zentralisierung der Welt eine Wiederbelebung erfahren. Innerhalb Europas wird diese Entwicklung dadurch voranschreiten, daß die starken EG-Länder die nachrückenden Länder gegen wirtschaftliches und politisches Wohlverhalten zunehmend an sich binden, wodurch sich ein Zentrum-Peripherie-Verhältnis zwischen der EG und den nachrückenden Ländern Süd- und Osteuropas herausgestalten wird. Weltweit bilden Europa, die USA und Japan ein tripolares Zentrum, das mehr und mehr die Verantwortung für die ganze Welt übernimmt und dadurch seine Herrschaft auf die ganze Welt ausdehnt. Die Tatsache, daß dieses tripolare Zentrum die ihm zugewachsene Verantwortung noch völlig unzureichend ausübt, drängt zur Bildung und Nutzung globaler Institutionen, die diese Verantwortung zum Ausdruck bringen. Zugleich entsteht daraus aber eine weltweite Zentralisierung politischer Herrschaft. Die Gruppe der sieben führenden Industriestaaten der Welt, die sogenannte G7, die regelmäßig ihre Weltwirtschaftsgipfel abhält, wird in diese Rolle hineinwachsen. Globale Verhandlungssysteme wie GATT (General Agreement on Tariffs and Trade) oder KSZE (Konferenz für Sicherheit und Zusammenarbeit in Europa) werden neben den Vereinten Nationen den Rahmen für die Herausbildung des globalen Herrschaftssystems abgeben (vgl. Schultz 1990, Betz 1990; Wolfrum 1991: 201-211; Staack und Meier 1992).

Die Verschuldungskrise der Entwicklungsländer in den achtziger Jahren hat zwei Tochterinstitutionen der Vereinten Nationen einen erheblichen Machtzuwachs verschafft: Weltbank und Internationaler Währungsfonds (IWF) sind von Entwicklungshelfern und Rettungsankern für zahlungsunfähige Schuldnerländer zu globalen wirtschaftspolitischen Disziplinierungsanstalten geworden (Wolfrum 1991: 290-297, 347-355). Den transnational operierenden Banken wurde vorgeworfen, daß sie durch allzu großzügige Kreditvergabe mit zur Verschuldungskrise der Entwicklungsländer beigetragen hätten. Im einzelnen ist diese Krise durch zu ehrgeizige, defizitfinanzierte Industrialisierungsprogramme, durch vernachlässigte Agrarentwicklung mit entsprechendem Zwang zum umfangreichen Import teurer Nahrungsmittel, durch den Preisverfall von exportierten Rohstoffen, durch kreditfinanzierte Sozialreformen bei Verzicht auf innere Umverteilung, durch die Anhäufung von Reichtümern der Staatseliten auf ausländischen Devisenkonten und schließlich durch exzessive Militärausgaben verursacht worden (Betz 1983: 13-15; Körner, Maaß, Siebold und Tetzlaff 1983: 21-22). Jetzt sind die transnationalen Privatbanken vorsichtiger geworden. Die Entwicklungsländer sind auf das Wohlwollen der Weltbank sowie des IWF angewiesen. Beide Institutionen knüpfen ihre Kredite jedoch an strenge Auflagen. Dabei hat sich die Kreditvergabepolitik der Weltbank an diejenige des IWF angenähert. Die entsprechenden Strukturanpassungskredite verlangen eine Reduzierung des Staatsdefizits durch Steuererhöhungen, Subventionskürzungen oder Preiserhöhungen für öffentliche Leistungen, Einschränkungen der Kreditaufnahme des Staates, preispolitische Maßnahmen wie Währungsabwertungen und Erhöhung der Agrarpreise, Begrenzungen des Lohnanstiegs und verbesserte öffentliche Investitionsprogramme (Betz 1990: 27).

Über die Wirkungen dieser Programme ist inzwischen ein heftiger Streit entbrannt. Die Kritiker verweisen darauf, daß die Programme überwiegend nicht zum Erfolg führen und meist die ärmsten Bevölkerungsteile treffen (Körner, Maaß, Siebold und Tetzlaff 1983: 27-32), die Befürworter relativieren diese Kritik durch Vergleiche zwischen Ländern mit und ohne Sparprogramm und durch die Vermutung, daß es den betroffenen Ländern ohne diese Programme noch schlechter ginge (Betz 1990). Die Kritiker auf seiten der Entwicklungsländer sehen in der Weltbank und im IWF ein Instrument der Herrschaft der Industrieländer über die Entwicklungsländer, die Befürworter erkennen in ihnen unverzichtbare weltwirtschaftliche Ordnungsinstrumente, durch die den Entwicklungsländern in ihrem eigenen Interesse der richtige Pfad der Entwicklung gewiesen werden kann. Die Kritik zielt dabei auch auf die ungleiche Stimmenverteilung zwischen den Mitgliedsländern in diesen beiden supranationalen Institutionen. Über einen Sockelbetrag von 250 Stimmen hinaus richtet sich der Stimmenanteil nach dem weltwirtschaftlichen Gewicht eines Landes, das wiederum dessen Mitgliedsbeitrag bestimmt. Je 100 000 US-Dollar Mitgliedsbeitrag ergibt sich eine weitere Stimme. Die zehn wichtigsten Industrieländer verfügen zusammen über rund 55 Prozent der Stimmen, die USA allein über 20 Prozent, dagegen die 146 Entwicklungsländer, die kein Erdöl exportieren, zusammen über nur knapp 30 Prozent (Körner, Maaß, Siebold und Tetzlaff 1983: 22-23).

Der globale Konflikt zwischen Zentrum und Peripherie wird zum Dauerproblem. Die peripheren Entwicklungsländer wünschen sich mehr Entwicklungshilfe, als die Industrieländer zu geben bereit sind. Die Industrieländer fordern von den Entwicklungsländern einschneidende Maßnahmen zur Geburtenkontrolle, zu denen sich diese wiederum mit päpstlichem Segen nicht verpflichten wollen. Derweil werfen sich beide Seiten die Schuld an der weltweiten Umweltzerstörung vor. Die Industrieländer zeigen auf die Umweltzerstörung der Entwicklungsländer durch die Abholzung der Tropenwälder und das ungebremste Bevölkerungswachstum, während die Entwicklungsländer darauf hinweisen können, daß es die Industrieländer sind, die durch die ungezügelte Verbrennung fossiler Energie – Kohle, Braunkohle, Öl und Gas – zu Kohlendioxid maßgeblich die gefährliche Erwärmung des Erdklimas verursachen, wodurch der Meeresspiegel ansteigen und Hunderten von Millionen Menschen am Pazifik und in den Flußdeltas Asiens, Afrikas und Südamerikas der Lebensraum geraubt wird. Der Konflikt verschärft sich. Lösungen sind nicht sichtbar. Die Weltkonferenz über Umwelt und Entwicklung, die im Juni 1992 in Rio de Janeiro stattfand, hat weder verbindliche Verpflichtungen der Entwicklungsländer zur Geburtenkontrolle und zur Erhaltung des tropischen Regenwaldes noch verbindliche Verpflichtungen aller Industrieländer zur Erhöhung der Entwicklungshilfe auf die vorgeschlagenen 0,7 Prozent des Sozialprodukts und zur Reduktion der CO_2-Emissionen erbracht. Der damalige Präsident der USA, George Bush, hat sich sogar im Interesse des wirtschaftlichen Wachstums in seinem Lande geweigert, eine reine Absichtserklärung zur Begrenzung der CO_2-Emissionen zu unterschreiben. Der Konflikt der Zukunft geht um das Verhältnis zwischen Umwelt und Entwicklung. Der immer häufiger gebrauchte Begriff der nachhaltigen Entwicklung (*sustainable development*) ist eine nach allen Seiten ausdeutbare Kompromißformel, aber noch keine wirkliche Lösung des Konflikts (Hauff 1987; von Weizsäcker 1990: 112-128, 203-219; von Stockhausen 1992, Meffert und Kirchgeorg 1993).

Nachdem über das Fehlschlagen des Programms der »nachholenden Entwicklung« mit Unterstützung der Entwicklungshilfe weitgehend Einigkeit besteht, macht sich indessen sowohl in den Industrieländern als auch in den Entwicklungsländern ein ernüchterter Realismus breit (Kühne 1991: 12). Der Abstand zwischen den Industrie- und den Entwicklungsländern hat sich nicht verkleinert, sondern vergrößert. In vielen Ländern vollzieht sich eine Rückentwicklung anstelle einer Fortentwicklung. Für Afrika schätzt man z. B. von 1986 bis 1988 einen Einkommensverlust von 50 Milliarden US-Dollar. Die Rohstoffpreise sind infolge der offenen Konkurrenz auf dem Weltmarkt z. T. erheblich gesunken. Auf der Preisindexskala ist der Rohstoffpreis von Mitte der siebziger bis Ende der achtziger Jahre von etwa 135 Punkten auf etwa 70 Punkte gefallen. Allein von Ende 1989 bis Ende 1990 betrug der Preisverfall nochmals 13 Prozent. Da die Entwicklungsländer einen großen Teil ihres Einkommens aus der Rohstoffausfuhr erzielen, erweist sich dieser Preisverfall für sie als besonders fatal. Die Industrialisierung der Entwicklungsländer hat sich weitgehend als Fehlschlag herausgestellt, weil sie trotz billiger Arbeitskräfte mit den hochindustrialisierten Ländern und ihrer ständig gestiegenen Produktivität nicht konkurrieren können. So sind die Entwicklungsländer gezwungen, billige Rohstoffe auszuführen und teure Industrieprodukte einzuführen. Die »terms of trade« haben sich für sie zunehmend verschlechtert. Ihr Einkommen aus den Ausfuhren reicht nicht aus, um die Einfuhren zu bezahlen. Die Schere ihrer negativen Handelsbilanz öffnet sich in vielen Fällen.

Diese Situation wird noch durch die Agrarpolitik der Industrieländer, insbesondere der EG, verschärft (Greenaway et al. 1991). Ihre Protektion der heimischen Landwirtschaft durch Einfuhrbeschränkungen, Schutzzölle und Preissubventionen verschließt den Entwicklungsländern einen großen Teil des Weltmarktes für ihre landwirtschaftlichen Erzeugnisse. Der Erlös aus diesen Erzeugnissen ist indessen für sie viel bedeutsamer als für die Industrieländer. Zwei Drittel der Erwerbstätigen sind in den Entwicklungsländern in der Landwirtschaft beschäftigt, in den Industrieländern sind es nur 7 Prozent. Die Landwirtschaft hat in den Entwicklungsländern am Bruttosozialprodukt einen Anteil von 25 Prozent, in den Industrieländern nur einen Anteil von 5 Prozent. Die Beseitigung der Agrarprotektionen und -subventionen in den Industrieländern ist sicherlich eine Maßnahme, die in nächster Zukunft nicht zu umgehen sein wird, wenn die Industrieländer weltpolitisch verantwortlich zu handeln bereit sind. Die OECD-Staaten unterstützen ihre Landwirtschaft indessen nach wie vor mit hohen Subventionen; für 1989 werden sie auf 250 Milliarden US-Dollar geschätzt. Die EG hat noch 1991 ihre Agrarsubventionen einschließlich Fischerei im Vergleich zum Vorjahr von 55,675 auf 72,580 Milliarden DM erhöht (Kühne 1991: 13; Statistisches Bundesamt 1992b: 141; Eurostat 1992: 41). Sie wird sich zähneknirschend und gegen den Widerstand der Bauern von dieser Politik verabschieden müssen, wodurch heftiger Streit ins Haus steht. Die Nahrungsmittelhilfe der EG für die Entwicklungsländer mittels ihrer von den europäischen Bauern aufgekauften Überschüsse verschlechtert noch den inländischen Absatz der Agrarprodukte der Entwicklungsländer und entzieht der dortigen Landwirtschaft Anreize zur Produktionssteigerung. Fallen diese Hilfen weg, dann werden die Agrarpreise steigen und mit der Öffnung des Weltmarktes denjenigen Entwicklungsländern, die bereits Nettoexporteure sind, höhere Einkommen verschaffen. Denjenigen, die auf Subsistenzwirtschaft zurückgefallen sind, müßte nach den GATT-Regeln der Schutz der eigenen Landwirtschaft durch Subventionen und protektionistische Maßnahmen erlaubt werden (Kühne 1991: 12-13).

Der Abbau des Agrarprotektionismus der Industrieländer wird die Lage in einigen exportfähigen Entwicklungsländern verbessern, jedoch kaum einen grundsätzlichen Wandel bewirken. Zu viele äußere und innere Faktoren stehen dem entgegen. Von außen stellt gerade das Hineinziehen der Entwicklungsländer in den offenen Weltmarkt das größte Problem dar. Während die ersten Industrieländer zuerst ihre nationale Industrie mit einer engmaschigen internen Arbeitsteilung und einer Verflechtung von Stadt und Land sowie einem korrespondierenden Solidaritätsnetzwerk aufbauen konnten, bevor ihre Wirtschaft durch Freihandelszonen auch der äußeren Konkurrenz ausgesetzt und nach außen verflochten wurde, sind die Entwicklungsländer unmittelbar in das Geflecht eines offenen Weltmarktes hineingeraten (Wöhlcke 1991: 18). Die Folge davon war die völlige Zerstörung jeder internen wirtschaftlichen und solidarischen Verflechtung und die Spezialisierung auf Monokulturen wie z. B. Bananen-, Zuckerrohroder Kaffeeanbau, die außerdem noch häufig durch ausländische Konzerne kontrolliert werden. So sind diese Länder nahezu vollkommen auf den Import der wichtigsten Bedarfsgüter angewiesen, ohne aus dem Export ihrer Rohstoffe oder landwirtschaftlichen Produkte ausreichende Einkommen zu erzielen, da die wachsende Konkurrenz auf dem offenen Weltmarkt zu einem immer wiederkehrenden Preisverfall ihrer wichtigsten Exportgüter führt. Sie können sich nicht mehr selbst versorgen, weil ihre schwache Subsistenzwirtschaft zerstört wurde und sie keine interne Arbeitsteilung und keine Verflechtung von Stadt und Land sowie kein internes Solidaritätsnetzwerk entwickeln konnten. So benötigen sie als chronisch Kranke ständig die Hilfe der Industrieländer, die aber als Kreditvergabe ihre Verschuldung weiter in die Höhe treibt und als direkte Nahrungsmittelhilfe ihre eigene Landwirtschaft noch weiter schwächt. Programme zur Förderung der Selbsthilfe tragen dieser Sachlage Rechnung und arbeiten darauf hin, in den Entwicklungsländern kleinräumige, sich selbst versorgende und regierende Gemeinschaften zu bilden. Es handelt sich dabei indessen noch um kleine, verstreute Anfänge, z. B. in Indien, wo durch die Wiederbelebung von alten Miniaturrepubliken auf dem Lande kleine Erfolge erreicht wurden (Moßmann 1991, Hechter, Friedman und Kanazawa 1992).

Zu diesen nachteiligen äußeren Bedingungen treten indessen ebenso ungünstige innere Bedingungen. Viele Entwicklungsländer befinden sich in lebensfeindlichen Klimazonen und verfügen nicht über ausreichende eigene Ressourcen, um sich im gewünschten Ausmaß zu entwickeln. Es mangelt ihnen jedoch auch an den kulturellen, solidarischen und politischen Voraussetzungen für eine den ersten Industrieländern folgende Entwicklung (Wöhlcke 1991).

Im Hinblick auf den Aufbau moderner Solidaritätsnetzwerke fehlen den Entwicklungsländern alle Voraussetzungen, weil es kaum gelungen ist, den Tribalismus partikularistischer Solidaritäten von Familienklans, Stämmen und ethnischen Gruppen zu durchbrechen und gruppenübergreifende Solidaritätsnetzwerke aufzubauen, wie sie für eine moderne arbeitsteilige Gesellschaft als unabdingbarer Unterbau erforderlich sind. Der arbeitsteilige Geschäftsverkehr läßt sich nur im gegenseitigen Vertrauen abwickeln. Wenn jedoch Vertrauen auf die eigene Gruppe begrenzt bleibt und darüber hinaus das Handeln durch Mißtrauen beherrscht wird, kann sich der Geschäftsverkehr nicht aus den Klammern partikularer Gruppen befreien. Innerhalb dieser ist wiederum kein rationaler, berechenbarer Betrieb mit Trennung von Privat- und Geschäftsvermögen möglich, weil in den traditionellen Familienbetrieben jedes Mitglied nach Bedarf und Belieben in die Betriebskasse greift. So herrscht dort, wo sich Märkte entwickeln, innerhalb der Familienbetriebe ein jeder rationalen Betriebsführung entgegenstehender Kommunismus der offenen Kassen und betriebsfremden Familienpflichten, während sich nach außen Übervorteilung, Macht- und Gewaltanwendung, rücksichtslose Ausbeutung und Mißtrauen gegenseitig hochschaukeln. In den Städten und ihrem unmittelbaren Umkreis, wo die alten Stammesordnungen nicht mehr greifen, wird der Wirtschaftsverkehr mehr von Banden kontrolliert als vom staatlichen Recht. Hilfssendungen aus den Industrieländern werden von ihnen häufig abgefangen und mit Gewinn verkauft (Schatten 1992).

Ein großräumiger, auf Konkurrenz, Arbeitsteilung und Kooperation beruhender Wirtschaftsverkehr kann so nicht entstehen. Dieser bedarf nämlich der parallelen Entwicklung von Solidaritätsnetzwerken, Vertrauen und universalistischen Normen der Redlichkeit, Zuverlässigkeit und individuellen Verantwortung, die über die Grenzen partikularer Gruppen hinausgreifen. Die Stelle der Herkunftsgruppen müssen Vereinigungen einnehmen, in die der einzelne als Individuum eintritt: Berufsvereinigungen, Handwerks-, Handels-, Industrie- und Landwirtschaftsverbände. Sie regulieren in sich, in Zusammenarbeit und in Verbindung mit dem Staat das wirtschaftliche Handeln durch die Festschreibung gemeinsamer Normen.

Ohne solche normativen Regulierungen, die gerade über die Grenzen von Herkunftsgruppen hinausreichen, ist großräumiger Wirtschaftsverkehr gar nicht denkbar. Es ist infolgedessen falsch, die moderne Wirtschaft als eine aus normativer Umklammerung befreite »normfreie« Sphäre zu begreifen (Luhmann 1988). Es handelt sich dabei vielmehr um ein höchst kompliziertes normatives System. Die Probleme der Entwicklungsländer zeigen sich gerade darin, daß dort die Einführung von Märkten nicht zum modernen Wirtschaftsverkehr führt, weil die Märkte auf einem Unterbau von partikularistischen Solidaritäten und Normen aufgebaut werden, während der moderne Wirtschaftsverkehr nicht einfach deren Zerschlagung erfordert und dies von den Märkten auch gar nicht erreicht wird, sondern deren Ersetzung durch einen neuen Unterbau von universalistischen Solidaritäten und

Normen. Wo die entsprechenden Institutionen, Berufsvereinigungen, Handwerks-, Handels-, Industrie- und Landwirtschaftsverbände, ein modernes Eigentums- und Vertragsrecht sowie Gerichte zu deren Durchsetzung geschaffen werden, da werden diese von den traditionellen partikularistischen Solidaritäten und Normen in Beschlag genommen und so vollkommen ihrer integrierenden Wirkung beraubt. Statt dessen werden sie zur Sicherung der Privilegien von herrschenden Familien, Klans, Stämmen und Ethnien oder zur Austragung von Kämpfen zwischen diesen Gruppen mißbraucht.

Was unter diesen Bedingungen überhaupt nicht gedeihen kann, ist eine Gemeinschaft von individuellen Bürgern mit individuellen Rechten und Pflichten und einem Solidaritätsnetzwerk, das über die Grenzen partikularer Gruppen hinausgeht und unabhängig von diesen besteht. Der Partikularismus ist die alles beherrschende Struktur des Handelns, die alle Bereiche der Gesellschaft erfaßt, nicht nur die Wirtschaft, sondern auch die Kultur und die Politik. In den ersten Industrieländern haben die Religion und die Entwicklung der Nationalstaaten kulturelle sowie rechtliche Voraussetzungen für die Durchbrechung des Partikularismus geschaffen (Weber 1920/1972a, 1920/1972b, Schluchter 1988). In den Entwicklungsländern ist es gerade umgekehrt. Der Gruppenpartikularismus drückt sowohl der Religion als auch dem Staat seinen Stempel auf.

Die Religion des Christentums hat unabhängig von aller Herkunft eine gemeinsame Moral und eine Gemeinschaft über alle sonstigen Gruppengrenzen hinweg herausgebildet. Diese Sprengung des Gruppenpartikularismus durch das Christentum kann als Voraussetzung des Aufbaus großräumiger Vertrauensbeziehungen nicht hoch genug veranschlagt werden (Weber 1920/1972a: 523-524). Innerhalb des Christentums hat der asketische Protestantismus diese Entwicklung am weitesten getrieben, weil er das Individuum allein vor Gott gestellt und allein für sich selbst verantwortlich gemacht hat. Außerdem wurde jede Abschwächung dieser Verantwortungsethik, etwa durch die Anbetung von Heiligen, ausgeschaltet. So entstand eine hohe innere Verpflichtung der einzelnen zu gottgerechtem Handeln gegenüber jedermann und jederfrau. In der von der Aufklärung säkularisierten Form ist daraus das moderne selbstverantwortlich und selbstdiszipliniert, rational vorausschauend handelnde Individuum geworden. Die Kehrseite dieses modernen Individualismus ist allerdings die Gefahr der Abirrung in die soziale Bindungslosigkeit, in den Egoismus und Narzißmus sowie in das Scheitern am Leben mit entsprechend erhöhten Selbstmordraten, wie schon Durkheim (1897/1973b) dargelegt hat.

Der Katholizismus bewahrte dagegen partikularistische Elemente auf. Die Familie blieb ein viel wichtigerer Hort der Solidarität, die Anbetung von Heiligen zum eigenen Vorteil wirkt ebenso einer universalistischen Ethik entgegen. Es ist deshalb nicht überraschend, daß der Katholizismus keine ausreichende Kraft zur Sprengung des Partikularismus entfaltet hat. Wo dies auch durch die Durchsetzung eines nationalstaatlich kodifizierten Rechts nicht gelungen ist, blieb deshalb in den katholischen Regionen der Partikularismus von Familienklans und anderen Herkunftsgruppen bestehen. Das gilt vor allem für Südeuropa und Lateinamerika.

Die nicht-christlichen Religionen haben entweder den Gruppenpartikularismus ausdrücklich gestärkt oder trotz universalistischen Potentials mangels Durchdringung der ganzen Gesellschaft nicht durchbrochen. Der Islam ist von seinem Anspruch her eine universalistische Gesetzesreligion (vgl. Kapferer 1980, Watt und Welch 1980, Tibi 1981, Watt und Marmura 1985, Ghaussy 1988, Watt 1988; Eisenstadt 1991a: 50-56; Heine 1992). Er beansprucht, eine vollständige Lebensordnung zu begründen, die der Staat unmittelbar auszuführen, aber nicht durch säkulare Gesetzgebung zu erweitern hat. Der Staat ist der unmittelbare Träger der Religion. Es gibt keine Kirche und keine Gemeinde. Der Koran ist die oberste Rechtsquelle, die von den Rechtsgelehrten, den Ulama, ausgelegt wird. Aus der Notwendigkeit konkreter Entscheidungen entwickelte sich mit der Zeit ein System ergänzender Fallentscheidungen. Die Fallentscheidungen des Propheten Mohammed sind in der Sunna gesammelt. Die Rechtsgelehrten konnten Fallentscheidungen nach Konsensus (Idjama) oder freier Forschung und Meinungsbildung nach den heiligen Quellen (Ihtihad) treffen. Die Entscheidung nach Ihtihad wurde jedoch schon an der Wende zum 10. Jahrhundert mit dem Anspruch ausgeschlossen, daß die perfekte, um keiner Ergänzung bedürftige Ordnung erreicht sei.

Die Wirklichkeit islamischer Herrschaft sah jedoch sowohl in der Zeit ihrer Expansion vom 7. Jahrhundert an als auch nach ihrem

Zerbrechen ab dem 15. Jahrhundert im Westen und dem 17. Jahrhundert im Osten ganz anders aus. Die Einheit von Religion und Staat hat in aller Regel keine Theokratie hervorgebracht, sondern staatliche Machtgebilde, die religiöse Weihen für weltliche Herrschaftsinteressen instrumentalisiert haben. Die Rechtsgelehrten haben nie eine von den jeweiligen Herrschern unabhängige Stellung erlangt. So wurde das göttliche Gesetz auf dem Wege der Auslegung durch säkulare Gesetzgebung der Herrscher ergänzt.

Zweifellos hat der Islam zur Zeit seiner Weltmachtstellung für eine universelle Ausbreitung seiner Kultur gesorgt. In ihrer säkularen Seite ist diese auch erheblich durch hellenistische Quellen gespeist worden, die das universalistische Element gestärkt haben. Aufgrund der beanspruchten Einheit von Religion und Staat mußte das universalistische Potential des Islams jedoch mit dem Zerfall des Weltreiches im 15. Jahrhundert im Westen und im 17./18. Jahrhundert im Osten verlorengehen. Heute ist der Islam in eine Vielzahl von Gruppierungen nach staatlicher Organisation oder ethnischer Herkunft, aber auch nach politischer Orientierung zersplittert. Die größeren Gruppen sind die Sunniten, die Schiiten, der Tariqa-Islam und die Nakschbandia-Bewegung. Der Islam ist entweder ein Herrschaftsinstrument des Staates oder ein Kampfinstrument unterdrückter und/oder oppositioneller Gruppen. Insofern stärkt er eher den Partikularismus, als daß er den Boden für vertrauensvolle Zusammenarbeit jenseits der Grenzen partikularer Gruppen bereiten würde. Das impliziert innerhalb des Islams immer wieder Kämpfe zwischen verschiedenen Zweigen, so z. B. zwischen den Schiiten und den Sunniten, deren Trennung schon mit dem Streit um die richtige Abstammungslinie vom Propheten beginnt (Scarcia Amoretti 1990). Der Islam hat die Differenz zwischen universalistischer Hochkultur und partikularistischer Volkskultur nie aufheben können. Die islamische Glaubensgemeinschaft (Umma) war schon zur Zeit ihrer Herausbildung durch Mohammed in Medina eine Vereinigung von Stämmen. Die zur Eroberung gebildeten Heere waren nach Stämmen und Sippen gegliedert (Weber 1922/1972b: 746). Das islamische Recht hat keine Begriffe für Korporationen jenseits von Stammesorganisationen entwickelt (Schacht 1935: 236; zit. bei Schluchter 1988, Bd. II: 355-356). Die Gelehrten bildeten stets eine vom Volk abgehobene Schicht, die in der arabischen Hochsprache kommuniziert und so eine universalistische Gesetzesreligion gestaltet hat. Das einfache Volk blieb dagegen den lokalen Sprachen und Kulten verhaftet. Dazwischen stehen die Herrscher, die den Dienst der Gelehrten für sich in Anspruch genommen und für eine von oben oktroyierte staatliche Einheit gesorgt haben. Dieser staatlichen Einheit fehlt jedoch die Verwurzelung nach unten und die Fähigkeit zur Integration in eine übergreifende Staatengemeinschaft nach oben. Die Instrumentalisierung des Islams für einzelstaatliche Herrschaftsansprüche behindert dessen Nutzung für die Herausbildung übergreifender Staatengemeinschaften (vgl. Gellner 1991: 116-132).

Konfuzianismus, Hinduismus und Buddhismus sind von ihrem Ursprung her Intellektuellenreligionen, welche die Ahnenkulte der Masse der Bevölkerung nicht völlig beseitigt haben (Weber 1920/1972a: 373-395, 1920/1972b: 51-57; Eisenstadt 1991: 56-63). Diese Ahnenkulte stärken die Familiensolidarität und wirken der Bildung von gruppenübergreifenden Solidaritäten entgegen. In weiten Teilen Asiens verhindert dieser Partikularismus die Schaffung eines normativen Unterbaus für den großräumigen Wirtschaftsverkehr. Trotzdem darf das gruppenübergreifende, universalistische Potential der asiatischen Weltreligionen nicht unterschätzt werden. Den Beweis dafür liefert vor allem Japan (Wendt 1980, Maruyama 1978, Fukutake 1982, Hendry 1989, Eisenstadt 1989, Laumer 1990, Herold 1990). Dort hat die Entwicklung des Nationalstaats mit einer nationalen Führungsschicht, die dem Ganzen verantwortlich ist, auf der Basis der asiatischen Religiosität einen gruppenübergreifenden Kollektivgeist geschaffen, dem alle Teilgruppen der Gesellschaft zu dienen haben. Hier ist die Gesellschaft in der Tat nicht wie im Westen auf der Vereinigung einzelner Bürger aufgebaut, sondern auf der hierarchischen Anordnung von Gruppen, in die der einzelne eingefügt ist: Familie, Wirtschaftsbetrieb, Staat.

Japan hat etwa zur selben Zeit, in der sich in Westeuropa die Nationalstaaten als größere politische Einheiten formierten und die Zersplitterung in rivalisierende Fürstenhäuser überwanden, im Gefolge der Ausscheidungskämpfe der Kriegerhäuser eine ähnliche nationale Einheit und Geschlossenheit erreicht. Aus den Ausscheidungskämpfen ging die 1603 errichtete Tokugawa-Dynastie hervor, die Japan bis zur Meiji-Restauration im Jahre 1868 beherrschte. In Abwehr der angefangenen Missionierung und Kolonisierung durch den Westen schloß sie das Land bis auf die streng kontrollierte Enklave Nagasaki mit der Insel Deshima, wo Holländer, Koreaner und Chinesen Handel treiben durften, für zweieinhalb Jahrhunderte bis zur Landung des amerikanischen Commodore Perry mit seinen schwarzen Dampfschiffen im Jahre 1853 von der Außenwelt ab. Als die Meiji-Restauration die technisch-industrielle Modernisierung Japans einleitete, geschah dies in einem national äußerst geeinten Land, in dem die Bindung des einzelnen an die Familie nicht – wie in vielen anderen nicht-westlichen Ländern – die tribalistische Abgrenzung von Solidaritäten bedeutet, sondern nichts anderes als die Vorstufe zur Bindung an die jeweils nächst höhere Einheit, an den Betrieb, für den man arbeitet, und darüber stehend an den Staat, dem man zur Loyalität verpflichtet ist. Die Erhaltung der Gruppe als primäre Einheit der Gesellschaft im Unterschied zur westlichen Inthronisierung des Individuums als Grundeinheit läßt die Gesellschaft so nicht in den entwicklungshemmenden Gruppenpartikularismus und Tribalismus zerfallen, sondern fügt die Gruppen in einem hierarchischen Aufbau in die gemeinsame Entwicklung des ganzen Landes als kollektive Einheit ein (Bornschier 1988: 348-366).

Die innere Geschlossenheit Japans beruht historisch auf der Zentralisierung durch die Tokugawa-Dynastie, auf der Behauptung gegen westliche Kolonisierung und auf dem Kampf gegen äußere Konkurrenten, zuerst militärisch um die Hegemonie im südostpazifischen Raum, dann nach der Niederlage im Zweiten Weltkrieg ökonomisch um wirtschaftliche Anteile am Weltmarkt (Steven 1990). So hat sich in Japan ein äußerst starker Kollektivgeist entwickelt, der alle in gleicher Weise auf die selbstlose Aufopferung für die technisch-industrielle Entwicklung des Landes einschwört. Die Suche nach den kulturellen Grundlagen des japanischen Aufstiegs zur technisch-industriellen Supermacht muß auf diesen Kollektivgeist zielen, in dem konfuzianische, buddhistische und shintoistische Elemente in neuer Weise zusammengefügt wurden (Bellah 1957, Hayashi 1988). Dieser Kollektivgeist ist außerdem über Jahrhunderte durch die Bushido-Ethik des Samuraistandes auf die Pflichterfüllung für Land und Herr, die Behauptung gegen äußere Feinde und die Eroberung von Land zur Erweiterung der schmalen Lebensgrundlagen ausgerichtet worden. Als Kriegerstand bildeten die Samurai eine völlig andersgeartete Trägerschicht der japanischen Kultur als etwa die Literatenbeamten in China oder die Brahmanen in Indien. Demgemäß brachten sie eine vollkommen andere Umsetzung insbesondere des Konfuzianismus in praktische Lebensführung hervor (Bellah 1957: 90-98).

Unterhalb des herrschenden Kollektivgeistes kann sich Japan ohne weiteres eine große Vielfalt religiöser Kulte ohne Gefahr der inneren Zersplitterung leisten. Die Religion ist gegenüber dem Staatskult als Grundlage der Identitätsbildung und Vereinigung zurückgetreten. Religion wird einerseits – wie in der Form des Shintoismus – für den Staatskult instrumentalisiert, andererseits als privater Kult dem Staatskult untergeordnet. Neben dem Staatskult gibt es keine Kulte mit Ausschließlichkeitsanspruch. So ist für den Japaner die gleichzeitige Teilnahme an mehreren Kulten durchaus nicht ungewöhnlich. Konfuzianismus, Buddhismus, Christentum und Shintoismus können nebeneinander bestehen, weil sie von der identitäts- und solidaritätsstiftenden Kraft des Staates eingerahmt werden und auf die allgemeine Sinnstiftung für jeden Menschen, unabhängig von seiner Herkunft, eingestellt sind. Ihr universalistisches Potential wird so staatstragend eingesetzt. Dies ist die japanische Form der Religionsfreiheit. Sie impliziert in gleicher Weise wie die in den Gesellschaften des Westens geltende Religionsfreiheit, daß die Religion nicht mehr als Abgrenzungskriterium von Identität, Solidarität und Moral wirkt, sondern Menschen unterschiedlicher Religion in einem Gemeinwesen durch eine religionsübergreifende Identität, Solidarität und Moral zusammengehalten werden. Zugleich wird das universalistische Potential der Religionen durch ihre Loslösung von Gruppenzugehörigkeiten freigesetzt (Kato 1973/1988, Murakami 1980).

Im Westen ist diese Entwicklung über das Christentum hinaus durch die Aufklärung und die Herausbildung der Nationalstaaten vorangetrieben worden. Darüber hinaus haben die europäischen Nationalstaaten im Anschluß an das römische Recht über Jahrhunderte ein Rechtssystem geschaffen, das an die Stelle partikularistischer Loyalitäten eine gruppenübergreifende Rechtsgleichheit und Rechtssicherheit gesetzt hat. Diese Entwicklung ist ohne die Etablierung eines unabhängigen Juristenstandes nicht denkbar. Auf dem europäischen Kontinent hat dies eine an den Universitäten geschulte Profession von Rechtsgelehrten mit der Entwicklung des Kodifikationsrechts getan, in England eine Profession von Rechtspraktikern mit Hilfe des *Common Law*. Die Übertragung solcher Rechtssysteme in Entwicklungsländer führt indessen zu deren partikularistischer Aushöhlung, weil das formale Recht zu partikularistischen Zwecken mißbraucht wird.

Eine auf Wachstum und Umgestaltung ausgerichtete Entwicklung der Gesellschaft braucht eine aktive Führungsschicht, die in der Lage ist, die ganze Bevölkerung für das Projekt der Entwicklung zu mobilisieren. In den ersten Industrieländern hat der Aufstieg des Bürgertums eine solche Führungsschicht an die Spitze der Gesellschaft gebracht. Die Aristokratie bezog ihr Prestige aus Tradition, ererbtem Besitz und luxuriösem Lebensstil. Sie ließ die Bevölkerung für sich arbeiten, für die wiederum Arbeit lediglich ein Zwang ohne Aussicht auf ein besseres Leben war. Zwischen Reich und Arm war der Trennungsstrich für immer gezogen. Diese traditionale Ständegesellschaft konnte keine auf Wachstum und Umgestaltung ausgerichtete Dynamik entfalten. Sie war gottgewollt, so wie sie existierte. Ganz anders die bürgerliche Gesellschaft: Das Bürgertum hat das Modell »Wohlstand durch Arbeit« zum allgemein gültigen Modell für die ganze Gesellschaft gemacht und so die ganze Bevölkerung in ein auf »Fortschritt« ausgerichtetes kollektives Unternehmen hineingezogen. Die Arbeiterbewegung hat dieses Modell nur weiter fortgeschrieben und noch weiter in die Gesellschaft hineingetragen. Sie hat darauf hingearbeitet, daß Schritt für Schritt die Hindernisse auf dem Wege zu dem Ziel »Wohlstand für alle« weggeräumt wurden. Das Ziel sollte wirklich für alle Schichten der Gesellschaft erreichbar sein. Der Staat hat vor allem durch die breitere Einschleusung der Bevölkerung in eine länger andauernde Bildung für die notwendige Qualifikation gesorgt. Auch die ständige Erweiterung der Gleichheitsrechte hatte diese Wirkung. Die wachsende Gleichstellung von Männern und Frauen bedeutet ja auch, daß die Frauen umfassender in den Arbeitsprozeß der Wirtschaft eingegliedert werden und der Wettbewerb um die Arbeitsplätze verschärft wird.

In den Entwicklungsländern haben die Eliten diese gesellschaftliche Führungsrolle nicht in ausreichendem Maße übernommen, und sie haben die Masse der Bevölkerung nicht in vergleichbarer Weise in ein Projekt »Wohlstand für alle« einbezogen. Die Elite führt noch überwiegend das Leben einer feudalen Aristokratie, die andere die Arbeit verrichten läßt, um selbst gut zu leben. Zwischen Elite und Masse besteht kein Führungsverhältnis in einem gemeinsamen Unternehmen, sondern ein Ausbeutungsverhältnis, das den Massen nicht die Aussicht vermittelt, für ein besseres Leben zu arbeiten. Für die Masse der Bevölkerung ist Arbeit kein Mittel, um zu Wohlstand zu kommen, sondern eine Notwendigkeit des bloßen Überlebens. So existieren wenig Impulse für aktives Aufstiegsstreben und entsprechend wenig Kreativität und Innovation, da diese nur aus solchem Erfolgsstreben resultieren können. Die ganze Gesellschaft bleibt dem Traditionalismus verhaftet. In dieser traditionalistischen Kultur kann die Masse der Bevölkerung nicht durch Arbeit zu Wohlstand gelangen. Paradoxerweise ist eine große Familie das einzige Zeichen von Wohlstand. Viele Kinder zu haben, bietet die scheinbare Sicherheit, durch möglichst viele arbeitsfähige Familienmitglieder versorgt werden zu können. Der Mann gründet sein Prestige auf seine bewiesene Zeugungskraft, die Frau auf bewiesene Gebärfähigkeit. Zusammen mit der von den Industrieländern eingeführten verbesserten medizinischen Hilfe und den Nahrungsmittellieferungen in extremen Notlagen entsteht daraus das exorbitante Bevölkerungswachstum in der Dritten Welt. Die Hoffnung wird jetzt auf eine verbesserte Geburtenkontrolle und die Einwilligung der katholischen Kirche in dieses Programm gesetzt. Dabei erhofft man sich auch von der Gleichstellung der Frau positive Effekte. Das ist allerdings leichter gesagt als getan, weil die formal-rechtliche Gleichstellung der Frau in einer traditionalen, auf Ungleichheit aufgebauten Kultur an den materialen Verhältnissen nicht viel ändern kann.

Auch die Einführung formal-demokratischer Verfassungen hat ihre traditionalistische und partikularistische Umdeutung nicht verhindern können. Demokratien sind ebenso auf offenen Wettbewerb und Zusammenarbeit über die Grenzen von Herkunftsgruppen hinweg angewiesen wie der großräumige Wirtschaftsverkehr. Sie benötigen einen Unterbau von Verbänden, Vereinigungen und Parteien, die untereinander konkurrieren, aber auch in der politischen Gestaltung der Gesellschaft zusammenarbeiten und die Bevölkerung unmittelbar und/oder mittelbar durch Stellvertretung in die Entscheidungsprozesse einbinden. In den Entwicklungsländern setzt sich jedoch auch im politischen Handeln der Gruppenpartikularismus durch. Das Handeln von Regierung, Parlament, Parteien, Verwaltung und Justiz wird durch die Gesetze partikularistischer Gruppenloyalität und -solidarität und traditionaler Herrschaftsausübung auf der Basis angestammter Privilegien bestimmt. Ethnische Mehrheiten instrumentalisieren formal-demokratische Systeme zur Beherrschung ethnischer Minderheiten. Das Verwaltungshandeln wird durch partikularistische Begünstigungen beherrscht. Die Herrschaft des Gesetzes gibt es kaum, sie wird in der Regel durch die persönliche Befehlsausübung von Verwaltungschefs nach deren Willkür unterlaufen. Die kleinen Verwaltungsbeamten können nicht in eigener Verantwortung Gesetze ausführen. Die Bearbeitung von Anträgen dauert deshalb extrem lange, und sie ist unberechenbar, weil viel von der persönlichen Gunst des Verwaltungschefs abhängt. Die Justiz arbeitet nicht anders. Sie legt nicht formales Recht aus, sondern entscheidet nach partikularistischen Loyalitäten und persönlicher Gunst. Wer in einem solchen System Erfolg haben will, muß auf Bestechung zurückgreifen, die deshalb das einzig wirksame Mittel ist, das den Entscheidungsprozeß in Regierung, Parlament, Verwaltung und Justiz in Gang hält. Bestechung ist indessen immer zugleich eine Täuschung der Mitkonkurrenten, woraus ein grundsätzliches Mißtrauen gegenüber jedem entsteht, der nicht zur eigenen Gruppe gehört. Es entwickelt sich ein Teufelskreis von Gruppenpartikularismus, Bestechung, Täuschung, Mißtrauen und dadurch wieder gestärktem Gruppenpartikularismus.

Die Einführung von Demokratie in solche Gesellschaften bewirkt oft genau das Gegenteil ihrer Zwecksetzung. Demokratie verstehen wir als offene, aber friedliche Konfliktaustragung. Wird sie jedoch in ein System des Gruppenpartikularismus eingepflanzt, heizt die offene Konfliktaustragung die Gegensätze zwischen den Familienklans, Stämmen oder Ethnien nur an und führt immer wieder zur kriegerischen Auseinandersetzung. Die Stammesverbände formieren sich nahtlos zu politischen Parteien. Das gilt ganz besonders in Afrika. Nehmen wir Somalia als Beispiel: Hier hat sich der Haawiye-Stammesverband zum United Somali Congress (USC) zusammengeschlossen, die Isaaq bilden das Somali National Movement (SNM), die Absami das Somali People's Movement (SPM), die Majarteen die Somali Salvation Democratic Front (SSDF), die Ciise die United Somali Front (USF), die Godabürsay die Somali Democratic Alliance (SDA). Unter diesen Bedingungen wird der demokratisch gedachte Wettstreit der Parteien als blutiger Kampf zwischen Stämmen ausgetragen (Schatten 1992). Der Tribalismus setzt sich als Grundstruktur der Gesellschaft auch in den »modernisierten« politischen Institutionen durch und unterwirft die Demokratie seinen eigenen Gesetzen (Mombeshora 1990). Was unter rein traditional-autoritärer Herrschaft als latenter Konflikt schlummert, wird jetzt offen ausgefochten. Demokratie bringt dann nicht inneren Frieden, sondern Bürgerkrieg. So gibt es neben dem Teufelskreis der Täuschung und Bestechung auch einen Teufelskreis der Gewalt, weil Gewalt stets neue Gewalt nach sich zieht. Der Hobbessche Naturzustand von Täuschung und Gewalt ist allgegenwärtig, weil keine gruppenübergreifende Solidarität, Loyalität und Identität existiert (vgl. Horowitz 1985, Waldmann und Elwert 1989, Dittrich und Radtke 1990, Scheffler 1991).

Der Gruppenpartikularismus ist nicht in allen Entwicklungsländern in so extremer Form anzutreffen wie im südlichen Afrika. In weniger extremen Formen ist er jedoch überall ein Entwicklungshemmnis und eine Ursache politischer Instabilität. Er erschwert die in einer entwickelten Wirtschaft und Politik erforderliche gruppenübergreifende Zusammenarbeit. Unter diesen Bedingungen kann das Militär zum vorherrschenden Ordnungsfaktor in der Gesellschaft werden. Das ist insbesondere in Lateinamerika geschehen (Finer 1962, Huntington 1968, Nuscheler 1986, Maihold 1990). In der Militärdiktatur übt das Militär die Herrschaft unmittelbar aus, in der Demokratie mittelbar, weil die Regierungen meist nicht über ausreichendes politisches Kapital in Form von Legitimation, breiter Unterstützung und Geld verfügen, deshalb schwach sind und leicht zum Spielball von Interessengruppen werden. So können demokratische Regierungen meist nur so lange existieren, wie sie das Militär gewähren läßt und die Interessengruppen sowie Parteien aus Furcht vor der unmittelbaren Militärherrschaft zu wechselseitigen Zugeständnissen bereit sind (vgl. Maihold 1990).

Ein Heraustreten aus diesem Teufelskreis ist jedoch eine unabdingbare Voraussetzung für das Mithalten der Entwicklungsländer im gnadenlosen Konkurrenzkampf des Weltsystems. Für die meisten dieser Gesellschaften wird der Weg der westlichen Industriegesellschaften nicht gangbar sein. Das japanische Modell einer partiellen Modernisierung durch die nationale Stärkung des Kollektivgeistes, der die Gruppen auf ein gemeinsames Unternehmen eingeschworen hat, ist für sie eher greifbar. Dabei ist jedoch gleich zu Bedenken zu geben, daß sich dieser Kollektivgeist historisch gerade auch Japans militärischem Expansionsbestreben und seiner Konfrontation mit Gegnern verdankt. Dieser japanische Kollektivgeist wird heute nicht mehr durch militärische Eroberungspolitik gestärkt, dafür jedoch durch eine ebenso konsequente wirtschaftliche Eroberungspolitik. Auf die Stärkung des Kollektivgeistes der Entwicklungsländer übertragen, würde daraus eine erhebliche Steigerung der Häufigkeit und Intensität gewaltsamer Auseinandersetzungen entstehen. Die innerstaatlichen Kriege zwischen ethnischen Gruppen würden schrittweise durch zwischenstaatliche Kriege abgelöst werden. Nicht anders haben auch die westlichen Nationalstaaten ihre innere Befriedung im Zuge äußerer Konfliktaustragung zustande gebracht. Wir schauen heute mit Entsetzen auf die exorbitant gestiegene Zahl von Krisenherden und Kriegen in den Regionen der Dritten Welt. Wurden 1945 weltweit 5 bewaffnete Konflikte gezählt, waren es 1970 schon 20 und 1990 über 50. Eine aktuelle Zählung der Arbeitsgemeinschaft Kriegsursachenforschung der Universität Hamburg kommt im April 1993 auf insgesamt 53 bewaffnete Konflikte (*SPIEGEL* 1993g: 25). Nimmt man die Verschuldung und die empfangene Entwicklungshilfe der Entwicklungsländer als Indikatoren für ihr Modernisierungsbestreben, mit dem sich die Konflikte mehren, dann folgte seit Anfang der siebziger Jahre einer Verzehnfachung ihres Schuldenstandes und einer Verfünffachung der erhaltenen Entwicklungshilfe eine Steigerung der Zahl kriegerischer Auseinandersetzungen auf das Zweieinhalbfache (Anhang: Abb. 8). Wir vergessen in unserem Entsetzen allerdings, daß unsere Entwicklung in dieser Hinsicht nicht anders verlaufen ist. Die großräumige Befriedung der Lebensverhältnisse innerhalb der Nationalstaaten und das Entstehen einer über partikulare Gruppengrenzen hinausreichenden nationalen Identität verdanken wir auch den Kriegen, die zur Herausbildung des Systems der europäischen Nationalstaaten geführt haben. Die Geschichte dieser Kriege ist erst seit 1945 zu Ende. Jetzt verlangen wir gewissermaßen von unserer höheren Warte »zivilisierter« Menschen, daß die Entwicklungsländer in einem großen Zivilisationssprung gleich über Jahrhunderte hinwegspringen. Der wohlmeinende Rat, aus unserer Geschichte zu lernen, daß der Nationalismus eine Fehlentwicklung sei, hilft diesen Ländern nicht über die Gesetzmäßigkeiten der gesellschaftlichen Entwicklung hinweg. Ohne die Zwischenstufe des Nationalismus und seiner Beseitigung von regionalem und ethnischem Partikularismus könnten wir heute nicht an der noch großräumigeren europäischen Identität basteln. Wir sollten soviel geschichtlichen Realitätssinn haben, um zu wissen, daß Gutes nicht nur Gutes zur Voraussetzung hat und auch nicht nur Gutes erzeugt, sondern Gutes auch auf Schlechtem gründet und Schlechtes gebiert. Die Realität der Gesellschaft ist komplizierter, als wir sie uns wünschen.

Realität ist aber auch, daß sich die Entwicklungsländer in einer anderen weltpolitischen Situation befinden als die ersten westeuropäischen Nationalstaaten. Die Entwicklungsländer waren zuerst Eroberungsgebiete des westlichen Kolonialismus, dann Schauplatz der Verteilungskämpfe zwischen Ost und West, nach deren Ende der Blick auf ihre hausgemachten inneren und äußeren Kämpfe frei wird. Sie werden jedoch kaum die Chance haben, selbständig aus ihren Kämpfen eine eigene Ordnung hervorzubringen. Die weltweite Sicherheitspolitik der Industrieländer wird zunehmend darauf ausgerichtet werden, mit Hilfe von Aufträgen der Vereinten Nationen durch Eingreiftruppen kriegerische Auseinandersetzungen in der Dritten Welt unter Kontrolle zu halten. Da sich im Falle ethnischer Konflikte mit entsprechenden Separationsbewegungen die Grenzen zwischen internen und internationalen Angelegenheiten verwischen, dabei häufig das Selbstbestimmungsrecht der Völker verletzt wird und weiterhin das Gebot der humanitären Hilfe auch den Schutz durch Eingreiftruppen erzwingt, werden die Vereinten Nationen zunehmend von ihrer bisherigen Politik der unantastbaren Souveränität der Einzelstaaten abrücken müssen. Sie werden dies um so mehr tun, je mehr das Souveränitätsrecht von den jeweils Herrschenden zur Unterdrückung von Minderheiten mißbraucht wird und je mehr die Weltöffentlichkeit darauf mit Empörung reagiert.

Die Vereinten Nationen befinden sich auf dem Wege zu einer aktiven Friedenssicherungspolitik. Seit ihrer Gründung im Jahre 1945 haben sie bis 1988 insgesamt nur 13 Einsätze zur Friedenssicherung durchgeführt. Seitdem haben sie innerhalb von nur vier Jahren schon 14 weitere Einsätze organisiert (Kühne 1993: 10). Im April 1992 waren 14 UN-Missionen im Gange (*SPIEGEL* 1993g: 19). Die Befriedung von außen wird jedoch die Gruppenkämpfe nicht dauerhaft entscheiden können. Die Konflike werden weiter schwelen und immer wieder aufflackern. Es kommt bei kurzfristigen militärischen Aktionen keine eigenständige inner- und zwischenstaatliche Ordnung in diesen Regionen zustande, sondern nur eine von außen oktroyierte, innerlich instabile Ordnung, die nicht die inneren Voraussetzungen der Zusammenarbeit schaffen kann. Deshalb werden die Vereinten Nationen nicht daran vorbeikommen, durch langfristige Befriedungsprogramme mit dauerhafter Anwesenheit vor Ort und Einsetzen von Mediatoren zur Vermittlung zwischen den verfeindeten Gruppen Lernprozesse in Gang zu setzen und die Herausbildung stabiler äußerer und innerer Ordnungen zu fördern. In der zusammengewachsenen Weltgesellschaft existiert kein Freiraum für die spontane Entwicklung von Ordnungen durch das Ausfechten kriegerischer Konflikte.

An dieser Stelle drängt sich die Frage auf, ob die islamische Bewegung oder eine panarabische Bewegung in Teilen der Dritten Welt durch die Konfrontation mit dem Westen für eine den Partikularismus sprengende Einheit sorgen könnte. Saddam Hussein hat mit seiner Herausforderung des Westens im Golfkrieg von 1991 darauf gesetzt. Die militärische Überlegenheit der westlichen Allianz mit den Ölscheichen von Kuwait und Saudi Arabien hat ihm jedoch keine Chance gelassen. Die inneren Gegensätze innerhalb der islamischen und arabischen Welt sind außerdem zu groß, um eine solche Entwicklung zu erlauben, zumal die Religion des Islams aufgrund ihrer ethnischen und nationalstaatlichen Zersplitterung eher den Gruppenpartikularismus verstärkt, als daß sie ihn überwindet.

Werden die Entwicklungsländer jedoch den neueren Weg Japans beschreiten können und ihre Einbindung der Gruppen in einen übergreifenden Kollektivgeist auf die wirtschaftliche Eroberung von Anteilen am Weltmarkt stützen können? Es ist wohl die einzige Chance, die ihnen die Industrieländer zugestehen werden. Dazu benötigen sie jedoch eine eigene, national gesinnte Elite, die es fertigbringt, alle gesellschaftlichen Gruppen auf das kollektive Unternehmen der Entwicklung einzuschwören. Die erfolgreicheren unter ihnen werden diesen Weg auch gehen. Die weniger erfolgreichen werden sich in endlosen Gruppenkämpfen zerreiben und auf den Aufbau eines weltweiten Wohlfahrtssystems angewiesen sein, das den im globalen Konkurrenzkampf versagenden ein soziales Netz des minimalen menschenwürdigen Lebens sichert. Es wird erforderlich sein, im Zuge der weiteren Globalisierung des Lebens ein solches Weltwohlfahrtssystem zu entwickeln.

Trotz aller Schwierigkeiten und schlechten Aussichten wird die Entwicklungspolitik in Zukunft eine zentrale Aufgabe der Industrieländer sein, allein schon, um sich vor den weltweiten Folgen der Unterentwicklung in Form von Massenwanderungen, Ausbreitung von Krankheiten, Kriegen und ökologischen Schäden zu schützen. Dabei wird es darauf ankommen, die von außen oktroyierte Befriedung durch innere stabilisierende Maßnahmen zu ergänzen. Von innen kann die soziale Instabilität der Entwicklungsländer nur dadurch vermindert werden, daß der Aufbau von gruppenübergreifenden Vereinigungen und gruppenübergreifender Zusammenarbeit gefördert wird und Entwicklungshilfe sich nicht in der Entsendung von Ingenieuren erschöpft, sondern in viel größerem Umfang als bisher den sozialen und politischen Berater einschließt. Dessen Aufgabe ist es, gruppenübergreifende Netzwerke aufzubauen, aus denen langsam eine auf Zusammenarbeit und Entwicklung ausgerichtete kollektive Identität hervorgeht. Entwicklungshelfer müssen als Mediatoren zwischen den verfeindeten ethnischen Gruppen vermitteln. Die Einrichtung von Mediationsverfahren wird eine wichtige Rolle spielen. Man wird dabei indessen einen langen Atem haben müssen (siehe die Beiträge in Montville 1990, daselbst insbesondere Zartman 1990). Stabile soziale und politische Verhältnisse sind eine Voraussetzung für ökonomischen Erfolg. Dies wird immerhin schon daran deutlich, daß Länder mit stabilen Regierungen weit besser ihre Verschuldung unter Kontrolle halten konnten als Länder mit instabilen Regierungen (Snider 1990).

Bei einer positiven Entwicklung wäre zu erwarten, daß sich langfristig weltweit in ähnlicher Weise wie in den Nationalstaaten des reichen Zentrums zuvor eine Zweidrittel-, Dreiviertel- oder Vierfünftelgesellschaft herausbildet. Die Dynamik des Wettbewerbs auf dem Weltmarkt verleiht den reichen Industrieländern gewisse Startvorteile. Wenn sie diese wegen innerer Fehlentwicklungen nicht zu nutzen verstehen, können sie jedoch mittelfristig sehr wohl in die Mittelklasse semiperipherer Länder zurückfallen. Aufstiegsorientierte Länder können dagegen von unten in die Semiperipherie aufsteigen und von dort sogar in das Zentrum. Der Aufstieg Japans zur wirtschaftlichen Supermacht hat gezeigt, in wie kurzer Zeit solche Veränderungen im Weltsystem eintreten können. Ohne den Vorrang der Geoökonomie vor der Geopolitik des militärischen Kräfteverhältnisses wäre eine solch rasante Veränderung der Weltlage binnen zweier Jahrzehnte nicht möglich gewesen. Die vier kleinen südostasiatischen Tiger – Taiwan, Hongkong, Südkorea und Singapur – sind dabei, den japanischen Weg ins Zentrum der Welt nachzuvollziehen. Zusammen mit Japan und der US-amerikanischen Westküste haben sie das Zentrum des wirtschaftlichen Wachstums der Welt vom Nordatlantik in den Südpazifik verlagert. In diesen exportstarken Vorzeigeländern einer Politik des offenen Weltmarktes hat das japanische Entwicklungsmodell gegriffen. Ein starker Kollektivgeist richtet die kollektiven Anstrengungen unter großer Opferbereitschaft der Bevölkerung auf die Eroberung von Weltmarktanteilen im internationalen wirtschaftlichen Wettbewerb.

Das Ende des Ost-West-Konflikts hat endgültig den Vorrang der Geoökonomie über die Geopolitik gebracht. Die Nachfolgestaaten der Sowjetunion sind nahezu von einem Tag auf den anderen aus dem zweipoligen geopolitischen Zentrum in die Peripherie des geoökonomischen Zeitalters abgestürzt. Daß einige von ihnen das Atomwaffenarsenal der Sowjetunion verwalten, ist ein makabres Relikt der Ost-West-Geopolitik, dessen Kontrolle im Rahmen einer neuen Sicherheitspolitik zu gewährleisten ist. Auch die USA haben ihre eindeutige Vormachtstellung verloren, weil die militärische Überlegenheit in einer Welt, in der die wirtschaftliche Potenz den Rangplatz bestimmt, keinen absoluten Wert mehr besitzt. Sie müssen sich jetzt den Platz im Zentrum der Welt mit Japan und der Europäischen Gemeinschaft teilen. Im Unterschied zur Geopolitik vergangener Zeiten erzeugt die Geoökonomie einen unablässigen Druck auf die Staaten, sich gegen die allgegenwärtige Konkurrenz zu behaupten. Über die Position im neuen Weltsystem entscheiden nicht mehr militärische Eroberungen und Niederlagen, sondern wirtschaftliche Erfolge und Mißerfolge, die wegen der Dynamik des Marktes schneller kommen und gehen als territoriale Besitztümer, wie eben Kapital ein beweglicherer Produktionsfaktor ist als Boden. Die Rasanz der technologischen Entwicklung läßt die vorhandenen Waffen in diesem Kampf sehr schnell veralten. Deshalb wird es in diesem dynamischen Weltsystem neben der Stabilität aus der ungleichen Verteilung von Startvorteilen und -nachteilen kleinere und größere Veränderungen, Auf- und Abstiege in relativ rascher Abfolge geben (Friedman 1982, Wolff 1992).

Es ist durchaus möglich, daß noch andere Länder mit ähnlichen

Voraussetzungen wie die kleinen südostasiatischen Tiger einen Sprung nach oben machen. Es mag sich langfristig eine breite Mittelklasse halbentwickelter semiperipherer Staaten herausschälen, die sich von der Peripherie der aus klimatischen und/oder soziokulturellen Gründen nicht entwicklungsfähigen und von der wirtschaftlichen Konkurrenz an den Rand gespülten Staaten absetzen (Menzel 1983, 1985, Meyer-Stamer 1986, Brock 1992). Für die letzteren bleibt dann nur die global organisierte Sozialhilfe, um gerade überleben zu können. Einige Länder – wie die Erdölstaaten des Nahen Ostens – können aufgrund ihrer Rohstoffvorkommen für die Zeit ausreichender Vorräte eine bessere Position einnehmen, andere – wie z. B. Mexiko und Brasilien – können mit binnenmarktorientierter Industrialisierung nach Überwindung ihrer Verschuldungskrise wieder Tritt fassen. Für die jetzt ärmsten Länder – z. B. die afrikanischen Staaten südlich der Sahara oder Bangladesh – bestehen kaum Aussichten, ihre Lage zu verbessern. Am schwersten werden es angesichts der verschärften Weltmarktkonkurrenz diejenigen Länder haben, in denen mehrere der vorhin diskutierten entwicklungshemmenden Faktoren zusammentreffen: Armut an Rohstoffen und an nutzbaren Agrarflächen, Zersplitterung in einander bekämpfende Stammesgruppen, parasitäre, dem Ganzen nicht verantwortliche Führungselite, Fehlen einer universalistischen Religion. Länder, in denen diese Faktoren zusammenkommen, werden auf die internationale Sozialhilfe angewiesen sein.

5. Kultur

Der Herausbildung einer kulturellen Einheit Europas als Legitimationsgrundlage gemeinsamen Handelns sind durch die historisch gewachsenen Nationalkulturen und ihre alltägliche Bekräftigung durch die nationalen Diskurse in der jeweiligen Nationalsprache klare Grenzen gesetzt. Sie werden durch die politischen Konflikte, die mit dem gesteigerten Regulierungsbedarf auf Gemeinschaftsebene einhergehen, sogar schärfer artikuliert, wodurch sie die politischen Konflikte ihrerseits anheizen. Dennoch entfaltet der EG-Binnenmarkt zusammen mit der geoökonomischen und geopolitischen Lage Kräfte, die auf eine Veränderung der europäischen Kulturen hinwirken und neue kulturelle Probleme schaffen.

Das Zusammenwachsen Europas und der ganzen Welt läßt nicht nur einen europäischen und globalen Wirtschaftsraum und entsprechende großräumige politische Einheiten und Solidaritätsnetzwerke entstehen, sondern auch einen einheitlichen europäischen und globalen Kulturraum. Das bedeutet zunächst einmal, daß die Werte der europäischen Kultur eine um so großräumigere Geltung haben und immer mehr Menschen in den Genuß der Rechte kommen, die wir garantiert sehen möchten. Die Bürger- und Menschenrechte haben eine sicherere und breitere Geltung, je mehr Europa eine Kultureinheit bildet und darüber hinaus aus seiner gestärkten Stellung in Zusammenarbeit und Wettbewerb mit den USA und Japan seine Kultur noch durchschlagender als zuvor in der ganzen Welt verbreiten kann. Das ist die eine Seite der Entwicklung. Auf der anderen Seite zerstört sie aber auch die kulturelle Artenvielfalt in Europa und in der ganzen Welt. Kultur wird außerdem immer mehr von den Gesetzmäßigkeiten eines europaweiten und darüber hinaus globalen Kulturmarktes bestimmt. Wir leben schließlich zunehmend in einer multikulturellen Gesellschaft, dies jedoch unter der Vorherrschaft einer universalistischen Einheitskultur.

5.1 Die Dialektik von Fremdbestimmung und Selbstbestimmung

Kultur wird in immer größeren Dimensionen tradiert, erneuert und neu geschaffen, in Religion, Moral, Wissenschaft, Literatur, Theater, bildender Kunst, Musik, Film und Unterhaltung. Die Produktion und Reproduktion von Kultur befreit sich von lokalen Beschränkungen und wird zu einer europaweiten und globalen gemeinsamen Sache. Diese Entwicklung äußert sich schon in der stetig wachsenden grenzüberschreitenden Zusammenarbeit von Theologen, Wissenschaftlern, Intellektuellen, Journalisten, Literaten, bildenden Künstlern, Musikern, Theatermachern, Filmemachern und Entertainern. Dadurch findet eine enorme Erweiterung der wechselseitigen Anregung durch überraschende Gedanken statt. Jede einzelne Kulturproduktion kann aus einer größeren Zahl von Ideen schöpfen. An jedem beliebigen Ort steht eine größere Vielfalt von Kultur zur Betrachtung, Aneignung und Weiterführung zur Verfügung. Jedem einzelnen Bürger bieten sich mehr Kulturstätten zur Bereicherung seiner Bildung an. Kulturproduktion und Kulturkonsum erreichen ein massenhaftes Ausmaß.

Was in den Anfängen der europäischen Kultur des Mittelalters die Sache einer kleinen Elite von Gelehrten und Scholaren war, das europaweite Lernen, Forschen und Lehren, wird nun von einer wachsenden Schar von Austauschschülern, -studenten, -professoren und -wissenschaftlern betrieben und von einer Heerschar von Kulturtouristen quer durch Europa ergänzt. Die Träume eines Erasmus von Rotterdam werden heute vom ERASMUS-Programm zur Förderung des Studentenaustausches verwirklicht. Goethes italienische Reise ist längst schon zur alljährlichen Massenveranstaltung geworden. Dabei gehört es mehr und mehr zum guten Image, sich nicht einfach zum Sonnenbaden dorthin zu begeben, sondern auch die alten Kulturstätten zu besuchen. Der Kulturtourismus verzeichnet immense Zuwachsraten. Der Anteil der Bundesbürger an der Gesamtbevölkerung, die sich mindestens eine Urlaubsreise im Jahr leisteten, ist zwischen 1954 und 1986 von 24 auf 57 Prozent gestiegen. Der Anteil der Bildungsreisen an der gesamten Reisetätigkeit ist dabei von 4 auf 9 Prozent gewachsen (Glatzer et al. 1992: 450, 451). Die europäischen Städte versuchen durch die ständige Erweiterung ihres Kulturprogramms von Jahr zu Jahr mehr Besucher anzulocken. In der Bundesrepublik haben sich die Museen zwischen 1954 und 1989 von 306 auf 3027 zehnfach, die Museumsbesucher von 6 auf 102,205 Millionen nahezu siebzehnfach vermehrt (Glatzer et al. 1992: 460; Statistisches Bundesamt 1992a: 441). Die Verbesserung der Verkehrsverbindungen setzt uns die attraktivsten Kulturereignisse ganz Europas vor die Haustür. Man braucht nur den Jet zu besteigen und ist in ein bis zwei Stunden am Ort des Geschehens.

Die Aneignung von Kultur wird so mehr und mehr ein Teil des Reisens, dagegen weniger ein Teil des einsamen Studierens und des Lebens in der eigenen Gemeinde. Die Zahl von auswärtigen Besuchern bei Kulturveranstaltungen im Verhältnis zu den einheimischen nimmt ständig zu. So verlassen wir endgültig die Enge der kulturellen Provinz und bewegen uns immer selbstverständlicher auf dem europaweiten Parkett großer Kulturereignisse. Der Kulturbürger Europas unserer Tage klebt nicht an ein und demselben Ort, sondern ist ständig auf Reisen und nutzt die Gelegenheit zum Besuch von kulturellen Veranstaltungen in ganz Europa und auch darüber hinaus in der ganzen Welt. Die Wissenschaftler verschanzen sich nicht in ihren Studierstuben oder in ihren Labors. Der Konferenztourismus eröffnet ihnen ständig Gelegenheiten, der Enge der eigenen Fakultät zu entfliehen und sich von einer Vielzahl von Ideen aus den verschiedensten Teilen Europas und der ganzen Welt anregen zu lassen. So entsteht mehr Offenheit für das Neue. Die Kreativität wird durch die ständige Begegnung mit einer Vielfalt von Ideen gefördert. Die Reizung der Kreativität und die gewachsene Offenheit für das Neue beschleunigen den kulturellen Wandel enorm. Erkenntnisse, Entdeckungen, Erfindungen und Schöpfungen kommen schneller ans Tageslicht, breiten sich rascher und großräumiger aus und werden ebenso schneller durch andere Erkenntnisse, Entdeckungen, Erfindungen und Schöpfungen wieder abgelöst. Die Kultur wird in immer rasenderem Tempo einem ständigen Erneuerungsprozeß unterworfen.

Die Erzeugung und Verbreitung von Kultur in Religion, Wissenschaft, Moral, Literatur, Musik und bildender Kunst wird von ihren lokalen Bindungen und Beschränkungen befreit und europaweit bzw. weltweit in einen einheitlichen Zusammenhang gestellt. Die Erzeugnisse der Kultur beziehen sich europa- und weltweit aufeinander, bilden Elemente eines europa- und weltweiten Dialogs. Lernen, Erkennen, Verstehen und schöpferische Tätigkeit stehen so in einem viel weiteren und weiter verzweigten Zusammenhang. Die Dialogpartner sind nicht mehr ortsgebunden. Auch die Bindung an ein lokales Publikum spielt eine immer geringere Rolle. Die kulturellen Erzeugnisse wenden sich an ein ortsungebundenes, vielgereistes und dementsprechend weltoffenes Publikum, das entsprechend weitgefaßte Maßstäbe anlegt. Es vergleicht mit den besten Darbietungen, die man überhaupt vorfinden kann. Die kulturellen Erzeugnisse werden so überall an den höchsten Qualitätsstandards gemessen. Mit dem europa- und weltweiten Dialog geht auch ein europa- und weltweiter kultureller Wettbewerb einher, der nur den besten kulturellen Erzeugnissen eine Überlebenschance gibt. In der Wissenschaft haben lokale Schulen immer weniger Chancen, sich ohne die ständige Erneuerung durch den Kontakt nach außen überhaupt am Leben zu halten, Beachtung, Unterstützung und Nachwuchs zu finden. Dasselbe gilt für Musik, bildende Kunst, Theater oder Literatur. Was sich europa- und weltweit nicht behaupten kann, das hat auch beim lokalen Publikum kaum eine Chance. Dazu tragen die Mobilität der Bevölkerung und der damit verbundene Kulturtourismus, die Mobilität der Kulturproduzenten mit ihren Tourneen und die Verbreitung der Kultur durch das Fernsehen bei. In der Bundesrepublik ist zwischen 1950 und 1984 eine Steigerung des gesamten Passagiertransports von jährlich 110 auf 570 Millionen Passagierkilometer zu verzeichnen, davon beim Automobilverkehr von 25 auf 480 Millionen. Die Freizeit pro Arbeitstag ist zwischen 1964 und 1980 von 5:41 auf 7:29 Stunden gestiegen. Die Zahl gemeldeter Fernsehgeräte ist zwischen 1954 und 1987 von 84 000 auf 23,387 Millionen gewachsen, die tägliche Sendezeit der ARD von 5 auf 9, diejenige des ZDF von 5 auf 10 Stunden. Nach Zulassung des privaten Fernsehens hat sich die Zahl der Programme vervielfacht, die Sendezeiten sind exorbitant ausgedehnt worden. SAT 1 und RTL plus hatten ihre Sendezeit 1988 schon auf über 18 Stunden täglich gesteigert (Glatzer et al. 1992: 314, 414, 419, 461). Die Vereinigten Staaten zeigen an, in welche Richtung die Entwicklung verläuft. Die Zahl von Fernsehstationen hat sich zwischen 1961 und 1984 von 56 auf 303 vermehrt, die Zahl der wöchentlichen Sendestunden aller Programme von 2200 auf 32 300 (Caplow et al. 1991: 316).

Haben die Regional- und Lokalkulturen angesichts dieser Entwicklung überhaupt noch eine Überlebenschance, oder bekommen wir eine zwar hohen Standards genügende, aber europa- und weltweite Einheitskultur? Die Optimisten beantworten diese Frage in der Regel mit dem Hinweis auf die seit einigen Jahren zu beobachtende Wiederbelebung regionaler und lokaler Kulturen, die sich z. B. in der Pflege von regionalen und lokalen Mundarten in Musik, Theater, Kabarett oder Karneval äußert sowie in der wissenschaftlichen Beschäftigung mit regionaler und lokaler Geschichte. Dazu gehört auch die zunehmende Einrichtung lokaler Museen. Die Regionalisten erhoffen sich vom Zusammenwachsen Europas als Gegenreaktion die Schärfung des Bewußtseins für regionale und lokale Identität. In der Tat sind solche Gegenreaktionen auch zu beobachten. Die Furcht vor der Bestimmung von außen führt regionale und lokale Gruppen in dem Interesse zusammen, die eigene Identität durch die Pflege von Sprache und kultureller Tradition zu bewahren. Eine optimistische Beurteilung der Lage gibt der regionalen Selbstbestimmung und Identitätswahrung im größeren Europa auch bessere Überlebenschancen als im Rahmen der Vorherrschaft des Nationalstaates, der seine Regionen mit festerem Band enger umschließt. Für die Katalanen, Basken oder Waliser könnte das größere, aber auch weiter entfernte Europa eine Chance sein, sich ein wenig der Herrschaft Madrids bzw. Londons zu entziehen. Im großen Verbund brauchen die Regionen nicht mehr unbedingt die enge Zusammenarbeit mit den nationalen Genossen, sie können auf die Unterstützung der größeren Gemeinschaft bauen und auch die größere Gemeinschaft als Adressaten ihrer eigenen Erzeugnisse gewinnen.

In der Tat hat die EG mit Hilfe des Fonds für regionale Entwicklung seit 1979 und durch weitere Reformen in den Jahren 1984 und 1989 mehr regionalpolitische Kompetenzen übernommen und diese gleichzeitig den Einzelstaaten entrissen. Stellt die EG eine mangelnde Förderungswürdigkeit einer Region fest, dann verknüpft sich damit das Verbot nationaler Ausgleichshilfen. Damit werden den nationalen Regierungen regionalpolitisch die Hände gebunden, wogegen sich wieder die Einzelstaaten zu wehren versuchen. So kritisiert der ehemalige nordrhein-westfälische Wirtschaftsminister Reimut Jochimsen: »Die Beihilfenkontrolle der EG wirkt sich (...) mehr und mehr als Hemmschuh für die

Regionalförderung aus. Sie darf nicht dazu führen, daß eine eigene Strukturpolitik der Mitgliedsstaaten unmöglich gemacht wird.« (Jochimsen 1990: 275; dazu auch Kommission der EG 1988). Die größere Gemeinschaft Europas befreit die kleineren Regionen von der Vormundschaft des Nationalstaates und bietet ihnen durch die Gewährung von Sicherheit, Unterstützung und wirtschaftlichen Absatzchancen in einem größeren Rahmen mehr Spielraum für die Entfaltung der eigenen kulturellen Identität. Die Beziehung zu den vielen anderen Mitgliedern der größeren Gemeinschaft macht die kleinen Regionen unabhängiger von der Beziehung zu ihrem Nationalstaat. Die Partner, mit denen man engere Beziehungen eingehen will, können freier gewählt werden. So können sich außerdem in den Grenzgebieten der bisherigen Nationalstaaten grenzüberschreitende Regionen herausschälen, die einen regeren Verkehr untereinander als zu anderen Regionen ihres alten Nationalstaates pflegen. Diese Erwartungen der Regionen an das größere Europa können sich durchaus auf die Gesetzmäßigkeit stützen, daß der Spielraum von einzelnen oder Gruppen zur Entfaltung einer eigenen Identität mit der Größe der Gesellschaft und der Zahl von alternativen Handlungspartnern wächst. Man darf jedoch die Kehrseite der Medaille nicht vergessen. Auf dieser steht nämlich, daß mit der Größe der Gesellschaft auch die Zahl von Ereignissen zunimmt, die auf den einzelnen oder die Gruppe einwirken, ohne daß diese eine unmittelbare Kontrolle über die Ereignisse ausüben können. Die gewonnene Selbstbestimmung und der gewonnene Spielraum für eine eigene Identität in einer Hinsicht müssen in anderer Hinsicht mit einer wachsenden Fremdbestimmung und einem abnehmenden Spielraum für die Entfaltung der eigenen Identität bezahlt werden. Wir können hier auf der Ebene des größeren Europas denselben Vorgang neu beobachten, den wir schon längst von der Verdrängung des dörflichen durch das städtische Leben kennen. Die Dorfgemeinschaft umschließt den einzelnen eng, gibt ihm Halt und bestimmt seine Identität. Sie übt insofern einen unmittelbaren Zwang aus. Die Stadt läßt dem einzelnen mehr Spielraum. Wir finden dort dementsprechend mehr Kreativität und eine größere Vielfalt von Individualitäten. Jeder kann sich nach Belieben diejenigen Menschen suchen, die ihm passen und die ihm helfen, seine Identität zu entwickeln und auszuleben. Der einzelne kann so selbst über sich bestimmen und seine Identität gestalten, er hat jedoch kaum einen Einfluß auf das Geschehen in der Stadt und auf ihre Identität, die jedoch erheblich in sein Leben eingreifen. Die gewonnene Freiheit des Stadtbürgers beschränkt sich auf die Privatsphäre, in die sich die Allgemeinheit nicht einmischt. Das ganze öffentliche Leben wird jedoch durch Entscheidungsprozesse und Handlungsinterdependenzen geformt, auf die der einzelne nur in einem äußerst geringen Maß einwirken kann. Die kleinere Dorfgemeinschaft gesteht dem einzelnen dagegen gar keine Privatsphäre zu, dafür ist er mit all seinem Handeln unmittelbar ein Gestalter des öffentlichen Lebens. Privates und öffentliches Leben sind identisch. Der einzelne denkt und handelt wie die anderen in einem einheitlichen Bewußtsein. Die Identität hat er als Mitglied der Dorfgemeinschaft. Die Stadt läßt ihre Bürger hingegen ihre eigene Identität bilden. Diese kann der einzelne jedoch nur auf der dafür eingerichteten Spielwiese der Privatsphäre verwirklichen. Soweit er in das gesellschaftliche Leben mit den anderen eingespannt ist, beherrschen Regeln, Rollen, Geschehnisse und Interdependenzen das Handeln, die sich nahezu vollkommen seiner Kontrolle entziehen, jedoch mit der Entfaltung des gesellschaftlichen Lebens immer mehr Macht über ihn gewinnen, obwohl gleichzeitig auch der Spielraum für seine Individualität wächst (Simmel 1908/1968: 305-344, 527-573, 1900, 1914/1926).

Das größere Europa bringt uns nichts anderes als eine neue Stufe dieser Dialektik von Selbstbestimmung und Fremdbestimmung. Der einzelne oder einzelne Regionen werden im Nationalstaat enger umschlossen und einem unmittelbareren Zwang unterworfen. Die nationale Identität und die herrschende Nationalkultur engen den Spielraum für die individuelle und regionale Identität ein. Im größeren Europa können sich die einzelnen Menschen und die einzelnen Regionen von den Zwängen der nationalen Identität befreien und ihre eigene Identität entfalten. Dies vollzieht sich jedoch auf einem dafür ausgegrenzten Spielfeld der Privatsphäre, während die Verflechtung in das gesellschaftliche Leben die einzelnen Menschen und Regionen jetzt erst recht in noch größere Zusammenhänge mit Regeln, Gesetzen, Ereignissen und Interdependenzen eingliedert, die ihr Leben prägen, die aber stets weiter von ihnen entfernt ihren Anlauf nehmen und immer weniger von ihnen kontrolliert werden können. Die Regionen dürfen dann z. B. ihre Folklore pflegen und ihre Sprache auf den Ämtern benutzen. Was in ihrer Region geschieht, wie das gesellschaftliche Leben gestaltet wird, das wird jedoch von großräumigen Prozessen des wirtschaftlichen Wettbewerbs, der politischen Entscheidungsfindung, der Rechtsanwendung, der Hilfeleistung und Hilfeverweigerung und der kulturellen Kommunikation über das Leben in dieser Welt determiniert. Diese großräumigen Prozesse laufen unabhängig von regionaler Folklore ab und setzen sich unabhängig vom Wollen einzelner Menschen und Regionen durch. Mit dieser Dialektik von Selbstbestimmung und Fremdbestimmung schenkt das größere Europa den einzelnen Menschen und Regionen mit der einen Hand, was es ihnen mit der anderen Hand wieder entreißt. Auf den Punkt gebracht, können wir sagen: In der kleinen Gemeinschaft kann der einzelne oder eine Teilgruppe mitentscheiden, welches Lied angestimmt und welche Kleidung getragen wird, das Repertoire, aus dem ausgewählt werden kann, ist jedoch schon vorgegeben und sehr klein. In der großen Gemeinschaft kann jeder in der Kür nach Belieben sein eigenes Lied und seine eigene Kleidung darbieten. Das Repertoire ist viel größer, und die Wahl des einzelnen bindet niemand anderen. Gleichzeitig müssen jedoch alle im Pflichtteil in einem Chor mitsingen, auf dessen Repertoire und Gesang sie gar keinen Einfluß haben.

Die Fremdbestimmung durch die großräumige Verflechtung setzt den regionalen Kulturen auch unmittelbar zu. Im größeren Zusammenhang geht ihnen die Selbstverständlichkeit verloren. Sie werden unmittelbarer und häufiger mit anderen Kulturen konfrontiert. Das schärft einerseits das Bewußtsein der Herkunftsidentität und weckt andererseits Anstrengungen zur Bewahrung der eigenen Identität. Die Pflege von regionaler Mundart und Brauchtum findet angesichts der Bedrohung von außen besonders engagierte Mitstreiter. Ob sie die Regionalkultur tatsächlich gegen die Überflutung durch die Universalkultur erhalten können, ist jedoch fraglich. Je mehr die Menschen einer Region in Beziehungen nach außen hineingezogen werden, je mehr andere Menschen in die Region hineindrängen, um so mehr breitet sich auch die herrschende Universalkultur in der Region aus. Insbesondere die wirtschaftlichen Verflechtungen und die globale Ausstrahlung von Fernsehprogrammen tragen zur Ausbreitung einer überall gleichen Universalkultur in allen Regionen bei (vgl. Wilke 1990). Wie die Globalisierung der wirtschaftlichen Konkurrenz zur Verdrängung der kleinen Handelsbetriebe durch überregional operierende Handelsketten führt, so bedroht auch die überregionale professionalisierte Kulturindustrie die Provinzbühnen. Der höhere Professionalisierungsgrad der großen Kulturbetriebe hebt dabei im allgemeinen die Qualität der kulturellen Erzeugnisse. Es wird mehr Masse und mehr Klasse geboten. Schon deswegen haben es die provinziellen Kulturträger schwer, sich gegen die übermächtige Konkurrenz zu behaupten.

Mit der massenhaften Erzeugung und Verbreitung kultureller Erzeugnisse findet eine Vereinheitlichung nach universellen Qualitäts- und Geschmacksmaßstäben statt. Die regionalen Differenzierungen des Geschmacks werden eingeebnet. Das muß jedoch nicht bedeuten, daß nur noch eine kulturelle Einheitssuppe gekocht wird. Die Erzeugung und Verbreitung von Kultur löst sich aus der engen Umschlingung durch die regionalen und lokalen Gemeinschaften mit ihren gewachsenen Lebenswelten und verselbständigt sich zu einem europaweiten und globalen, regionsunabhängigen Netzwerk. Kulturerzeugung und -vermittlung bleibt weniger eine Sache geschlossener Gemeinschaften und wird mehr eine Sache offener Märkte, die einerseits eine Standardisierung des Kulturangebots durch Massenproduktion bewirken, andererseits aber auch Chancen für Geschmacksdifferenzierungen nach individuellen Kulturbedürfnissen bieten. Diese Entwicklung wird durch die stetige Anhebung des Bildungsniveaus der Bevölkerung und die Steigerung der Ausgaben für Kulturkonsum und Bildung vorangetrieben. In der Bundesrepublik ist der Anteil der Schulabgänger mit Hochschulreife an allen Schulabgängern zwischen 1962 und 1987 von 9 auf 29,8 Prozent gestiegen, derjenige der Schulabgänger mit mittlerem Abschluß von 13,4 auf 37,0 Prozent. Der Anteil von Schulabgängern mit Hauptschulabschluß ist von 77,6 auf 33,2 Prozent gefallen. Der Teil der Bevölkerung, der an Weiterbildung teilnimmt, ist zwischen 1979 und 1988 von 23 auf 35 Prozent gewachsen. Der Beitrag der Ausgaben für Bildung, Unterhaltung oder Erholung zu den Gesamtausgaben hat sich in einem Vierpersonenhaushalt von höheren Angestellten oder Beamten zwischen 1965 und 1989 von 8 auf 11,7 Prozent erhöht, in einem Vierpersonenhaushalt mit mittlerem Einkommen zwischen 1960 und 1989 von 7,1 auf 10,7 Prozent, in einem Rentner- oder Pensionärshaushalt von zwei Personen zwischen 1960 und 1989 von 3,2 auf 6,5 Prozent. Der Teil der Ausgaben für Nahrung, Getränke und Tabak ist in den drei Haushaltstypen in den entsprechenden Zeiträumen von 28,5 auf 20,4, von 52,2 auf 23,8 bzw. von 53,0 auf 28,4 Prozent zurückgegangen (Glatzer et al. 1992: 399, 400, 401, 466, 475). Je mehr Menschen ein höheres Bildungsniveau erreichen, wodurch ihr Kulturbedürfnis geweckt wird, um so mehr wächst auf dem Kulturmarkt die Nachfrage nach Kulturgütern. Da mit dem Bildungsniveau auch das Bedürfnis nach Individualität zunimmt, ergibt sich daraus auch ein wachsendes Bedürfnis, sich durch den besonderen Geschmack von den anderen zu unterscheiden. Diese Differenzierung des Geschmacks folgt nicht den gewachsenen Unterschieden zwischen Nationen, Klassen, Schichten und Regionen, sondern allein der Selbstbestimmung der einzelnen Menschen, eine Person mit diesem oder jenem Geschmack sein zu wollen.

Geschmacksgruppen auf dem Kulturmarkt gründen nicht in gemeinsamer Herkunft, sondern bilden sich spontan durch die zufällige Konvergenz der Nachfrage nach bestimmten Kulturgütern. Für den Marktbeobachter wird deshalb die Bestimmung von Geschmacksgruppen immer schwieriger (Nowak und Becker 1985; Lüdtke 1989: 107-141; Blickhäuser und Gries 1989; Geißler 1992b: 67-72; Schulze 1992: 335-393, 417-457; Strohmeier 1993). Sie lösen sich – überspitzt formuliert – genauso schnell wieder auf, wie sie entstanden sind. Es breitet sich jene Unübersichtlichkeit (Habermas 1985b) aus, die heute gerne als postmodern bezeichnet wird. Der europaweite und globale Kulturmarkt eröffnet neue Chancen der kulturellen Differenzierung. Die Linien der Differenzierung ergeben sich dementsprechend auch aus den Zufälligkeiten von Angebot und Nachfrage. Außerdem trägt die stets steigende, unersättliche Nachfrage nach Kulturerzeugnissen zu einer ständigen Erweiterung und auch Differenzierung des Kulturangebots bei. Es wird eine wachsende Zahl von Kulturanbietern auf den Markt gelockt, die sich wiederum gegen die Konkurrenz entweder dadurch behaupten können, daß sie eine größere Masse von Kulturkonsumenten erreichen, oder dadurch, daß sie ein spezielles Angebot für eine spezielle Kundschaft bereithalten. Dabei wird es auch zunehmend Überschneidungen der Kundschaft wie auch sonst auf dem Konsumgütermarkt geben. Wie der rational kalkulierende Konsument im allgemeinen seinen Geldbeutel durch Nutzung der Massenangebote von Supermärkten schont, um Geld für den exklusiven Konsum hochwertiger

Waren frei zu haben, so wird auch der abgeklärte Kulturkonsument sowohl an der massenhaften Kulturvermittlung in Radio, Fernsehen, Kino und entsprechenden Großveranstaltungen teilnehmen wie auch an der differenzierenden Kulturvermittlung im Experimentalfilmstudio oder Kellertheater. Auf diese Weise wird die weitere Ausbreitung der Kulturindustrie mit dem Ausbau Europas zu einer Kultureinheit neben der massenhaften Verbreitung einer Einheitskultur auch neue kulturelle Differenzierungen hervorbringen, weil die Offenheit des Marktes und die nach Individualität strebende Nachfrage Anreize dafür bieten.

Die Regionalkulturen werden auf diesem europaweiten Markt in ganz neuer Form gefragt sein, die sich indessen von ihrer traditionellen Existenz vollkommen unterscheidet. Sie gehen ein in den großen Markt des Wettbewerbs um Kulturkonsumenten. Die Regionalkulturen wandeln sich so von einer gewachsenen und örtlich gebundenen Lebensform ganz bestimmter Menschen mit einer bestimmten Herkunft zu einem örtlich losgelösten, von beliebigen Menschen beliebiger Herkunft wählbaren Ambiente des Lebensstils. Wie der französische Landwein nicht mehr nur von der ländlichen französischen Bevölkerung auf dem Lande genossen wird, sondern an jedem beliebigen Ort von jedem beliebigen Menschen zu jeder beliebigen Zeit, so wird auch die Folklore einer Region durch die sich ständig vergrößernden Touristenströme vor Ort, durch Tourneen, Fernsehen, Video und Schallplattenaufnahmen sowie durch den Export in Warenform außerhalb der Region zu einem beliebig einsetzbaren Ambiente des kulturellen Lebensstils beliebiger Menschen. Die Regionalkulturen leben so nicht mehr als gewachsene Lebenswelten fort, sondern als beliebig reproduzier- und nutzbare Konsumartikel (Urry 1990). Als solche bereichern sie den europa- und weltweiten Kulturmarkt, der aus einer größeren Vielfalt schöpfen kann als kleine nationale oder regionale Kulturmärkte.

Dieses Verfügbarmachen der ganzen europäischen Kulturvielfalt muß indessen mit einem zwangsläufigen weiteren Kommerzialisierungsschub der Kultur erkauft werden. Wo ein Kulturgut aus seinem gewachsenen Lebenszusammenhang herausgerissen und jedem beliebigen Menschen zugänglich gemacht wird, entsteht unweigerlich eine marktförmige Vermittlung von Kultur nach Angebot und Nachfrage. Den Menschen ist eine größere Vielfalt der europäischen Kultur zugänglich, sie selbst werden jedoch ihrer eigenen Herkunftskultur entfremdet, weil sie nur noch eine reflektierende und wählende Haltung im Lichte eines breiteren Kulturangebots zu ihr einnehmen können. Die fremden Kulturgüter werden sie jedoch nur als Konsumgüter genießen können, weil sie sich diese nicht in ihrem gewachsenen Lebenszusammenhang aneignen, sondern nur auf dem Markt erwerben können.

Wir fangen heute damit an, uns über den Verlust der Artenvielfalt der Pflanzen und Tierwelt Sorgen zu machen, scheinen aber völlig übersehen zu haben, daß wir im Prozeß der Herausbildung eines globalen Kulturmarktes und einer globalen Einheitskultur schon längst dabei sind, die Artenvielfalt kultureller Lebenswelten zu zerstören. Die Weltherrschaft der modernen westlichen Kultur läßt anderen Kulturen keinen Lebensraum und verwandelt kulturelle Artenvielfalt in kulturelle Warenvielfalt. Die Welt ist nach wie vor vielfältig. Deswegen fällt uns der Verlust vordergründig gar nicht so sehr auf. Es ist jedoch eine industriell gefertigte und kommerziell verwertete Vielfältigkeit des kulturellen Warenangebots. Ein kleines Beispiel mag das verdeutlichen: Die Vereinigten Staaten sind gesegnet mit einer großen Vielfältigkeit nationaler Küchen. Man kann heute italienisch essen gehen, morgen französisch, übermorgen chinesisch, japanisch, vietnamesisch, marokkanisch, mexikanisch oder wie auch immer. Das Dinner im marokkanischen Restaurant ist indessen kein Vollzug marokkanischer Lebensart, sondern ein genußvolles Essen im Rahmen des *American way of life* mit seiner Vielfältigkeit des kulturellen Warenangebots. Wer sich das nicht leisten kann oder wer gerade keine Zeit für ein ausgiebiges Dinner hat, der kann inzwischen auf dem Fast-Food-Markt aus einer industriell gefertigten Vielfältigkeit des Angebots nationaler Küchen wählen: Vielfältigkeit der Eßkultur à la McDonald's.

Mit dem europaweiten und darüber hinaus globalen Kulturmarkt bieten sich für Kulturerzeuger erweiterte Chancen, ein Publikum zu finden. Die Kulturindustrie ist eine enorm wachsende Branche. Das erkennen inzwischen auch die Wirtschaftspolitiker. So hat z. B. der nordrhein-westfälische Wirtschaftsminister eine Studie anfertigen lassen, aus der hervorgeht, daß Kultur in diesem Lande zu einer erstrangigen Wachstumsindustrie geworden ist. In Nordrhein-Westfalen ist die Zahl der im Sektor der Kultur- und Medienwirtschaft tätigen Unternehmen oder Selbständigen zwischen 1980 und 1988 von 32 669 auf 39 684 gestiegen, ein Plus von 21

Prozent. Die Gesamtwirtschaft weist nur ein Plus von 15 Prozent auf. Der Umsatz ist von 28,787 auf 46,144 Milliarden DM angewachsen, ein Plus von 60 Prozent. Das Umsatzplus der Gesamtwirtschaft beträgt nur 28 Prozent. Der Anteil der Kultur- und Medienwirtschaft am Gesamtumsatz der nordrhein-westfälischen Wirtschaft hat sich von 2,93 auf 3,67 Prozent erhöht. Zwischen 1970 und 1987 hat die Zahl von Arbeitsstätten oder Selbständigen in Kultur, Kunst, Sport und Unterhaltung um 145 Prozent zugenommen, die Zahl der Beschäftigten um 161 Prozent. Im Vergleich dazu zeigt sich die Entwicklung in anderen Branchen rückläufig. Zum Beispiel ist im Bergbau die Zahl von Betrieben um 25 Prozent geschrumpft, die Zahl von Beschäftigten um 37 Prozent, in der Chemischen Industrie die Zahl von Betrieben um 26 Prozent, die Zahl von Beschäftigten um 16 Prozent (Arbeitsgemeinschaft Kulturwirtschaftsbericht NRW 1992: 35, 51, 54).

Der Kulturkonsum wird einerseits durch einen immer größeren Werbeaufwand angeregt, andererseits gehört er mit steigendem Bildungsniveau zum guten Lebensstil. Deshalb kann man erwarten, daß der kulturelle Massenkonsum und der differenzierte kulturelle Qualitätskonsum bis hin zum exotischen und esoterischen Kulturgenuß gleichzeitig expandieren, die Massenkultur also nicht die Vielfalt von kulturellen Spezialangeboten beseitigen wird. Die kulturelle Vielfalt im zusammengewachsenen Europa wird indessen eine andere sein als zuvor. An die Stelle der Vielfalt von in sich relativ geschlossenen kulturellen Lebenswelten tritt mehr und mehr die Vielfältigkeit kultureller Angebote auf einem riesigen Kulturmarkt. Dieser Markt will unablässig von neuen Kulturangeboten gespeist werden. Es wird dementsprechend wachsende Chancen für Kulturproduzenten und -vermittler von der kleinen Experimentalbühne bis zum Tourneetheater als professionelles Großunternehmen geben. Die Kleinkunst blüht neben der professionell gestalteten und vermarkteten Großkunst. Sie dient einerseits dem Bedürfnis nach dem Esoterischen, andererseits stellt sie der Großkunst ein breites Schulungs- und Rekrutierungsfeld für den Künstlernachwuchs bereit. Da dieser Zusammenhang mehr und mehr erkannt wird, findet auch die experimentelle Kleinkunst ihre Förderer, die dabei an die Rekrutierung von kreativem Nachwuchs denken.

Die gewachsenen kulturellen Lebenswelten der Regionen werden angesichts dieser Entwicklung eines europaweiten und globalen

Kulturmarktes trotz aller Widerstände gegen die kulturelle Vereinheitlichung doch in den Hintergrund gedrängt, und zwar einerseits von der überall eindringenden Massenkultur und andererseits von einer experimentellen Kultur, die nicht ausschließlich aus regionalen Quellen schöpft, sondern selbst von überall her Anregungen aufnimmt. Die ursprüngliche Regionalkultur wird auf Brauchtumspflege ohne jeglichen Zusammenhang zum sonstigen Leben zurückgeschnitten und/oder zum Konsumartikel kommerzialisiert. Da die Regionalkultur mit den Veränderungen des gesellschaftlichen Lebens nicht schritthalten kann, muß sie die kulturelle Reflexion dieses Lebens der universell verbreiteten Massenkultur und der von allen lebensweltlichen Bindungen freien Experimentalkunst überlassen. Europa wird kulturell vielfältig sein, es wird jedoch nicht die Vielfalt der ursprünglichen Regional- und Nationalkulturen bewahren.

5.2 Die europäische Kultur im globalen Kampf um Marktanteile

Darstellungs- und Kommunikationszwänge tragen weiterhin zur Herausbildung einer weltweit kommerzialisierten Kultur bei. Je großräumiger und offener der Kulturmarkt ist, um so weniger besteht zwischen Künstler und Publikum eine Gemeinschaftsbeziehung. Kulturgüter müssen vielmehr die Aufmerksamkeit eines unbekannten Publikums durch einen erheblichen Werbeaufwand auf sich ziehen. Promotion durch geschicktes Kulturmanagement entscheidet in dieser offenen Situation darüber, in welchem Ausmaß Kulturgüter vom Publikum beachtet und konsumiert werden. Investoren, Sponsoren, Promotoren und Kunstkritiker nehmen die Schaltstellen eines für Künstler und Laien unübersichtlichen Kulturmarktes ein. Auf dem riesigen Kulturmarkt gibt es viele gute Ansätze, welche von ihnen zum Durchbruch gelangen und weltweit stilbildend wirken, das wird indessen durch mehr oder weniger gute Promotion bestimmt.

Wer diese Promotion nicht entweder so professionell betreiben kann wie der amerikanische Kitschkünstler Jeff Koons oder sie von anderen erhält, der findet kein Publikum. Der großräumige Kulturmarkt zwingt jeden dazu, Kulturerzeugung und -vermittlung als wirtschaftliche Unternehmung zu betreiben, um überhaupt eine Chance zu haben, gesehen und gehört zu werden. Kunst muß z. B. in den Fernsehnachrichten plaziert werden, um im Zeitalter des Fernsehens wahrgenommen zu werden (Ryan 1990). Kunst wird so zur Darstellungs- und Verpackungskunst, zu einer von vielen Möglichkeiten, Erfolg zu erzielen. Jeff Koons erzählt seinem Publikum ganz offen, daß ihn nicht die Kunst, sondern der Erfolg interessiert. Die Nr. 1 zu sein ist für ihn das Entscheidende. Auf welchem Gebiet und in welcher Branche das geschieht, ist unwichtig. Dementsprechend wächst der Aufwand für Public Relations und Werbung exorbitant. In den Vereinigten Staaten sind die Ausgaben für Werbung zwischen 1950 und 1990 von 5,7 auf 128,6 Milliarden US-Dollar gestiegen (Caplow et al. 1991: 315; U.S. Bureau of the Census 1992: 559). Dort ist es selbstverständlich, daß selbst die Kirchen kräftig am ubiquitären Kampf um Aufmerksamkeit beteiligt sind. In der Bundesrepublik ist es noch einen besonderen Bericht wert, wenn etwa die Evangelische Kirche in Köln eine PR-Agentur beauftragt, für sie mit Rundfunk-Spots und Plakataktionen Reklame zu machen, um die Austrittswelle zu stoppen (Boldt 1993).

Auf dem hohen Versorgungsniveau der Wohlstandsgesellschaft lockt die Sache selbst niemanden mehr an. Sie muß vielmehr durch allerlei Beiwerk zum Erlebnis stilisiert werden. Das Nebensächliche wird so zur Hauptsache. In der Jagd nach dem Erlebnis werden wir ständig von der Angst getrieben, etwas zu versäumen. Wir schichten Erlebnisse wie Fernsehen, Zeitschriftenlektüre und Naschen, Ins-Restaurant-Gehen, Sich-mit-Freunden-Treffen und Musikhören übereinander, um uns nichts entgehen zu lassen. Trotzdem werden wir ständig von dem Gefühl verfolgt, vielleicht nicht die richtige Wahl getroffen zu haben. Dieses Gefühl beschleicht uns nicht nur bei der Wahl der richtigen, Genuß bereitenden Kaffeesorte, sondern auch bei der Wahl des Jeans-Shops, der Wohnung, des Wohnorts, des Berufs, der Arbeitsstelle, der Religionsgemeinschaft, der Freunde, des Partners, der Frau oder des Mannes. Wir wechseln deshalb immer häufiger diese Requisiten der Inszenierung von Erlebnissen. Durch das ständig steigende und variierende Angebot weiterer Erlebnisse verliert jedes Erlebnis in rasanter Eile seinen Wert und muß durch ein anderes Erlebnis ersetzt werden. Zurück bleibt eine unendliche Leere angesichts der Fülle von immer kurzfristiger wirkenden Erlebnissen (Schulze 1992: 34-78, 417-457).

Wir leben in einer Werbewelt, die von einer unablässig wachsenden und weltumspannenden Werbeindustrie erzeugt wird. Wir können schon gar nicht mehr feststellen, ob Werbung konkrete Wirkungen hervorruft, weil die ganze Wirklichkeit nur noch als Werbewelt erscheint (Schnibben 1992). Es ist deshalb nur naheliegend, daß die Werbeindustrie über die geringen Effekte ihrer einzelnen Maßnahmen klagt und einen immer größeren Aufwand betreiben muß, um gegen das von ihr bewirkte Abstumpfen der Sinne anzukommen, während gleichzeitig ihre unerbittliche Expansion uns keinen Raum außerhalb der Werbewelt mehr läßt. Unsere Luxuswerbewelt hat den Konsum zum Erlebnis und das Erlebnis global zum ersten Lebensprinzip gemacht (Schulze 1992), ganz unabhängig davon, ob wirklich alle im Luxus leben und an der Jagd nach dem Erlebnis teilnehmen können. Nur in einer solchen Welt sieht man den distinguierten Homeless inmitten seiner zerlumpten Leidensgenossen am Strand von Santa Monica in Kalifornien, auf einer feinen Wolldecke liegend und gepflegter Klaviermusik aus dem hochwertigen Kassettenrecorder lauschend, ausgerüstet mit Porzellan und Silberbesteck ein Red Snapper Filet aus dem Casino Café nebenan verspeisen und den sonnigen Tag genießen. Allein der Genuß eines der vielen Luxusgüter macht schon den Obdachlosen, den Sozialhilfeempfänger, den jugendlichen Arbeitslosen und den Slumbewohner in New York oder Mexiko City zum Teil der Luxus- und Erlebniswelt. Mit dem erstandenen Videorecorder trägt er zu ihrer weiteren Steigerung bei und reizt sich selbst zu weiterem Konsum. Gleichwohl stehen immer mehr Menschen unter der wachsenden Spannung, Teil einer Luxuswelt zu sein, von der sie am Ende doch zu wenig haben. Man braucht sich dann nicht zu wundern, wenn sich diese Spannung in Massenwanderung, Haß, Drogenkonsum, Vandalismus, Gewalttätigkeit, Zerstörungswut und Kriminalität vor allem unter Jugendlichen entlädt.

Der Gipfel der Werbekunst wird erreicht, wenn die Werbeindustrie erfolgreich damit beginnt, die Welt nun in all ihrer Häßlichkeit zu zeigen, um damit in der voll Werbeschönheit überquellenden Welt wieder auffallen, das besondere Erlebnis bereithalten und sich auch noch das werbewirksame Image der höheren Moral zulegen zu können. Moral, zu Werbezwecken eingesetzt, wird so zur höchsten Form der Verführung. Die Konsumenten schlagen sich schon auf die Seite der moralisch Aufgeklärten, wenn sie sich die Werbung zu eigen machen und obendrein einen Pullover von United Colors of Benetton kaufen. Daß es der dadurch nochmals angeheizte Konsum ist, der die natürlichen und soziokulturellen Grundlagen des Lebens zerstört, mag sogar erkannt werden. Gleichwohl kann man sich damit beruhigen, daß daran ohnehin nichts zu ändern ist. Die Originalität der Werbung ist es, die uns überzeugt und mitmachen läßt. Wir wissen, daß unsere Welt nur noch aus Werbung besteht. Deshalb geben wir uns in vollem Bewußtsein der Verführung durch Originalität hin.

Die grenzenlose Steigerung der Werbung beraubt die Sprache ihres letzten Realitätsgehalts. Wir leben in einer Kulturkonsumwelt mit einer exorbitanten Entwertung des Realitätsgehalts unserer Sprache. Die Folge davon ist der totale Vertrauensverlust in alle tragenden Institutionen der Gesellschaft: Regierungen, Parlamente, Bürokratien, Parteien, Unternehmen, Universitäten, Forschungsinstitutionen, Presse, Rundfunk und Fernsehen müssen ihre vollkommene Verstrickung in die totale Werbekommunikation mit totalem Vertrauensverlust bezahlen. Die allenthalben beklagte »Politikverdrossenheit« ist der zuletzt auffälligste Ausdruck davon, aber beileibe nichts Einzigartiges. Alle Institutionen der Gesellschaft sind davon betroffen. Nur ein Beispiel: Zwischen 1972 und 1984 sind in den USA die wöchentlichen Sendestunden aller Fernsehstationen von 15 600 auf 32 300 gesteigert worden, davon die allgemeinen Programme von 7 900 auf 23 200, die unterrichtenden Programme jedoch nur von 7700 auf 9100. Gleichzeitig ist die Zahl der Befragten, die großes Vertrauen in das Fernsehen haben, von 37 auf 25 Prozent zurückgegangen, die Zahl der Befragten, die großes Vertrauen in die Personen haben, die Fernsehnachrichten machen, von 41 auf 28 Prozent. Man könnte der Frage nachgehen, ob die zweieinhalbfach größere Steigerungsrate der allgemeinen Programme im Vergleich zu den unterrichtenden einen verstärkenden Effekt auf den Vertrauensverlust ausübt (Caplow et al. 1991: 316, 346; Schissler 1990: 263; Anhang: Abb. 9, 10).

Das Hineinziehen der Kultur in den großräumigen europäischen Binnenmarkt und ihre Stärkung im Konkurrenzkampf mit den Produkten der amerikanischen Kulturindustrie beschleunigt zwangsläufig den Wandel der Kulturerzeugung und -vermittlung zu einer Industrie, die dann auch den Gesetzen des erfolgreichen Wirtschaftens auf dem großräumigen europäischen und globalen

Kulturmarkt zu gehorchen hat (Hufen und Hall 1989). So hat die EG mit der Politik des »Fernsehens ohne Grenzen« einerseits Schritte zur Schaffung einer EG-weiten »Kommunikationsgemeinschaft« unternommen, aber zugleich die Bahn frei gemacht für die Beherrschung des Medienmarktes durch immer größere Medienkonzerne, weil sich im globalen Wettbewerb nur noch große Konzerne wie Murdoch, Bertelsmann, Berlusconi oder Maxwell als wettbewerbsfähig erweisen (Röper 1988). Zugleich führt das massive Einsteigen der Werbewirtschaft in diesen Markt zu einer weiteren Kommerzialisierung in dem Sinne, daß Fernsehsendungen tendenziell darauf eingestellt werden, beim Zuschauer eine Stimmung zu erzeugen, die sich positiv auf die begleitende Werbung überträgt. Im Extremfall degeneriert das Fernsehen zum schönen Ambiente der in den Werbespots angebotenen Warenwelt. Ähnliches ist auch an der Tagespresse zu beobachten. Sie geht immer mehr dazu über, die Werbeanzeigen nach Sachgebieten zu bündeln und in dazu passende Teile über Wohnen und Hausbau, Freizeit und Reisen, Auto und Verkehr, Informationstechnik, Schönheit und Gesundheit einzuhüllen. Auch das Kultursponsoring, das sich nach dem Vorbild der USA nun aus Zwängen des immer größeren Geldbedarfs für Kulturprojekte auch in Europa gegen das Wehklagen der kulturellen Reinheitsfanatiker durchsetzt, wirkt in ähnlicher Weise. Das Sponsorengeld wird vorzugsweise in solche Projekte investiert, die dem Produkt des Sponsors einen Glanz verleihen, der die Kulturkonsumenten auch leicht zu Konsumenten des vom Sponsor hergestellten Produktes werden läßt.

So gestalten wir in dem Bedürfnis, Europas Kultur gegen die totale Überflutung mit amerikanischen Produkten aufzurüsten, die Kultur zu einem Wirtschaftszweig um, wie uns dies von den USA schon längst vorgemacht wurde. Deren Vorsprung in der Versorgung des Fernsehmarktes mit Filmen und großen Serien kann jedoch so schnell nicht eingeholt werden. Deshalb ist von der Entwicklung des großen europäischen Fernsehmarktes zunächst eher eine noch weitergehende Überflutung mit US-amerikanischen Produkten zu erwarten, wenn dies nicht scharfe Quotenregelungen, wie vor allem von Frankreich betrieben, unterbinden. Scharfe Quotenregelungen werden sich jedoch schon deswegen nicht durchsetzen lassen, weil die Eigenherstellung europäischer Fernsehserien und -filme im Vergleich zum Kauf der amerikanischen noch viel zu teuer ist. Dabei zeigt sich, daß die kommerziellen Anbieter diesem Gesetz der Ökonomie noch mehr unterworfen sind als die öffentlich-rechtlichen. So waren 1985/86 bei ARD und ZDF 11 Prozent der Programme aus den USA importiert worden, bei BBC 12 Prozent, bei den kommerziellen Sendern SAT 1 und RTL plus in Deutschland jedoch 27 Prozent, bei drei Berlusconi-Sendern in Italien sogar 64 Prozent und bei Murdochs Sky Channel 26 Prozent. In der Hauptsendezeit erhöht sich der Anteil von US-Importen bei den kommerziellen Sendern insgesamt auf 61 bis 74 Prozent. Zwischen 1985 und 1986 ist der Anteil von US-Importen im europäischen Fernsehen von 15 auf 20 Prozent gestiegen. Im Jahre 1988 kamen bei ARD und ZDF knapp die Hälfte der Fernsehserien aus den USA, bei SAT 1 und RTL plus waren es über 90 Prozent. Die öffentlich-rechtlichen Sender haben 40 bis 47 Prozent ihrer Serien selbst produziert, die kommerziellen überhaupt keine. Das europäische Fernsehen ohne Grenzen verstärkt offensichtlich zunächst einmal die Ausbreitung der amerikanischen Fernsehkultur in Europa (Kleinsteuber 1989: 175-176).

Es soll hier indessen über diese neue Stufe der Entfaltung einer europa- und weltweit von Megakonzernen geprägten Kulturindustrie nicht vorschnell das Negativurteil des Kunstliebhabers aus dem 19. Jahrhundert gefällt werden. Es geht lediglich um eine Beschreibung der Veränderungen unserer Kultur im Prozeß der Herausbildung von europaweiten und globalen Märkten. Diese Veränderungen haben einen befreienden, entfremdenden und beherrschenden Charakter zugleich. Sie befreien uns von provinziellem Hinterwäldlertum und Vorurteilen, sie entfremden uns von unseren kulturellen Wurzeln, und sie beherrschen uns mit einer unserer Kontrolle entglittenen, sich selbst in einem unendlichen Prozeß nach ökonomischen Wachstums- und Unterhaltungskriterien reproduzierenden Bilderwelt. Wir halten es hier besser mit Walter Benjamin als mit Jean Baudrillard oder Max Horkheimer und Theodor W. Adorno. Baudrillards (1983, 1988) Bilderwelt-Marxismus hypostasiert eine Seite der Medaille: unsere Entfremdung von unserer unmittelbaren Erfahrung der Welt sowie von unserer ureigenen Veranschaulichung der Welt in selbstproduzierten Bildern und unsere Beherrschung durch eine außerhalb unserer Reichweite nach eigenen Gesetzen sich reproduzierende, ursprüngliche Erfahrungsrealität ersetzende Bilderwelt, die uns in

ein in sich geschlossenes globales Kommunikationsgefängnis ein-
sperrt. Horkheimer und Adorno, beide Philosophen und Kunst-
kenner, Adorno auch Musikkünstler klassischen europäischen
Zuschnitts, wurden in ihrem New Yorker Exil von der amerikanischen Kulturindustrie geschockt und erkannten in ihr eine waren-
förmige Massenunterhaltung, der jede Authentizität des Kunst-
werks als ein einmaliger ästhetischer Ausdruck des Lebens
abhanden gekommen ist (Horkheimer und Adorno 1944/1968:
144-198; Adorno 1973: 60-70; Adorno 1974: 32-34, 354-355, 364-
365, 498-500). Massenkultur ist ein in Warenform massenhaft ver-
breiteter Abklatsch dessen, was einmal Kunst war. Daß damit
auch eine Demokratisierung der Kultur einhergeht, blieb ihnen
jedoch nicht verborgen.

Benjamin (1973) sieht im massenhaft reproduzierbaren Kunstwerk ebenso die Aura der Einzigartigkeit verloren, aber ihm zeigt
sich darin viel entschiedener als Horkheimer und Adorno nicht
nur die Ware als Abklatsch von Kunst, sondern auch ein demokra-
tisches und aufklärerisches Element. Das reproduzierbare Kunstwerk bezieht potentiell auch die Masse der Bevölkerung in die
kulturelle Verarbeitung des Lebens ein, während der klassische
Kunstgenuß eine Sache von Eliten war. Maßgeblich im Film ent-
deckt Benjamin eine Kunstform, die geeignet ist, der Masse der
Bevölkerung eine unmittelbar nachempfindbare Darstellung ihrer
»materiellen« Situation zu vermitteln. Chaplins Großstadtfilme
dienen ihm als Beweis für diese These. Da es die Massenkultur
nicht nur mit ausdrücklich für die Kunstaneignung erzogenen
Menschen zu tun hat und ihre Klientel in Konkurrenz mit anderen Formen der Zerstreuung erreichen muß, bleibt ihr nichts
anderes übrig, als sich durch einen eigenen Unterhaltungswert at-
traktiv zu machen, der wiederum durch einen aktuellen, die
Lebenssituation der Menschen erfassenden Wirklichkeitsbezug
aufgefangen werden kann. Kommerzialisierung und Demokratisierung der Kultur sind in einer offenen Gesellschaft zwei Seiten
einer Medaille. Demokratisierung der Kultur ohne Kommerzialisierung gibt es nur als staatlich verordnete Form der Belehrung
oder Indoktrination der Massen, sei es in der schwachen Form
konkurrenzloser öffentlich-rechtlicher Rundfunkanstalten oder
in der starken Form staatlicher Anstalten in totalitären Systemen.
Natürlich finden sich gewaltige Qualitätsunterschiede im massen-
kulturellen Angebot, aber das ist bei allen anderen Warenarten

nicht anders. Auch der Genuß amerikanischer Erzeugnisse ist nicht von vornherein gleichbedeutend mit geschmacklosem Fraß. Wahrscheinlich wären die deutschen Fernsehprogramme viel grausamer, wenn statt amerikanischer Westernfilme und Krimiserien noch mehr deutsche Unterhaltungsfilme und Krimiserien über den Bildschirm flimmern würden.

Trotzdem hat die Dominanz amerikanischer Unterhaltung auf europäischen Bildschirmen Folgen für die europäische Kultur. Sie wird zwangsläufig amerikanisiert im Sinne der schleichenden Durchsetzung von US-amerikanischen Formen der Kulturproduktion und des Kulturkonsums und von US-amerikanischer Lebenssicht und Lebensart. Sie nisten sich via Flimmerkiste, Video und CD-Platte stereophon vor allem in den Köpfen und Verhaltensweisen von Kindern und Jugendlichen ein. Diese sind jedoch die Träger unserer zukünftigen Kultur. Die marktbeherrschende Stellung der US-amerikanischen Kulturindustrie zwingt außerdem die im Werden begriffene europäische Kulturindustrie, deren Erfolgsrezepte zu übernehmen und es ihr gleichzutun. Sie wird nur mit noch attraktiverer kurzweiliger Unterhaltung beim Publikum »ankommen« (Postman 1985). Die Erfahrungen in den Vereinigten Staaten zeigen an, in welchem Maße die Schrift durch das Bild ersetzt wird. Der Anteil der vom Fernsehen gesendeten Worte am gesamten Wortangebot ist zwischen 1960 und 1980 von 17,6 auf 25,3 Prozent gestiegen, der Teil der vom Fernsehen empfangenen Worte von 38,1 auf 51,7 Prozent. Der Anteil der von den Tageszeitungen gedruckten Worte ist von 6,2 auf 1,9 Prozent geschrumpft, der Teil der in den Tageszeitungen gelesenen Worte von 20,0 auf 8,5 Prozent (Caplow et al. 1991: 410). Wenn es den Europäern gelingen soll, Boden gutzumachen, werden sie nichts anderes anbieten können als eine ebenso kommerzialisierte Fernsehkultur, nur eben mit europäischem Geld finanziert und auf eine Art, in der vielleicht noch Reste europäischer Lebensformen hindurchschimmern.

Die mit der totalen Kommerzialisierung einhergehende Enttabuisierung von Sex und Gewalt wird inzwischen selbst von den progressivsten Streitern für die Befreiung von aller »Repression« mit Schrecken registriert (*SPIEGEL* 1993a: 164-173, 1993d: 232-242). Im unerbittlichen Kampf um Konsumenten findet eine grenzenlose Steigerung der Reize statt. Die dadurch hervorgerufene Abstumpfung der Sinne verlangt nach immer aberwitzigeren For-

men der Reizung. Die grenzenlose Gesellschaft droht im Sumpf
der völlig entfesselten Triebe zu ersticken, und wir wundern uns,
daß die Entfesselung der Triebe nirgendwo haltmacht, auch nicht
vor den Schultoren, hinter denen sich inzwischen die medial vor-
geführte Welt von Sex und Gewalt in bisher nicht gekannten
Formen der Genußsucht, des Vandalismus, des Faustrechts und
der Gewalttätigkeit widerspiegelt. Jetzt wird fieberhaft nach den
Schuldigen dieser Entwicklung gesucht und nach der richtigen
Erziehung in Elternhaus und Schule gerufen. Dabei wird meist
stark vereinfacht und verdrängt, daß die Verhältnisse an den Schulen nur ein Spiegelbild der Gesellschaft sind und an der Verursa-
chung der gebrandmarkten Erscheinungen das ganze komplexe
Geflecht der modernen Gesellschaft beteiligt ist, aus dem sich
nicht so einfach einzelne Ursachen herausisolieren und bekämpfen lassen. Auch hier wird man erkennen müssen, daß Schlechtes
auch aus Gutem hervorgehen kann. Die Befreiung von Repression
ist ja moralisch durchaus gut begründet, die Steigerung des Wohlstandes für breite Bevölkerungsschichten ebenso. Der freie Wettbewerb sichert eine bessere Versorgung der Bevölkerung mit
Konsumgütern, die ihnen das Leben angenehmer gestalten. Wettbewerb ist jedoch ohne Werbung nicht möglich. All diese guten
Einrichtungen zusammen schaffen jedoch die entfesselte Kon-
sum-, Erlebnis- und Triebwelt, über deren Auswüchse wir jetzt
mehr und mehr erschrecken. Elternhaus und Schule sind ein Teil
dieser Welt, der sie sich nicht entziehen können und von der die
Wirkungen ihres Erziehungshandelns mitbestimmt werden. Sie
haben selbst beim besten Willen die Wirkungen ihres Erziehungshandelns nicht allein in ihrer Hand. So können liberale und
autoritäre, sensible und unsensible, gewissenhafte und gewissen-
lose, kommunikative und sprachlose, vorbildhafte und vorbild-
lose Erziehungsstile alle dieselbe Wirkung haben, weil sie einen
immer winzigeren Teil im immer komplexeren Beziehungsge-
flecht der global vernetzten Gesellschaft ausmachen, in das Kinder und Jugendliche immer früher und umfassender eingegliedert
werden. Daß der Markt von Kindern und Jugendlichen der am
heftigsten umworbene Markt überhaupt ist, weil sich in diesem
Alter angeblich schon langfristig wirksame Markenpräferenzen
herausbilden, stellt zusammen mit dem ausgedehnten Fernseh-
konsum der Kinder und Jugendlichen den eklatantesten Ausdruck dieser Entwicklung dar. Gegen die Übermacht der Medien-

und Konsumwelt sind Eltern und Lehrer hilflose Zwerge angesichts von Riesen.

Mancher, der es gerne anders haben möchte, mag sich fragen, ob sich eine solche Entwicklung aufhalten ließe, wenn nur die richtige Politik betrieben und sich die Menschen dagegen wehren würden, z. B. wenn nur die Privatisierung von Rundfunk und Fernsehen nicht durchgeführt worden wäre. Solche Wünsche überschätzen indessen den Spielraum des politischen Handelns, unseres Handelns überhaupt. Wir sind eingespannt in eine globale Dynamik, die sich offensichtlich auch gegen unseren Willen ihre Bahn bricht. Da kann Politik nicht mehr tun, als eine sich eigendynamisch vorantreibende Entwicklung für eine Weile ein bißchen abbremsen oder eben beschleunigen, sie vielleicht ein klein wenig nach der einen oder anderen Seite lenken, aber nicht abstoppen. Die globale Kommunikation, der globale Vertrieb von Kulturprodukten außerhalb des Fernsehens hat uns schon so fest in der Hand, daß das öffentlich-rechtliche Fernsehen schon längst für massenhafte Unterhaltung sorgen mußte, um konkurrenzfähig zu sein. Die Zulassung von Privatfernsehen vollzieht da nur noch einen kleinen Schritt weiter auf diesem Wege, auch einen Schritt der Ehrlichkeit, weil jetzt der kommerzielle Charakter des Fernsehens klar ist und eine europäische Konkurrenz für die amerikanische Kulturindustrie auf der Basis von mehr in Massenkultur investiertem Kapital aufgebaut werden kann. Der gesellschaftliche Fortschritt hält uns anscheinend keine Option offen, an irgendeiner Stelle wieder ein paar Schritte zurückzugehen, oder haltzumachen, wo es uns gerade gefällt. Er treibt uns unbarmherzig nach vorne, auch wenn es uns dort vielleicht schlechter geht als in der Vergangenheit, von der wir herkommen. So wie wir die biologische Uhr in unserem organischen Leben nicht zurückdrehen oder anhalten können, so ist es auch mit der soziokulturellen Uhr der Gesellschaft. Was vorbei ist, das bleibt vergangen. Vor uns liegt nur die Zukunft. Diese läßt sich nur ausgehend von den Gegebenheiten und ihren Entwicklungszwängen »gestalten«, und das nur in einem bescheidenen Maße.

Natürlich können in außergewöhnlichen historischen Situationen für eine gewisse Zeit Weichen gestellt werden. Ist das aber einmal geschehen, dann fährt der Zug mit zunehmender Geschwindigkeit und abnehmenden Möglichkeiten, die Fahrtrichtung zu korrigieren. Wir sehen nach dem Zusammenbruch des Sowjetimperiums eine solche historische Situation. Die Optionen der Politik sind jedoch aufgrund der geopolitischen und geoökonomischen Lage nicht sonderlich vielfältig. Den Europäern bleibt nur die Wahl, entweder zu Satelliten des südpazifischen Zentrums zu werden oder sich zusammenzuschließen, um unter Führung der EG der amerikanischen und japanischen Konkurrenz auf dem Weltmarkt der Wirtschaft, der Technologie, der Wissenschaft, der Massenkultur, aber auch der Verleihung von Sympathien und Loyalitäten und der Verteilung von Macht Paroli zu bieten. Das können sie praktisch nur, indem sie sich ihnen anpassen, weil ein einheitlicher Markt dazu tendiert, Konkurrenten einander anzugleichen. Diese konvergieren in der Verwendung der Strategien, die sich auf dem Markt als die erfolgreichsten erweisen. Der einheitliche Weltmarkt zwingt jetzt in der Tat zu einer Konvergenz der Systeme. Die Nachfahren des Sowjetimperiums haben keine andere Option, als dieses Spiel mitzumachen oder in der Versenkung unüberwindbarer Unterentwicklung zu verschwinden.

Auch jenseits der Kommerzialisierung hat die Globalisierung der Kulturerzeugung und Kulturvermittlung Konsequenzen, die unsere Kultur aus lokalen, regionalen und nationalen Lebenswelten herausreißen. Das ergibt sich schon durch den Zwang zur Kommunikation in einer global gesprochenen und verstandenen Sprache. Die Kommunikation über die eigene Herkunftskultur hinaus verlangt von jedem, seine Darstellung in einer Sprache zu vermitteln, die auch außerhalb der eigenen Kultur verstanden wird. Bedient er sich der Sprache seines Publikums oder einer von einem größeren Kreis gesprochenen Sprache, dann gehen natürlich mit der Übersetzung aus der eigenen Sprache nicht nur sprachliche Feinheiten, sondern auch besondere Erfahrungen, Empfindungen, Einstellungen, Lebenshaltungen und Weltdeutungen verloren. Je mehr sich die englische Sprache als internationale Verkehrssprache etabliert, um so mehr werden die Weltsichten der verschiedensten Sprachen in sie transformiert, dabei aber auch verändert und abgeflacht, so daß sie miteinander ins Gespräch kommen können. Die unübersetzbare Vielfalt der Weltsichten wird dadurch in die Vielfältigkeit von Standpunkten im globalen Diskurs einer Sprache umgewandelt. Wir haben einen Diskurs, der aus einem viel reichhaltigeren Arsenal von Standpunkten und Argumenten schöpfen kann. Standpunkte und Argumente, die sich hier bewähren, mußten einem viel härteren Wettbewerb standhalten. Der Zwang zur globalen Kommunikation bringt jedoch die unübersetzbaren Reste der verschiedenen Regional- und Nationalkulturen tendenziell zum Verschwinden, sofern sie nicht durch Diskussionsverweigerung und Festhalten an der eigenen Sprache gestützt werden. Selbst im Falle einer solchen Weigerung werden sie jedoch ihrer ursprünglich souveränen Geltung beraubt und zu Restbeständen national- oder regionalkulturellen Starrsinns degradiert.

Soweit sich die englische Sprache in der Tat als universelle Verkehrssprache durchsetzt, ergeben sich daraus Startvorteile für alle Kulturerzeugnisse dieser Sprache, weil sie schneller den Kulturweltmarkt erobern können, während Übersetzungen hoffnungslos hinterherhinken. Sowohl in der Wissenschaft als auch in der Massenkultur ist diese Entwicklung schon weit vorangeschritten. Dabei ist das amerikanische Englisch zur Vorherrschaft gelangt, weil es den Vereinigten Staaten spätestens seit dem Zweiten Weltkrieg gelungen ist, auf den Weltmärkten der Massenkultur und der Wissenschaft eine beherrschende Stellung einzunehmen. Mit der Entwicklung des Amerikanischen zur Universalsprache ist die amerikanische Weltsicht in Massenkultur und Wissenschaft zur global herrschenden Weltsicht geworden. Die Erzeugnisse der amerikanischen Kultur- und Wissenschaftsindustrie haben mehr und mehr den Weltmarkt überflutet und haben die europäischen Erzeugnisse selbst auf dem europäischen Kultur- und Wissenschaftsmarkt erheblich zur Seite gedrängt. Wir sind es inzwischen längst gewohnt, im Fernsehen ganz überwiegend von amerikanischen Serien wie Dallas, Dynasty, Magnum, Colombo, Miami Vice, L.A. Law oder Golden Girls unterhalten zu werden. Mit dieser Unterhaltung werden natürlich auch Verhaltensmodelle mitgeliefert, die zum Bestandteil des Alltagslebens werden. Ebenso haben wir uns darauf eingestellt, daß der Fortschritt der Wissenschaft auch bei uns ganz wesentlich durch die Fortschritte der amerikanischen Wissenschaft bestimmt wird. Das beweist sich allein schon in der Häufigkeit, in der amerikanische Literatur zitiert wird. In der Umsetzung von Wissenschaft in Technologie ist es nicht anders. Allseits wird die wachsende Rückständigkeit der Europäer in der Entwicklung der modernen Technologien im Vergleich zu den USA und inzwischen noch mehr im Vergleich zu Japan beklagt. Am Beispiel der Patentanmeldungen zeigt sich, in welchem Maße Japan an seinen Konkurrenten vorbeigezogen ist.

1965 lag der Anteil Japans an den Patentanmeldungen weltweit noch bei 15,1 Prozent, 1983 jedoch bei 32,7 Prozent. Der Anteil der Vereinigten Staaten ist in dieser Zeit von 17,5 auf 13,5 Prozent geschrumpft, der Anteil der Bundesrepublik von 12,3 auf 9,3 Prozent, der Anteil Frankreichs von 8,8 auf 6,3 Prozent, der Anteil Großbritanniens von 10,3 auf 8,0 Prozent (Glatzer et al. 1992: 38). Die Amerikaner sind den Europäern auf dem Gebiet der Informationstechnologie weit voraus, die Japaner auf dem Gebiet der Halbleitertechnik, beides die gegenwärtig wichtigsten Wachstumstechnologien. In der Konkurrenz mit den USA und Japan geht es indessen nicht nur darum, wissenschaftlich und technisch wieder Boden gutzumachen, um wirtschaftlich mitzuhalten, wie das von besorgten Industriemanagern in erster Linie gesehen wird (Rüchardt 1992), sondern in einem viel umfassenderen Sinn um die Behauptung der europäischen Kultur im Rahmen der sich entwickelnden einheitlichen Weltkultur.

In dieser Lage werden die Hoffnungen auf ein Wiedererstarken der europäischen Kultur in grenzüberschreitende Großprojekte im zusammenwachsenden Europa gesetzt, um der amerikanischen und japanischen Konkurrenz Paroli bieten zu können. Angefangen von gemeinsamen Fernsehserien bis zu gemeinsamen wissenschaftlichen und technischen Großprojekten mit vielversprechenden Namen wie EUREKA, ESPRIT, RACE, BRIDGE, ECLAIR, FAIR, BREIT oder EURAM wollen die Europäer zumindest bei sich zu Hause Anteile auf dem Kultur-, Wissenschafts- und Technologiemarkt zurückerobern (Starbatty und Vetterlein 1992, Sandholtz 1992). Die Gegner der Vereinheitlichung Europas müssen ja erkennen, daß von einer Souveränität der National- und Regionalkulturen angesichts der Amerikanisierung des globalen Kultur- und Wissenschaftsmarktes und einer zusätzlichen Japanisierung des Technologiemarktes schon längst keine Rede mehr sein kann. Wenn die Europäer nicht ganz bedeutungslos werden wollen, dann müssen sie mit der Entwicklung Schritt halten und in kulturellen sowie wissenschaftlichen Großprojekten zusammenarbeiten, um konkurrenzfähige Produkte auf den Markt bringen zu können. Nur so können sie erreichen, daß ihr Anteil an der Produktion und Reproduktion der Weltkultur wieder zunimmt. Was daraus entsteht, ist jedoch selbst eine stark vereinheitlichte und kommerzialisierte Kultur, allein aufgrund der Produktions- und Vermittlungszwänge, die von einem groß-

räumigen Kulturmarkt ausgehen. Im weltweiten Konkurrenzkampf werden sich nicht die alten europäischen National- und
Regionalkulturen behaupten können, sondern nur eine daraus
sich entwickelnde, durchaus vielfältige, aber auch zugleich vereinheitlichte und kommerzialisierte europäische Universalkultur. So
haben beide recht, die Gegner und die Befürworter der Vereinigung Europas. Die Befürworter sind im Recht, weil Europa als
eigenständiger Kulturraum angesichts der Weltlage nur durch Zusammenschluß überleben kann. Die Gegner befinden sich im
Recht, weil dieser Zusammenschluß zugleich die ursprünglichen
europäischen Regional- und Nationalkulturen zugunsten einer
europaweiten Universalkultur zurückdrängen muß. Die Dialektik
des kulturellen Fortschritts verlangt eben ihre Opfer.
Den Regionen und Nationen wird es auf dieselbe Weise möglich
sein, eine eigene kulturelle Identität zu wahren, wie dies für die
einzelnen Individuen durch die Trennung der Privatsphäre vom
öffentlichen Leben im Zuge des Hineinwachsens in größere Gemeinschaften möglich ist. Die Pflege der eigenen Kultur muß von
den von allen zusammen gestalteten gesellschaftlichen Vorgängen
in Wirtschaft, Politik, Gemeinschaftshandeln und Kultur getrennt
werden. Die letzteren nehmen jedoch immer mehr Platz ein, so
daß die eigenständige kulturelle Identität für den größten Teil des
gesellschaftlichen Lebens bedeutungslos wird. Mit der Gewährung des Rechts auf eine eigene kulturelle Identität wird zugleich
das Band zwischen dieser kulturellen Identität und dem gesellschaftlichen Leben durchschnitten. Die Regionen und Nationen
dürfen sich zwar als je anders definieren, tun müssen sie jedoch
zunehmend alle dasselbe, da sie alle denselben Zwängen ausgesetzt sind, die aus den großräumigen wirtschaftlichen, politischen,
gemeinschaftlichen und kulturellen Verflechtungen resultieren.
Die Menschen werden überall in Europa in vereinheitlichende
Prozesse des wirtschaftlichen Wettbewerbs und Austauschs, der
politischen Gesetzgebung, der Rechtsprechung, der sozialen Sicherung und Wohlfahrt, des wissenschaftlich-technischen Fortschritts und der kulturellen Kommunikation hineingezogen.
Dabei setzt sich jetzt nur noch intensiver fort, was in den Anfängen der Moderne in Gang gesetzt worden ist. Eine Sozialgeschichte Westeuropas für die Epoche von 1880 bis 1980 sieht uns
in diesen hundert Jahren »auf dem Wege zu einer europäischen
Gesellschaft« (Kaelble 1987). In sich relativ geschlossene Kulturen

werden auf dem Wege dieser Entwicklung mehr und mehr zu einem spezialisierten Teil der europäischen Gesamtkultur. Kleinräumige Arbeitsteilung wird durch großräumige Arbeitsteilung verdrängt. Das bedeutet, daß sich die einzelnen Regionen immer mehr auf diejenigen Qualitäten spezialisieren werden, mit denen sie auf dem großräumigen Markt am besten bestehen können. Die ursprünglich relativ vollständigen und autarken kulturellen Lebenswelten verändern sich zu spezialisierten Monokulturen. Alles was von außerhalb besser und günstiger zu bekommen ist, wird die vergleichbaren heimischen wirtschaftlichen und kulturellen Angebote zur Seite schieben. Die globale Versorgung mit Konsumgütern und kulturellen Erzeugnissen läßt den vergleichsweise weniger attraktiven und weniger professionell dargebotenen heimischen Erzeugnissen keine Chance. Damit verkümmern die entsprechenden Qualifikationen, die zur Herstellung der Erzeugnisse erforderlich sind. Heimische handwerkliche, gewerbliche und kulturelle Qualifikationen sterben ab. Die regionale kulturelle Lebenswelt verarmt in dem Maße, in dem sie von außen bereichert wird: Kino, Fernsehen, Konzerte und kulturelle Großveranstaltungen mit internationalen Stars versorgen alle Regionen mit kulturellen Erzeugnissen, gegen die sich die regionalen und lokalen Kulturproduzenten nur durch Spezialisierung auf Folklore oder Esoterik für ein ausgesuchtes Publikum halten können. Die Herausbildung eines einheitlichen europäischen Kulturraums macht uns global reicher und zugleich lokal ärmer.

Die Verkümmerung traditioneller Fähigkeiten auf lokaler und regionaler Ebene infolge ihrer Verdrängung durch die von außen kommende Konkurrenz hinterläßt indessen keine kulturellen Einöden. Die von außen kommenden kulturellen Erzeugnisse sind ja lokal und regional präsent und führen zu einer neuen Vielfältigkeit auf professionalisiertem Niveau. An die Stelle der lokalen und regionalen Vielfalt tritt die lokale und regionale Präsenz der globalen Vielfältigkeit, die indessen keine unmittelbare lokale und regionale Verwurzelung hat.

Wir leben mehr und mehr in *einer* Welt. 500 Satelliten umkreisen die Erde und senden in die Wohnzimmer der reichen Länder wie auch in die Hütten der ärmsten dieselben Bilder einer universellen Warenwelt. Über 35 000 transnationale Unternehmen versorgen die ganze Menschheit bis in die letzten Winkel des Planeten hinein mit denselben Hits der globalen Musikszene, denselben Filmen,

Opernproduktionen, Sachbüchern, Romanen, Softdrinks, Nachrichten, Autos, Videos, Jeans, Hamburgern und Ketchups. Finanzmakler verschieben mit Hilfe globaler Datenleitungen in Sekundenschnelle weltweit Milliardenvermögen. Der globale Warenmarkt wird durch den globalen Finanzmarkt mit den nötigen Finanzmitteln ausgestattet. Ihre Dynamiken verflechten sich immer enger in einem globalen Kommunikationsnetzwerk (Martin und Schumann 1993: 102).

Der globale Kulturmarkt reißt alle Formen des Kulturerlebens, auch die klassischen, auf dauerhaften und wahren Gehalt ausgerichteten, in sich hinein. Auch die klassischen Kunstgenüsse des Theaterbesuchs oder der Buchlektüre sind dem Wettbewerb mit anderen Angeboten ernster oder unterhaltender Art ausgesetzt. Die Kulturkonsumenten sind freier in ihrer Wahl, stehen vor einem größeren Angebot und sehen sich mit viel mehr Menschen in derselben Situation des Wählens. Damit wächst das Bewußtsein, daß jedes Kulturerleben eine Entscheidung zwischen mehreren Alternativen ist. Wir beginnen zwangsläufig zu optimieren und werden so zu ökonomisch kalkulierenden Kulturkonsumenten. An dieser Stelle hat jede klassische Kunstaneignung ihre selbstverständliche Erhabenheit verloren und wird zu einem Angebot auf einem Kulturmarkt, das nach Gesichtspunkten der Erlebensoptimierung ausgewählt wird. Der globale Kulturmarkt und die Erlebensoptimierung der Kulturkonsumenten sind die strukturellen Voraussetzungen der Herausbildung einer »Erlebnisgesellschaft« (Schulze 1992). Unter Bedingungen des Marktwettbewerbs und der Erlebensoptimierung findet eine Beschleunigung der Erlebensabfolge statt. Der Kulturproduzent will mit zunehmend schneller auf den Markt geworfenen Angeboten stets mehr Menschen erreichen. Der Kulturkonsument will soviel wie möglich von den Angeboten Gebrauch machen, um auf hohem Niveau des »Kulturwohlstands« zu leben. Dadurch muß der Wert eines Kulturobjektes in wachsendem Maße in Konkurrenz zu anderen Objekten und jeweils kurzfristiger gemessen werden. Je mehr Zeit ich aufwenden muß, um ein Werk zu verstehen, je weiter in der Ferne das Ergebnis einer Bemühung um Kulturaneignung eintritt, um so mehr machen sich dessen Kosten in Gestalt entgangener Genüsse bemerkbar. Je weniger wir als optimierende Kulturkonsumenten auf andere Genüsse verzichten wollen, um so kurzfristiger muß sich der Wert eines Kunsterlebens beweisen. Der schnelle Wandel des Geschmacks infolge der wettbewerbsbedingten ständigen Angebotsinnovation trägt weiter dazu bei, daß der Wert eines Kunsterlebens im Hier und Jetzt liegt. Ich weiß nichts über den späteren Wert einer Kulturaneignung. Dementsprechend zählt weniger der erst langfristig erkennbare »Gehalt« eines Kunstwerkes als vielmehr sein unmittelbarer Erlebniswert in Konkurrenz zu anderen, entgangenen Erlebnissen.

Kultur ist entwurzelt und wird nur noch an ihrem kurzfristigen Erlebniswert gemessen, der sich um so schneller verbraucht, je mehr allein noch Neuigkeit und Exklusivität den Wert der Kultur bestimmen. In der modernen »Erlebnisgesellschaft« sind Geschmacksdifferenzierungen als Währung für Kulturverstehen, Kulturerleben und Kunstgenuß immer wieder erheblichen Entwertungen unterworfen. Geschmacksdifferenzierungen sind sozial konstruierte Medien der Kommunikation, die uns in die Lage versetzen, zwischen schön und häßlich, echt und falsch, gut und schlecht, fesselnd und nicht fesselnd, faszinierend und nicht faszinierend zu unterscheiden und Kunst unabhängig von Ort, Zeit und darstellenden Personen zu verstehen, zu erleben und zu genießen. Darin zeichnen sich die generalisierten Geschmacksdifferenzierungen gegenüber den orts-, zeit- und personengebundenen Ausdrücken ästhetischer Empfindungen aus. Sie werden in der gesellschaftlichen Kommunikation über Kunst gebildet und eingesetzt, um Kulturprodukte und Kulturkonsumenten in Beziehung zueinander zu bringen. Im Kulturteil der Tageszeitung wird z. B. über die kulturellen Ereignisse der Stadt berichtet. Es werden Geschmacksurteile über gute und schlechte Darbietungen gefällt. Der einzelne Kulturberichterstatter greift dabei auf allgemeine Geschmacksdifferenzierungen zurück, die sich in der gesellschaftlichen Kommunikation als vorherrschend herausgeschält haben. Indem er sie benutzt, vermittelt er dem Leser, dem diese Geschmacksdifferenzierungen aus der gesellschaftlichen Kommunikation bekannt sind, einen Zugang zu Kulturverstehen, Kulturerlebnis und Kunstgenuß. Der Leser nimmt die Geschmacksdifferenzierungen auf und läßt sich von ihnen in ein bestimmtes Kunsterlebnis hineinführen, das er wiederum im Lichte der vorgängig aus dem Zeitungsbericht, aber auch aus allen vorausgegangenen kulturellen Kommunikationen hervorgegangenen Geschmacksdifferenzierungen wahrnimmt, begreift, beurteilt und in einen mehr oder weniger tiefgehenden Kunstgenuß umsetzt.

Je mehr Kultur zur Szene wird (Schulze 1992: 459-494), um so eher wird das einzelne Geschmacksurteil und der einzelne Kunstgenuß allein noch durch die Geschmacksdifferenzierung zwischen »in« und »out« geleitet. Je mehr die in der Kulturkommunikation umlaufenden Geschmacksdifferenzierungen nur noch durch die In-Out-Unterscheidung bestimmt werden, um so weniger Wert besitzen sie noch in der Vermittlung von Urteilsfähigkeit und tiefer reichendem Kunstverständnis und Kunstgenuß. Die In-Out-Geschmacksdifferenzierung erlaubt zwar eine Kulturkommunikation über alle Szenen hinweg, aber keine Kommunikation in die einzelne Szene hinein. In der gerade angesagten Szene drinzusein wird zum einzigen Merkmal des Kunsterlebnisses, jenseits aller inhaltlichen Qualitäten der Szene selbst. Die In-Out-Geschmacksdifferenzierung vermittelt ein Verstehen und Erleben ohne Verstehen und Erleben des Kunstobjektes selbst. Verstehen und Erleben reduzieren sich auf das Dabeisein und das Reden über »in« und »out«, erfassen aber den Gegenstand nicht im geringsten. Die Umwandlung von Kultur in Szene wird von einer immensen Vermehrung der Kulturkommunikation über »in« und »out« begleitet. Diese bringt massenhaft Geschmacksdifferenzierungen in Umlauf, die kaum einen Wert in der Vermittlung von Urteilsfähigkeit und tiefer reichendem Kunstgenuß haben. Wir erleben so eine enorme Inflation der kulturellen Geschmacksdifferenzierungen.

Der Wandel der Kultur zur Szene bricht die geschlossenen Kulturgemeinschaften auf und setzt an deren Stelle einen offenen Markt von miteinander konkurrierenden Kulturszenen. Die Kunst der Kulturgemeinschaften ist nur ihrem festen Mitgliederstamm zugänglich. Wer nicht dazugehört, findet keinen Einlaß. Die Kunst der Szene steht jedem offen. Ja, sie lebt gerade davon, daß potentiell jeder eintreten und auch wieder austreten kann. Zwischen den Kulturgemeinschaften bestehen höchstens sehr kontrollierte Beziehungen. Ihre Mitglieder wandern in der Regel nicht über ihre Grenzen hinweg. Der traditionelle Kunstliebhaber ist fest in sie eingebunden. Dagegen gehört zum Kulturmarkt der Szenen das *shopping around* als typenspezifische Form des Kunsterlebens. Der Szenegänger ersetzt hier den traditionellen Kunstliebhaber.

In den geschlossenen Kulturgemeinschaften herrschen eindeutige Geschmacksdifferenzierungen, die ein sicheres Urteil und tiefen Kunstgenuß erschließen. Sie besitzen innerhalb der Kulturgemeinschaften einen hohen Wert, haben jedoch jenseits ihrer Grenzen keine Geltung. Hier ist deshalb nur eine sehr begrenzte Kulturkommunikation möglich. Kulturproduktion und Kulturerlebnis können sich nicht über die Bewahrung des traditionell Gültigen hinausbewegen. Mehr Bewegung kommt in Kulturproduktion und Kulturerlebnis erst hinein, wenn die geschlossenen Kulturgemeinschaften aufgebrochen werden und einem offenen System der erweiterten Kulturkommunikation und des Wettbewerbs Platz machen. Hier können sich Geschmacksdifferenzierungen als generalisierte Medien der Kulturkommunikation herausbilden, die ein viel weiter reichendes Verstehen und Erleben von Kultur, unabhängig von Ort, Zeit und Person, ermöglichen. Damit sie ihren Wert behalten, ist die Kontrolle ihres Gebrauchs durch den Konsensus anerkannter Experten erforderlich. Sie üben mit ihrem Urteil die Funktion einer zentralen Notenbank aus. Je mehr den Experten jedoch diese Kontrolle der Geschmacksdifferenzierungen entgleitet und je größer der Anteil der In-Out-Differenzierungen an der Kulturkommunikation wird, um so mehr wird jedoch die Sprache der Kultur in ihrem Wert als Verständigungsmittel gemindert. Das geschieht dann, wenn die Kulturkommunikation durch immer mehr Szeneblätter überflutet wird und die wenigen anerkannten Experten nur noch um Hilfe vor dem Ertrinken in der Kommunikationsflut rufen können. Die herkömmliche Ordnung des Kulturbetriebes zerbricht. Vor dem drohenden Chaos schützen allein noch die einfachen In-Out-Differenzierungen, die jedoch nur einen geringen Wert in der Vermittlung von Kulturverstehen und Kulturerleben besitzen. Der Szenegänger taumelt, angetrieben durch den ständigen Wandel von »in« und »out«, ruhelos von einer Szene zur anderen, ohne je etwas zu verstehen und zu erleben. Das Dabeisein wird für ihn zum Selbstzweck. Sein Verstehen und Erleben reduziert sich auf den bloßen In-Out-Mechanismus.

Die Erfüllung im momentanen Erlebnis wird zur Droge, die den Szenegänger in eine unablässige Jagd nach immer neuen Erlebnissen treibt. Die Befriedigung durch das Erlebnis hält immer kürzer an, so daß in immer kürzeren Abständen neue Erlebnisse gefunden werden müssen, um der totalen Leere als Entzugserscheinung zu entfliehen. Der dem Erlebnis vollkommen verfallene Szenegänger wird nur durch immer wieder neue Erlebnisse am Leben gehalten. Dazwischen schlafft er ab und verfällt in vollkommene

Lethargie, die in Leere und innere Unruhe mündet, sobald der Entzug von der Erlebnisdroge zu lange andauert.

Mit der Entwertung der Geschmacksdifferenzierungen und dem immer rascheren Szenenwechsel geht eine ebenso rasante Entwertung des symbolischen Gehalts der ästhetischen Requisiten unserer Distinktionsbemühungen einher. Was immer wir an solchen ästhetischen Requisiten – Kaffeesorte, Jeansmarke, Szene-Bistro oder Zeitungslektüre – gerade in Gebrauch nehmen, es ist schon im Augenblick des Gebrauchs um unseren eigenen und denjenigen vieler anderer entwertet und für weitere Distinktionszwecke unbrauchbar. Symbole, die gestern noch dazu taugten, einen besonderen Geschmack zu beweisen, sind heute schon zum Massengeschmack vulgarisiert und damit ihres Distinktionswertes beraubt. Der Wert eines Distinktionssymbols bemißt sich an dem Grad der Exklusivität, der sich mit der Verfügung über das Symbol verbindet. Er sinkt mit der Zahl der Menschen, die von dem Symbol zu Distinktionszwecken Gebrauch machen.

Niemand kann einer dauerhaften Distinktion sicher sein, weil alles den Gesetzen des Distinktionsmarktes unterworfen ist. Solange noch eine klare und festgefügte Hierarchie des Geschmacks bestand, war die Unterscheidung von den anderen langfristig berechenbar. Sie konnte z. B. auf das Durchlaufen eines bestimmten Bildungsprozesses aufgebaut werden. Sobald jedes Geschmackssymbol durch industrielle Massenproduktion in Massenkonsum umgesetzt werden kann, wird die Unterscheidung von den anderen ein permanenter Wettlauf gegen die Entwertung der erworbenen Distinktion durch massenhafte Nachahmung. Die Distinktionssymbole des Gebildeten – Museum, Theater, Konzert, Buchlektüre und Vernissage – sind längst Teil einer allgemeinen Jagd nach der gerade exklusivsten Szene geworden, die in dem Augenblick nicht mehr als exklusiv gelten kann, in dem sie aktuell geworden ist. Die Distinktionssymbole der Reichen – Tennis, Golf, Reiten, Segeln – sind schon längst auf dem Wege zum Massensport und können nicht länger als brauchbare Unterscheidungsmerkmale dienen. Es bricht sich ein immer schneller ablaufender Zyklus von Exklusivkonsum und nachfolgendem Massenkonsum seine Bahn. Wer gerade den Weg zur Exklusivität gefunden hat, darf sicher sein, daß es den professionellen Marktstrategen gelingt, die neue Exklusivität in Massenkonsum umzumünzen. Selbst der Versuch, aus diesem Circulus vitiosus herauszutreten und sich dem Rückzug in sich selbst zu widmen, scheitert am massenhaften Angebot an Selbsterfahrungsseminaren, religiösen Erweckungsbewegungen und Retreat-Zentren mit Meditationsübungen unter Anleitung erfahrener Trainer inklusive Vollpension. Ob Retreat-Zentrum oder Robinson Club, der Erlebnis- und Distinktionsmarkt hält immer schon ein Angebot bereit, auch für die Suche nach unserem Innersten. Wie es die Gesetze der Ökonomie wollen, gibt es den Zugang zum Innersten nicht kostenlos. Er muß bezahlt werden, und zwar desto höher, je exklusiver er sein soll. Drei Monate auf dem Retreat sind schon exklusiver als ein Wochenend-Schnupperkurs, aber eben auch teurer. Die coolen Typen wissen das alles und spielen das Spiel trotzdem genüßlich mit, weil sie erkannt haben, daß jeder Fluchtversuch zwecklos ist. Die weniger coolen bekommen allerdings Schwierigkeiten, die vom Selbsterfahrungstrainer nicht in jedem Fall behoben werden können. Der totale Distinktionsmarkt schlingt alles Verwertbare in sich hinein. Was nicht verwertbar oder recycelbar ist, landet auf der Müllhalde der Erlebnis- und Distinktionsgesellschaft.

Die enge Verflechtung des Kulturerlebens und des Distinktionsbemühens mit dem wirtschaftlichen Konsum hat zur Folge, daß mit der ständigen Entwertung der Geschmacksdifferenzierungen und der Distinktionssymbole bei der Jagd nach dem neuen Erlebnis und nach der Unterscheidung auch das Geld seinen Wert verliert. Um wirklich exklusiv sein zu können, müssen immer häufigere und größere Ausgaben für das Kulturerlebnis, den Kunstgenuß und die Ausstattung mit Distinktionssymbolen getätigt werden, weil mit jedem Wandel der Szene die Distinktionssymbole, etwa die Kunstsammlung, das Wohnungsinterieur oder das Outfit, erneuert und noch aufwendiger gestaltet werden müssen. Um Kunst genießen und Geschmack demonstrieren zu können, muß Geld stets wieder neu und in größeren Mengen ausgegeben werden. So ergänzen sich das Tempo des kulturellen Szenenwechsels und das Tempo des Konsums in der ständigen Steigerung der Umsätze auf dem Kulturmarkt. Kunst, Design und Mode sind kaum noch voneinander unterscheidbar. Auf hohem Wohlstandsniveau werden tendenziell alle Mitglieder der Gesellschaft in diese Dynamik des Erlebnis- und Distinktionsmarktes hineingezogen (Schulze 1992: 417-457).

Die Krisentendenzen der Wirtschaftsdynamik können wir durch

die Geldpolitik der Notenbanken unter Kontrolle halten. Die Tatsache, daß die Kommunikationsflut ähnlicher Kontrollen bedarf, um ihre Risiken einzugrenzen, haben wir noch nicht richtig erkannt. Das Recht auf Informationsfreiheit wirkt sich in der Kommunikationsgesellschaft ähnlich aus, wie wenn jeder nach Belieben Geldscheine drucken und mit jeder beliebigen Kommunikationsware, unabhängig von der Verletzung moralischer Maßstäbe, handeln dürfte. Wenn man die zentrale Stellung der Notenbanken als Maßstab nähme, dann wäre eine ähnliche Stellung von Expertenkommissionen für die Kontrolle der Kommunikationsflut und ihrer Risiken erforderlich. Qualitätsausschüsse, Ethikbeiräte, Sachverständigenräte und Kommissionen der freiwilligen Selbstkontrolle müßten diese Aufgabe umfassender und genauer wahrnehmen, als dies bisher der Fall ist. Wir müßten ihnen diese Aufgabe konsequenter übertragen, als wir das bisher zu tun bereit waren, weil uns das Recht auf Informationsfreiheit jede Kontrolle der Kommunikationsflut und ihrer Exzesse als unzulässige Zensur erscheinen läßt. Das Recht auf Informationsfreiheit kann jedoch nicht als Rechtfertigung aller Perversionen der Kommunikationsgesellschaft dienen. Wie jedes Recht muß auch dieses in verantwortlicher Weise und ohne Schaden für die Gesellschaft und für die einzelnen Individuen wahrgenommen werden. Daß dies geschieht, kann jedoch nicht in das Belieben jedes einzelnen Kommunikationsunternehmens gestellt werden, sondern bedarf der institutionalisierten Kontrolle. Diese ist um so mehr gefordert, je unübersichtlicher und gewaltiger die Kommunikationsflut wird, je mehr ihre Exzesse in Sex und Gewalt über uns hereinströmen. Mit der Einführung von privatem Rundfunk und Fernsehen sind Dämme gebrochen. Wir können nicht die alten Dämme durch Rückkehr zum allein öffentlich-rechtlichen Rundfunk und Fernsehen wieder aufrichten. Wir müssen jedoch um so mehr über neue Formen der institutionalisierten Kontrolle der Kommunikationsflut und ihrer Exzesse nachdenken.

5.3 Einheit und Differenz in der multikulturellen Gesellschaft

Die Präsenz der globalen Vielfältigkeit auf lokaler und regionaler Ebene wird noch durch die wachsende regionale Wanderung der Bevölkerung verstärkt. Durch den Zuzug von außen wird die Bevölkerung nach ihrer kulturellen Herkunft vor Ort vielfältiger. In den Ballungsgebieten, wo der Zuzug von außen besonders umfangreich und rasch erfolgt, entsteht tendenziell eine multikulturelle Gesellschaft, eine Gesellschaft, die sich aus Bevölkerungsteilen mit unterschiedlicher kultureller Herkunft und Identität zusammensetzt (Geißler 1990: 177-218; Leggewie 1990b, Cohn-Bendit und Schmid 1992, Faul 1992). Die lokalen und regionalen Kulturen werden auf diese Art vielfältiger. Daraus ergeben sich einerseits neue gegenseitige Anregungen, andererseits aber auch Verständigungsprobleme.

Soweit die Bevölkerungsgruppen in sich geschlossen bleiben, nur wirtschaftlich miteinander verflochten sind, aber kulturell voneinander getrennt leben, werden die wechselseitigen Anregungen ausbleiben und die Verständigungsprobleme zunehmen. Es werden auf diese Weise die einzelnen Kulturidentitäten zwar am besten erhalten, zugleich sind sie jedoch die Basis für Nichtverstehen des Fremden und daraus resultierende Mißverständnisse, Konflikte und Schuldzuweisungen. Ohne den umfassenden Aufbau von kulturübergreifenden Vereinigungen zur Förderung der interkulturellen Kommunikation droht in der multikulturellen Gesellschaft stets die Gefahr des Kulturkampfes. Durch die interkulturelle Kommunikation werden Gegensätze abgebaut, dadurch aber die jeweiligen kulturellen Identitäten zugunsten des Aufbaus einer gemeinsamen Identität auch abgeschliffen. Die multikulturelle Gesellschaft ist nur auf Kosten des langsamen Abbaus der Kulturunterschiede lebensfähig, wodurch sie sich langfristig selbst aufhebt. Die Menschen leben dann in einer Einheitskultur, die weitgehend auch ihr Handeln bestimmt, während die spezielle kulturelle Herkunftsidentität auf Traditionspflege beschränkt und in die Privatsphäre verbannt wird, wo sie das öffentliche Zusammenleben nicht stört.

Diese Verbannung der kulturellen Herkunftsidentität in die Privatsphäre geht nicht reibungslos vor sich. Das zeigt sich vor allem in Konflikten zwischen Anforderungen des religiösen und des öffentlichen Lebens. Die Religion läßt sich nicht ohne weiteres in die Privatsphäre einsperren, sie stellt Anforderungen an das gesamte Leben. Dieser Konflikt ist im Verhältnis zwischen den christlichen Religionen und dem modernen westlichen Staat dadurch bewältigt worden, daß sich die Religionen auf reine Sinnstiftung ohne konkrete Handlungsanweisung zurückgezogen haben und dem Staat die Regelung des menschlichen Zusammenlebens überlassen. Das schließt gelegentliche Konflikte in moralischen Grundsatzfragen – wie z. B. in der Frage der Abtreibung – nicht aus. Diese Konflikte werden jedoch in der Regel durch den Sieg der staatlichen Souveränität über die kirchlichen Bedenken beendet.

Dieses Verhältnis von Religion und Staat gilt nun gerade für eine Religion nicht, die sich zum globalen Wortführer des Widerstandes gegen die Weltherrschaft der westlichen Kultur gemacht hat, die Religion des Islams (Kapferer 1980, Watt 1988, Heine 1992, Tibi 1993; *SPIEGEL* 1993c: 108-120). Sie ist auf die Identität von Religion und Staat ausgerichtet. Innerhalb der säkularen Staaten der westlichen Kultur erweist sich diese Ausrichtung des Islams als Konfliktstoff. Der Islam verlangt von den Gläubigen die Beachtung von konkreten Verhaltensvorschriften, die in Konflikt mit den Gesetzen des Staates geraten können, und er enthält Gebote, die den Grundrechten der westlichen Staatsverfassungen widersprechen, wie z. B. den Gehorsam der Frau gegenüber dem Mann, insgesamt die Unterordnung aller Familienmitglieder unter die Herrschaft des Mannes. Hier treten zwei Kulturen in einen Gegensatz zueinander, der durch gegenseitige Toleranz nicht lösbar ist und ein gleichberechtigtes Zusammenleben beider Kulturen im Sinne einer multikulturellen Gesellschaft nicht möglich macht. Beide Kulturen erheben für ihre Grundsätze einen Universalitätsanspruch, können also die gleichzeitige Geltung ihrer Negation nicht tolerieren. Dieser Konflikt kann nur durch den Sieg der einen über die andere Kultur gelöst werden. Innerhalb des westlichen Kulturkreises ist es z. B. nicht zulässig, einerseits Frauen christlichen Glaubens gegen Herrschaftsansprüche ihrer Männer zu schützen, dies jedoch andererseits Frauen islamischen Glaubens zu verweigern (vgl. Walther 1990).

Der Pluralismus der westlichen Kultur ist nur ein eingeschränkter Pluralismus. Es ist kein Pluralismus der Beliebigkeit. Nicht alles steht uns offen im Rahmen dieser Kultur. Die Bürger- und Menschenrechte sind sakrosankt, sie dulden keine Alternativposition. Pluralismus ist nur innerhalb, nicht jenseits dieses Rahmens erlaubt. Zugleich haben wir mit diesen Bürger- und Menschenrechten eine Zivilisation des unablässigen Fortschritts mit all ihrer fatalen Dialektik geschaffen, die ohnehin alles niederwalzt, was gegen sie aufbegehren will. Wer im Namen des Fortschritts der Menschheit spricht, nimmt für sich das Recht in Anspruch, jeden Widerstand gegen diesen Fortschritt im besten Interesse der Menschheit aus dem Weg zu räumen. Im Kampf gegen den religiösen Fundamentalismus des Islams beweist sich, daß das multikulturelle Zusammenleben unter dem Dach der westlichen Kultur nur zu verwirklichen ist, wenn sich die unterschiedlichen Kulturen dem absoluten Geltungsanspruch der westlichen Kultur fügen und sich auf die vom gesellschaftlichen Leben des Menschen abgeschnittene Privatsphäre beschränken.

Der religiöse Fundamentalismus will sich jedoch genau damit nicht bescheiden. Er will den ganzen Menschen und das Leben in seiner Gesamtheit erfassen. Als fundamentalistisch erscheint uns der Anspruch, von den religiösen Grundsätzen her das gesamte menschliche Leben für jeden einheitlich zu bestimmen. Das bedeutet, daß dem einzelnen Menschen nicht die Freiheit gelassen wird, nach anderen als den religiösen Grundsätzen zu leben, daß alle Menschen den gleichen Grundsätzen unterworfen werden und das gesamte Leben in Wirtschaft, Politik, Gemeinschaftshandeln und Kultur dadurch geleitet wird. Das gesamte Leben aller Menschen wird durch und durch von einem einheitlichen Fundament her kontrolliert. Darin erkennen wir die Intoleranz und erstrebte Zwangsherrschaft des religiösen Fundamentalismus, dem wir mit Recht die Toleranz der westlichen Kultur mit ihren garantierten Freiheitsrechten gegenüberstellen. Die westliche Kultur garantiert gerade auch die Religionsfreiheit für alle, was jedoch nur mit der gleichzeitigen Einschränkung der Religion auf die Privatsphäre und ihre Trennung von der Regelung des gesellschaftlichen Zusammenlebens geht. Letzteres bleibt der Politik vorbehalten. Dadurch erhält die Religion im Verhältnis zu den allgemeingültigen Grundrechten und zu den gebietseinheitlich geltenden staatlichen Gesetzen einen nachgeordneten Status. Dies ist die Konstruktion, innerhalb derer auch nur das Zusammenleben in einer multikulturellen Gesellschaft möglich ist. Die Vielfalt der Kulturen ist tolerierbar, soweit sie sich auf die Privatsphäre beschränken und sich der Regelung des gesellschaftlichen Zusammenlebens durch übergeordnete Grundrechte und gebietseinheitliche staatliche Gesetze unterordnen.

In dem Maße, in dem wir europaweit einen einheitlichen Kulturraum schaffen und Europa zugleich für den Zustrom von Menschen mit einer anderen Herkunftskultur öffnen, bedeutet das zugleich eine Vereinheitlichung und eine Steigerung der kulturellen Vielfalt, weil der europaweite Kulturraum die Herrschaft der westlichen Kultur festigt und sich in diesem gefestigten Rahmen kulturelle Vielfalt nur im nachgeordneten Sinn entfalten kann. Dem religiösen Fundamentalismus erscheint die westliche Toleranz geheuchelt, weil sie z. B. Religionsfreiheit nur mit dem Verzicht der Religion auf die Bestimmung des gesellschaftlichen Zusammenlebens gewährt. Das offenbart sich dem religiösen Fundamentalisten als gottlos und gegen die religiösen Gebote gerichtet. Er wird sich darauf nicht einlassen. Er kann dazu nur gezwungen werden, was für ihn Unterwerfung und Preisgabe der eigenen religiösen Identität heißt. Für ihn erweist sich die westliche Toleranz als zutiefst intolerant gegenüber seiner eigenen kulturellen Identität. Je mehr die ganze Welt und nicht nur Europa zusammenwächst und die westliche Kultur weiterhin ihren Siegeszug fortsetzt, um so mehr wird sie mit fundamentalistischen Gegenbewegungen zu rechnen haben, die sich ihrem verordneten Pluralismus der privatisierten kulturellen Identitäten nicht fügen wollen. Das tritt um so mehr ein, je mehr sich die fundamentalistische Gegenbewegung gegen den Imperialismus der westlichen Kultur mit dem Aufstand der Armen gegen den reichen Westen verbindet und je mehr es fundamentalistischen Intellektuellen und politischen Führern gelingt, eine länderübergreifende politische Massenbewegung in Gang zu setzen.

Je großräumiger sich das gesellschaftliche Leben ausbreitet und dabei eine Vielzahl von kulturellen Identitäten in einem zusammenhängenden Gesellschaftsgeflecht zusammenbringt, um so mehr Regelungen des gesellschaftlichen Zusammenlebens müssen getroffen werden, die über die Einzelkulturen hinausgreifen. In der multikulturellen Gesellschaft können die Einzelkulturen nicht mehr bestimmen, was für alle gleich gelten soll. Das kann nur noch unter dem Dach einer Universalkultur erfolgen, die Grundrechte garantiert, zu denen auch das Recht auf eine eigene kulturelle Identität für jedes Individuum und jede Gruppe gehört. Dieses Recht kann jedoch nur in einer abgegrenzten Privatsphäre ausgeübt werden, während das gesellschaftliche Zusammenleben von den Grundsätzen der übergeordneten Kultur und staatlichen Gesetzen geleitet wird. Soweit die einzelnen Individuen und Gruppen etwas von ihrer kulturellen Identität in das gesellschaftliche Zusammenhandeln einbringen und Bestimmungen festsetzen wollen, nach denen sich auch die anderen richten, kann dies nur auf dem Wege der freiwilligen Zustimmung der anderen im Verfahren des Diskurses oder der politischen Entscheidung durch Mehrheit geschehen, und dies auch nur, wenn dadurch die Grundrechte nicht selbst aufgehoben werden.

Je heterogener die einzelkulturellen Weltsichten sind, die in die Diskussion und die politischen Entscheidungsprozesse eingebracht werden, um so weniger wahrscheinlich werden einvernehmliche Einigungen. Es wächst dann der Bedarf an politischen Mehrheitsentscheidungen. Je mehr ihm entsprochen wird, um so mehr bildet sich ein Primat der Politik heraus. Die Gefahr ist dann, daß sich die Machtpolitik verselbständigt, weil angesichts zu großer kultureller Differenzen nur noch das geschickte Taktieren Mehrheiten verschaffen kann, während zu viel kulturelle Diskussion zum heillosen Streit ohne Ende führt. Wenn die EG-Kommission und der Ministerrat zu viel Politik hinter verschlossenen Türen betreiben und zu wenig das Europäische Parlament, die nationalen Parlamente und die Bevölkerung einbeziehen, dann hat dies seine Ursache auch in dem Bedürfnis, überhaupt Entscheidungen zustande zu bringen, ohne allzusehr die kulturellen Differenzen und gegensätzlichen Interessenlagen aufeinanderprallen zu lassen. Je mehr die Politik der EG in das Europäische Parlament, die nationalen Parlamente und die Bevölkerung verlagert wird – was unter demokratischen Gesichtspunkten zu fordern ist –, um so mehr werden die kulturellen Differenzen und gegensätzlichen Interessenlagen es schwermachen, überhaupt zu Entscheidungen zu kommen, die von allen anerkannt werden. Eine Politische Union Europas wird lange Zeit vor dem Dilemma stehen, mit dem Ausbau der demokratischen Teilnahmerechte jene europaweite Entscheidungsfähigkeit zu gefährden, zu deren Zweck die Politische Union ja gerade gebildet werden soll, die jedoch nur mit einem entsprechenden Ausbau der Demokratie als legitim gelten kann.

Demokratie ist bei hohem Entscheidungsbedarf um so schwerer zu verwirklichen, je größer und kulturell vielfältiger die politische Einheit wird. Nimmt man die Vereinigten Staaten von Amerika als Maßstab, dann muß bedacht werden, daß dort durch die Zuwanderung von Menschen aus der ganzen Welt der kulturelle Pluralismus zwar stetig gewachsen ist, jedoch die von der weißen, angelsächsischen und protestantischen Ursprungsgemeinschaft geschaffene Kultur dem Land eine kulturelle Einheit gibt, die auch den politischen Einigungsprozessen einen allgemeingültigen Rahmen verleiht. Schließlich hat die Verfassung der Vereinigten Staaten mit ihrer Garantie von Grundrechten selbst den Status einer Zivilreligion eingenommen und jede andere Art von Religion auf dem Wege der garantierten Religionsfreiheit zur Privatangelegenheit erklärt. Die darin enthaltene Trennung von Staat und Religion macht den Staat nicht religionsfrei. Sie ordnet nur jede andere Religion als partikularistische Privatangelegenheit dem Universalitätsanspruch der Zivilreligion unter. Die Loyalität des Bürgers gehört zuerst der Verfassung und erst danach seiner Religion. Im Konfliktfall hat die Zivilreligion der Verfassung Vorrang vor den partikularen Religionspflichten. Nur im Rahmen dieses klaren Vorrangs der Zivilreligion ist der Pluralismus untergeordneter, nur partikular geltender Religionen möglich.

In den Vereinigten Staaten von Amerika bestehen einheitlichere kulturelle Voraussetzungen für politische Entscheidungsprozesse als in einem Vereinigten Europa. Gemeinsame Entscheidungen, die im Lichte der Kultur als legitim betrachtet werden, sind so leichter zu erreichen. Außerdem ist im politischen System der Vereinigten Staaten das Dilemma von politischer Entscheidungsfähigkeit versus Teilnahme- und Widerspruchsrechte der Bürger zugunsten der letzteren gelöst worden. Die politischen Entscheidungen werden auf der niedrigstmöglichen Ebene getroffen. Der Staat hält sich so weit wie möglich aus der Regelung des gesellschaftlichen Zusammenlebens heraus und überläßt vieles der Selbstregulierung der Gesellschaft. Die gewachsene Heterogenität der Bevölkerung und die Unübersichtlichkeit der Interdependenzen gesellschaftlichen Handelns haben jedoch Probleme angehäuft, die der politischen Lösung bedürfen, ohne daß das politische System die dafür notwendige politische Macht konzentriert hätte. Die Vereinigten Staaten müssen die Machtlosigkeit des Staates zunehmend mit der Anhäufung ungelöster gesellschaftlicher Probleme – Armut, Rassenkonflikte, Kriminalität, Drogen-handel – bezahlen (vgl. Windhoff-Héritier 1988, Seeleib-Kaiser 1992). Inzwischen ist ein heftiger Streit um die Multikulturalität entbrannt. Während die Bewegung der *political correctness* auf die Etablierung eines Pluralismus gleichberechtigter ethnischer Kulturen abzielt, sagen ihre Kritiker, daß dieser Pluralismus der Einheit einer in der Verfassung verankerten Zivilreligion der individuell, aber nicht gruppenweise garantierten Bürgerrechte untergeordnet bleiben muß (Berman 1992, Schlesinger 1992).

In Europa herrschen andere Bedingungen. Die kulturellen Differenzen sind größer. Die einzelnen Nationalstaaten haben eigene Nationalkulturen ausgebildet, die sich nicht so leicht einer europäischen Einheitskultur unterwerfen. Zugleich fehlt jedoch die Toleranz für die Anhäufung gesellschaftlicher Probleme, die in den Vereinigten Staaten noch gegeben ist. Die Erwartungen, daß diese Probleme gelöst werden, sind viel größer. Sie sind auf den Staat gerichtet. Dementsprechend artikuliert sich hier ein viel größerer Bedarf an politischer Entscheidungsfähigkeit, die eine entsprechende Konzentration der politischen Macht erfordert. Das Dilemma von demokratischen Teilnahmerechten und politischer Entscheidungsfähigkeit macht sich hier um so schärfer bemerkbar. Je mehr das Zusammenwachsen Europas europaweite Probleme schafft, um so mehr wird man die zentrale Entscheidungsmacht stärken müssen und um so weniger politische Teilnahme wird zu verwirklichen sein, da diese eher auf den niedrigeren nationalen, regionalen und lokalen Ebenen möglich ist. Wird man dagegen die Teilnahmerechte ausbauen, wie es die Prinzipien einer Demokratie verlangen, dann wird dies um so mehr zu einer Zersplitterung der Macht führen und Entscheidungen nur noch unzureichend zustande bringen. Dies wird wiederum eine Anhäufung gesellschaftlicher Probleme zur Folge haben, die wir auch nicht tolerieren wollen. Wir sehen, es wird nicht einfach werden, in einem Vereinigten Europa den richtigen Weg zwischen der Scylla der Machtkonzentration und der Charybdis der politischen Entscheidungsunfähigkeit und der Anhäufung gesellschaftlicher Probleme zu finden.

Die Dialektik
der Europäisierung und Globalisierung
des modernen Lebens

Unsere Betrachtungen haben gezeigt, daß wir aus der Entwicklung der europäischen Nationalstaaten durchaus ableiten können, welch widersprüchlichen Verlauf der europäische Einigungsprozeß nimmt, welche Probleme auf uns zukommen, welche Lösungen der Probleme möglich sind und mit welchen Folgeproblemen sie behaftet sein werden. Dabei haben wir von Anfang bis Ende klassisches Theoriegut der Soziologie genutzt und weiterentwickelt. Daß die Entwicklung der modernen Gesellschaft eine fortschreitende Arbeitsteilung und Interdependenz und eine Verdrängung kleinerer politischer Einheiten durch größere und mächtigere mit sich bringt, hat schon Herbert Spencer (1897-1906/1975) thematisiert. Daß größere Wirtschaftseinheiten alte Solidaritäten auflösen und neue aufbauen müssen, ist von Emile Durkheim (1893/1973a) als zentrales Problem der Modernisierung erschlossen worden. Er hat das Thema der wachsenden Arbeitsteilung mit demjenigen der Umstellung der Solidarität verknüpft. Später hat Norbert Elias (1939/1976) den Gedanken der Herausbildung größerer politischer Einheiten in politischen Kämpfen neu formuliert. Daß Modernisierung widersprüchlich verläuft und einerseits Befreiung, andererseits Entfremdung und neue Unterdrückung und Ungleichheit hervorbringt, hat Karl Marx (1844/1968, 1867/1962; Marx und Engels 1846/1969) in aller Schärfe gezeigt. Max Weber (1922/1976: 44-45, 58-59, 78-79, 94, 396-397, 468-470, 493-494) hat dies in seinem Paradoxon von formaler Rationalität und materialer Irrationalität allgemeiner gefaßt und dessen Wurzel in der spezifischen Art unseres Rationalismus der Weltbeherrschung erkannt. Aus seinem Werk können wir außerdem ermitteln, welche Voraussetzungen erfüllt sein müssen, um eine moderne Sozialordnung zu schaffen, und welche Probleme eine solche Ordnung in sich birgt. Georg Simmel (1914/1926) hat die Paradoxien der Moderne in verschiedenen Nuancen aufgespürt und in der Dialektik von subjektiver und objektiver Kultur zusammengefaßt. Unsere Überlegungen zur Identitätsbildung durch äußere Abgrenzung und innere Homogenisierung sind ohne Simmels (1908/1968: 232-245) klassische Studie über den Streit nicht denkbar. Talcott Parsons (1971) ist ein besseres Verständnis der komplexen Struktur moderner Gesellschaften und ihrer Integration durch die Herausbildung einer gesellschaftlichen Gemeinschaft zu verdanken.

Auf den Schultern der Klassiker läßt sich etwas weiter in die Zukunft sehen (Merton 1983). Die Soziologie hat ein Wissen akkumuliert, das sich ohne Zweifel auch auf die neue Entwicklungsstufe der modernen westlichen Zivilisation anwenden läßt, die wir heute im aktuellen Prozeß der europäischen Einigung erreicht haben. Die Anwendung dieses Wissens zur Deutung und Erklärung des vermutlichen Verlaufes dieser Entwicklung und der dabei auftretenden Widersprüche und Probleme trägt ihrerseits zu dessen Qualifizierung und Weiterentwicklung bei. Dabei können wir natürlich auch aus der reichhaltigen Forschung zu Einzelproblemen und aus neuen Theorieentwicklungen schöpfen und den aktuellen Forschungsstand einbringen. Nur so kann Soziologie als kontinuierliche Wissensakkumulation betrieben werden, nämlich als Anwendung des akkumulierten Wissens auf neue Erscheinungen und Problemstellungen und die sich daraus ergebende partielle Qualifizierung, Korrektur und Fortentwicklung dieses Wissens. Eine Soziologie, die sich auf die aktuellen Problemlagen ohne Konsultation des akkumulierten Wissens stürzt, mag im Glücksfall in ihrer Unbekümmertheit unsere Augen für das bislang Ungesehene öffnen. In den weniger glücklichen Fällen wird sie jedoch alte Fehler neu begehen und altes Wissen als Neuheit verkaufen. Eine reichhaltige Soziologie braucht sie jedoch alle zusammen: die unbekümmerten Draufgänger ohne Seil und Haken zur Erkundung neuen Terrains, die akribischen Sachwalter des akkumulierten Wissens zur Verfeinerung der Kletterhilfen und die Kletterer, die den Spuren der Draufgänger folgen, um mit dem verfeinerten Werkzeug noch ein Stück weiter zu kommen.

Fassen wir noch einmal zusammen: Der Prozeß der Europäisierung und Globalisierung des modernen Lebens ist eine neue Entwicklungsstufe der Moderne, auf der sich die Dialektik des Fortschritts, wie sie schon von den Klassikern erfaßt worden ist, in neuer und noch weiter verschärfter Form beobachten läßt: Europäische Identität bildet sich auf Kosten nationaler Identitäten, die jedoch zugleich zum Widerstand gegen die neue Entwicklung angestachelt werden. Sie tritt außerdem zwangsläufig in schärfere Abgrenzung zu den Nichteuropäern im globalen Wettbewerb um Anteile an Wohlstand, Herrschaft, Solidarität und Kultur. Regionale Identitäten gewinnen an Bewegungsfreiheit, gehen dieser aber auch wieder in den weiter gespannten Beziehungsgeflechten verlustig.

Ökonomisches Wachstum wird auf Kosten von Einbußen des ökonomischen Wohlergehens, des ökologischen Gleichgewichts, der politischen Regierungsfähigkeit, der Solidarität und der kulturellen Artenvielfalt erzielt.

Größere politische Einheiten setzen sich durch und erweitern die Reichweite politischer Konfliktbewältigung, erzeugen neue Konflikte, verlieren zugleich an politischer Entscheidungskraft und entziehen kleineren politischen Einheiten ihre Selbstbestimmung.

Es entstehen größere Einheiten der Zusammenarbeit und Solidarität, deren Bande jedoch dünn und zerbrechlich sind. Gleichzeitig werden gewachsene kleinräumige Solidaritäten verdrängt. Die Erweiterung der Reichweite von Solidarität, sozialer Integration und sozialer Ordnung führt zugleich Entsolidarisierung, Desintegration, Konflikte und Erosionen der sozialen Ordnung mit sich.

Die großräumige Ausbreitung der modernen Kultur bringt die Ideale der Moderne zu einer breiteren Geltung, zerstört jedoch die kleinräumigen kulturellen Lebenswelten, ersetzt die kulturelle Artenvielfalt durch die Vielfältigkeit des kulturellen Warenangebots und opfert die Kultur so einer allumfassenden Ökonomie des modernen Lebens. Die Kulturen der Welt fangen wir in einer Einheitskultur ein, die sich Multikulturalität als eine Sammlung partikularer, in die Privatsphäre verbannter Kulte unter dem Dach ihres eigenen Universalitätsanspruchs leistet.

Europa entwickelt sich in diesem Prozeß zu einer neuen gesellschaftlichen Einheit, zu einer europäischen Gesellschaft, deren Differenz nach außen wie nach innen schärfer artikuliert wird. Nach außen verschärft sich die Differenz zu Japan und den Vereinigten Staaten von Amerika, nach innen die Differenz zu den Nationalstaaten, die an Souveränität einbüßen und sich dagegen wehren. Gleichzeitig verstärkt sich im Prozeß der europäischen Vereinheitlichung die Differenz zwischen den Nationalstaaten, die ihre verbleibenden Souveränitätsrechte um so bewußter wahrnehmen und in den supranationalen Entscheidungsprozeß einbringen. Weiterhin wächst die Differenz zwischen den Nationalstaaten und den nach Autonomie und Separation strebenden Regionen, die vom Prozeß der Vereinheitlichung wachgerüttelt werden und neue Chancen der Selbständigkeit unter dem Dach der supranationalen Einheit wittern. Schließlich wird die Differenz zwischen den Regionen im Prozeß der Vereinheitlichung ins Bewußtsein gerückt und zur Sicherung der regionalen Identitäten betont. Die Entwicklung der europäischen Gesellschaft wird durch diese Dialektik von Einheit und Differenz vorangetrieben. Die sich so herausschälende europäische Gesellschaft umfaßt mehr als die EG, sie hat aber in der EG ihr Zentrum, mit dem die Peripherie in Süd-, Ost- und Nordeuropa immer enger verflochten wird. Das geschieht durch die Entwicklung einer gemeinsamen Identität in Abgrenzung zu den USA und zu Japan im Zentrum der Weltgesellschaft, durch wirtschaftlichen Austausch, durch die politische Führung der EG im ganzen Europa, durch die Knüpfung von Solidaritätsbanden, durch europaweite Kommunikation und durch Vereinheitlichung der europäischen Kultur in Wissenschaft, Kunst, Literatur, Rechtsauffassungen, Moral und Unterhaltung. Diese europäische Gesellschaft mit der EG als Zentrum und Motor des Geschehens hat noch nicht die Einheit und Geschlossenheit der Nationalstaaten erreicht und wird diese auch nicht in absehbarer Zeit erlangen. Aber sie ist eine Realität, die unser Leben in steigendem Maße bestimmt. Im Spannungsfeld von Regionen, Nationalstaaten und Weltgesellschaft nimmt sie einen zunehmend gewichtigeren Platz ein.

Legen wir die Maßstäbe nationaler Gesellschaften zugrunde, dann ist es sicherlich verfrüht, von der Existenz einer europäischen oder gar globalen Gesellschaft zu sprechen. Dennoch verflechten sich die Kommunikationen auf diesen Ebenen in einem Maße, daß diese Einheiten in Umrissen erkennbar werden. Die Rede von den sich herauskristallisierenden Gesellschaften auf europäischer und globaler Ebene soll diese neue Qualität unseres Daseins zum Ausdruck bringen. In der zusammenwachsenden Welt werden wir uns daran gewöhnen müssen, in gesellschaftlichen Einheiten zu leben, die keinesfalls über die Geschlossenheit, die stabile Identität sowie den assoziativen, demokratischen und kommunikativen Unterbau verfügen wie die Nationalstaaten, aber dennoch unser Handeln organisieren. In diesem Prozeß verlieren die Nationalstaaten selbst ihre Geschlossenheit, weil sie Souveränitätsrechte nach oben an die supranationalen Einheiten und nach unten an die Regionen abtreten müssen und weil unser Handeln vielfältiger in regionale, europäische und globale Zusammenhänge eingespannt wird. Es ist deshalb von erstrangiger Bedeutung, daß wir uns Klarheit über die Prozesse, ihre Dynamik und ihre Konsequenzen verschaffen, die Europa als eine neue gesellschaftliche Einheit im Spannungsfeld zwischen Nationalstaat, regionaler Autonomie und Weltgesellschaft herausbilden. Unsere Aufmerksamkeit hat dabei sowohl den inneren Prozessen der Gesellschaftsbildung mit der EG im Zentrum des Geschehens zu gelten als auch der Verflechtung der neuen gesellschaftlichen Einheit mit den Nationalstaaten und Regionen nach unten und der Weltgesellschaft nach oben.

Europa ist ein Projekt, das unsere Kräfte auf unabsehbare Zeit beanspruchen wird. Es ist ein Projekt, dessen Bahnen durch die kulturelle Entwicklungslogik und die gesellschaftliche Entwicklungsdynamik der Moderne sowie durch deren Interdependenz vorgezeichnet sind (Münch 1986/1993). Wie gut wir es auf diesen Bahnen voranbringen, zwischen ihren Widersprüchen hindurchleiten und trotz der überall lauernden Gefahren doch nicht scheitern, hängt von unserem Wissen über die Widersprüche und Gefahren ab. Es kommt auch auf die Umsicht an, die wir im Lichte dieses Wissens bei der Arbeit an dem Projekt walten lassen.

Anhang
Tabellen und Abbildungen

Abkürzungen

GB: Großbritannien

F: Frankreich

D: Bundesrepublik Deutschland

EG9:   Mittelwert aus Belgien, Dänemark, Spanien, Frankreich, Großbritannien, Niederlande, Irland, Italien und Bundesrepublik Deutschland

EG: Mittelwert aus Belgien, Dänemark, Spanien, Frankreich, Großbritannien, Niederlande, Irland, Italien, Bundesrepublik Deutschland, Luxemburg, Griechenland, Portugal

E9:   Mittelwert aus Großbritannien, Nordirland, Irland, Bundesrepublik Deutschland, Niederlande, Belgien, Frankreich, Italien, Spanien

E10:   Mittelwert aus Großbritannien, Nordirland, Irland, Bundesrepublik Deutschland, Niederlande, Belgien, Frankreich, Italien, Spanien, Portugal

L12:   Mittelwert aus Belgien, Frankreich, Irland, Italien, Spanien, Großbritannien, Bundesrepublik Deutschland, Niederlande, Dänemark, Norwegen, Schweden, USA

L14:   Mittelwert aus Großbritannien, Nordirland, Irland, Bundesrepublik Deutschland, Niederlande, Belgien, Frankreich, Italien, Spanien, Portugal, Dänemark, Norwegen, Schweden, Island

JP: Japan

Tabelle 1: Einstellungen zu Nation, Europa, Multikulturalität (in Prozent)

Einstellung	GB 1992	F 1992	D 1992	EG 1992
Selbstwahrnehmung als Europäer:				
häufig	10	16	8	14
manchmal	18	36	29	32
niemals	71	47	59	51
weiß nicht	1	1	4	2
Identifikation in der Zukunft mit:				
Nation allein	54	31	41	38
Nation und Europa	35	55	43	48
Europa und Nation	4	6	9	7
Europa allein	4	6	3	4
weiß nicht	3	2	4	4
Passives EG-Kommunalwahlrecht:				
dafür	47	46	41	47
dagegen	49	49	54	46
weiß nicht	4	5	5	7
Aktives EG-Kommunalwahlrecht:				
dafür	38	36	29	38
dagegen	57	59	65	55
weiß nicht	4	5	7	7
Anwesenheit nicht störend von Menschen:				
anderer Nationalität	85	82	77	83
anderer Rasse	82	74	74	80
anderer Religion	85	81	77	82
Anwesenheit störend von Menschen:				
anderer Nationalität	13	16	17	14
anderer Rasse	15	23	19	16
anderer Religion	13	16	16	14

Quelle: Kommission der EG 1992a: A33-A35.

Tabelle 2: Wertpräferenzen. Freiheit, Gleichheit, Toleranz (in Prozent)

Wertpräferenz		GB	F	D	EG
Wenn zu wählen wäre:					
Für Freiheit statt Gleichheit	1981/83	68,3	54,0	37,5	48,4
Für Gleichheit statt Freiheit	1981/83	24,0	33,0	38,9	34,6
Für Freiheit statt Gerechtigkeit	1988	57,7	45,0	37,7	47,9
Für Gerechtigkeit statt Freiheit	1988	34,7	48,0	38,9	40,5
Vorrang der Gleichheit vor Freiheit als politischem Prinzip (L14)	1990	31,0	42,0	22,0	35,0
Jeder ist vor dem Gesetz gleich	1982	42,1	23,4	48,2	40,4
Für Freiheit des Individuums einsetzen	1988	43,2	41,3	35,8	41,3
Freiheit des einzelnen ist zu weit gegangen	1982	38,1	36,2	57,4	40,7
Meinungsfreiheit absolut wichtig	1988	66,2	75,5	89,4	75,9
Religions- und Gewissensfreiheit absolut wichtig	1988	77,1	77,3	87,3	82,9
Eigentumsfreiheit absolut wichtig	1988	80,8	78,2	86,2	79,2
Eigene Sprache/Kultur absolut wichtig	1988	63,1	80,5	85,1	79,1
Grundrecht auf Asyl absolut wichtig	1988	37,2	73,0	40,1	50,7
Rassismus bekämpfen	1988	31,4	41,2	32,2	37,0
Minderheiten mit von der Mehrheit abweichenden Ideen oder Sitten werden nicht geduldet	1982	29,5	27,0	43,6	28,6
Zusammensein mit Menschen mit anderen Ideen, Überzeugungen und Werten ist unangenehm:	1981/83				
ja		6,8	9,9	11,0	11,5
nein		91,6	88,8	82,1	85,1
Rechts außen stehende politische Einstellung von Wählern	1989	8	5	9	

Quellen: Brettschneider, Ahlstich und Zügel 1992: 543-545, 549, 583, 614;
Barker, Halman und Vloet 1992: 17.

Tabelle 3: Tugenden, zu denen Kinder erzogen werden sollen. Selektion von 5 Tugenden aus einer Liste von 17 (1981) bzw. 11 (1990) (in Prozent)

Tugend	GB		F		D		EG9	E10
	1981	1990	1981	1990	1981	1990	1981	1990
Ehrbarkeit	79		76		74		73	
Toleranz, Respektierung des anderen	62	79	59	78	42	77	51	75
Gutes Benehmen	68	89	21	53	42	66	40	76
Verantwortungsgefühl	24	48	40	71	63	85	46	74
Höflichkeit	27		51		29		34	
Loyalität	36		36		22		32	
Selbstbeherrschung	33		30		29		29	
Unabhängigkeit	23	43	16	27	46	73	27	41
Gehorsam	37	39	18	53	15	22	25	38
Hingabe an Arbeit	26	29	36	53	22	15	23	31
Ökonomisches Denken, Sparsamkeit	9	26	32	36	31	45	21	32
Ausdauer	17	31	18	39	27	49	18	32
Religiöser Glaube	14	19	11	13	17	20	17	25
Altruismus	40	57	22	40	4	8	15	28
Geduld	16		10		14		14	
Phantasie	11	18	12	23	14	32	13	24
Führungsgeschick	4		2		31		10	

Quellen: Stoetzel 1983: 40; Harding, Phillips und Fogarty 1986: 20, 21; Ashford und Timms 1992: 63.

Tabelle 4: Permissivität und zivile Moral. Urteile über Handlungen. 1981: Skala von 100 bis 1000. Je höher der Wert, um so höher die Permissivität. 1990: Prozentsatz der Ablehnung.

Handlung	GB		F		D		EG9	E9
	1981	1990	1981	1990	1981	1990	1981	1990
Permissivität:								
Töten in Notwehr	533		579		444		535	
Scheidung	496	11	531	11	500	7	497	16
Abtreibung	401	19	489	18	388	16	407	24
Euthanasie	436		471		427		403	
Homosexualität	342	39	316	38	351	29	326	38
Prostitution	296	41	302	45	345	30	293	45
Außereheliches Abenteuer	252	51	400	33	263	40	285	50
Sexualverkehr zwischen Jugendlichen	177	73	378	34	263	49	273	50
Selbstmord	273		348		281		265	
Drogenkonsum (Marihuana)	173		176		139		166	
Zivile Moral:								
Den Fiskus täuschen	269		322		251		264	
Schwarzfahren	205		247		221		214	
Karambolage mit geparktem Fahrzeug nicht melden	233		244		178		208	
Rebellion gegen Polizei	173		251		207		203	
Sozialleistungen erschleichen	267		325		194		202	
Bestechung akzeptieren	161		249		188		191	
Gestohlene Dinge kaufen	186		209		153		175	
Freiheit der Arbeit bei Streik behindern	169		174		171		170	
Notlüge zum Vorteil des Lügners	272		332		315		285	
Diebstahl durch Behalten verlorener Gegenstände	242		298		278		285	
Politischer Mordanschlag	175		181		137		153	
Vorübergehender Autodiebstahl zum Spaß	123		148		121		135	
Mittlerer Index der Permissivität	262		317		264		270	
Permissivität: Abweichung vom Durchschnitt 0	-0,04	0,03	0,30	0,43	0,01	0,28	L12 / 0	L12 / 0
Zivile Moral: Abweichung vom Durchschnitt 0	0,01	0,03	-0,43	-0,50	0,04	-0,13	L12 / 0	L12 / 0

Quellen: Stoetzel 1983: 41; Harding, Phillips und Fogarty 1986: 8, 9; Ashford und Timms 1992: 62; Barker, Halman und Vloet 1992: 32, 37.

Tabelle 5: Einstellungen zu Menschen, Nation, Demokratie, Gesellschaft und Leben (in Prozent)

Einstellung			GB	F	D	EG
Soziales Vertrauen		1959	49,2		19,0	
		1981/83	41,8	23,1	26,8	
		1985	38,1	20,4	39,0	
	(E10)	1990	42,0	21,0	31,0	33,0
Soziales Mißtrauen		1959	39,0		59,1	
		1981/83	54,8	70,0	56,2	
		1985	58,3	76,3	51,3	
Vertrauen in Rechtssystem:						
viel		1981/83	64,6	55,1	66,0	58,6
nicht viel			33,7	42,5	33,2	39,1
nicht viel u. keines	(E10)	1990	46,0	41,0	34,0	50,0
Nationalstolz:						
stolz		1982	88,0	75,2	57,2	76,0
nicht stolz			10,0	15,9	31,6	17,1
stolz		1988	82,2	76,7	63,9	80,7
nicht stolz			15,7	19,0	30,0	16,0
Zufriedenheit mit Leben		1973	85,2	76,8	81,4	85,4
		1980	87,0	70,2	84,9	84,6
		1990	86,8	79,9	88,0	84,2
Zufriedenheit mit Demokratie		1973	43,8	40,6	43,2	46,9
		1980	51,9	35,3	72,8	50,4
		1990	48,8	52,3	80,4	60,1
		1993	49,0	41,0	51,0	42,0
Zurechnung zur Mitte		1973	43,9	43,0	56,7	47,6
		1980	61,6	52,1	59,6	54,6
		1990	66,4	53,2	56,7	53,9
Für Revolution		1976	7,2	13,5	2,3	6,6
		1981	9,4	7,5	3,9	6,3
		1990	7,6	6,6	2,3	5,8
Für Reform		1976	59,4	63,7	52,2	58,0
		1981	55,4	64,3	42,4	57,4
		1990	62,8	64,4	55,1	64,6
Wilder Streik: (E9)						
Habe mich beteiligt		1981	7	10	2	5
		1990	8	9	2	5
Könnte mich beteiligen		1981	15	22	11	15
		1990	18	23	12	17
Würde niemals teilnehmen		1981	77	69	87	71
oder weiß nicht		1990	71	61	75	69

Quellen: Brettschneider, Ahlstich und Zügel 1992: 541, 542, 546, 550-52, 564, 584; Ashford und Timms 1992: 12, 16, 101; Kommission der EG 1993: 4.

Tabelle 6: Ökonomische Entwicklung und soziale Integration

		GB	F	D	EG
Mitgliedschaft in:					
Vereinigung (in Prozent; EG 9)	1981	52	27	50	40
Gewerkschaft (in Prozent)	1990	20,3	8,2	16,3	19,1
Partei (in Prozent)	1990	5,4	3,6	4,4	6,4
Bruttoinlandsprodukt zu					
jeweiligen Marktpreisen					
je Einwohner in DM	1970	10671	10910	11135	9287
	1980	21280	23637	23985	19727
	1988	32629	32963	34381	28211
Inflationsrate (in Prozent)	1961	2,9	3,3	3,6	2,3
	1970	5,9	5,0	4,0	4,9
	1980	16,2	13,3	5,8	13,8
	1989	4,7	2,7	2,5	4,3
Arbeitslosenquote (in Prozent)	1960	1,6	0,7	1,0	2,3
	1970	2,5	1,3	0,6	2,1
	1980	6,0	6,4	3,4	6,6
	1985	12,0	10,5	8,4	11,4
	1989	7,2	10,8	8,2	10,4
Streiks und Aussperrungen	1950	1339	2586	–	
	1960	2849	1494	–	
	1970	3943	3319	–	
	1975	2282	3888	–	
	1980	1330	2118	132	
	1987	1016	1391	119	
Durch Streiks und Aussperrungen					
verlorene Arbeitstage					
je 1000 Arbeitnehmer	1960	138	82	2	
	1970	489	110	4	
	1975	261	219	3	
	1980	513	92	3	
	1987	160	28	1	
Ausländeranteil in Prozent					
der Bevölkerung	1988	3,1	6,6	7,3	
Wanderungssaldo je					
1000 Einwohner	1960-1988	+0,2	+1,5	+4,7	

Quellen: Stoetzel 1983: 285; Eurostat 1991b: 18; Brettschneider, Ahlstich
und Zügel 1992: 489, 491, 505, 509, 510, 511, 578, 579.

Tabelle 7: Einstellungen zu Zuwanderung (in Prozent)

Einstellung	GB 1992	F 1992	D 1992	EG 1992
Asylbewerber zulassen:				
Ohne Einschränkungen	15	15	22	23
Mit Einschränkungen	59	51	49	50
Nicht akzeptieren	20	29	25	21
Weiß nicht	6	5	4	7
Rechte von Immigranten:				
Erweitern	7	12	12	7
Einschränken	41	40	41	34
Belassen, wie sie sind	45	40	41	39
Weiß nicht	8	8	7	10
Einstellung zu Ausländern von außerhalb der EG im Lande:				
Zu viel	50	52	55	50
Viel, aber nicht zu viel	31	35	36	35
Nicht viel	13	6	5	9
Weiß nicht	7	8	4	6
Akzeptanz von Menschen südlich der mediterranen Welt:				
Ohne Einschränkungen	7	8	13	15
Mit Einschränkungen	63	55	53	56
Nicht akzeptieren	27	34	29	25
Weiß nicht	3	3	5	5
Akzeptanz von Menschen aus Osteuropa:				
Ohne Einschränkungen	9	10	10	14
Mit Einschränkungen	63	63	55	59
Nicht akzeptieren	26	24	32	23
Weiß nicht	3	3	4	5

Quelle: Kommission der EG 1992a: A41, A42, A44.

Tabelle 8: Ethnische Intoleranz, Verhaltensintoleranz und Ablehnung politisch Extremer (in Prozent, Abweichung vom Durchschnitt o)

Einstellung	GB 1981	GB 1990	F 1981	F 1990	D 1981	D 1990	L12 1981	E10 1990
Gleiches Recht auf Arbeit für Einheimische und Immigranten		43		30		27		25
Ethnische Intoleranz **Als Nachbarn unerwünscht:**								
Muslime		17		17		20		17
Immigranten		12		13		16		13
Hindus		12		8		13		11
Andere Rassen		9		9		10		10
Juden		7		7		7		9
Große Familien		11		8		8		9
Abweichung vom Durchschnitt o	0,11	0,06	-0,18	0,08	0,30	0,17	L12 0,00	L12 0,00
Verhaltensintoleranz **Als Nachbarn unerwünscht:**								
Drogenabhängige		62		44		60		58
Alkoholiker		48		50		64		52
Ehemalige Straffällige		41		19		27		35
Homosexuelle		31		24		34		32
Aidsinfizierte		23		15		28		29
Emotional Instabile		28		17		31		27
Abweichung vom Durchschnitt o	0,09	0,10	-0,42	-0,23	0,12	0,11	L12 0,00	L12 0,00
Ablehnung politisch Extremer **Als Nachbarn unerwünscht:**								
Rechtsextreme		28		33		62		38
Linksextreme		34		23		51		34
Abweichung vom Durchschnitt o	-0,09	0,06	-0,40	-0,01	0,48	0,68	L12 0,00	L12 0,00

Quellen: Ashford und Timms 1992: 14, 15; Barker, Halman und Vloet 1992: 23-27.

Tabelle 9: Wertpräferenzen. Unterstützung der Neuen Sozialen Bewegungen (in Prozent)

Wertpräferenz		GB	F	D	EG
Für Weltfrieden einsetzen	1988	70,9	78,3	67,3	74,3
Friedensbewegung:					
unterstützen	1986	13,8	9,2	38,2	18,1
nicht unterstützen	1986	74,0	79,8	27,3	56,2
Für Naturschutz einsetzen	1988	47,8	56,1	74,7	55,8
Naturschutzbund:					
unterstützen	1986	29,7	19,9	58,1	27,4
nicht unterstützen	1986	57,5	69,3	8,8	45,2
Umweltschutz:	1992				
Ein unmittelbar drängendes Problem		82	80	89	85
Eher ein Problem der Zukunft		10	17	9	11
Nicht wirklich ein Problem		3	2	1	2
Weiß nicht		5	1	2	3
Ökologiebewegung:					
unterstützen	1986	16,9	10,3	26,5	17,8
nicht unterstützen	1986	66,0	79,0	38,5	53,4
stark oder in gewissem Maße unterstützen (L14)	1990	92,0	91,0	97,0	92,0
Antiatomkraftbewegung:					
unterstützen	1986	14,6	5,5	22,2	14,4
nicht unterstützen	1986	73,9	83,6	41,0	59,1
stark oder in gewissem Maße unterstützen (L14)	1990	56,0	64,0	72,0	67,0
Materialist	1990	20,9	25,3	20,7	24,3
Mischtyp	1990	59,3	56,5	59,1	58,1
Postmaterialist	1990	19,8	18,2	20,3	17,6

Quellen: Brettschneider, Ahlstich und Zügel 1992: 566, 567, 580, 581, 583; Kommission der EG 1992a: A44; Barker, Halman und Vloet 1992: 15.

Tabelle 10: Wertpräferenzen und politisches Verhalten. Gleichberechtigung, politische Diskussion (in Prozent)

Wertpräferenz, Verhalten		GB	F	D	EG
Für Gleichberechtigung					
einsetzen	1988	24,0	22,7	32,6	26,6
Emanzipation der Frauen:	1983				
dafür		57,9	74,5	66,0	64,5
dagegen		33,5	17,7	22,5	23,7
Berufstätigkeit in Familie:	1987				
Mann und Frau		48,6	47,2	31,0	40,4
Eher Mann		31,5	26,7	32,4	27,1
Nur Mann		17,2	23,3	27,8	25,8
Mann und Frau (E10)	1990	67,0	77,0	55,0	68,0
Politik:	1987				
Sache der Männer		10,8	17,6	33,8	22,2
Sache der Männer und Frauen		89,2	81,5	64,0	74,3
Mit Freunden Politik					
diskutieren:	1990				
häufig		17,4	12,7	18,7	16,8
nie		30,4	37,8	16,6	33,3
Sehr oder etwas an					
Politik interessiert (E10)	1990	49,0	37,0	69,0	40,0

Quellen: Brettschneider, Ahlstich und Zügel 1992: 570-575, 583; Ashford und Timms 1992: 66, 89.

Tabelle 11: EG-Recht und Verstoßverfahren

Jahr	Bestand an Richtlinien, Verordnungen, Entscheiden	Eingeleitete Verstoßverfahren	Prozentuales Verhältnis der Verstoßverfahren zum Rechtsbestand
1974	954		
1975	1172	60	6,29
1976	1405	90	7,68
1977	1663	68	4,84
1978	1964	100	6,01
1979	2232	200	10,18
1980	2603	240	10,75
1981	2957	256	9,83
1982	3332	335	11,33
1983	3686	289	8,67
1984	4034	454	12,32
1985	4544	503	12,47
1986	5093	516	11,36
1987	5720	572	11,23
1988	6426	569	9,95
1989	7291	664	10,33
1990	8198	960	13,17
1991	9432		

Quellen: Amt für amtliche Veröffentlichungen der Europäischen Gemeinschaften 1992; Snyder 1993: 29.

Tabelle 12: Soziale Stabilität

	JP	D	USA
Je 100 000 Einwohner			
Mord und Totschlag	1,5	4,5	8,3
Raubüberfälle	1,9	46,0	213,8
Vergewaltigungen	1,7	8,6	37,4
Polizisten	182	314	254
Rechtsanwälte	10	61	194
Verhaftungsquote in Prozent	60	46	20
Scheidungen je 1000 verh. Frauen	5	9	21
Uneheliche Geburten in Prozent	1	11	27

Quellen: Tasker 1988: 97; U.S. Bureau of the Census 1992: 180, 828; Bundeskriminalamt 1992: 112, 119.

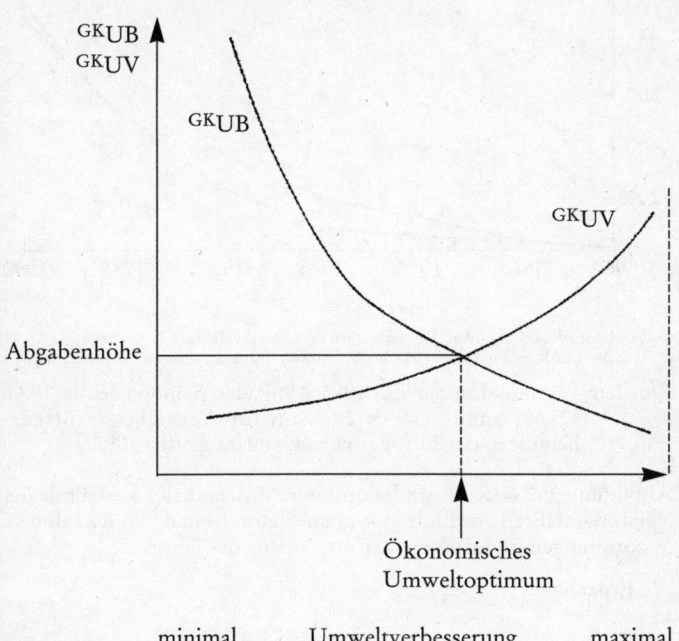

Abbildung 1: Ökonomisches Umweltoptimum
(nach Wicke 1989: 361)

minimal   Umweltverbesserung   maximal

GKUB: Grenzkosten Umweltbelastung
GKUV: Grenzkosten Umweltverbesserung

Abbildung 2: EG-Gesetzgebung und Verstoßverfahren 1960-1990

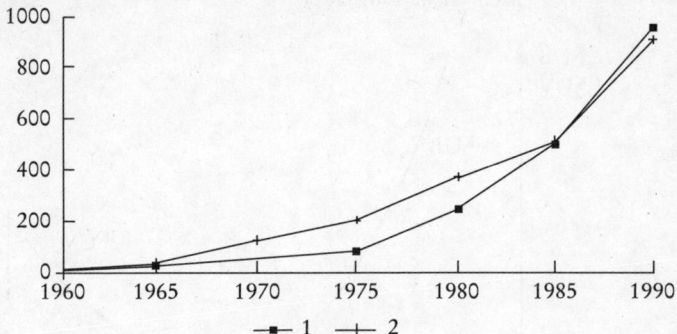

1 Verabschiedete Richtlinien, Verordnungen und Entscheide des EG-Ministerrats
2 Von der EG-Kommission eingeleitete Verstoßverfahren wegen Vertragsverletzung

Quellen: Kommission der EG 1986: 15; Padao-Schioppa et al. 1988: 67-69; Snyder 1993: 29; Amt für Amtliche Veröffentlichungen der Europäischen Gemeinschaften 1992.

Abbildung 3: EG-Rechtsinflationsraten. Prozentuales Verhältnis der Verstoßverfahren am Ende eines Jahres zum Bestand an Richtlinien, Verordnungen und Entscheiden am Anfang des Jahres.

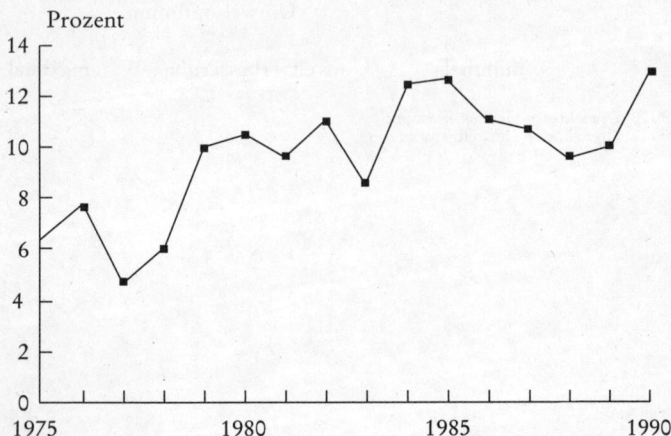

Quellen: Amt für amtliche Veröffentlichungen der Europäischen Gemeinschaften 1992; Snyder 1993: 29.

Abbildung 4: Bruttosozialprodukt und Gewalt- sowie Eigentumsdelikte in den USA

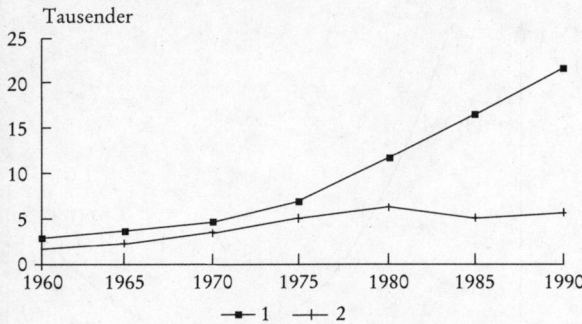

1 Bruttosozialprodukt in US-Dollar je Einwohner zu jeweiligen Preisen
2 Polizeilich erfaßte Gewalt- und Eigentumsdelikte je 100.000 Einwohner

Quellen: U.S. Bureau of the Census 1975: 150, 383, 1981: 173, 423,
446, 1992: 180, 431, 456.

Abbildung 5: Bruttosozialprodukt und Kriminalitätsrate in der
Bundesrepublik Deutschland 1960-1990

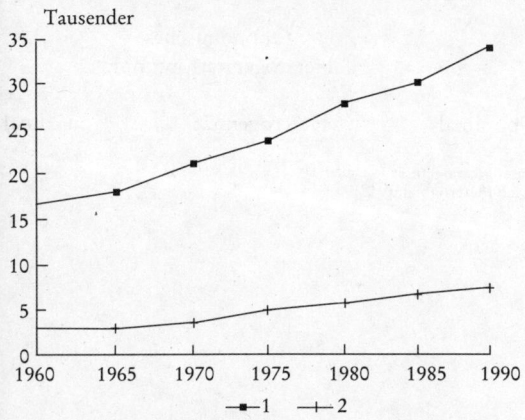

1 Bruttosozialprodukt in DM je Einwohner in Preisen von 1985
2 Gesamtzahl aller polizeilich erfaßten Straftaten je 100.000 Einwohner

Quellen: Statistisches Bundesamt 1992a: 655; Bundeskriminalamt
1992: 14.

Abbildung 6: Ökonomisches Heterogenitätsoptimum

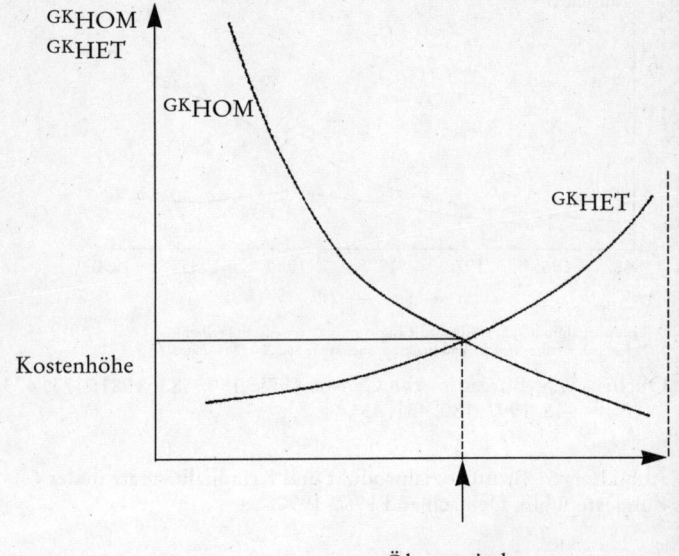

GKHOM: Grenzkosten Homogenität
GKHET: Grenzkosten Heterogenität

Abbildung 7: Langfristige Auslandsschulden der Entwicklungsländer und Entwicklungshilfe der Industrieländer 1970-1990
(in Milliarden US-Dollar)

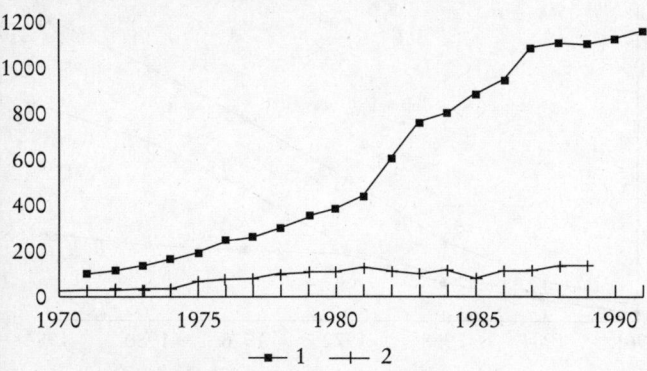

1 Schuldenstand der Entwicklungsländer
2 Entwicklungshilfe der Industrieländer

Quellen: U.S. Bureau of the Census 1979: 918, 1984: 890, 1992: 853;
Frank 1981: 136; Sinclair 1982: 19; Beenstock 1983: 121;
OECD 1989: 48, 1992: 54.

Abbildung 8: Steigerungsraten von Schuldenlast der Entwicklungsländer, Entwicklungshilfe und bewaffneten Konflikten 1970-1990
(eins- bis zehnfach)

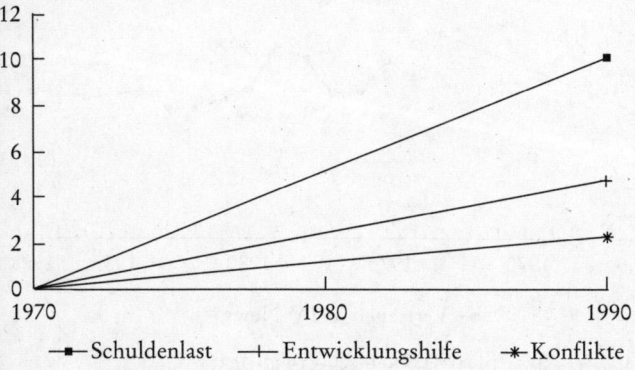

Quellen: U.S. Bureau of the Census 1992: 853; Statistisches Bundesamt 1992b: 355; Spiegel 1993h: 25.

Abbildung 9: Wöchentliche Sendezeit aller Fernsehstationen der USA 1961-1984 (in tausend Stunden)

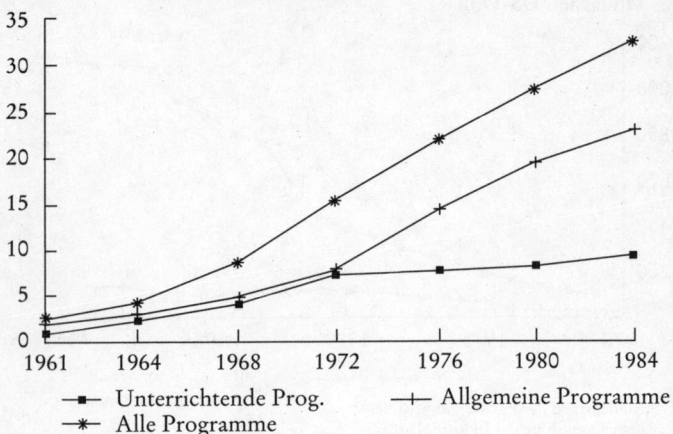

- ■ Unterrichtende Prog.   + Allgemeine Programme
- ✳ Alle Programme

Quelle: Caplow 1991: 316.

Abbildung 10: Vertrauen in TV-Nachrichten in den USA 1966-1988. Personen, die ein großes Maß an Vertrauen haben (in Prozent)

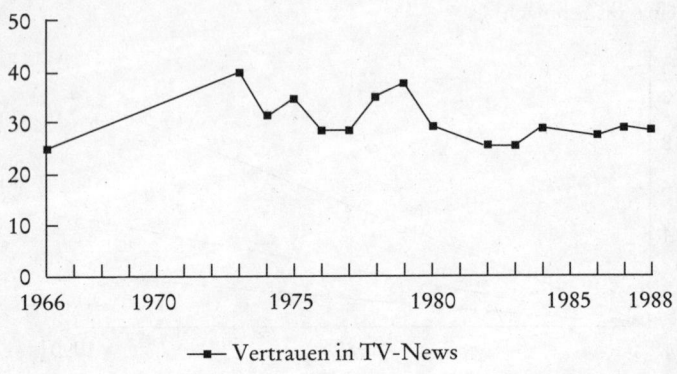

■ Vertrauen in TV-News

Quellen: Caplow 1991: 346; Schissler 1990: 263.

Literaturverzeichnis

Abromeit, Heidrun. 1992. *Der verkappte Einheitsstaat*. Opladen: Leske und Budrich.

Ackroyd, Stephen, Gibson Burrell, Michael Hughes und Alan Whitaker. 1988. »The Japanisation of British Industry?« *Industrial Relations Journal* 19, S. 11-23.

Adorno, Theodor W. 1973. *Ohne Leitbild. Parva Aesthetica*. Frankfurt a. M.: Suhrkamp.

– 1974. *Ästhetische Theorie*. Frankfurt a. M.: Suhrkamp.

Afheldt, Horst. 1993. »Sozialstaat und Zuwanderung.« *Aus Politik und Zeitgeschichte* B 7, S. 42-52.

Aldrich, Thomas Bailey. 1892. »Unguarded Gates.« *Atlantic Monthly* 70, S. 57.

Amt für Amtliche Veröffentlichungen der Europäischen Gemeinschaften. 1992. »Fundstellennachweis des geltenden Gemeinschaftsrechts.« *Amtsblatt der Europäischen Gemeinschaften*. 19. Ausgabe. Luxemburg.

Andersen, Jørgen Goul und Tor Bjørklund. 1990. »Structural Changes and New Cleavages: The Progress Parties in Denmark and Norway.« *Acta Sociologica* 33, S. 195-217.

Anderson, Benedict. 1988. *Die Erfindung der Nation*. Frankfurt a. M.: Campus.

Antes, Ralf, Gerhard Prätorius und Ulrich Steger. 1992. »Umweltschutz und Transportmittelwahl.« *Die Betriebswirtschaft* 52, S. 735-759.

Antoni, Klaus. 1991. »Tradition und Traditionalismus im modernen Japan. Ein kulturanthropologischer Versuch.« *Japanstudien* 3, S. 105-128.

Arbeitsgemeinschaft Kulturwirtschaftsbericht NRW. 1992. *Dynamik der Kulturwirtschaft Nordrhein-Westfalen im Vergleich*. Bonn: ARCult.

Arndt, Ernst Moritz. 1802/1940. *Germanien und Europa*. Stuttgart und Berlin: Kohlhammer.

Ashford, Sheena und Noel Timms. 1992. *What Europe Thinks. A Study of Western European Values*. Aldershot: Dartmouth.

Austin, John L. 1962. *How to do Things with Words*. Cambridge, Mass.: Harvard University Press.

Bach, Maurizio. 1992. »Eine leise Revolution durch Verwaltungsverfahren: Bürokratische Integrationsprozesse in der Europäischen Gemeinschaft.« *Zeitschrift für Soziologie* 21, S. 16-30.

Bade, Klaus J. 1983. *Vom Auswanderungsland zum Einwanderungsland? Deutschland 1880-1980*. Berlin: Colloquium-Verlag.

Bäcker, Gerhard. 1991. »Sozialpolitik im vereinigten Deutschland. Probleme und Herausforderungen.« *Aus Politik und Zeitgeschichte* B 3-4, S. 3-15.

Bainbridge, William Sims. 1990. »Explaining the Church Member Rate.« *Social Forces* 68, S. 1287-1296.

Banton, Michael. 1983. *Racial and Ethnic Competition*. Cambridge: Cambridge University Press.

Barker, David, Loek Halman und Astrid Vloet. 1992. *The European Values Study 1981-1990. Summary Report*. London: Fishburn, Hedges, Boys, Williams.

Baudrillard, Jean. 1983. *Simulations*. New York: Semiotext.

– 1988. *The Ecstasy of Communication*. Brooklyn, N.Y.: Autonomedia.

Bauer, Franz J. 1987. »Zwischen ›Wunder‹ und Strukturzwang. Zur Integration der Flüchtlinge und Vertriebenen in der Bundesrepublik Deutschland.« *Aus Politik und Zeitgeschichte* B 32, S. 21-33.

Bechtold, Hartmut. 1990. »Der Wirtschafts- und Sozialstandort Bundesrepublik Deutschland im Prozeß der europäischen Integration.« In: Ulrich von Alemann, Rolf G. Heinze und Bodo Hombach (Hg.). *Die Kraft der Region: Nordrhein-Westfalen in Europa*. Bonn: Verlag J.H.W. Dietz Nachf., S. 332-347.

Beck, Ulrich. 1986. *Risikogesellschaft. Auf dem Weg in eine andere Moderne*. Frankfurt a. M.: Suhrkamp.

Becker, Peter. 1992. »Ostdeutsche und Westdeutsche auf dem Prüfstand psychologischer Tests.« *Aus Politik und Zeitgeschichte* B 24, S. 27-36.

Beenstock, Michael. 1983. *The World Economy in Transition*. London: Allen & Unwin.

Beer, William R. 1977. »The Social Class of Ethnic Activists in Contemporary France.« In: Milton J. Esman (Hg.). *Ethnic Conflict in the Western World*. Ithaca und London: Cornell University Press, S. 143-158.

Bellah, Robert N. 1957. *Tokugawa Religon. The Values of Pre-Industrial Japan*. New York: Free Press.

Bellah, Robert N., Richard Madsen, William M. Sullivan, Ann Swidler und Steven M. Tipton. 1985. *Habits of the Heart. Individualism and Commitment in American Life*. Berkeley: University of California Press.

– 1991. *The Good Society*. New York: Alfred A. Knopf.

– 1992. »Gegen die Tyrannei des Marktes.« *Frankfurter Rundschau*, 28. 1. 1992, S. 9.

Bendix, Reinhard. 1964. *Nationbuilding and Citizenship*. New York: Wiley.

Benjamin, Walter. 1973. *Das Kunstwerk im Zeitalter seiner Reproduzierbarkeit*. 6. Aufl. Frankfurt a. M.: Suhrkamp.

Benson-von der Ohe, Elisabeth. 1990. »Familie, Geschlechter, Generationen.« In: Willi Paul Adams, Ernst-Otto Czempiel, Berndt Ostendorf, Kurt L. Shell, P. Bernd Spahn und Michael Zöller (Hg.). *Länderbericht USA II*. Bonn: Bundeszentrale für politische Bildung, S. 38-74.

Berdahl, Robert M. 1972. »New Thoughts on German Nationalism.« *The American Historical Review* 77, S. 65-80.

Berger, Suzanne. 1977. »Bretons and Jacobins: Reflections on French Regional Ethnicity.« In: Milton J. Esman (Hg.). *Ethnic Conflict in the Western World*. Ithaca und London: Cornell University Press, S. 159-178.

Berman, Paul. 1992. *Debating P. C. The Controversy over Political Correctness on College Campuses*. New York: Dell.

Bertaud, Jean-Paul. 1979. *La Révolution armée: les soldats-citoyens et la Révolution française*. Paris: R. Laffont.

Best, Heinrich. 1989. »Soziale Morphologie und politische Orientierungen bildungsbürgerlicher Abgeordneter in der Frankfurter Nationalversammlung und in der Pariser Assemblée nationale constituante 1848/49.« In: Jürgen Kocka (Hg.). *Bildungsbürgertum im 19. Jahrhundert. Teil IV. Politischer Einfluß und gesellschaftliche Formation*. Stuttgart: Klett-Cotta, S. 53-94.

Besters, Hans und Leonhard Gleske. 1991. »Zur Diskussion um eine Europäische Währungsunion.« In: Rudolf Wildenmann (Hg.). *Staatswerdung Europas? Optionen für eine Europäische Union*. Baden-Baden: Nomos Verlagsgesellschaft, S. 199-223.

Betz, Hans-Georg. 1991. »Radikal rechtspopulistische Parteien in Westeuropa.« *Aus Politik und Zeitgeschichte* B 44, S. 3-14.

– 1992. »Wahlenthaltung und Wählerprotest im Westeuropäischen Vergleich.« *Aus Politik und Zeitgeschichte* B 19, S. 31-41.

Betz, Joachim. 1983. »Verschuldungskrise der Dritten Welt?« *Aus Politik und Zeitgeschichte* B 23, S. 12-20.

– 1990. »Soziale Auswirkungen der Sparprogramme von Weltbank und IWF in Entwicklungsländern.« *Aus Politik und Zeitgeschichte* B 30-31, S.24-31.

Beyme, Klaus von (Hg.). 1988. *Right-Wing Extremism in Western Europe*. London: Frank Cass.

Bieber, Roland. 1991. »Verfassungsentwicklung und Verfassungsgebung in der Europäischen Gemeinschaft.« In: Rudolf Wildenmann (Hg.). *Staatswerdung Europas? Optionen für eine Europäische Union*. Baden-Baden: Nomos Verlagsgesellschaft, S. 393-414.

Biehl, Dieter. 1989. »Regionale Entwicklung und Regionalpolitik in der Gemeinschaft aus föderalistischer Perspektive.« In: Astrid Schomaker, Daniel Gossel und Jens Lehnigk (Hg.). *Plädoyer für Europa. Beiträge zur Europäischen Einigung*. Hamburg: Verlag Weltarchiv, S. 185-226.

– 1991. »Die EG-Finanzverfassung: Struktur, Mängel und Reformmöglichkeiten.« In: Rudolf Wildenmann (Hg.). *Staatswerdung Europas? Optionen für eine Europäische Union*. Baden-Baden: Nomos Verlagsgesellschaft, S. 355-391.

Biermann, Rafael. 1992. »Migration aus Osteuropa und dem Maghreb.« *Aus Politik und Zeitgeschichte* B 9, S. 29-36.

Bischoff, Volker und Marino Mania. 1991. »Melting Pot-Mythen als Szenarien amerikanischer Identität zur Zeit der New Immigration.« In: Bernhard Giesen (Hg.). *Nationale und kulturelle Identität*. Frankfurt a. M.: Suhrkamp, S. 513-536.

Bishop, Patrick und Eamonn Mallie. 1987. *The Provisional IRA*. London: Heinemann.

Blaschke, Jochen. 1987. *Volk, Nation, Interner Kolonialismus, Ethnizität*. 2. Aufl. Berlin: Express Edition.

Blauner, Bob. 1989. *Black Lives, White Lives. Three Decades of Race Relations in America*. Berkeley und Los Angeles: University of California Press.

Blickhäuser, Joachim und Thomas Gries. 1989. »Individualisierung des Konsums und Polarisierung von Märkten als Herausforderung für das Konsumgüter-Marketing.« *Marketing* 11, Nr. 1, S. 5-10.

Blinkert, Baldo. 1988. »Kriminalität als Modernisierungsrisiko? Das ›Hermes-Syndrom‹ der entwickelten Industriegesellschaften.« *Soziale Welt* 39, S. 397-412.

Blöchliger, Hansjörg und René L. Frey. 1992. »Der schweizerische Föderalismus: Ein Modell für den institutionellen Aufbau der Europäischen Union?« *Aussenwirtschaft* 47, S. 515-548.

Blume, Georg. 1992. »Niederlage für die Wirtschaftsbosse in Japan.« *Kölner Stadtanzeiger*, 20. 7. 1992, S.11.

Boeckh, Andreas. 1985. »Dependencia und kapitalistisches Weltsystem, oder: Die Grenzen globaler Entwicklungstheorien.« In: Franz Nuscheler (Hg.). *Dritte Welt-Forschung*. Opladen: Westdeutscher Verlag, S. 56-74. (*Politische Vierteljahresschrift Sonderheft* 16).

Boer, Monica den und Neil Walker. 1993. »European Policing after 1992.« *Journal of Common Market Studies* 31, S. 3-28.

Bohley, Peter. 1993. »Europäische Einheit, föderatives Prinzip und Währungsunion: Wurde in Maastricht der richtige Weg beschritten?« *Aus Politik und Zeitgeschichte* B 1, S. 34-45.

Boldt, Hans und Werner Reh. 1990. »Instrumente der Landespolitik in der Europäischen Gemeinschaft.« In: Ulrich von Alemann, Rolf G. Heinze und Bodo Hombach (Hg.). *Die Kraft der Region: Nordrhein-Westfalen in Europa*. Bonn: Verlag J. H. W. Dietz Nachf., S.59-71.

Boldt, Kirsten. 1993. »Reklame für den lieben Gott.« *Kölner Stadtanzeiger* 21, 26. 1. 1993, S. 3.

Borkenhagen, Franz H. U. 1992. »Vom kooperativen Föderalismus zum ›Europa der Regionen‹.« *Aus Politik und Zeitgeschichte* B 42, S. 36-44.

Bornschier, Volker. 1988. *Westliche Gesellschaft im Wandel*. Frankfurt a. M.: Campus.

Boroumand, Ladan. 1990. »La nation contre le peuple. Le débat sur la vérification commune des mandats aux Etats généraux de 1789.« *Revue Française de Science Politique* 40, S. 309-338.

Boston, Jonathan. 1985. »Corporatist Income Policies, the Free-Rider Problem and the British Labor Government's Social Contract.« In: Alan Cawson (Hg.). *Organized Interests and the State*. London: Sage, S. 65-84.

Bovenkerk, Frank, Robert Miles und Gilles Verbunt. 1990. »Racism, Migration and the State in Western Europe: A Case for Comparative Analysis.« *International Sociology* 5, S. 475-490.

Brandes, Ada. 1992. »Ausländerfeindlichkeit unter Jugendlichen ist überraschend hoch.« *Kölner Stadtanzeiger*, 30. 09. 1992, S. 1.

Bratranek, Franz T. 1876. *Goethes Briefwechsel mit den Gebrüdern von Humboldt* (1795-1832). Leipzig: Brockhaus.

Braudel, Fernand. 1986. *L'identité de la France*. Paris: Arthaud-Flammarion.

Breault, Kevin D. 1986. »Suicide in America: A Test of Durkheim's Theory of Religious and Family Integration, 1933-1980.« *American Journal of Sociology* 92, S. 628-656.

Bréchon, Pierre und Subrata Kumar Mitra. 1992. »The National Front in France. The Emergence of an Extreme Right Protest Movement.« *Comparative Politics* 25, S. 63-82.

Brendle, Uwe und Christian Hey. 1993. »Über den nationalen Tellerrand hinaus.« *Politische Ökologie* 11, Nr. 31, S. 52-57.

Brettschneider, Frank, Katja Ahlstich und Bettina Zügel. 1992. »Materialien zu Gesellschaft, Wirtschaft und Politik in den Mitgliedsstaaten der Europäischen Gemeinschaft.« In: Oscar W. Gabriel (Hg.). *Die EG-Staaten im Vergleich. Strukturen, Prozesse, Politikinhalte*. Opladen: Westdeutscher Verlag, S. 433-625.

Brickman, Ronald, Sheila Jasanoff und Thomas Ilgen. 1985. *Controlling Chemicals. The Politics of Regulation in Europe and the United States*. Ithaca und London: Cornell University Press.

Brinkmann, Heinz Ulrich. 1989. »Neue Schicht - neue Werte? Politische Einstellungen und programmatische Präferenzen in der deutschen neuen Mittelschicht.« *Zeitschrift für Umweltpolitik und Umweltrecht* 12, S. 159-183.

Brock, Lothar. 1992. »Die Dritte Welt in ihrem fünften Jahrzehnt.« *Aus Politik und Zeitgeschichte* B 50, S. 13-23.

Brown, Lester R. et al. 1993. *State of the World 1993*. New York und London: Norton.

Brubaker, William Rogers. 1990. »Immigration, Citizenship and the Nationstate in France and Germany: A Comparative Historical Analysis.« *International Sociology* 5, S. 379-407.

Buchanan, James M. und W. Craig Stubblebine. 1962. »Externality.« *Economica*. N. S. 29, S. 371-384.

Bulletin 1992. *Bulletin des Presse- und Informationsamtes der Bundesregierung*, Nr. 16, 12. 2. 1992.

Bundeskriminalamt. 1991. *Polizeiliche Kriminalstatistik 1990*. Wiesbaden.
– 1992. *Polizeiliche Kriminalstatistik 1991*. Wiesbaden.

Bundesminister für Arbeit und Sozialordnung. 1990. *Der EG-Binnenmarkt und die Sozialpolitik*. Bd.2: *Leben und Arbeiten in Europa*. Bonn.

Burgi, Noelle. 1985. »Neo-Corporatist Strategies in the British Energy-Sector.« In: Alan Cawson (Hg.). *Organized Interests and the State*. London: Sage, S. 125-144.

Bursig, Beatrix. 1991. *Die Regionalpolitik der Europäischen Gemeinschaft*. Frankfurt a. M.: Peter Lang.

Bursik, Robert J., Jr. und Jim Webb. 1982. »Community Change and Patterns of Delinquency.« *American Journal of Sociology* 88, S. 24-42.

Busch, Berthold. 1992. »Einkommensgefälle in der Europäischen Gemeinschaft.« *IW-Trends* 19, S. 103-112.

Capelletti, Mauro, Monica Seccombe und Joseph Weiler (Hg.). 1986. *Integration Through Law. Europe and the American Federal Experience*. Bd. 1. Berlin und New York: Walter de Gruyter.

Capelleveen, Remco van. 1991. »Black in a White America: Immer noch ein ›amerikanisches Dilemma‹?« In: Hartmut Wasser (Hg.). *USA: Politik. Gesellschaft. Wirtschaft*. Opladen: Leske + Budrich, S. 259-285.

Caplow, Theodor, Howard M. Bahr, John Modell und Bruce A. Chadwick. 1991. *Recent Social Trends in the United States 1960-1990*. Frankfurt a. M.: Campus.

Cecchini, Paolo. 1988. *Europa '92: Der Vorteil des Binnenmarktes*. Baden-Baden: Nomos Verlagsgesellschaft.

Chase-Dunn, Christopher. 1989. *Global Formation: Structures of the World-Economy*. Oxford und New York: Blackwell.

Clark, Robert P. 1984. *The Basque Insurgents. ETA 1952-1980*. Madison und London: University of Wisconsin Press.

Claus, Frank. 1993. »Dornenreicher Weg zum Dialog.« *Politische Ökologie* 11, Nr. 31, S. 74-80.

Coase, Ronald H. 1960. »The Problem of Social Cost.« *The Journal of Law and Economics* 3, S. 1-44.

Coenen, Reinhard und Juliane Jörissen. 1989. *Umweltverträglichkeitsprüfung in der Europäischen Gemeinschaft*. Berlin: Erich Schmidt Verlag.

Cohn-Bendit, Daniel und Thomas Schmid. 1992. *Heimat Babylon. Das Wagnis der multikulturellen Demokratie*. Hamburg: Hoffmann und Campe.

Colley, Linda. 1986. »Whose Nation? Class and National Consciousness in Britain 1750-1830.« *Past and Present* CXIII, S. 97-117.

Connor, Walker. 1977. »Ethnonationalism in the First World: The Present in Historical Perspective.« In: Milton J. Esman (Hg.). *Ethnic Conflict in the Western World*. Ithaca und London: Cornell University Press, S.19-45.

Conze, Werner. 1963. *Die deutsche Nation. Ergebnis der Geschichte*. Göttingen: Vandenhoeck & Ruprecht.

Costa-Lascoux, Jacqueline. 1989. *De l'immigré au citoyen. Notes et études documentaires*. Nr. 4886. Paris: La Documentation Française.

Crèvecoeur, J. Hector St. John de. 1782/1904. *Letters from an American Farmer*, hg. v. Ludwig Lewisohn. New York: Fox, Ruffield & Co.

Crozier, Michel. 1964. *The Bureaucratic Phenomenon*. Chicago: University of Chicago Press.

– 1970. *La société bloquée*. Paris: Ed. du Seuil.

Czempiel, Ernst-Otto. 1991. *Weltpolitik im Umbruch. Das internationale System nach dem Ende des Ost-West-Konflikts*. München: C. H. Beck.

Dähnhardt, Werner und Paul Lersch. 1993. »Die United Übermacht‹. Die deutsche Nation – Normalität oder Irrweg?« *DER SPIEGEL* 47, Nr. 12, S. 150-159.

Dahrendorf, Ralf. 1968/1971. *Gesellschaft und Demokratie in Deutschland*. München: Deutscher Taschenbuch Verlag.

Dannebom, Ursula, Wolfgang Fach, Angelika Huwe und Georg Simonis. 1984. »Das ›Modell Frankreich‹. Politik und Ökonomie im etatistischen System.« *Politische Vierteljahresschrift* 25, S. 31-52.

Darnstädt, Thomas und Gerhard Spörl. 1993. »Streunende Hunde im Staat. Die liberale Demokratie am Wendepunkt.« *DER SPIEGEL* 47, Nr. 13, S. 142-149.

Dauderstädt, Michael. 1990. *Entwicklungspolitik '92: Abkehr von der Dritten Welt*. Friedrich-Ebert-Stiftung. Reihe Eurokolleg. Bonn.

Daviddi, Renz. 1992. »From the CMEA to the ›Europe Agreements‹: Trade and Aid in the Relations Between the European Community and Eastern Europe.« *Economic Systems* 16, S. 269-294.

Dehousse, Renaud. 1992. »Integration v. Regulation? On the Dynamics of Regulation in the European Community.« *Journal of Common Market Studies* 30, S. 383-402.

Demsetz, Harold. 1967. »Toward a Theory of Property Rights.« *The American Economic Review* 57, S. 347-359.

Deutsch, Karl W. 1953/1966. *Nationalism and Social Communication*. Cambridge, Mass.: The M.I.T. Press.

– 1969. *Nationalism and its Alternatives*. New York: Alfred A. Knopf.

Deutscher Städtetag. 1992. *Statistisches Jahrbuch Deutscher Gemeinden*. Köln: J. P. Bachem.

Deutschmann, Christoph. 1990. »Die japanischen Arbeitszeiten in soziokultureller Sicht.« *Japanstudien* 2, S. 89-101.

Dickens, Peter und Mike Savage. 1988. »The Japanisation of British Industry? Instances from a High Growth Area.« *Industrial Relations Journal* 19, S. 60-68.

Dinnerstein, Leonard und David M. Reimers. 1977. *Ethnic Americans. A History of Immigration and Assimilation*. New York: New York University Press.

Dinwiddy, John. 1988. »England.« In: Otto Dann und John Dinwiddy (Hg.). *Nationalism in the Age of the French Revolution*. London und Ronceverte: The Hambledon Press, S. 53-70.

Dittrich, Eckhard J. und Frank-Olaf Radtke (Hg.). 1990. *Ethnizität*. Opladen: Westdeutscher Verlag.

Donges, Jürgen B. 1989. »Veränderungen in der weltwirtschaftlichen Arbeitsteilung. Herausforderungen für Europa.« In: Astrid Schomaker, Daniel Gossel und Jens Lehnigk (Hg.). *Plädoyer für Europa. Beiträge zur Europäischen Einigung*. Hamburg: Verlag Weltarchiv, S. 227-251.

– 1990. »Wieviel Deregulierung brauchen wir für den EG-Binnenmarkt? *Beihefte der Konjunkturpolitik. Zeitschrift für angewandte Wirtschaftsforschung* 36, S. 169-187.

Dubet, François. 1989. *Immigrations: qu'en savons-nous? Un bilan des connaissances. Notes et études documentaires*. Nr. 4887. Paris: La Documentation Française.

Dürr, Karlheinz. 1982. »Die ›Britische Krankheit‹.« *Aus Politik und Zeitgeschichte* B 49, S. 3-21.

Dunning, John H. 1988. *Multinationals, Technology and Competitiveness*. London: Unwin Hyman.

Durkheim, Emile. 1950/1969. *Leçons de sociologie. Physique des moeurs et du droit*. Paris: Presses Universitaires de France.

– 1893/1973a. *De la division du travail social*. Paris: Presses Universitaires de France. (*Über die Teilung der sozialen Arbeit*. Frankfurt a. M.: Suhrkamp. 1977).

– 1897/1973b. *Le Suicide*. Paris: Presses Universitaires de France (*Der Selbstmord*. Neuwied: Luchterhand. 1973).

– 1973c. »Individualism and the Intellectuals.« In: Emile Durkheim. *On Morality and Society*, hg. und eingeleitet von Robert N. Bellah. Chicago: University of Chicago Press, S. 43-57.

– 1973d. »The Principles of 1789 and Sociology.« In: Emile Durkheim. *On Morality and Society*, hg. und eingeleitet von Robert N. Bellah. Chicago: University of Chicago Press, S. 34-42.

Duve, Freimut. 1993. »Fluchtbewegung. Eine Antwort auf Jürgen Habermas.« *DIE ZEIT* 48, Nr. 2, 8. 1. 1993, S. 42.

Eckert, Josef und Mechthilde Kißler. 1992. »Multikultur und ethnische Vielfalt.« *Soziale Welt* 43, S. 462-475.

Eder, Klaus. 1985. *Geschichte als Lernprozeß? Zur Pathogenese politischer Modernität in Deutschland*. Frankfurt a. M.: Suhrkamp

Ehrhart, Hans-Georg. 1993. »Die EG, die osteuropäische Herausforderung und die Sicherheit Europas.« *Aus Politik und Zeitgeschichte* B 10, S. 37-47.

Ehringhaus, Henner. 1971. *Der kooperative Föderalismus in den Vereinigten Staaten von Amerika*. Frankfurt a. M.: Athenäum.

Eichener, Volker. 1992. »Die Rolle der Wirtschaftsinteressen bei der europäischen Harmonisierung der Technik.« *Beitrag zum 26. Deutschen Soziologentag*. Düsseldorf, 26.9.-2. 10. 1992.

– 1993. *Social Dumping or Innovative Regulation? Processes and Outcomes of European Decision-Making in the Sector of Health and Safety at Work Harmonization*. Manuskript. Ruhr-Universität Bochum.

Eisenstadt, Shmuel N. 1989. »Cultural Premises and the Limits of Convergence in Modern Societies: An Examination of Some Aspects of Japanese Society.« *Diogenes* Nr. 147, S. 125-147.

– 1991a. »The Expansion of Religions: Some Comparative Observations on Different Modes.« *Comparative Social Research* 13, S. 45-73.

– 1991b. »Die Konstruktion nationaler Identitäten in vergleichender Perspektive.« In: Bernhard Giesen (Hg.). *Nationale und kulturelle Identität*. Frankfurt a. M.: Suhrkamp, S. 21-38.

Eisenstadt, Shmuel N. und Stein Rokkan (Hg.). 1973. *Building States and Nations*, 2 Bde. Beverly Hills: Sage.

Elias, Norbert. 1939/1976. *Über den Prozeß der Zivilisation. Soziogenetische und psychogenetische Untersuchungen*, Ffm.: Suhrkamp.

– 1989. *Studien über die Deutschen*. Frankfurt a. M.: Suhrkamp.

Emerson, Michael et al. *One Market, One Money. An Evaluation of the Potential Benefits and Costs of Forming an Economic and Monetary Union*. Oxford: Oxford University Press.

Emsley, Clive. 1988. »Nationalist Rhetoric and Nationalist Sentiment in Revolutionary France.« In: Otto Dann und John Dinwiddy (Hg.). *Nationalism in the Age of the French Revolution*. London und Ronceverte: The Hambledon Press, S. 39-52.

Esman, Milton J. (Hg.). 1977a. *Ethnic Conflict in the Western World*. Ithaca und London: Cornell University Press.

– 1977b. »Scottish Nationalism, North Sea Oil, and the British Response.« In: Milton J. Esman (Hg.). *Ethnic Conflict in the Western World*. Ithaca und London: Cornell University Press, S. 251-286.

Esser, Hartmut. 1985. »Soziale Differenzierung als ungeplante Folge absichtsvollen Handelns: Der Fall der ethnischen Segmentation.« *Zeitschrift für Soziologie* 14, S. 435-449.

– 1988. »Ethnische Differenzierung und moderne Gesellschaft.« *Zeitschrift für Soziologie* 17, S. 235-248.

Estel, Bernd. 1991. »Grundaspekte der Nation. Eine begrifflich-systematische Untersuchung.« *Soziale Welt* 42, S. 208-231.

EuGH. 1979. Urteil vom 20. 2. 1979. RS 120/78. *Neue Juristische Wochenschrift* 32/35, S. 1766.

– 1987. Urteil vom 12. 3. 1987. RS 178/84. *Neue Juristische Wochenschrift* 40/19, S. 1133.

– 1988. Urteil vom 14.7.1988. RS 90/86. *Neue Juristische Wochenschrift* 41/35, S. 2169.
– 1989. Urteil vom 2.2.1989. RS 274/87. *Neue Juristische Wochenschrift* 42/22, S. 1428.

Europa im Schaubild. Europa wird eins. 1992. Bonn: Transcontact Verlagsgesellschaft.

Eurostat. 1991a. *Statistische Grundzahlen der Gemeinschaft.* Luxemburg: Amt für Amtliche Veröffentlichungen der Europäischen Gemeinschaften.

– 1991b. *Sozialporträt Europas.* Luxemburg: Amt für Amtliche Veröffentlichungen der Europäischen Gemeinschaften.

– 1992. *Europa in Zahlen.* Luxemburg: Amt für Amtliche Veröffentlichungen der Europäischen Gemeinschaften.

Ewers, Hans-Jürgen. 1993. »Aufbau der Verkehrsinfrastruktur in den neuen Bundesländern.« *Aus Politik und Zeitgeschichte* B 5, S. 23-33.

Falke, Josef. 1989. »Normungspolitik der Europäischen Gemeinschaften zum Schutz von Verbrauchern und Arbeitnehmern.« *Jahrbuch zur Staats- und Verwaltungswissenschaft* Bd. 3, S. 217-246.

Farley, Reynolds. 1987. »Suburbanization and Central-City Crime Rates: New Evidence and a Reinterpretation.« *American Journal of Sociology* 93, S. 688-700.

Faul, Erwin. 1992. »Das vereinigte Deutschland – europäisch integrierte Nation oder diffuse ›multikulturelle Gesellschaft‹?« *Zeitschrift für Politik* 39, S. 394-420.

Feinberg, William E. 1984. »At a Snail's Pace: Time to Equality in Simple Models of Affirmative Action Programs.« *American Journal of Sociology* 90, S. 68-181.

Fiala, Robert. 1992. »The International System, Labor-Force Structure and the Growth and Distribution of Income, 1950-1980.« *Sociological Perspectives* 35, S. 249-282.

Fichte, Johann Gottlieb. 1807/1955. *Reden an die deutsche Nation.* Hamburg: Meiner.

Finer, Samuel Edward. 1962. *The Man on Horseback. The Role of the Military in Politics.* London: Pall Mall Press.

Fink, Gonthier-Louis. 1991. »Das Bild des Nachbarvolkes im Spiegel der deutschen und der französischen Hochaufklärung (1750-1789).« In: Bernhard Giesen (Hg.). *Nationale und kulturelle Identität.* Frankfurt a. M.: Suhrkamp, S. 453-492.

Finkielkraut, Alain. 1987. *La défaite de la pensée.* Paris: Gallimard. (1989. *Die Niederlage des Denkens.* Reinbek bei Hamburg: Rowohlt).

Förster, Peter und Walter Friedrich. 1992. »Politische Einstellungen und Grundpositionen Jugendlicher in Ostdeutschland.« *Aus Politik und Zeitgeschichte* B 38, S. 3-15.

Forsa. 1992. *Meinungen zu Europa im Kölner Raum.* Dortmund: Forsa.

Francis, Emerich K. 1965. *Ethnos und Demos. Soziologische Beiträge zur Volkstheorie*. Berlin: Duncker & Humblot.

– 1976. *Interethnic Relations. An Essay in Sociological Theory*. New York: Elsevier.

Frank, André Gunder. 1981. *Crisis: In the Third World*. London: Heinemann.

Franken, Michael und Walter Ohler (Hg.). 1989. *Natürlich Europa. 1992 – Chancen für die Natur?* Köln: Volksblatt Verlag.

Franklin, Benjamin. 1961. *The Papers of Benjamin Franklin*. Bd.4: *July 1, 1750, through June 20, 1753*. Hg. von Leonard W. Labaree und Whitefield J. Bell, Jr. New Haven: Yale University Press.

Franzmeyer, Fritz. 1987. »Was kostet die Vollendung des europäischen Binnenmarktes? Eine Bewertung aus wirtschaftlicher, sozialer und politischer Sicht.« *Konjunkturpolitik* 33, S. 146-166.

Freeman, Gary P. 1989. »Immigrant Labour and Racial Conflict: The Role of the State.« In: Philip E. Ogden und Paul E. White (Hg.). *Migrants in Modern France*. London: Unwin Hyman, S. 160-176.

Freudenberg, William R. 1986. »The Density of Acquaintanceship: An Overlooked Variable in Community Research?« *American Journal of Sociology* 92, S. 27-63.

Friedman, Edward (Hg.). 1982. *Ascent and Decline in the World System*. Beverly Hills: Sage Publications.

Friedrich, Carl J. 1972. *Europa – Nation im Werden?* Bonn: Europa Union Verlag.

Fröhlich, Stefan. 1992. »Die USA, Europa und die transatlantischen Beziehungen.« *Aus Politik und Zeitgeschichte* B 13, S. 27-36.

Frühauf, Wolfgang und Thomas Giesinger. 1992. *Europa ohne Grenzen. Alarm für die Umwelt. SPIEGEL SPEZIAL* 1/1992.

Frühwald, Wolfgang. 1986. »Die Idee kultureller Nationbildung und die Entstehung der Literatursprache in Deutschland.« In: Otto Dann (Hg.). *Nationalismus in vorindustrieller Zeit*. München: R. Oldenbourg, S. 129-141.

Fukutake, Tadashi. 1982. *The Japanese Social Structure. Its Evolution in the Modern Century*. Tokyo: University of Tokyo Press.

Fustel de Coulange, Numa Denis. 1870. *L'Alsace est elle allemande ou française? Réponse à M. Mommsen*. Paris: E. Dentu.

Galtung, Johan. 1973. *Kapitalistische Großmacht Europa oder Die Gemeinschaft der Konzerne*. Reinbek bei Hamburg: Rowohlt.

Gamble, Andrew. 1985. *Britain in Decline*. 2. Aufl. Houndsmills, Basingstoke: MacMillan.

Gauly, Thomas M. 1988. »Konfessionalismus und deutsche Identität – Zwei Kulturen in einer Nation.« In: Thomas M. Gauly (Hg.). *Die Last der Geschichte. Kontroversen zur deutschen Identität*. Köln: Verlag Wissenschaft und Politik, S. 116-139.

Gauthier, Florence. 1988. »Universal Rights and National Interest in the French Revolution.« In: Otto Dann und John Dinwiddy (Hg.). *Nationalism in the Age of the French Revolution*. London und Ronceverte: The Hambledon Press, S. 27-37.

Geißler, Heiner. 1990. *Zugluft. Politik in stürmischer Zeit*. München: C. Bertelsmann.

Geißler, Rainer. 1992a. »Die ostdeutsche Sozialstruktur unter Modernisierungsdruck.« *Aus Politik und Zeitgeschichte* B 29-30, S. 15-28.

– 1992b. *Die Sozialstruktur Deutschlands*. Opladen: Westdeutscher Verlag.

Geißler, Rainer und Norbert Marißen. 1990. »Kriminalität und Kriminalisierung junger Ausländer. Die tickende soziale Zeitbombe – ein Artefakt der Kriminalstatistik.« *Kölner Zeitschrift für Soziologie und Sozialpsychologie* 42, S. 663-687.

Geldern, Wolfgang von. 1988. »Die aktuellen Probleme der Agrarpolitik und Möglichkeiten zu ihrer Lösung.« In: Reinhold Biskup (Hg.). *Europa – Einheit in der Vielfalt*. Bern und Stuttgart: Paul Haupt, S. 105 bis 114.

Gellner, Ernest. 1991. *Nationalismus und Moderne*. Berlin: Rotbuch.

Gerdes, Dirk. 1980. »Frankreich – ›Vielvölkerstaat‹ vor dem Zerfall?« *Aus Politik und Zeitgeschichte* B 12, S. 3-17.

Gerum, Elmar. 1992. »Führungsorganisation und Mitbestimmung in der europäischen Unternehmensverfassung.« *Zeitschrift Führung + Organisation* 61, Nr. 3, S. 147-153.

Ghaussy, A. Ghanie. 1988. »Europa und die islamische Herausforderung.« In: Reinhold Biskup (Hg.). *Europa – Einheit in der Vielfalt*. Bern und Stuttgart: Paul Haupt, S. 225-244.

Giddens, Anthony. 1990. *The Consequences of Modernity*. Stanford: Stanford University Press.

– 1991. *Modernity and Self-Identity*. Cambridge: Polity Press.

Giesecke, Arne, Ulrich Heilemann und Hans Dietrich von Loeffelholz. 1993. »Wirtschafts- und sozialpolitische Aspekte der Zuwanderung in die Bundesrepublik.« *Aus Politik und Zeitgeschichte* B 7, S. 29-41.

Giesen, Bernhard (Hg.). 1991. *Nationale und kulturelle Identität*. Frankfurt a. M.: Suhrkamp.

– 1993. *Die Intellektuellen und die Nation*. Frankfurt a. M.: Suhrkamp.

Giesen, Bernhard und Kay Junge. 1991. »Vom Patriotismus zum Nationalismus. Zur Evolution der ›Deutschen Kulturnation‹.« In: Bernhard Giesen (Hg.). *Nationale und kulturelle Identität*. Frankfurt a. M.: Suhrkamp, S. 255-303.

Girardet, Raoul (Hg.). 1966. *Le nationalisme français, 1871-1914*. Textes choisis. Paris: Colin.

Glatzer, Wolfgang, Karl Otto Hondrich, Heinz-Herbert Noll, Karin Stiehr und Barbara Wörndl. 1992. *Recent Social Trends in West Germany 1960-1990*. Frankfurt a. M.: Campus.

Glazer, Nathan. 1975. *Affirmative Discrimination: Ethnic Inequality and Public Policy*. New York: Basic Books.

Glazer, Nathan und Daniel P. Moynihan. 1963/1970. *Beyond the Melting Pot*. Cambridge, Mass.: M.I.T. Press.

Global 2000 Report to the President, The. 1980. *Entering the Twenty-First Century*. Harmondsworth: Penguin.

Glotz, Peter. 1990. *Der Irrweg des Nationalstaats. Europäische Reden an ein deutsches Publikum*. Stuttgart: Deutsche Verlags-Anstalt.

Glucksmann, André. 1984. *Philosophie der Abschreckung*. Stuttgart: Deutsche Verlags-Anstalt.

Godechot, Jacques. 1983. *La Grande Nation: l'expansion revolutionaire de la France dans le monde de 1789 à 1799*. Paris: Aubier.

Goethe, Johann Wolfgang von. 1900. *Goethes Werke* , hg. i. A. der Großherzogin Sophie von Sachsen, Bd. 45. Weimar: Böhlau.

– 1953. *Goethes Werke*. Bd. 12, hg. von Werner Weber und Hans Joachim Schrimpf. Hamburg: Christian Wegner.

Gordon, Milton M. 1964. *Assimilation in American Life. The Role of Race, Religion and National Origins*. New York: Oxford University Press.

Grabes, Herbert. 1991. »England oder die Königin? Öffentlicher Meinungsstreit und nationale Identität unter Mary Tudor.« In: Bernhard Giesen (Hg.). *Nationale und kulturelle Identität*. Frankfurt a. M.: Suhrkamp, S. 121-168.

Grabitz, Eberhard. 1970. *Europäisches Bürgerrecht*. Köln: Europa Union Verlag.

Greenaway, David, Robert C. Hine, Anthony P. O'Brien und Robert J. Thornton (Hg.). 1991. *Global Protectionism*. New York: St. Martin's.

Grémion, Pierre. 1976. *Le pouvoir périphérique. Bureaucrats et notables dans le système politique français*. Paris: Ed. du Seuil.

Greß, Franz, Hans-Gerd Jaschke und Klaus Schönkäs. 1990. *Neue Rechte und Rechtsextremismus in Europa*. Opladen: Westdeutscher Verlag.

Groh, Dieter. 1973. *Negative Integration und revolutionärer Attentismus. Die deutsche Sozialdemokratie am Vorabend des Ersten Weltkrieges*. Frankfurt a. M.: Ullstein.

Gros, Daniel und Niels Thygesen. 1992. *European Monetary Integration: From the European Monetary System to European Monetary Union*. London: Longman.

Grupp, Claus D. 1991. *Europa 2000. Der Weg zur Europäischen Union*. Bonn: Omnia Verlag.

Habermas, Jürgen. 1981. *Theorie des kommunikativen Handelns*, 2 Bde. Frankfurt a. M.: Suhrkamp.

– 1985a. *Der philosophische Diskurs der Moderne*. Frankfurt a. M.: Suhrkamp.

– 1985b. »Die neue Unübersichtlichkeit. Die Krise des Wohlfahrtsstaates und die Erschöpfung utopischer Energien.« *Merkur* 39, S. 1-14.

– 1992a. *Faktizität und Geltung. Beiträge zur Diskurstheorie des Rechts und des demokratischen Rechtsstaats.* Frankfurt a. M.: Suhrkamp.

– 1992b. »Die zweite Lebenslüge der Bundesrepublik: Wir sind wieder ›normal‹ geworden.« *DIE ZEIT* 47, Nr. 51, S. 48.

Hänsch, Klaus. 1990. »Das Europäische Parlament – ein Ornament?« In: Ulrich von Alemann, Rolf G. Heinze und Bodo Hombach (Hg.). *Die Kraft der Region: Nordrhein-Westfalen in Europa.* Bonn: Verlag J. H. W. Dietz Nachf., S. 236-250.

Hailbronner, Kay. 1989. *Der nationale Alleingang im EG-Binnenmarkt.* Berlin und New York: Walter de Gruyter.

– (Hg.). 1992. *Asyl- und Einwanderungsrecht im europäischen Vergleich.* Köln: Bundesanzeiger Verlag.

Hailbronner, Kay und Günter Renner. 1991. *Staatsangehörigkeitsrecht.* München: C. H. Beck.

Haller, Max. 1993. »Klasse und Nation.« *Soziale Welt* 44, S. 30-51.

Hardin, Garrett. 1968. »The Tragedy of the Commons.« *Science* 162 (3859), S. 1243-1248.

Harding, Stephen, David Phillips und Michael Fogarty. 1986. *Contrasting Values in Western Europe. Unity, Diversity and Change.* Houndsmills: MacMillan.

Hart, Dieter. 1989. »Drug Safety as a Means of Consumer Protection: The Approximation of Laws in the EC Medicinal Products Market and Its Limitations.« *Journal of Consumer Policy* 12, S. 343-355.

Hartwig, Dieter. 1991. *Sicherheitspolitik und Verteidigung der Europäischen Gemeinschaft.* Baden-Baden: Nomos Verlagsgesellschaft.

Hasse, Rolf. 1988. »Geld- und währungspolitische Voraussetzungen für den Fortschritt der europäischen Integration.« In: Reinhold Biskup (Hg.). *Europa – Einheit in der Vielfalt.* Bern und Stuttgart: Paul Haupt, S. 193-210.

Hauff, Volker (Hg.). 1987. *Unsere gemeinsame Zukunft. Der Brundtland Bericht der Weltkommission für Umwelt und Entwicklung.* Greven: Eggenkamp.

Haverland, Christine. 1985. »Das Ausländerrecht der Schweiz.« In: Jochen A. Frowein und Joachim Wolf (Hg.). *Ausländerrecht im internationalen Vergleich.* Heidelberg: C. F. Müller, S. 147-189.

Hayashi, Shuji. 1988. *Culture and Management in Japan.* Tokyo: University of Tokyo Press.

Hayek, Friedrich A. von. 1969. »Die Ergebnisse menschlichen Handelns, aber nicht menschlichen Entwurfs.« In: F. A. von Hayek. *Freiburger Studien. Gesammelte Aufsätze.* Tübingen: Mohr Siebeck, S. 97-107.

Hechter, Michael. 1971. »Towards a Theory of Ethnic Change.« *Politics and Society* 2, S. 21-45.

– 1974. »The Political Economy of Ethnic Change.« *American Journal of Sociology* 79, S. 1151-1178.

– 1975. *Internal Colonialism. The Celtic Fringe in British National Development, 1536-1966*. London: Routledge and Kegan Paul.

Hechter, Michael, Debra Friedman und Satoshi Kanazawa. 1992. »The Attainment of Global Order in Heterogeneous Societies.« In: James S. Coleman und Thomas J. Fararo (Hg.). *Rational Choice Theory. Advocacy and Critique*. Newbury Park, London und New Delhi: Sage Publications, S. 79-97.

Heidensohn, Frances und Martin Farell (Hg.). 1991. *Crime in Europe*. London: Routledge.

Heine, Peter. 1992. »Fundamentalisten und Islamisten.« *Aus Politik und Zeitgeschichte* B 33, S. 23-30.

Heisler, Martin O. 1990. »Ethnicity and Ethnic Relations in the Modern West.« In: Joseph V. Montville (Hg.). *Conflict and Peacemaking in Multiethnic Societies*. Lexington, Mass.: Lexington Books, S. 21-52.

Heitgerd, Janet L. und Robert J. Bursik. 1987. »Extracommunity Dynamics and the Ecology of Delinquency.« *American Journal of Sociology* 92, S. 775-787.

Heitmeyer, Wilhelm. 1991. »Wenn der Alltag fremd wird. Modernisierungsschock und Fremdenfeindlichkeit.« *Blätter für deutsche und internationale Politik* 36, S. 851-858.

– 1993. »Gesellschaftliche Desintegrationsprozesse als Ursachen von fremdenfeindlicher Gewalt und politischer Paralysierung.« *Aus Politik und Zeitgeschichte* B 2-3, S. 3-13.

Hendry, Joy. 1989. *Understanding Japanese Society*. London und New York: Routledge.

Herdegen, Gerhard. 1989. »Perspektiven und Begrenzungen. Eine Bestandsaufnahme der öffentlichen Meinung zur deutschen Frage. Teil 1: Nation und deutsche Teilung.« In: *DA* 22, S. 1259-1273.

Herder, Johann Gottfried. 1877-1913/1967/68. *Sämtliche Werke*. 33 Bde. Hg. von B. Suphan. Nachdruck. Hildesheim: Olms.

Herold, Renate. 1990. »Japans langer Weg in die Freizeitgesellschaft.« *Aus Politik und Zeitgeschichte* B 39, S. 27-35.

– 1991. »Arbeitskonflikte.« *Japanstudien* 3, S. 175-193.

Hetzel, Helmut. 1993. »Deutsche als rassistisch und kriegslüstern eingeordnet.« *Kölner Stadtanzeiger*, 1. 4. 1993, S. 10.

Higham, John. 1984. *Send These to Me. Immigrants in Urban America*. Baltimore und London: John Hopkins University Press.

Hilf, Meinhard. 1982. *Die Organisationsstruktur der Europäischen Gemeinschaften*. Berlin, Heidelberg, New York: Springer.

Hill, Christopher. 1991. »Protestantismus, Pamphlete, Patriotismus und öffentliche Meinung im England des 16. und 17. Jahrhunderts.« In: Bernhard Giesen (Hg.). *Nationale und kulturelle Identität*. Frankfurt a. M.: Suhrkamp, S. 100-120.

Hobbes, Thomas. 1651/1966. *Leviathan*. In: Thomas Hobbes. *Collected*

English Works of Thomas Hobbes, hg. von W. Molesworth, Bd. 3. Aalen: Scientia.

Hobsbawm, Eric J. 1991. *Nationen und Nationalismus. Mythos und Realität seit 1780*. Frankfurt a. M.: Campus.

Höhne, Roland. 1990. »Die Renaissance des Rechtsextremismus in Frankreich.« *Politische Vierteljahresschrift* 31, S. 79-96.

– 1991. »Frankreichs Stellung in der Welt. Weltmacht oder Mittelmacht?« *Aus Politik und Zeitgeschichte* B 47-48, S. 37-46.

Hofmann, Rainer. 1985. »Das Ausländerrecht der skandinavischen Staaten.« In: Jochen A. Frowein und Joachim Wolf (Hg.). *Ausländerrecht im internationalen Vergleich*. Heidelberg: C. F. Müller, S. 191-221.

Hohenthal, Carl Graf. 1992. »Warteschleifen über Europa – Luftraum gemeinsam kontrollieren.« *Das Parlament*. 7. 8. 1992, S. 15.

Hondrich, Karl Otto und Claudia Koch-Arzberger. 1992. *Solidarität in der modernen Gesellschaft*. Frankfurt a. M.: S. Fischer.

Honneth, Axel. 1991. »Grenzen des Liberalismus. Zur politisch-ethischen Diskussion um den Kommunitarismus.« *Philosophische Rundschau* 38, S. 83-102.

Hopkins, Terence K. und Immanuel Wallerstein. 1982. *World Systems Analysis. Theory and Methodology*. Beverly Hills: Sage.

Horkheimer, Max und Theodor W. Adorno. 1944/1968. *Dialektik der Aufklärung*. Amsterdam: de Munter.

Horowitz, Donald L. 1985. *Ethnic Groups in Conflict*. Berkeley, Los Angeles, London: University of California Press.

Hradil, Stefan. 1992. »Die ›objektive‹ und die ›subjektive‹ Modernisierung. Der Wandel der westdeutschen Sozialstruktur und die Wiedervereinigung.« *Aus Politik und Zeitgeschichte* B 29-30, S. 3-14.

Hrbek, Rudolf. 1981. »Die EG ein Konkordanzsystem? Anmerkungen zu einem Deutungsversuch der politikwissenschaftlichen Europaforschung.« In: Roland Biber et al. (Hg.). *Das Europa der zweiten Generation*. Baden-Baden: Nomos Verlagsgesellschaft, S. 87-103.

– 1989. »Strukturen und Strukturprobleme der EG.« In: Astrid Schomaker, Daniel Gossel und Jens Lehnigk (Hg.). *Plädoyer für Europa. Beiträge zur Europäischen Einigung*. Hamburg: Verlag Weltarchiv, S. 63-96.

Hroch, Miroslav. 1978. »Das Erwachen kleiner Nationen als Problem der komparativen sozialgeschichtlichen Forschung.« In: Heinrich August Winkler (Hg.). *Nationalismus*. Königstein/Ts.: Anton Hain, S. 155-172.

Hufen, Fritz und Peter Christian Hall. 1989. *Das Medien-Monopoly. Fernsehmarkt Europa*. Mainz: v. Hase & Koehler.

Huff-Corzine, Lin, Jay Corzine und David C. Moore. 1991. »Deadly Connections: Culture, Poverty, and the Direction of Lethal Violence.« *Social Forces* 69, S. 715-732.

Hughes, Kirsty S. 1992. »Trade Performance of the Main EC Economies

Relative to the USA and Japan in 1992 – Sensitive Sectors.« *Journal of Common Market Studies* 30, S. 437-454.

Humboldt, Wilhelm von. 1903/1968a. *Wilhelm von Humboldts gesammelte Schriften*, Bd. 1, hg. von Albert Leitzmann. Berlin: Walter de Gruyter.

– 1904/1968b. *Wilhelm von Humboldts gesammelte Schriften*, Bd. 2, hg. von Albert Leitzmann. Berlin: Walter de Gruyter.

Huntington, Samuel P. 1968. *Political Order in Changing Societies*. New Haven und London: Yale University Press.

Hutchinson, John. 1987. *The Dynamics of Cultural Nationalism: The Gaelic Revival and the Creation of the Irish Nation State*. London: Allen and Unwin.

Inglehart, Ronald. 1990. *Culture Shift in Advanced Industrial Society*. Princeton, N. J.: Princeton University Press.

Institut National de la Statistique et des Etudes Economiques. 1989. *Annuaire Statistique de la France 1989*. Paris.

Jahn, Friedrich Ludwig. 1810. *Deutsches Volksthum*. Lübeck: Niemann und comp.

Jefferson, Thomas. 1989. *Betrachtungen über den Staat Virginia* (1782). Hg. und eingeleitet von Hartmut Wasser. Zürich: Manesse.

Joas, Hans. 1992. »Gesellschaft und Demokratie in den USA. Die vergessene Vorgeschichte des Kommunitarismus.« *Blätter für deutsche und internationale Politik* 37, S. 859-869.

Jochimsen, Reimut. 1990. »Die wirtschaftliche Zukunft des Landes Nordrhein-Westfalen im Europa der Zukunft.« In: Ulrich von Alemann, Rolf G. Heinze und Bodo Hombach (Hg.). *Die Kraft der Region: Nordrhein-Westfalen in Europa*. Bonn: Verlag J. H. W. Dietz Nachf., S. 269-280.

Joerges, Christian. 1991. »Markt ohne Staat? Die Wirtschaftsverfassung der Gemeinschaft und die regulative Politik.« In: Rudolf Wildenmann (Hg.). *Staatswerdung Europas? Optionen für eine Europäische Union*. Baden-Baden: Nomos Verlagsgesellschaft, S. 225-267.

– 1993. »European Economic Law, the Nation-State and the Maastricht Treaty.« Ms. Berlin. Erscheint in: Renaud Dehousse (Hg.). *The European Union Treaty*. München: C. H. Beck.

Joerges, Christian, Josef Falke, Hans-Wolfgang Micklitz und Gerd Brüggemeier. 1988. *Die Sicherheit von Konsumgütern und die Entwicklung der Europäischen Gemeinschaft*. Baden-Baden: Nomos Verlagsgesellschaft.

Johnson, Chalmers. 1982. *MITI and the Japanese Miracle. The Growth of Industrial Policy, 1925-1975*. Stanford, Cal.: Stanford University Press.

Kaelble, Hartmut. 1987. *Auf dem Weg zu einer europäischen Gesellschaft. Eine Sozialgeschichte Westeuropas 1880-1980*. München: C. H. Beck.

Kapferer, Reinhard. 1980. »Islamische Renaissance, Islamische Revolution, Islamische Theokratie. Anmerkungen zu den Umwälzungen im Iran.« *Aus Politik und Zeitgeschichte* B 51-52, S. 3-23.

Kappelhoff, Peter und Wolfgang Teckenberg. 1987. »Intergenerational and Career Mobility in the Federal Republic and the United States.« In: Wolfgang Teckenberg (Hg.). *Comparative Studies in Social Structure.* Armonk, N. Y.: M. E. Sharpe, S. 3-49.

Kato, Genichi. 1973/1988. *A Historical Study of the Religious Development of Shinto.* New York: Greenwood Press.

Kavanagh, Dennis. 1987. *Thatcherism and British Politics. The End of Consensus.* Oxford: Oxford University Press.

Keck, Otto. 1984. *Der schnelle Brüter: Eine Fallstudie über Entscheidungsprozesse in der Großtechnik.* Frankfurt a. M.: Campus.

Kimmel, Adolf. 1991. »Innenpolitische Entwicklungen und Probleme in Frankreich.« *Aus Politik und Zeitgeschichte* B 47-48, S. 3-15.

Kimminich, Otto. 1992. »Asylgewährung als Rechtsproblem.« *Aus Politik und Zeitgeschichte* B 9, S. 3-12.

Kirchner, Dieter. 1988. »Die Bedeutung der Sozialpartner für die Weiterentwicklung der europäischen Integration – Europäische Tarifpolitik ja oder nein?« In: Reinhold Biskup (Hg.). *Europa – Einheit in der Vielfalt.* Bern und Stuttgart: Paul Haupt, S. 151-169.

Kitschelt, Herbert. 1980. *Kernenergiepolitik. Arena eines gesellschaftlichen Konflikts.* Frankfurt a. M. und New York: Campus.

Kleinsteuber, Hans J. 1989. »Wandlungen in der europäischen Medienwelt.« In: Astrid Schomaker, Daniel Gossel und Jens Lehnigk (Hg.). *Plädoyer für Europa. Beiträge zur Europäischen Einigung.* Hamburg: Verlag Weltarchiv, S. 159-183.

Klemp, Ludgera. 1992. »Soziale Sicherheit in Entwicklungsländern.« *Aus Politik und Zeitgeschichte* B 50, S. 47-54.

Kluxen, Kurt. 1968. »Großbritannien von 1660-1783.« In: Theodor Schieder (Hg.). *Handbuch der europäischen Geschichte*, Bd. 4: *Europa im Zeitalter des Absolutismus und der Aufklärung.* Stuttgart: Union, S. 304-377.

Knight, Ute und Wolfgang Kowalsky. 1991. *Deutschland nur den Deutschen? Die Ausländerfrage in Deutschland, Frankreich und den USA.* Erlangen: Straube.

Koch-Arzberger, Claudia. 1985. *Die schwierige Integration. Die bundesrepublikanische Gesellschaft und ihre 5 Millionen Ausländer.* Opladen: Westdeutscher Verlag.

Kölner Stadtanzeiger. 1992a. 25./26. 7. 1992.

– 1992b. 31.10./1. 11 1992.

– 1992c. 4. 12 1992.

– 1993a. 6. 1. 1993.

– 1993b. 13. 1. 1993.

– 1993c. 23./24. 1. 1993.

– 1993d. 19. 5. 1993.

Körner, Heiko und Ursula Mehrländer (Hg.). 1986. *Die ›neue‹ Ausländerpolitik in Europa*. Bonn: Verlag Neue Gesellschaft.

Körner, Peter, Gero Maaß, Thomas Siebold und Rainer Tetzlaff. 1983. »Der Internationale Währungsfonds – Krisenmanager für die Dritte Welt?« *Aus Politik und Zeitgeschichte* B 23, S. 21-32.

Koester, Ulrich. 1989. »Perspektiven für eine sozial und ökologisch gerechte Form der EG-Agrarpolitik.« In: Astrid Schomaker, Daniel Gossel und Jens Lehnigk (Hg.). *Plädoyer für Europa. Beiträge zur Europäischen Einigung*. Hamburg: Verlag Weltarchiv, S. 117-138.

Kohler-Koch, Beate. 1992. »Interessen und Integration. Die Rolle organisierter Interessen im westeuropäischen Entscheidungsprozeß.« In: Michael Kreile (Hg.). *Die Integration Europas. Politische Vierteljahresschrift*. Sonderheft 23, S. 81-119.

Kohn, Hans. 1962. *Die Idee des Nationalismus*. Frankfurt a. M.: Fischer.

Kolatek, Claudia. 1990. »Innovationsgeschwindigkeit in Japan.« *Japanstudien* 2, S. 103-126.

Kommission der EG. 1985a. *Verwirklichung des Memorandums der Kommission ›Für eine Technologiegemeinschaft‹*. Brüssel.

– 1985b. *Vollendung des Binnenmarktes. Weißbuch der Kommission an den Europäischen Rat*. Luxemburg: Amt für Amtliche Veröffentlichungen der Europäischen Gemeinschaften.

– 1986. *Dritter Jahresbericht an das Europäische Parlament über die Kontrolle der Anwendung des Gemeinschaftsrechts – 1985*. AB1 C 220 vom 1. 9. 1986.

– 1988. *Europäischer Fonds für Regionale Entwicklung*. Vierzehnter Jahresbericht. Brüssel.

– 1989a. *Zwölf grenzenlose Vorteile*. Bonn: BSI Bonn.

– 1989b. *Eurobarometer Spezial*. Brüssel.

– 1990. *Grünbuch der EG-Kommission zur Entwicklung der Europäischen Normung: Maßnahmen für eine schnellere technologische Integration in Europa*. Brüssel.

– 1992a. *Eurobarometer*. Nr. 37. Brüssel.

– 1992b. *Eurobarometer*. Trends 1974-1991. Brüssel.

– 1992c. *Eurobarometer*. Nr. 38. Brüssel.

– 1993. *Eurobarometer*. Nr. 39. Sofortbericht. Brüssel.

Koppelberg, Stephan. 1991. »Galegisch, Euskara und Katalanisch. Sprachen und Sprachpolitik im spanischen Staat.« In: Walter L. Bernecker und Josef Oehrlein (Hg.). *Spanien heute: Politik. Wirtschaft. Kultur*. Frankfurt a. M.: Vervuert, S. 387-426.

Kränzle, Karl. 1991. »Wo jeder Schritt beobachtet wird.« *Rheinischer Merkur/Christ und Welt*, Nr. 30, 26. 7. 1991, S. 25.

Krislov, Samuel, Claus-Dieter Ehlermann und Joseph Weiler. 1985. »Community Policy-Making and Implementation-Process.« In: Mauro

Cappelletti, Monica Seccombe und Joseph Weiler (Hg.). *Integration Through Law. Europe and the American Federal Experience*. Berlin und New York: Walter de Gruyter, S. 3-110.

Kröter, Thomas. 1992a. »Beim Ecu endet die Begeisterung für Europa.« *Kölner Stadtanzeiger*, 17. 6. 1992, S. 3.

– 1992b. »Vergänglicher Spuk oder dauerhafte Erscheinung?« *Kölner Stadtanzeiger*, 3. 11. 1992, S. 4.

Küchler, Manfred. 1990. »Ökologie statt Ökonomie: Wählerpräferenzen im Wandel?« In: Max Kaase und Hans-Dieter Klingemann (Hg.). *Wahlen und Wähler. Analysen aus Anlaß der Bundestagswahl 1987*. Opladen: Westdeutscher Verlag, S. 419-444.

Kühne, Winrich. 1991. »Deutschland vor neuen Herausforderungen in den Nord-Süd-Beziehungen.« *Aus Politik und Zeitgeschichte* B 46, S. 3-14.

– 1993. »Friedenssicherung durch die Vereinten Nationen in einer Welt ethno-nationaler Konflikte.« *Aus Politik und Zeitgeschichte* B 15-16, S. 9-19.

Kuhn, Britta. 1991. »Sozialunion in Europa.« *Aus Politik und Zeitgeschichte* B 3-4, S. 40-46.

Lagarde, Paul de. 1920. *Deutsche Schriften*. 5. Aufl. Göttingen: Dietrich.

Landry, Bart. 1987. *The New Black Middle Class*. Berkeley und Los Angeles: University of California Press.

Langbehn, Julius. 1890/1927. *Rembrandt als Erzieher. Von einem Deutschen*. 72.-76. Aufl. Leipzig: Hirschfeld.

Langewiesche, Dieter. 1988a. *Liberalismus in Deutschland*. Frankfurt a. M.: Suhrkamp.

– (Hg.). 1988b. *Liberalismus im 19. Jahrhundert*. Göttingen: Vandenhoeck und Ruprecht.

Lapins, Wulf-W. 1992. »Die Bundeswehr vor neuen Aufgaben und Herausforderungen.« *Aus Politik und Zeitgeschichte* B 13, S. 37-46.

Laumer, Helmut. 1990. »Japans Wirtschafts- und Sozialpolitik vor neuen Herausforderungen.« *Aus Politik und Zeitgeschichte* B 39, S. 17-26.

Lee, Barrett A., R. S. Oropesa, Barbara J. Metch und Avery M. Guest. 1984. »Testing the Decline-of-Community Thesis: Neighbourhood Organizations in Seattle, 1929 and 1979.« *American Journal of Sociology* 89, S. 1161-1188.

Leggewie, Claus. 1989. »Natürlich Europa.« In: Michael Franken und Walter Ohler (Hg.). *Natürlich Europa. 1992 – Chancen für die Natur?* Köln: Volksblatt Verlag, S. 7-10.

– 1990a. »Wird Europa grün? 10 Thesen zur Entwicklung und zu den Chancen einer europäischen Umweltpolitik und grün-alternativen Bewegungen.« In: Ulrich von Alemann, Rolf G. Heinze und Bodo Hombach (Hg.). *Die Kraft der Region: Nordrhein-Westfalen in Europa*. Bonn: Verlag J. H. W. Dietz Nachf., S. 214-200.

– 1990b. *Multi Kulti. Spielregeln für die Vielvölkerrepublik.* Berlin: Rotbuch.

Leimbacher, Urs. 1991. »Westeuropäische Integration und gesamteuropäische Kooperation.« *Aus Politik und Zeitgeschichte* B 45, S. 3-12.

Leipert, Christian. 1989. *Die heimlichen Kosten des Fortschritts. Wie Umweltzerstörung das Wirtschaftswachstum fördert.* Frankfurt a.M: S. Fischer.

Lemberg, Hans. 1992. »›Ethnische Säuberung‹: Ein Mittel zur Lösung von Nationalitätsproblemen?« *Aus Politik und Zeitgeschichte* B 46, S. 27-38.

Lenin, Wladimir I. 1933. *Der Imperialismus und der Imperialistische Weltkrieg. Ausgewählte Werke in 12 Bänden.* Bd. V. Wien: Verlag für Literatur und Politik.

Leonberger Kreiszeitung. 11.6.1992.

Lepenies, Wolf. 1993. »Vorwärts mit der Aufklärung. Die Zukunft der Intellektuellen.« *DER SPIEGEL* 47, Nr. 9, 1.3.1993, S. 128-145.

Lepsius, M.-Rainer. 1966. *Extremer Nationalismus. Strukturbedingungen vor der nationalsozialistischen Machtergreifung.* Stuttgart: Kohlhammer.

– 1967/68. »Die unbestimmte Identität der Bundesrepublik.« *Hochland* 60, S. 562-569.

– 1989. »Das Erbe des Nationalsozialismus und die politische Kultur der Nachfolgestaaten des ›Großdeutschen Reiches‹.« In: Max Haller, Hans-Jürgen Hoffmann-Nowottny und Wolfgang Zapf (Hg.). *Kultur und Gesellschaft.* Frankfurt a. M.: Campus, S. 247-264.

– 1990a. »Zur Soziologie des Bürgertums und der Bürgerlichkeit.« In: M. Rainer Lepsius. *Ideen, Interessen und Institutionen.* Opladen: Westdeutscher Verlag, S. 153-169.

– 1990b. »Nation und Nationalismus in Deutschland.« In: M. Rainer Lepsius. *Ideen, Interessen und Institutionen.* Opladen: Westdeutscher Verlag, S. 232-246.

– 1990c. »›Ethnos‹ und ›Demos‹. Zur Anwendung zweier Kategorien von Emerich Francis auf das nationale Selbstverständnis der Bundesrepublik und auf die Europäische Einigung.« In: M. Rainer Lepsius. *Ideen, Interessen und Institutionen.* Opladen: Westdeutscher Verlag, S. 247-255.

– 1990d. »Der europäische Nationalstaat. Erbe und Zukunft.« In: M. Rainer Lepsius. *Ideen, Interessen und Institutionen.* Opladen: Westdeutscher Verlag, S. 256-269.

– 1991. »Nationalstaat oder Nationalitätenstaat als Modell für die Weiterentwicklung der Europäischen Gemeinschaft.« In: Rudolf Wildenmann (Hg.). *Staatswerdung Europas? Optionen für eine Europäische Union.* Baden-Baden: Nomos Verlagsgesellschaft, S. 19-40.

Lévy, Philipp. 1988. »Die Außenwirkungen der Europäischen Gemeinschaft: Anpassungsprobleme für die Schweiz als Nichtmitgliedsland.«

In: Reinhold Biskup (Hg.). *Europa – Einheit in der Vielfalt*. Bern und Stuttgart: Paul Haupt, S. 133-149.

Lichtenberg, Hagen (Hg.). 1986. *Sozialpolitik in der EG*. Baden-Baden: Nomos Verlagsgesellschaft.

Lieberman, Jethro K. 1981. *The Litigious Society*. New York: Basic Books.

Lijphart, Arend. 1977. »Political Theories and the Explanation of Ethnic Conflict in the Western World: Falsified Predictions and Plausible Post-dictions.« In: Milton J. Esman (Hg.). *Ethnic Conflict in the Western World*. Ithaca und London: Cornell University Press, S. 46-64.

Linder, Wolf. 1992. »Die Schweiz zwischen Isolation und Integration.« *Aus Politik und Zeitgeschichte* B 47-48, S. 20-31.

Linz, Juan J. 1973. »Early State-Building and Late Peripheral Nationalism against the State: The Case of Spain.« In: Shmuel N. Eisenstadt und Stein Rokkan (Hg.). *Building States and Nations*, 2 Bde. Beverly Hills: Sage Publications, S. 32-116.

Lipset, Seymour Martin. 1963/1979. *The First New Nation*. New York: Norton.

List, Friedrich. 1841/1950. *Das nationale System der politischen Ökonomie*. Jena: G. Fischer.

Loch, Dietmar. 1990. *Der schnelle Aufstieg des Front National*. München: Tuduv-Verlagsgesellschaft.

Locke, John. 1690/1967. *Zwei Abhandlungen über die Regierung*, hg. und eingel. von W. Euchner. Frankfurt a. M.: Europäische Verlagsanstalt.

Lösche, Peter und Franz Walter. 1989. »Zur Organisationsstruktur der sozialdemokratischen Arbeiterbewegung in der Weimarer Republik.« *Geschichte und Gesellschaft* 15, S. 511-536.

Lüdtke, Hartmut. 1989. *Expressive Ungleichheit. Zur Soziologie der Lebensstile*. Opladen: Leske + Budrich.

Lüsebrink, Hans-Jürgen (Hg.). 1991. »Dossier: Der französische Nationalismus – Diskurs und Ideologie (18.-20. Jahrhundert).« *Lendemains* 16, S. 5-55.

Luhmann, Niklas. 1988. *Die Wirtschaft der Gesellschaft*. Frankfurt a. M.: Suhrkamp.

Luxemburg, Rosa. 1913/1975. *Die Akkumulation des Kapitals. Ein Beitrag zur ökonomischen Erklärung des Imperialismus. Gesammelte Werke*, Bd. 5. Berlin: Dietz.

MacIntyre, Alasdair. 1987. *Der Verlust der Tugend. Zur moralischen Krise der Gegenwart*. Frankfurt a. M. und New York: Campus.

Maier-Rigaud, Gerhard. 1988. *Umweltpolitik in der offenen Gesellschaft*. Opladen: Westdeutscher Verlag.

Maihold, Günther. 1990. »Demokratie mit erhobenen Händen? Militär und demokratischer Wandel in Lateinamerika.« *Aus Politik und Zeitgeschichte* B 43, S. 17-29.

Majone, Giandomenico. 1976. »Standard-Setting and the Theory of Institutional Choice. The Case of Pollution Control.« *Policy and Politics* 3, S. 35-41.

– 1989. »Regulating Europe: Problems and Prospects.« In: Thomas Ellwein, Joachim Jens Hesse, Renate Mayntz und Fritz W. Scharpf (Hg.). *Jahrbuch zur Staats- und Verwaltungswissenschaft* 3. Baden-Baden: Nomos Verlagsgesellschaft, S. 159-177.

– 1992. »Market Integration and Regulation: Europe After 1992.« *Metroeconomica* 43, S. 131-156.

Malanczuk, Peter. 1985. »Ausländerrecht und Einwanderungskontrolle in Großbritannien.« In: Jochen A. Frowein und Joachim Wolf (Hg.). *Ausländerrecht im internationalen Vergleich*. Heidelberg: C.F. Müller, S. 63-97.

Mansel, Jürgen. 1986. »Die unterschiedliche Selektion von jungen Deutschen, Türken und Italienern auf dem Weg vom polizeilich Tatverdächtigen zum gerichtlich Verurteilten.« *Monatsschrift für Kriminologie und Strafrechtsreform* 69, S. 309-325.

Markmann, Heinz. 1991. »Die Rolle der Verbände in der EG.« In: Rudolf Wildenmann (Hg.). *Staatswerdung Europas? Optionen für eine Europäische Union*. Baden-Baden: Nomos Verlagsgesellschaft, S. 269-283.

Marshall, Thomas H. 1964. *Class, Citizenship and Social Development*. Westport, Connecticut: Greenwood Press.

Martens, Heiko und Harald Schumann. 1993. »›Die Zeit läuft davon‹. Europas langer Weg ins organisierte Chaos.« *DER SPIEGEL* 47, Nr. 11, S. 140-147.

Martin, Hans-Peter und Harald Schumann. 1993. »›Der Feind sind wir selbst‹. Die Menschheit auf der Suche nach einem neuen Zivilisationsmodell.« *DER SPIEGEL* 47, Nr. 2, 11.1.1993, S. 102-112.

Maruyma, Masuo. 1978. »Der Nationalismus in Japan: Historische Grundlagen und theoretische Perspektiven.« In: Heinrich August Winkler (Hg.). *Nationalismus*. Königstein/Ts.: Anton Hain, S. 215-231.

Marx, Karl. 1867/1962. *Das Kapital*, Bd. I, *MEW* Bd. 23. Berlin: Dietz.

– 1844/1968. *Ökonomisch-philosophische Manuskripte aus dem Jahre 1844*. *MEW*, Ergänzungsband, Teil I. Berlin: Dietz, S. 465-588.

Marx, Karl und Friedrich Engels. 1846/1969. *Die deutsche Ideologie*. *MEW* Bd. 3. Berlin: Dietz.

Massey, Douglas S. 1990. »American Apartheid: Segregation and the Making of the Underclass.« *American Journal of Sociology* 96, S. 329-357.

Massey, Douglas S. und Nancy A. Denton. 1988a. »The Dimensions of Residential Segregation.« *Social Forces* 67, S. 281-315.

– 1988b. »Suburbanization and Segregation in U.S. Metropolitan Areas.« *American Journal of Sociology* 94, S. 592-626.

Matzke, Otto. 1983. »Weltbevölkerung und Welternährung.« *Aus Politik und Zeitgeschichte* B 19, S. 3-14.

McLoughlin, William G. 1978. *Revivals, Awakenings, and Reform. An*

Essay on Religion and Social Change in America 1607-1977. Chicago: University of Chicago Press.

McMillan, Charles J. 1989. *The Japanese Industrial System*. Berlin und New York: Walter de Gruyter.

Meadows, Dennis et al. 1972. *Die Grenzen des Wachstums. Bericht des Club of Rome zur Lage der Menschheit*. Stuttgart: DVA.

Meffert, Heribert und Manfred Kirchgeorg. 1993. »Das neue Leitbild Sustainable Development – der Weg ist das Ziel.« *Harvard Business Manager* 15, Nr. 2, S. 34-45.

Meinecke, Friedrich. 1907/1962. *Weltbürgertum und Nationalstaat. Meinecke Werke* Bd. 5, hg. von Hans Herzfeld et al. München: Oldenbourg.

Mendras, Henri und Alistair Cole. 1991. *Social Change in Modern France. Towards a Cultural Anthropology of the Fifth Republic*. Cambridge: Cambridge University Press.

Menzel, Ulrich. 1983. »Der Differenzierungsprozeß in der Dritten Welt und seine Konsequenzen für den Nord-Süd-Konflikt und die Entwicklungstheorie.« *Politische Vierteljahresschrift* 24, S. 31-59.

– 1985. *In der Nachfolge Europas. Autozentrierte Entwicklung in den ostasiatischen Schwellenländern Südkorea und Taiwan*. München: Simon und Magiera.

– 1991. »Das Ende der ›Dritten Welt‹ und das Scheitern der großen Theorie. Zur Soziologie einer Disziplin in auch selbstkritischer Sicht.« *Politische Vierteljahresschrift* 32, S. 4-33.

Merton, Robert K. 1949/1968. »Social Structure and Anomie.« In: Robert K. Merton. *Social Theory and Social Structure*. New York: Free Press, S. 73-138.

– 1983. *Auf den Schultern von Riesen*. Frankfurt a. M.: Suhrkamp.

Messner, Steven F. 1983. »Regional and Racial Effects on the Urban Homicide Rate: The Subculture of Violence Revisited.« *American Journal of Sociology* 88, S. 997-1007.

Mestiri, Ezzedine. 1990. *L'immigration*. Paris: Ed. La Découverte.

Meulemann, Heiner. 1983. »Value Change in West Germany, 1950-1980: Integrating the Empirical Evidence.« *Social Science Information*. Nr. 22, S. 777-800.

– 1989. *Wertwandel und kulturelle Teilhabe*. Fernuniversität-Gesamthochschule Hagen. Fachbereich Erziehungs-, Sozial- und Geisteswissenschaften. Lehreinheit.

Meyer-Stamer, Jörg. 1986. »Die Differenzierung der Abhängigkeit: Mikroelektronik und Dritte Welt.« *Aus Politik und Zeitgeschichte* B 35, S. 15-27.

Miller, Perry. 1956. *Errand into the Wilderness*. Cambridge, Mass.: Harvard University Press.

Moeller van den Bruck, Arthur. 1904-10/1933-35. *Das ewige Reich*. 3 Bde. 2. Aufl., hg. von H. Schwarz. Breslau: W. G. Korn.

– 1923/1931. *Das dritte Reich*. 3. Aufl., hg. von Hans Schwarz. Hamburg: Hanseatische Verlagsanstalt.

Möhwald, Ulrich. 1990. »Keine Zeit für die Familie. Zeitliche Aspekte der japanischen Familie.« *Japanstudien* 2, S. 147-175.

Molitor, Wolfgang. 1992. »Vereint im Fremdenhaß?« *Leonberger Kreiszeitung*. 21.8.1992, S. 3.

Mombeshora, Solomon. 1990. »The Salience of Ethnicity in Political Development: The Case of Zimbabwe.« *International Sociology* 5, S. 427-444.

Mommsen, Margareta (Hg.). 1992. *Nationalismus in Osteuropa. Gefahrvolle Wege in die Demokratie*. München: C.H. Beck.

Mommsen, Wolfgang J. 1977. *Imperialismustheorie*. Göttingen: Vandenhoeck & Ruprecht.

– 1990. *Nation und Geschichte. Über die Deutschen und die deutsche Frage*. München: Piper.

Monopolkommission. 1989. *Konzeption einer europäischen Fusionskontrolle*. Baden-Baden: Nomos Verlagsgesellschaft.

Montville, Joseph V. (Hg.). 1990. *Conflict and Peacemaking in Multiethnic Societies*. Lexington, Mass.: Lexington Books.

Morin, Edgar. 1988. *Europa denken*. Frankfurt a.M.: Campus.

Moser, Beat. 1985. *Konflikt und Kooperation der Dritten Welt mit Industrieländern*. Diessenhofen: Verlag Rüegger.

Mosse, George L. 1966. *The Crisis of German Ideology. Intellectual Origins of the Third Reich*. London: Weidenfeld und Nicholson.

Moßmann, Peter. 1991. »Philosophie und Praxis der Selbsthilfe in der Dritten Welt.« *Aus Politik und Zeitgeschichte* B 46, S. 32-38.

Mühlum, Albert. 1993. »Armutswanderung, Asyl und Abwehrverhalten. Globale und nationale Dilemmata.« *Aus Politik und Zeitgeschichte* B 7, S. 3-15.

Müller, Harry und Wilfried Schubarth. 1992. »Rechtsextremismus und aktuelle Befindlichkeiten von Jugendlichen in den neuen Bundesländern.« *Aus Politik und Zeitgeschichte* B 38, S. 16-28.

Müller-Brandeck-Bocquet, Gisela. 1990. »Dezentralisierung in Frankreich – Ein innenpolitischer Neuanfang.« *Die Verwaltung* 23, S. 49-82.

– 1991. »Ein föderalistisches Europa? Zur Debatte über die Föderalisierung und Regionalisierung der zukünftigen Europäischen Politischen Union.« *Aus Politik und Zeitgeschichte* B 45, S. 13-25.

Müller-Graff, Peter Christian (Hg.). 1991. *Technische Regeln im Binnenmarkt*. Baden-Baden: Nomos Verlagsgesellschaft.

Münch, Richard. 1982/1988. *Theorie des Handelns*. Ffm. a.M.: Suhrkamp.

– 1991. *Dialektik der Kommunikationsgesellschaft*. Ffm.: Suhrkamp.

– 1992a. »Gesellschaftliche Dynamik und politische Steuerung: Die Kontrolle technischer Risiken.« In: Heinrich Bußhoff (Hg.). *Politische Steuerung*. Baden-Baden: Nomos Verlagsgesellschaft, S. 81-106.

– 1992b. »Recht als Medium der Kommunikation.« *Zeitschrift für Rechts-soziologie* 13, S. 65-87.

– 1984/1992c. *Die Struktur der Moderne*. Frankfurt a. M.: Suhrkamp.

– 1986/1993a. *Die Kultur der Moderne*, 2 Bde. Frankfurt a. M.: Suhrkamp.

– 1993b. *Sociological Theory*. 3 vols. Chicago: Nelson-Hall.

Multhaupt, Wulf Friedrich. 1988. »Die Irisch Republikanische Armee. Geschichte, Ziele und Aktivitäten.« *Aus Politik und Zeitgeschichte* B 45, S. 35-46.

Murakami, Shigeyoshi. 1980. *Japanese Religion in the Modern Century*. Tokyo: University of Tokyo Press.

Murakami, Yasusuke. 1987. »The Japanese Model of Political Economy.« In: Koso Yamamura und Yasukichi Yasuba (Hg.). *The Political Economy of Japan*. Vol. 1. *The Domestic Transformation*. Stanford, Cal.: Stanford University Press, S. 33-90.

Nagel, Joane und Susan Olzak. 1982. »Ethnic Mobilization in New and Old States: An Extension of the Competition Model.« *Social Problems* 30, S. 127-143.

Nakane, Chie. 1985. *Die Struktur der japanischen Gesellschaft*. Frankfurt a. M.: Suhrkamp.

Newman, Gerald. 1987. *The Rise of English Nationalism: A Cultural History 1740-1830*. New York: St. Martin's.

Nicolaysen, Gert. 1991. *Europarecht I*. Baden-Baden: Nomos Verlagsge-sellschaft.

Niederleithinger, Ernst. 1990. »Das Verhältnis nationaler und europäi-scher Kontrolle von Zusammenschlüssen.« *WuW* 9, S. 721-730.

Nielsen, François 1985. »Toward a Theory of Ethnic Solidarity in Modern Societies.« *American Sociological Review* 50, S. 133-149.

Noelle-Neumann, Elisabeth. 1992. »Die Deutschen beginnen sich zu fürchten. Eine demoskopische Bilanz nach Maastricht.« *Frankfurter Allgemeine Zeitung*, 23. 6. 1992, S. 11.

Nördlinger, Helmut E. 1987. *Verschuldung von Entwicklungs- und Schwellenländern*. Grüsch: Verlag Rüegger.

Nohlen, Dieter. 1980. »Regionalismen in Spanien.« *Aus Politik und Zeit-geschichte* B 12, S. 39-60.

Nordic Statistical Secretariat. 1989/90. *Yearbook of Nordic Statistics 1989/90*. Vol. 28. Stockholm: The Nordic Council.

– *Yearbook of Nordic Statistics 1993*. Vol. 31. Stockholm: The Nordic Council.

Nowak, Horst und Ulrich Becker. 1985. »Es kommt der neue Konsu-ment«. *Form. Zeitschrift für Gestaltung*, Nr. 111, S. 13-17.

Nuscheler, Franz. 1986. »Erscheinungs- und Funktionswandel des Präto-rianismus in der Dritten Welt.« In: Franz Nuscheler (Hg.). *Politikwis-senschaftliche Entwicklungsländerforschung*. Darmstadt: Wissenschaft-liche Buchgesellschaft, S. 131-183.

Oberndörfer, Dieter. 1992. »Vom Nationalstaat zur offenen Republik. Zu den Voraussetzungen der politischen Integration von Einwanderung.« *Aus Politik und Zeitgeschichte* B 9, S. 21-28.

OECD. 1989. *Financing and External Debt of Developing Countries. 1988 Survey*. Paris: OECD-Publications Service.

– 1992. *Financing and External Debt of Developing Countries. 1991 Survey*. Paris: OECD-Publications Service.

Oesterle, Günter. 1988. »Urbanität und Mentalität. Paris und das Französische aus der Sicht deutscher Parisreisender.« In: Michel Espagne und Michael Werner (Hg.). *Transferts. Les relations interculturelles dans l'espace franco-allemand*. Paris: Recherche civilisations, S. 59-79.

– 1991. »Kulturelle Identität und Klassizismus. Wilhelm von Humboldts Entwurf einer allgemeinen und vergleichenden Literaturerkenntnis als Teil einer vergleichenden Anthropologie.« In: Bernhard Giesen (Hg.). *Nationale und kulturelle Identität*. Frankfurt a. M.: Suhrkamp, S. 304-349.

Ogden, Philip E. 1989. »International Migration in the Nineteenth and Twentieth Centuries.« In: Philip E. Ogden und Paul E. White (Hg.). *Migrants in Modern France*. London: Unwin Hyman, S. 34-59.

Okimoto, Daniel I. 1989. *Between MITI and the Market: Japanese Industrial Policy for High Technology*. Stanford, Cal.: Stanford University Press.

Olson, Mancur, Jr. 1965. *The Logic of Collective Action*. Cambridge, Mass.: Harvard University Press.

Opitz, Peter J. (Hg.). 1988. *Das Weltflüchtlingsproblem. Ursachen und Folgen*. München: Beck.

Orfeuil, Jan Pierre und Dirk Zumkeller. 1993. »Transportpreise und Transportpolitik mit Blick auf die Umweltbelastbarkeit.« *Internationales Verkehrswesen* 45, Nr. 3, S. 111-120.

Oyama, Nao. 1990. »Some Recent Trends in Japanese Values: Beyond the Individual-Collective Dimension.« *International Sociology* 5, S. 445-459.

Padoa-Schioppa, Tommaso et al. 1988. *Effizienz, Stabilität und Verteilungsgerechtigkeit. Eine Entwicklungsstrategie für das Wirtschaftssystem der Europäischen Gemeinschaft*. Wiesbaden: Gabler.

Pagano, Michael A. und Ann O'M. Bowman. 1991. »The State of American Federalism, 1990-1991.« *Publius: The Journal of Federalism* 21, Nr. 3, S. 1-26.

Pareto, Vilfredo. 1906/1965. *Manual of Political Economy*. New York: Kelly.

Parlament, Das. 1992. 24./31. 7. 1992.

Parsons, Talcott. 1971. *Das System moderner Gesellschaften*. München: Juventa.

Percheron, Annick. 1991. »Les Français et l'Europe acquiescement de façade ou adhésion véritable?« *Revue Française de Science Politique* 41, S. 382-406.

Piepenschneider, Melanie und Anita Wolf. 1991. »Jugend und europäische Integration. Einstellungen und Perspektiven.« *Aus Politik und Zeitgeschichte* B 45, S. 27-36.

Pigou, Arthur C. 1920/1960. *The Economics of Welfare.* 4. Aufl. London: MacMillan.

Plessner, Helmut. 1959. *Die verspätete Nation.* Stuttgart: Kohlhammer.

Porter, Michael E. 1990. *The Competitive Advantage of Nations.* New York: Free Press.

Postman, Neil. 1985. *Wir amüsieren uns zu Tode. Urteilsbildung im Zeitalter der Unterhaltungsindustrie.* Frankfurt a. M.: S. Fischer.

Preitz, Max. (Hg.). 1957. *Friedrich Schlegel und Novalis. Biographie einer Romantikerfreundschaft in ihren Briefen.* Darmstadt: Gentner.

Prognos AG 1990. *Die Arbeitsmärkte im EG-Binnenmarkt bis zum Jahr 2000.* Beitr. AB 138.1, hg. vom Institut für Arbeitsmarkt- und Berufsforschung der Bundesanstalt für Arbeit. Nürnberg.

Quoirin, Marianne. 1993. »Heikles Thema, klares Jein.« *Kölner Stadtanzeiger,* 1. 4. 1993, S. 4.

Rademacher, Hans. 1993. »Gesetz schafft höhere Hürden bei der Einbürgerung von Ausländern.« *Kölner Stadtanzeiger,* 19. 5. 1993.

Ragin, Charles C. und York W. Bradshaw. 1992. »International Economic Dependence and Human Misery, 1938-1980: A Global Perspective.« *Sociological Perspectives* 35, S. 217-247.

Reermann, Olaf. 1992. »Deutschland. Grundzüge des geltenden Asyl- und Einwanderungsrechts.« In: Kay Hailbronner (Hg.). *Asyl- und Einwanderungsrecht im europäischen Vergleich.* Köln: Bundesanzeiger Verlagsgesellschaft, S. 16-28.

Reh, Werner. 1993. »Die Verkehrspolitik der Europäischen Gemeinschaft. Chance oder Risiko für eine umweltgerechte Mobilität?« *Aus Politik und Zeitgeschichte* B 5, S. 34-44.

Rehbinder, Eckard und Richard Stewart. 1985. *Environmental Protection Policy. Integration Through Law 2.* Berlin und New York: de Gruyter.

Reif, Karlheinz. 1992. »Wahlen, Wähler und Demokratie in der EG. Die drei Dimensionen des demokratischen Defizits.« *Aus Politik und Zeitgeschichte* B 19, S. 43-52.

Reißmüller, Johann Georg. 1992. *Der Krieg vor unserer Haustür. Hintergründe der kroatischen Tragödie.* Stuttgart: Deutsche Verlagsanstalt.

Renan, Ernest. 1947. »Qu'est-ce qu'une nation? Conférence faite en Sorbonne, le II Mars 1882.« In: Ernest Renan. *Œuvres complètes.* Bd. 1. Paris: Calmann-Lévy, S. 887-906.

Renzsch, Wolfgang. 1990. »Deutsche Länder und europäische Integration. Kompetenzverluste und neue Handlungschancen in einem ›Europa der Regionen‹.« *Aus Politik und Zeitgeschichte* B 28, S. 28-39.

Richmond, Anthony H. 1973. *Migration and Race Relations in an English City. A Study in Bristol*. London: Oxford University Press.

Richter, Karl-Otto und Bernhard Schmidtbauer. 1993. »Zur Akzeptanz von Asylbewerbern in Rostock-Stadt. Empirische Ergebnisse aus dem Frühjahr 1992.« *Aus Politik und Zeitgeschichte* B 2-3, S. 44-54.

Ringer, Fritz K. 1969. *The Decline of the German Mandarins. The German Academic Community, 1890-1933*. Cambridge, Mass.: Harvard University Press.

Robertson, Roland. 1990. »Mapping the Global Condition: Globalization as the Central Concept.« *Theory, Culture & Society* 7, S. 15-30.

Röper, Horst, 1988. »Formationen deutscher Medienmultis 1988.« *Media Perspektiven* 12/88, S. 749-765.

Rößler, Karlheinz. 1991. »Flugverkehr.« In: Gerd Michelsen und Öko-Institut Freiburg/Br. (Hg.). *Der Fischer Öko-Almanach 91/92*. Frankfurt a. M.: Fischer, S. 186-189.

Röttinger, Moritz und Claudia Weyringer. 1991. *Handbuch der euopäischen Integration*. Wien: Manzsche Verlags- und Universitätsbuchhandlung.

Ronge, Volker. 1993. »Ost-West-Wanderung nach Deutschland.« *Aus Politik und Zeitgeschichte* B 7, S. 16-28.

Room, Graham J. und Bernd Henningsen. 1990. *Neue Armut in der Europäischen Gemeinschaft*. Frankfurt a. M. und New York: Campus.

Ropers, Norbert und Peter Schlotter. 1993. »Vor den Herausforderungen des Nationalismus: Die KSZE in den neunziger Jahren.« *Aus Politik und Zeitgeschichte* B 15-16, S. 20-27.

Rorty, Richard. 1989. *Kontingenz, Ironie und Solidarität*. Frankfurt a. M.: Suhrkamp.

Rougemont, Denis de. 1965. *Die Schweiz – Modell Europas?* Wien: Manz.

Rousseau, Jean Jacques. 1762/1964. »Du contrat social ou principes du droit politique.« In: Jean Jacques Rousseau. *Œuvres complètes*, hg. von B. Gagnebin und M. Raymond. Paris: Gallimard, S. 347-470.

Rüchardt, Hugo. 1992. »Zum Kompetenzverlust der öffentlichen Meinung im Industriestaat Bundesrepublik. Akzeptanz- und Transferprobleme im Hinblick auf Forschung, Technologie und Wirtschaft.« *Aus Politik und Zeitgeschichte* B 10-11, S. 36-44.

Rühle, Hans. 1988. »Die sicherheitspolitische Dimension der europäischen Integration.« In: Reinhold Biskup (Hg.). *Europa – Einheit in der Vielfalt*. Bern und Stuttgart: Paul Haupt, S. 73-87.

Rummel, Reinhardt (Hg.). 1992. *Toward Political Union. Planning a Common Foreign and Security Policy in the European Community*. Baden-Baden: Nomos Verlagsgesellschaft.

Rutkoff, Peter M. 1981. *Revanche & Revision. The Ligue des Patriots and the Origins of the Radical Right in France, 1882-1900*. Athens und London: Ohio University Press.

Ryan, John. 1990. »When Art Becomes News: Portrayals of Art and Artists on Network Television News.« *Social Forces* 68, S. 869-889.

Sachverständigenrat 1989. *Jahresgutachten 1989/90 des Sachverständigenrates zur Begutachtung der gesamtwirtschaftlichen Entwicklung vom 23. November 1989.* Bonn.

Safran, William. 1991. *The French Polity.* 3. Aufl. New York und London: Longman.

Saggar, Shamit. 1991. »The Changing Agenda of Race Issues in Local Government: the Case of a London Borough.« *Political Studies* 39, S. 100-121.

Sampson, Robert J. 1987. »Urban Black Violence: The Effect of Male Joblessness and Family Disruption.« *American Journal of Sociology* 93, S. 348-382.

Sampson, Robert J. und W. Byron Groves. 1989. »Community Structure and Crime: Testing Social-Disorganization Theory.« *American Journal of Sociology* 94, S. 774-802.

Sandholtz, Wayne. 1992. »ESPRIT and the Politics of International Collective Action.« *Journal of Common Market Studies* 30, S. 1-21.

Sandomirsky, Sharon und John Wilson. 1990. »Processes of Disaffiliation: Religious Mobility Among Men and Women.« *Social Forces* 68, S. 1211-1229.

Scarcia Amoretti, Biancamaria. 1990. »Die historische Entwicklung der Sekten im Islam.« In: Munir D. Ahmed et. al. *Der Islam. III Islamische Kultur – Zeitgenössische Strömungen – Volksfrömmigkeit.* Stuttgart: Kohlhammer, S. 100-156.

Schacht, Joseph. 1935. »Zur soziologischen Betrachtung des islamischen Rechts.« *Der Islam* 22, S. 207 ff.

Schäfer, Wolf. 1988. »Das EWS im Spannungsfeld zwischen Regionalisierung und Globalisierung.« In: Reinhold Biskup (Hg.). *Europa – Einheit in der Vielfalt.* Bern und Stuttgart: Paul Haupt, S. 211-223.

Schain, Martin A. 1987. »The National Front in France and the Construction of Political Legitimacy.« *West European Politics* 10, S. 229-252.

Scharpf, Fritz W. 1985. »Die Politikverflechtungs-Falle: Europäische Integration und deutscher Föderalismus im Vergleich.« *Politische Vierteljahresschrift* 26, S. 323-356.

– 1990. »Regionalisierung des europäischen Raums. Die Zukunft der Bundesländer im Spannungsfeld zwischen EG, Bund und Kommunen.« In: Ulrich von Alemann, Rolf G. Heinze und Bodo Hombach (Hg.). *Die Kraft der Region: Nordrhein-Westfalen in Europa.* Bonn: Verlag J. H. W. Dietz Nachf., S. 32-46.

– 1991. »Kann es in Europa eine stabile föderale Balance geben? (Thesen).« In: R. Wildenmann (Hg.). *Staatswerdung Europas? Optionen für eine Europäische Union.* Baden-Baden: Nomos Verlagsgesellschaft, S. 415-428.

Scharpf, Fritz W., Bernd Reissert und Fritz Schnabel. 1976. *Politikver-flechtung: Theorie und Empirie des kooperativen Föderalismus in der Bundesrepublik.* Kronberg/Ts.: Scriptor.

Scharrer, Eckart. 1989. »Binnenmarkt 1992: Erwartungen an einen ein-heitlichen Wirtschaftsraum.« In: Astrid Schomaker, Daniel Gossel und Jens Lehnigk (Hg.). *Plädoyer für Europa. Beiträge zur Europäischen Einigung.* Hamburg: Verlag Weltarchiv, S. 97-116.

Schatten, Aaron. 1992. »Das somalische Dilemma dauert an.« *Das Parla-ment,* 24./31.7.1992, S. 17.

Scheffler, Thomas (Hg.). 1991. *Ethnizität und Gewalt.* Hamburg: Deut-sches Orient-Institut.

Schieder, Theodor. 1991. *Nationalismus und Nationalstaat. Studien zum nationalen Problem im modernen Europa.* Göttingen: Vandenhoeck & Ruprecht.

Schilling, Heinz. 1991. »Nationale Identität und Konfession in der euro-päischen Neuzeit.« In: Bernhard Giesen (Hg.). *Nationale und kultu-relle Identität.* Frankfurt a. M.: Suhrkamp, S. 192-252.

Schissler, Jacob. 1990. »Politische Kultur in der öffentlichen Meinung.« In: Willi Paul Adams et al. (Hg.). Länderbericht USA I. Bonn: *Bundes-zentrale für politische Bildung,* S. 259-270.

Schlesinger, Arthur M. Jr. 1992. *The Disuniting of America: Reflections on a Multicultural Society.* New York: Norton.

Schluchter, Wolfgang. 1988. *Religion und Lebensführung.* 2 Bde. Frank-furt a. M.: Suhrkamp.

Schmähl, Winfried. 1991. »Finanzierung sozialer Sicherung bei einer al-ternden Bevölkerung in Deutschland.« *Aus Politik und Zeitgeschichte* B 3-4, S. 28-39.

Schmidt, Helmut. 1992. »Aus Rio kommt die Rettung nicht.« *DIE ZEIT* 47, 12.6.1992, S.1.

Schmidtke, Oliver und Carlo E. Ruzza. 1993. »Regionalistischer Protest als ›Live Politics‹.« *Soziale Welt* 44, S. 5-29.

Schmitt, David E. 1977. »Ethnic Conflict in Northern Ireland: Interna-tional Aspects of Conflict Management.« In: Milton J. Esman (Hg.). *Ethnic Conflict in the Western World.* Ithaca und London: Cornell Uni-versity Press, S. 228-250.

Schmuck, Otto. 1992. »Der Maastrichter Vertrag zur Europäischen Union. Fortschritt und Ausdifferenzierung der europäischen Eini-gung.« *Europa-Archiv* 4, S. 97-106.

Schneider, Heinrich. 1991. »Gesamteuropäische Herausforderungen an eine Europäische Union.« In: Rudolf Wildenmann (Hg.). *Staatswer-dung Europas? Optionen für eine Europäische Union.* Baden-Baden: Nomos Verlagsgesellschaft, S. 41-143.

Schneider, Volker. 1985. »Corporatist and Pluralist Patterns of Policy-Making for Chemicals Control: A Comparison between West Germany and the USA.« In: Alan Cawson (Hg.). *Organized Interests and the State*. London: Sage, S. 174-191.

Schnibben, Cordt. 1992. »Die Reklame-Republik.« *DER SPIEGEL* 46, Nr. 52, S. 114-128.

Schöps, Joachim. 1993. »In jeder Sekunde drei Menschen mehr. Das vernichtende Wachstum der Weltbevölkerung.« *DER SPIEGEL* 47, Nr. 10, S. 144-154.

Schrimpf, Hans J. 1968. *Goethes Begriff der Weltliteratur*. Stuttgart: Metzler.

Schröder, Meinhard. 1990. *Europäische Bildungspolitik und bundesstaatliche Ordnung*. Baden-Baden: Nomos Verlagsgesellschaft.

Schulin, Ernst. 1971. »England und Schottland vom Ende des Hundertjährigen Krieges bis zum Protektorat Cromwells (1455-1660).« In: Theodor Schieder (Hg.). *Handbuch der europäischen Geschichte*, Bd. 3. Stuttgart: Union-Verlag, S. 904-960.

Schultz, Siegfried. 1990. »Die laufende Uruguay-Runde des GATT und ihre Bedeutung für die Entwicklungsländer.« *Aus Politik und Zeitgeschichte* B 30-31, S. 11-23.

Schultze, Rainer-Olaf. 1980. »Neo-Nationalismus in Großbritannien. Erklärungsansätze und Ursachenanalyse.« *Aus Politik und Zeitgeschichte* B 12, S. 19-37.

Schulze, Gerhard. 1992. *Die Erlebnisgesellschaft. Kultursoziologie der Gegenwart*. Frankfurt a. M.: Campus.

Searle, John R. 1969. *Speech Acts*. Cambridge: Cambridge University Press.

Seeleib-Kaiser, Martin. 1992. »Armut und Sozialpolitik unter der Bush-Administration.« *Aus Politik und Zeitgeschichte* B 44, S. 22-34.

Seitz, Konrad. 1992. »Die japanisch-amerikanische Herausforderung. Europas Hochtechnologieindustrien kämpfen ums Überleben.« *Aus Politik und Zeitgeschichte* B 10-11, S. 3-15.

Senger und Etterlin, Stefan von. 1992. »Das Europa der Eurokraten. Zentralismus, Partikularismus und die Rolle des Nationalstaates.« *Aus Politik und Zeitgeschichte* B 42, S. 16-27.

Senghaas, Dieter. 1992a. »Vom Nutzen und Elend des Nationalismus im Leben von Völkern.« *Aus Politik und Zeitgeschichte* B 31, S. 23-32.

– 1992b. *Friedensprojekt Europa*. Frankfurt a. M.: Suhrkamp.

Sepstrup, Preben. 1985. »Grenzüberschreitendes Fernsehen in Europa. Wirtschaftliche Folgen und Aussichten für die Verbraucher.« *Media Perspektiven* 2/85, S. 99-110.

Shams, Rasul. 1992. »Drogenwirtschaft und Drogenpolitik in Entwicklungsländern.« *Aus Politik und Zeitgeschichte* B 50, S. 31-37.

Shapiro, Andrew L. 1993. *Die verlorene Weltmacht. Amerika im Vergleich zum Rest der Welt*. München: C. Bertelsmann.

Shaw, Clifford und Henry McKay. 1942/1969. *Juvenile Delinquency and Urban Areas*. Rev. Aufl. Chicago: University of Chicago Press.

Shelly, Louise I. 1981. *Crime and Modernization. The Impact of Industrialization and Modernization on Crime.* Carbondale, Ill.: Southern Illinois University Press.

Shils, Edward. 1975. »Center and Periphery.« In: Edward Shils. *Center and Periphery. Essays in Macrosociology.* Chicago und London: University of Chicago Press, S. 3-16.

Siebert, Horst. 1989. »The Harmonization Issue in Europe: Prior Agreement or a Competitive Process?« In: Horst Siebert (Hg.). *The Completion of the Internal Market.* Tübingen: Mohr Siebeck, S. 53-75.

Sieveking, Klaus. 1991. »Bestimmungsfaktoren und Bezugspunkte der Europäischen Sozialpolitik.« In: Rudolf Wildenmann (Hg.). *Staatswerdung Europas? Optionen für eine Europäische Union.* Baden-Baden: Nomos Verlagsgesellschaft, S. 285-320.

Simmel, Georg. 1900. *Philosophie des Geldes.* Berlin: Duncker und Humblot.

– 1908/1968. *Soziologie. Untersuchungen über die Formen der Vergesellschaftung.* Berlin: Duncker und Humblot.

– 1914/1926. *Der Konflikt der modernen Kultur.* Berlin: Duncker und Humblot.

Sinclair, Stuart. 1982. *The Third World Economic Handbook.* London: Euromonitor.

Smith, Alan Gordon Rae. 1984. *The Emergence of a Nationstate: The Commonwealth of England, 1529-1660.* London: Longman.

Smith, Anthony D. 1986. *The Ethnic Origins of Nations.* Oxf.: Blackwell.

Smith, Susan J. 1989. *The Politics of ›Race‹ and Residence. Citizenship, Segregation and White Supremacy in Britain.* Oxford: Polity Press.

Snider, Lewis W. 1990. »The Political Performance of Third World Governments and the Debt Crisis.« *American Political Science Review* 84, S. 1263-1280.

Snyder, Francis. 1993. »The Effectiveness of European Community Law: Institutions, Processes, Tools and Techniques.« *Modern Law Review* 56, S. 19-54.

Snyder, Louis L. 1952/1969. *German Nationalism: The Tragedy of a People.* Port Washington, N.Y.: Kennikat Press.

Sollors, Werner. 1986. *Beyond Ethnicity: Consent and Descent in American Culture.* New York: Oxford University Press.

– 1991. »Konstruktionsversuche nationaler und ethnischer Identität in der amerikanischen Literatur«. In: Bernhard Giesen (Hg.). *Nationale und kulturelle Identität.* Frankfurt a. M.: Suhrkamp, S. 537-570.

Solomos, John. 1989. *Race and Racism in Contemporary Britain.* Basingstoke: MacMillan.

Sørensen, Annemette, Karl E. Taeuber und L. J. Hollingsworth, Jr. 1975. »Indexes of Residential Segregation for 109 Cities in the United States: 1940-1970.« *Sociological Focus* 8, S. 125-142.

Spencer, Herbert. 1897-1906/1975. *The Principles of Sociology*, Bd. I-III. Westport, Connecticut: Greenwood Press.

SPIEGEL, DER. 1987. 41, Nr. 29, 13.7.1987.

– 1992. 46, Nr. 50, 7.12.1992.

– 1993a. 47, Nr. 2, 11.1.1993.

– 1993b. 47, Nr. 3, 18.1.1993.

– 1993c. 47, Nr. 5, 1.2.1993.

– 1993d. 47, Nr. 9, 1.3.1993.

– 1993e. 47, Nr. 11, 15.3.1993.

– 1993f. 47, Nr. 16, 19.4.1993.

– 1993g. 47, Nr. 17, 26.4.1993.

– 1993h. 47, Nr. 27, 5.7.1993.

Staack, Michael und Oliver Meier. 1992. »Die KSZE und die europäische Sicherheit. Kooperative Konfliktverhütung für Gesamteuropa.« *Aus Politik und Zeitgeschichte* B 13, S. 17-26.

Stack, Steve. 1992. »The Effect of Divorce on Suicide in Japan: A Time Series Analysis, 1950-1980.« *Journal of Marriage and the Family* 54, S. 327-334.

Starbatty, Joachim und Uwe Vetterlein. 1988. »Die Technologiepolitik der EG-Kommission – die richtige Antwort auf die technologische Herausforderung?« In: Reinhold Biskup (Hg.). *Europa – Einheit in der Vielfalt.* Bern und Stuttgart: Paul Haupt, S. 171-191.

– 1992. »Europäische Technologie- und Industriepolitik nach Maastricht.« *Aus Politik und Zeitgeschichte* B 10-11, S. 16-24.

Statistisches Bundesamt (Hg.). 1962. *Statistisches Jahrbuch für die Bundesrepublik Deutschland 1962.* Stuttgart: Kohlhammer.

– 1972. *Statistisches Jahrbuch für die Bundesrepublik Deutschland 1972.* Stuttgart: Kohlhammer.

– 1982. *Statistisches Jahrbuch für die Bundesrepublik Deutschland 1982.* Stuttgart: Kohlhammer.

– 1988. *Länderbericht: EG-Staaten.* Stuttgart: Kohlhammer.

– 1989. *Statistisches Jahrbuch für das Ausland 1989.* Stuttgart: Metzler-Poeschel.

– 1992a. *Statistisches Jahrbuch für die Bundesrepublik Deutschland 1992.* Stuttgart: Metzler-Poeschel.

– 1992b. *Statistisches Jahrbuch für das Ausland 1992.* Stuttgart: Metzler-Poeschel.

Steven, Rob. 1990. *Japan's New Imperialism.* Basingstoke: MacMillan.

Stockhausen, Joachim von. 1992. »Agrarentwicklungspolitik vor dem Offenbarungseid?« *Aus Politik und Zeitgeschichte* B 50, S. 38-46.

Stölting, Erhard. 1990. *Eine Weltmacht zerbricht. Nationalitäten und Religionen in der UdSSR.* Frankfurt a.M.: Eichborn.

Stöss, Richard. 1989. *Die extreme Rechte in der Bundesrepublik.* Opladen: Westdeutscher Verlag.

Stoetzel, Jean. 1983. *Les valeurs du temps présent: une enquête européenne*. Paris: Presses Universitaires de France.

Streeck, Wolfgang. 1987. »Vielfalt und Interdependenz. Überlegungen zur Rolle von intermediären Organisationen in sich ändernden Umwelten.« *Kölner Zeitschrift für Soziologie und Sozialpsychologie* 39, S. 452-470.

Streeck, Wolfgang und Philippe C. Schmitter. 1991. »From National Corporatism to Transnational Pluralism: Organized Interests in the Single European Market.« *Politics and Society* 19, Nr. 2, S. 133-164.

Streit, Manfred E. und Stefan Voigt. 1991. »Die Handelspolitik der Europäischen Gemeinschaft aus weltwirtschaftlicher Perspektive.« In: R. Wildenmann (Hg.). *Staatswerdung Europas? Optionen für eine Europäische Union*. Baden-Baden: Nomos Verlagsgesellschaft, S. 167-198.

Strohmeier, Klaus Peter. 1993. »Pluralisierung und Polarisierung der Lebensformen in Deutschland.« *Aus Politik und Zeitgeschichte* B17, S. 11-22.

Struwe, Jochen. 1991. *EG 92 – Europa der Unternehmer. Die sozialpolitischen Perspektiven des Binnenmarktes*. Frankfurt a. M.: S. Fischer.

Sturzbecher, Dietmar und Peter Dietrich. 1993. »Jugendliche in Brandenburg – Signale einer unverstandenen Generation.« *Aus Politik und Zeitgeschichte* B 2-3, S. 33-43.

Sunkel, Osvaldo. 1972. »Transnationale kapitalistische Integration und nationale Desintegration: Der Fall Lateinamerikas.« In: Dieter Senghaas (Hg.). *Imperialismus und strukturelle Gewalt*. Frankfurt a. M.: Suhrkamp, S. 258-315.

Suntum, Ulrich van. 1993. »Verkehrspolitik in der Marktwirtschaft«. *Aus Politik und Zeitgeschichte* B 5, S. 3-13.

Sussenburger, Jürgen. 1992. »Neue und breitere Autobahnen.« *Kölner Stadtanzeiger*, 18./19. 6. 1992, S. 47.

Taguieff, Pierre-André. 1988. *La force du préjugé, essai sur le racisme et ses doubles*. Paris: La Découverte.

Tasker, Peter. 1988. *Japan von innen. Macht und Reichtum eines neuen Wirtschaftsimperiums*. München: Wilhelm Heyne.

Taylor, Charles. 1988. *Negative Freiheit? Zur Kritik des neuzeitlichen Individualismus*. Frankfurt a. M.: Suhrkamp.

– 1989. *Sources of the Self. The Making of the Modern Identity*. Cambridge, Mass.: Cambridge University Press.

Tenfelde, Klaus. 1988. »Geschichte der deutschen Arbeiter und der Arbeiterbewegung – ein Sonderweg.« *Der Aquäduct: 1763-1988. Ein Almanach aus dem Verlag C. H. Beck im 225. Jahr seines Bestehens*. München: C. H. Beck, S. 469-483.

Teske, Horst. 1992. »Die Sanktion von Vertragsverstößen im Gemeinschaftsrecht.« *Europarecht* 27, Nr. 3, S. 265-286.

Thadden, Rudolf von. 1991. »Aufbau nationaler Identität. Deutschland und Frankreich im Vergleich.« In: Bernhard Giesen (Hg.). *Nationale und kulturelle Identität*. Frankfurt a. M.: Suhrkamp, S. 493-510.

Thalheimer, Siegfried. 1963. *Die Affäre Dreyfus*. München: Deutscher Taschenbuch Verlag.

Thaysen, Uwe, Roger H. Davidson und Robert G. Livingston (Hg.). 1988. *US-Kongreß und Deutscher Bundestag. Bestandsaufnahmen im Vergleich*. Opladen: Westdeutscher Verlag.

Thome, Helmut. 1992. »Gesellschaftliche Modernisierung und Kriminalität. Zum Stand der sozialhistorischen Kriminalitätsforschung.« *Zeitschrift für Soziologie* 21, S. 212-228.

Thurow, Lester. 1993. *Kopf an Kopf. Wer siegt im Wirtschaftskrieg zwischen Europa, Japan und den USA?* Düsseldorf: Econ.

Tibi, Basam. 1981. *Die Krise des modernen Islams*. München: C. H. Beck.

– 1993. »Bedroht uns der Islam?« *DER SPIEGEL* 47, Nr. 5, 1. 2. 1993, S. 126-127.

Tichy, Roland. 1990. *Ausländer rein! Warum es kein »Ausländerproblem« gibt*. München: Piper.

Tilly, Charles (Hg.). 1975. *The Formation of National States in Western Europe*. Princeton: Princeton University Press.

Tocqueville, Alexis de. 1856/1969. *Der alte Staat und die Revolution*. Reinbek bei Hamburg: Rowohlt.

– 1835/40/1976. *Über die Demokratie in Amerika*. München: Deutscher Taschenbuch Verlag.

Tönnies, Ferdinand. 1887/1963. *Gemeinschaft und Gesellschaft*. Darmstadt: Wissenschaftliche Buchgesellschaft.

Turnbull, Peter. 1988. »The Limits to Japanisation.« *New Technology, Work and Employment* 3, Nr. 1, S. 7-20.

Turner, Bryan S. 1990. »Outline of a Theory of Citizenship.« *Sociology* 24, S. 189-217.

Uhlig, Claus. 1991. »Nationale Geschichtsschreibung und kulturelle Identität: Das Beispiel der englischen Renaissance.« In: Bernhard Giesen (Hg.). *Nationale und kulturelle Identität*. Frankfurt a. M.: Suhrkamp, S. 169-191.

United Nations. 1992. *Statistical Yearbook 1988/89*. New York.

Urry, John. 1990. *The Tourist Gaze*. London: Sage.

U. S. Bureau of the Census. 1979. *Statistical Abstract of the United States 1979*. Washington, D. C.: U. S. Government Printing Office.

– 1984. *Statistical Abstract of the United States 1984*. Washington, D. C.: U. S. Government Printing Office.

– 1991. *Statistical Abstract of the United States 1991*. Washington, D. C.: U. S. Government Printing Office.

– 1992. *Statistical Abstract of the United States 1992*. Washington, D. C.: U. S. Government Printing Office.

Uterwedde, Henrik. 1991. »Wirtschafts- und Sozialpolitik unter Mitterand 1981-1991. Reformimpulse und Strukturanpassungen.« *Aus Politik und Zeitgeschichte* B 47-48, S. 16-25.

Voelzkow, Helmut, Josef Hilbert und Rolf G. Heinze. 1987. »›Regierung durch Verbände‹ – am Beispiel der umweltschutzbezogenen Techniksteuerung.« *Politische Vierteljahresschrift* 28, S. 80-100.

Vorholz, Fritz und Christian Wernicke. 1992. »Diplomatischer Karneval in Rio.« *DIE ZEIT* 47, 12.6.1992, S. 6.

Wagner, Adolph. 1893. *Grundlegung der politischen Ökonomie.* Zweiter Teil. Leipzig: Winter.

Waldmann, Peter. 1991. »Terrorismus und Nationalismus im Baskenland.« In: Walter L. Bernecker und Joseph Oehrlein (Hg.). *Spanien heute: Politik. Wirtschaft. Kultur.* Frankfurt a. M.: Vervuert, S. 77-103.

Waldmann, Peter und Georg Elwert (Hg.). 1989. *Ethnizität im Wandel.* Saarbrücken: Verlag Breitenbach Publishers.

Wallerstein, Immanuel. 1984. *The Politics of the World Economy.* Cambridge: Cambridge University Press.

Walther, Wiebke. 1990. »Die Frau im Islam.« In: Munir D. Ahmed et al. *Der Islam. III Islamische Kultur – Zeitgenössische Strömungen – Volksfrömmigkeit.* Stuttgart: Kohlhammer, S. 388-414.

Walzer, Michael. 1983. *Spheres of Justice. A Defense of Pluralism and Equality.* New York: Basic Books.

– 1990a. »The Communitarian Critique of Liberalism.« *Political Theory* 18, S. 6-23.

– 1990b. *Kritik und Gemeinsinn.* Berlin: Rotbuch.

Ward, Robin. 1983. »Race Relations in Britain.« In: Angus Stewart (Hg.). *Contemporary Britain.* London: Routledge, S. 154-178.

Wassermann, Rudolf. 1992. »Plädoyer für eine neue Asyl- und Ausländerpolitik.« *Aus Politik und Zeitgeschichte* B 9, S. 13-20.

Watt, W. Montgomery. 1988. *Islamic Fundamentalism and Modernity.* London: Routledge.

Watt, W. Montgomery und Michael E. Marmura. 1985. *Der Islam. Bd. II: Politische Entwicklungen und theologische Konzepte.* Stuttgart: Kohlhammer.

Watt, W. Montgomery und Alford T. Welch. 1980. *Der Islam. Bd. I: Mohammed und die Frühzeit – Islamisches Recht – Religiöses Leben.* Stuttgart: Kohlhammer.

Weber, Beate. 1989. »Umwelt ohne Grenzen – Über die Notwendigkeit einer Europäischen Umwelt- und Energiepolitik.« In: Astrid Schomaker, Daniel Gossel und Jens Lehnigk (Hg.). *Plädoyer für Europa. Beiträge zur Europäischen Einigung.* Hamburg: Weltarchiv, S. 139-158.

Weber, Eugen. 1968. *The Nationalist Revival in France, 1905-1914.* Berkeley und Los Angeles: University of California Press.

Weber, Max. 1920/1972a: *Gesammelte Aufsätze zur Religionssoziologie,* Bd. 1. Tübingen: Mohr Siebeck.

– 1920/1972b. *Gesammelte Aufsätze zur Religionssoziologie*, Bd. 2. Tübingen: Mohr Siebeck.

– 1922/1976. *Wirtschaft und Gesellschaft*. Tübingen: Mohr Siebeck.

Wehler, Hans-Ulrich. 1987a. *Deutsche Gesellschaftsgeschichte*. Bd. 1: *Vom Feudalismus des Alten Reiches bis zur defensiven Modernisierung der Reformära 1700-1815*. München: C. H. Beck.

– 1987b. *Deutsche Gesellschaftsgeschichte*. Bd. 2: *Von der Reformära bis zur industriellen und politischen ›Deutschen Doppelrevolution‹ 1815-1845/49*. München: C. H. Beck.

– 1989. »Deutsches Bildungsbürgertum in vergleichender Perspektive – Elemente eines ›Sonderwegs‹.« In: Jürgen Kocka (Hg.). *Bildungsbürgertum im 19. Jahrhundert*. Teil IV: *Politischer Einfluß und gesellschaftliche Formation*. Stuttgart: Klett-Cotta, S. 215-237.

Weidenfeld, Werner und Josef Janning. 1990. *Der Umbruch Europas: Die Zukunft des Kontinents*. Gütersloh: Verlag Bertelsmann Stiftung.

Weidenfeld, Werner und Melanie Piepenschneider. 1990. *Junge Generation und Europäische Einigung. Einstellungen – Wünsche – Perspektiven*. Bonn: Europa Union Verlag.

Weiler, Joseph. 1982. *Supranational Law and the Supranational System: Legal Structure and Political Process in the European Community*. PH. D. Thesis. Florenz: European University Institute.

Weizsäcker, Ernst Ulrich von. 1990. *Erdpolitik. Ökologische Realpolitik an der Schwelle zum Jahrhundert der Umwelt*. 2. Aufl. Darmstadt: Wissenschaftliche Buchgesellschaft.

Weltbank. 1992. *Weltentwicklungsbericht 1992. Umwelt und Entwicklung*. Bonn: UNO-Verlag.

Wendler, Hans Jürgen. 1978. *Universalität und Nativismus: Das nationale Selbstverständnis der USA im Spiegel der Einwanderungspolitik*. Diss. phil. Hamburg.

Wendt, Ingeborg Y. 1980. »Indien und Japan. Erwachen aus Traditionalismus und konfuzianischer Erstarrung?« *Aus Politik und Zeitgeschichte* B 3, S. 17-30.

Wessels, Wolfgang. 1992. »Maastricht: Ergebnisse, Bewertungen und Langzeittrends.« *Integration* 15, S. 2-16.

Wettig, Gerhard. 1993. »Auswirkungen des Nationalismus in Osteuropa.« *Aus Politik und Zeitgeschichte* B 10, S. 30-36.

White, Paul E. 1989. »Immigrants, Immigrant Areas and Immigrant Communities in Postwar Paris.« In: Philip E. Ogden und Paul E. White (Hg.). *Migrants in Modern France*. London: Unwin Hyman, S. 195-211.

Wicke, Lutz. 1989. *Umweltökonomie*. 2. Aufl. München: F. Vahlen.

– 1993. *Umweltökonomie*. 3. Aufl. München: Verlag Franz Vahlen.

Wieland, Beate. 1991. »Verfassungspolitische Probleme der ›Staatswerdung Europas‹.« In: R. Wildenmann (Hg.). *Staatswerdung Europas? Optionen für eine Europäische Union*. Baden-Baden: Nomos, S. 429-459.

– 1992. *Ein Markt – zwölf Regierungen? Zur Organisation der Macht in der europäischen Verfassung.* Baden-Baden: Nomos Verlagsgesellschaft.

Wiesendahl, Elmar. 1992. »Volksparteien im Abstieg.« *Aus Politik und Zeitgeschichte* B 34-35, S. 3-14.

Wild, Werner. 1993. »Ökobilanzen als Instrument der betrieblichen Umweltpolitik.« *Der Betriebswirt* 34, S. 7-12.

Wilke, Jürgen. 1990. »Regionalisierung und Industrialisierung des Mediensystems.« *Aus Politik und Zeitgeschichte* B 26, S. 3-19.

Wille, Joachim. 1993. »Ökologische Wende in der Verkehrspolitik.« *Aus Politik und Zeitgeschichte* B 5, S. 14-22.

Willms, Bernard. 1982. *Die Deutsche Nation.* Köln: Hohenheim.

Wilson, William Julius. 1990. *The Truly Disadvantaged. The Inner City, the Underclass, and Public Policy.* Chicago, Ill.: Univ. of Chicago Press.

Windhoff-Héritier, Adrienne. 1988. »Sozialpolitik unter der Reagan-Administration.« *Aus Politik und Zeitgeschichte* B 44, S. 24-35.

Winkler, Heinrich August. 1979a. »Bürgerliche Emanzipation und nationale Einigung: Zur Entstehung des Nationalliberalismus in Preußen.« In: Heinrich August Winkler. *Liberalismus und Antiliberalismus. Studien zur politischen Sozialgeschichte des 19. und 20. Jahrhunderts.* Göttingen: Vandenhoeck & Ruprecht, S. 24-35.

– 1979b. »Vom linken zum rechten Nationalismus: Der deutsche Liberalismus in der Krise von 1878/79.« In: H. A. Winkler. *Liberalismus und Antiliberalismus. Studien zur politischen Sozialgeschichte des 19. und 20. Jahrhunderts.* Göttingen: Vandenhoeck & Ruprecht, S. 36-51.

– 1991. »Nationalismus, Nationalstaat und deutsche Frage in Deutschland seit 1945.« *Aus Politik und Zeitgeschichte* B 40, S. 12-24.

Wöhlcke, Manfred. 1991. »Die Ursachen der anhaltenden Unterentwicklung.« *Aus Politik und Zeitgeschichte* B 46, S. 15-22.

Wölker, Ulrich. 1985. »Das Ausländerrecht Frankreichs.« In: Jochen A. Frowein und Joachim Wolf (Hg.). *Ausländerrecht im internationalen Vergleich.* Heidelberg: C.F. Müller, S. 29-61.

Wolf, Joachim. 1985. »Das Ausländerrecht der Vereinigten Staaten von Amerika.« In: Jochen A. Frowein und Joachim Wolf (Hg.). *Ausländerrecht im internationalen Vergleich.* Heidelberg: C.F. Müller, S. 223-273.

Wolf, Rainer. 1991. »Zur Antiquiertheit des Rechts in der Risikogesellschaft.« In: Ulrich Beck. *Politik in der Risikogesellschaft.* Frankfurt a. M.: Suhrkamp, S. 378-423.

Wolff, Jürgen H. 1992. »Zur langfristigen Wirtschaftsentwicklung der Dritten Welt.« *Aus Politik und Zeitgeschichte* B 50, S. 24-30.

Wolfgang, Marvin E. und Franco Ferracuti. 1967. *The Subculture of Violence: Toward an Integrated Theory in Criminology.* London: Tavistock.

Wolfrum, Rüdiger (Hg.). 1991. *Handbuch Vereinte Nationen.* München: C. H. Beck.

World Watch Institute. 1989. *State of the World 1989.* New York: Norton.

Zartman, William. 1990. »Negotiations and Prenegotiations in Ethnic Conflict: The Beginning, the Middle, and the Ends.« In: Joseph V. Montville (Hg.). *Conflict and Peacemaking in Multiethnic Societies*. Lexington, Mass.: Lexington Books, S. 511-533.

Zeitmagazin. 1987. 17.7.1987.

Ziebura, Gilbert. 1992. »Nationalstaat, Nationalismus, supranationale Integration: Der Fall Frankreich.« *Leviathan* 20, S. 467-489.

Zuleeg, Manfred (Hg.). 1987. *Ausländerrecht und Ausländerpolitik in Europa*. Baden-Baden: Nomos Verlagsgesellschaft.

Zunkel, Friedrich. 1992. »Das Verhältnis des Unternehmertums zum Bildungsbürgertum zwischen Vormärz und Erstem Weltkrieg.« In: M. Rainer Lepsius (Hg.). *Bildungsbürgertum im 19. Jahrhundert. Teil III. Lebensführung und ständische Vergesellschaftung*. Stuttgart: Klett-Cotta, S. 82-101.

suhrkamp taschenbücher wissenschaft
Geschichte, Sozialgeschichte,
Zeitgeschichte, Dokumentation

206/1/8.92

Über sämtliche bis Mai 1992 erschienenen suhrkamp taschenbücher wissenschaft (stw) informiert Sie das Verzeichnis der Bände 1 – 1000 (stw 1000) ausführlich. Sie erhalten es in Ihrer Buchhandlung.

Über sämtliche bis Mai 1992 erschienenen suhrkamp taschenbücher
wissenschaft (stw) informiert Sie das Verzeichnis der Bände 1 – 1000
(stw 1000) ausführlich. Sie erhalten es in Ihrer Buchhandlung.

207/1/8.92